교회사 II/1

ERNST DASSMANN
***KIRCHENGESCHICHTE* II/1**
Konstantinische Wende und spätantike Reichskirche

Copyright © Verlag W. Kohlhammer GmbH, Stuttgart - Berlin - Köln 1996
All rights reserved.

Translated by HA Sung-Soo
Korean Translation Copyright © 2013 Benedict Press, Waegwan, Korea
Korean translation edition is published by arrangement with
Verlag W. Kohlhammer, Stuttgart - Berlin - Köln

교회사 II/1
2013년 4월 초판
옮긴이 · 하성수 ㅣ 펴낸이 · 이형우
ⓒ 분도출판사
등록 · 1962년 5월 7일 라15호
718-806 경북 칠곡군 왜관읍 왜관리 134의 1
왜관 본사 · 전화 054-970-2400 · 팩스 054-971-0179
서울 지사 · 전화 02-2266-3605 · 팩스 02-2271-3605
www.bundobook.co.kr
ISBN 978-89-419-1308-5 94230
ISBN 978-89-419-0151-8 (세트)
값 20,000원

이 책의 한국어판 저작권은
Verlag W. Kohlhammer와 독점 계약한 분도출판사에 있습니다.
저작권법에 의해 한국 내에서 보호를 받는 저작물이므로
무단 전재와 무단 복제를 금합니다.

신학 텍스트 총서 2.6

에른스트 다스만

교회사 II/1
콘스탄티누스 전환과 고대 후기의 제국교회

하성수 옮김

분도출판사

□ **차례** □

□ 머리말	12
□ 지도	14
□ 연표	16
□ 일반 참고문헌	18

1 콘스탄티누스 시대 … 21

1. '콘스탄티누스 전환' … 21
  1.1 사건 … 22
  1.2 역사적·신학적 비판 … 24
    1.2.1 날조된 콘스탄티누스 상 … 24
    1.2.2 교회의 타락 … 25
    1.2.3 불가피한 바로잡음 … 27

2. 콘스탄티누스가 일인 통치자가 되는 과정 … 30
  2.1 디오클레티아누스의 4분령 구상 … 31
  2.2 갈레리우스의 관용령 … 32
  2.3 막센티우스와 리키니우스에 대한 콘스탄티누스의 승리 … 34

3. 콘스탄티누스의 개종 … 37
  3.1 십자가 환시 … 37
  3.2 개종 동기 … 40
    3.2.1 상반된 평가 … 40
    3.2.2 주화의 증언 … 41
    3.2.3 콘스탄티누스 개선문 … 42
  3.3 평가 … 44

4. 아를 교회회의 46
  4.1 전사前史 47
  4.2 도나투스파 단죄 49
    4.2.1 황제의 관심사와 교회의 관심사 49
    4.2.2 로마의 입장 51
  4.3 규율적 결정 54
    4.3.1 과거의 극복 55
    4.3.2 미래의 설계 57

5. 입법 61
  5.1 노예법 63
    5.1.1 교회와 노예제도에 관한 원칙 63
    5.1.2 보수적 입법 66
    5.1.3 새로운 강조점 68
    5.1.4 영향 69
  5.2 혼인법 72
  5.3 일요일법 74
  5.4 성직자법 78
    5.4.1 특권 78
    5.4.2 주교의 재판권 81
  5.5 평가 82

6. 교회 안에서 콘스탄티누스의 위치 86
  6.1 니케아 공의회의 교회정치적 관점 87
    6.1.1 비판적 이의 87
    6.1.2 황제의 협력 90
    6.1.3 황제의 돌변 96
  6.2 카이사리아의 에우세비우스의 정치신학 98
    6.2.1 역사신학적 실마리 98
    6.2.2 제국신학 또는 이념? 101

7. 콘스탄티노플 건설 105

② 제국교회로 가는 길   111

1. 테오도시우스 1세 때까지의 역사적 사건   111

  1.1 콘스탄티누스의 아들들과 친척   112

      1.1.1 콘스탄티누스 2세   113
      1.1.2 콘스탄스   113
      1.1.3 콘스탄티우스   114
      1.1.4 갈루스   116
      1.1.5 율리아누스   116

  1.2 테오도시우스 1세 때까지의 발렌티니아누스 왕조   118

      1.2.1 발렌티니아누스 1세   118
      1.2.2 발렌스   119
      1.2.3 그라티아누스   120
      1.2.4 발렌티니아누스 2세   121
      1.2.5 테오도시우스 1세   121

2. 교회의 자유를 위한 투쟁   123

  2.1 아리우스 분규   124

      2.1.1 콘스탄티누스 통치 시작에서 티루스 교회회의까지   124
      2.1.2 콘스탄티누스 아들들의 치세부터 세르디카 교회회의까지   128
      2.1.3 콘스탄티우스와 아를 · 밀라노 교회회의   131
      2.1.4 리베리우스 사건   134
      2.1.5 리미니-셀레우키아 교회회의에서의 아리우스 분규   136

  2.2 밀라노의 암브로시우스의 교회정치   138

      2.2.1 바실리카에 관한 분쟁   139
      2.2.2 테오도시우스 황제에 대한 저항   144
      2.2.3 교회와 국가   147

3. 선교와 전파   148
    3.1 선교   150
       3.1.1 제국의 그리스도교화   150
       3.1.2 야만인 선교   153
    3.2 전파   157
       3.2.1 팔레스티나/시리아   157
       3.2.2 이집트   161
       3.2.3 소아시아/그리스   163
       3.2.4 북아프리카   167
       3.2.5 이탈리아   169
       3.2.6 서방의 지방   174
           3.2.6.1 브리타니아   174
           3.2.6.2 에스파냐   174
           3.2.6.3 갈리아   176
       3.2.7 독일 교회의 시작   178

4. 이교인과의 논쟁   183
    4.1 조치와 동기   185
       4.1.1 신전과 제신 상에 대한 대응   185
       4.1.2 황제의 입법   187
       4.1.3 이교인 박해의 동기   190
    4.2 배교자 율리아누스   192
       4.2.1 발전 과정   192
       4.2.2 종교적 개혁 시도   193
       4.2.3 반그리스도교적 조치   196
    4.3 빅토리아 제단에 관한 논쟁   200
       4.3.1 로마에서 이교인의 반대   200
       4.3.2 심마쿠스의 청원서와
             암브로시우스의 반응   203
       4.3.3 관용 문제   206
    4.4 키레네의 시네시우스   208

5. 이단자에 대한 조치 — 212

5.1 역사적 · 신학적 동기 — 212

5.1.1 이단의 발생 — 212
5.1.2 국가의 조치 — 215

5.2 프리스킬리아누스와 그의 운동 — 218

5.2.1 가르침과 금욕적 생활 방식 — 218
5.2.2 박해와 소송 — 221

5.3 아우구스티누스와 도나투스파 — 223

5.3.1 히포 레기우스의 상황 — 223
5.3.2 아우구스티누스의 성사 이해 — 224
5.3.3 카르타고 교회회의(411) — 226
5.3.4 어떻게 해서라도 들어오게 하라 — 229

5.4 펠라기우스의 오류 — 232

5.4.1 펠라기우스의 관심사 — 232
5.4.2 아우구스티누스의 이의와 펠라기우스파에 대한 단죄 — 234
5.4.3 후유증 — 237

5.5 마니교에 대한 억압 — 238

5.5.1 가르침과 전파 — 238
5.5.2 배척 — 241

5.6 최종 평가 — 243

6. 유대인과의 관계 — 245

6.1 전사前史 — 247

6.2 신학적 비난 — 248

6.2.1 아우구스티누스 — 248
6.2.2 요한 크리소스토무스 — 251
6.2.3 『교회와 회당의 논쟁』 — 254

6.3 조치 — 256

6.3.1 국가의 입법 — 256
6.3.2 회당에 대한 조치 — 258
6.3.3 교회의 규정 — 260

7. 회고와 전망 261

③ 서양 교회의 자유와 비잔티움 265

1. 역사적 사건 265
   - 1.1 서로마의 몰락 266
   - 1.2 게르만족 왕국과 교회 269
     - 1.2.1 서고트족 270
     - 1.2.2 반달족 274
     - 1.2.3 동고트족 277
     - 1.2.4 프랑크족 280
   - 1.3 영향 281

2. 교황 수위권의 시작 283
   - 2.1 터 닦기 283
     - 2.1.1 수위권 문제의 역사적·교의적 관점 283
     - 2.1.2 최초의 언급 285
   - 2.2 다마수스와 사도좌 290
   - 2.3 인노켄티우스 1세와 더 중대한 사건들 294
   - 2.4 아우구스티누스의 신학적 관점 297
     - 2.4.1 교회의 일치와 베드로직 297
     - 2.4.2 교회와 국가의 관계 300

3. 대 레오 303
   - 3.1 선임자들 303
   - 3.2 레오의 발전 과정 305
   - 3.3 이단자에 대한 조치 306
   - 3.4 서방의 교회정치 310
     - 3.4.1 북아프리카 310
     - 3.4.2 갈리아 311
     - 3.4.3 교회 개념 312

3.5 칼케돈 공의회 전후의 교회정치　316
　3.5.1 교회정치적 대단원에 관한 상황　317
　3.5.2 에페소 강도 교회회의와 그 결과　318
　3.5.3 칼케돈에서 교황의 영향　321
　3.5.4 『법규』28조　324
3.6 평가　326

4. 교회 관할 지방과 총대주교 관할 지역　328
　4.1 수석대주교 연합의 생성　330
　4.2 지역적 거대 조직　332

5. 레오부터 그레고리우스까지의 로마 교회　335
　5.1 동로마의 통일 노력　335
　5.2 겔라시우스의 양권론兩權論　339
　5.3 6세기의 교황　344
　　5.3.1 동로마와 동고트족의 관계　344
　　5.3.2 비길리우스 교황 사건　345
　　5.3.3 롬바르드족의 침략과 궁핍의 시작　349

6. 대 그레고리우스　350
　6.1 생애와 저서　351
　6.2 교회정치와 사목　353
　　6.2.1 동로마　354
　　6.2.2 이탈리아와 베드로 세습령　356
　　6.2.3 유대인에 대한 태도　358
　　6.2.4 롬바르드족의 회계 책임자　360
　6.3 선교 노력　362

7. 초기 비잔틴제국의 교회　365
　7.1 요한 크리소스토무스　366
　　7.1.1 출신과 교육　366
　　7.1.2 안티오키아에서 콘스탄티노플로　368
　　7.1.3 추방과 죽음　371

7.2 유스티니아누스와 그의 시대 373
    7.2.1 황제 부부 374
    7.2.2 건축 활동과 입법 375
    7.2.3 교회 이해 378
7.3 황제교황주의? 380

□ 색인 385

머리말

이 개론서는 콘스탄티누스 대제부터 고대 후기가 끝날 무렵까지 교회에서 일어난 사건들을 다룬다. 서술 방식은 『교회사 I』 머리말에서 언급한 원칙을 따른다. 곧, 문헌에 바탕을 두고 사건을 객관적으로 기술하려는 노력은, 신학의 한 분야로 교회사 서술이 역사적 흐름에서 하느님의 구원 활동을 밝히려고 애써야 한다는 확신에 바탕한다. 이러한 구원 활동은 교회 안팎에서 인간의 행위에 따라 다양한 방식으로 진척되거나 방해될 수 있다.

『교회사 I』에 관한 많은 서평을 보면 문헌 본문을 상세하게 인용한 것이 상황을 이해하는 데 많은 도움이 되었다고 한다. 문헌 본문이 시대의 확실한 정황을 독자에게 전했기 때문이다. 확실히 문헌들은 객관성을 내포하고 있기에, 독자는 실제로 무엇이 말해지고 행해졌는지 알게 된다. 문헌들은, 편파적으로 선별되면, 당연히 역사적 실재도 잘못 그릴 수 있다. 이러한 위험에 주의를 기울이면서, 4~6세기 교회에 관해 균형 잡힌 시각을 제공할 수 있는 관점에서만 문헌을 선택했다고 확신한다.

다루어야 할 소재가 많기 때문에 『교회사 II』는 두 권으로 나뉘게 되었다. 『교회사 II/1』에서는 무엇보다도 교회정치적 사건, 교회와 국가의 논쟁 및 교회와 사회의 다른 집단과의 관계를 다루었다. 『교회사 II/2』에서는 교회의 내적 생활, 신학의 발전, 신자들의 신심 발전을 기술했다. 발행인의 요청에 따라 이루어진 이러한 분할은 합리적이라 할 수 있다. 예를 들어 니케아 공의회의 교회정치적·신학사적 관점들은 분리되어 서술된다. 다른 주제들도 당연히 다르게 배열될 수 있다. 아우구스티누스의 은총 신학은 『교회사 II/1』에서 펠라기우스주의와 관련해서도 다루지만 『교회사 II/2』의 신학사적 부분에서도 다루어진다.

제한적이지만 교부들의 글로 논증하려 했다는 점도 알리고자 한다. 그러나 교부들이 신학에서 차지하는 중요성에 값할 만큼 충분히 제시할 수는 없었다. 교회사 개론서는 교부학을 대체할 수 없기 때문이다.

필자가 참고문헌을 찾고 원고를 마무리하고 교정할 때 조언·제의·비평을 해 준 모든 분, 특히 안네테 벡커Annette Becker, 노베르트 보렌게서Nobert M. Borengässer, 하인츠게르트 브라크만Heinzgerd Brakmann 박사, 페터 뒤커스Peter Dückers, 베르너 엑커스코른Werner Eckerskorn 박사, 베르너 노퍼Werner Nopper, 잉그리트 라이머Ingrid Reimer 박사, 게오르그 쇨겐Georg Schöllgen 박사, 클레멘스 숄텐Clemens Scholten 박사, 마르쿠스 슈타르크Marcus Stark 씨에게 진심으로 감사드린다. 또한 콜함머 출판사의 유르겐 슈나이더Jürgen Schneider 씨와, 인쇄와 출판을 위해 세심하게 애써 주신 출판사 관계자 여러분께도 깊이 감사드린다.

본에서
에른스트 다스만

연표

여기 제시되는 연도는 대부분 상대적으로 확인된 것으로,
그 정확성은 관련 사건들의 연도 규정을 얼마나 신뢰하느냐에 달려 있다.

311년	갈레리우스의 관용령	379~395년	테오도시우스 1세 황제
312년	콘스탄티누스 황제가 막센티우스에게 승리함	380년	니케아 신앙이 국가 종교가 되다
313년	밀라노 협정	381년	콘스탄티노플 공의회
313~339년	에우세비우스, 카이사리아의 주교	384년	심마쿠스의 셋째 청원
		384~399년	시리키우스, 로마의 주교
314년	아를 교회회의	386년	프리스킬리아누스와 추종자들 처형
324년	콘스탄티누스 황제가 리키니우스에게 승리함	395~430년	아우구스티누스, 히포 레기우스의 주교
325년	니케아 공의회		
330년	콘스탄티노플 낙성식	397년	투르의 마르티누스 사망
337년	콘스탄티누스 사망	397~407년	요한 크리소스토무스, 콘스탄티노플의 주교
337~361년	콘스탄티우스 황제		
343년	세르디카 교회회의	402~417년	인노켄티우스 1세, 로마의 주교
354/356/392년	신전과 이교 제물에 대한 법률	408~450년	테오도시우스 2세 황제
359년	리미니-셀레우키아 교회회의	410년	알라리쿠스의 로마 정복
361~363년	배교자 율리아누스 황제	411년	도나투스파에 대한 카르타고 교회회의
366~384년	다마수스, 로마의 주교		
367년	푸아티에의 힐라리우스 사망	412~444년	키릴루스, 알렉산드리아의 주교
370~379년	바실리우스, 카이사리아의 주교	415년	히파티아 살해
374~397년	암브로시우스, 밀라노의 주교	418년	펠라기우스에 대한 카르타고 교회회의
378년	서고트족이 발렌스 황제에게 승리함	419~420년	히에로니무스 사망

422~432년	켈레스티누스 1세, 로마의 주교
428~477년	게이세리쿠스, 반달족 왕
429~439년	반달족의 북아프리카 정복
431년	에페소 공의회
440~461년	레오 1세, 로마의 주교
451년	칼케돈 공의회
451년	카탈라니아 평야에서 훈족과 전투
455년	게이세리쿠스의 로마 정복
474~491년	제논 황제
476년	서로마제국의 종말
476~493년	오도아케르
484~519년	아카키우스 열교
488~526년	테오데리쿠스, 동고트족 왕
492~496년	겔라시우스 1세, 로마의 주교
498/99년	클로비스가 세례 받음
518~527년	유스티누스 1세 황제
524년	보에티우스 처형
527~565년	유스티니아누스 황제
529년	아테네의 아카데미아 폐쇄
529년	제2차 오랑주 교회회의
537~555년	비길리우스, 로마의 주교
553년	제2차 콘스탄티노플 공의회
590~604년	그레고리우스 1세, 로마의 주교
636년	세비야의 주교 이시도루스 사망

일반 참고문헌

B. ALTANER/A. STUIBER, *Patrologie. Leben, Schriften und Lehre der Kirchenväter* (Freiburg ⁹1980; Sonderausgabe 1993).

C. ANDRESEN/A.M. RITTER, *Geschichte des Christentums* I,1 = Theologische Wissenschaft 6,1 (Stuttgart 1993).

K. BAUS/E. EWIG, *Die Reichskirche nach Konstantin d. Gr. Erster Halbband: Die Kirche von Nikaia bis Chalkedon* = HKG 2,1 (Freiburg 1973; Sonderausgabe 1985).

K. BAUS/H.-G. BECK/E. EWIG/H.J. VOGT, *Die Reichskirche nach Konstantin d. Gr. Zweiter Halbband: Die Kirche in Ost und West von Chalkedon bis zum Frühmittelalter (451-700)* = HKG 2,2 (Freiburg 1975; Sonderausgabe 1985).

H.-G. BECK, *Geschichte der orthodoxen Kirche im byzantinischen Reich* = KIG 1, D1 (Göttingen 1980).

H. BORNKAMM, *Zeittafeln zur Kirchengeschichte* (Gütersloh ⁴1980).

P. BROWN, *The world of the late antiquity from Marcus Aurelius to Muhammad* (London 1971).

—, *Macht und Rhetorik in der Spätantike* = dtv 4650 (München 1995).

H. VON CAMPENHAUSEN, *Griechische Kirchenväter* = Urban Taschenbücher 14 (Stuttgart ⁸1993).

—, *Lateinische Kirchenväter* = Urban Taschenbücher 50 (Stuttgart ⁷1995).

E. CASPAR, *Geschichte des Papsttums von den Anfängen bis zur Höhe der Weltherrschaft* 1/2 (Tübingen 1930/33).

P.R. COLEMAN-NORTON, *Roman state and Christian church. A collection of legal documents to A.D. 535*, 3 Bde. (London 1966).

A. DEMANDT, *Die Spätanike. Römische Geschichte von Diokletian bis Justinian 284-565 n. Chr.* = Handbuch der Altertumswissenschaft 3,6 (München 1989).

A. Di Berardino (Ed.), *Dizionario Patristico e di Antichità Cristiana (DPAC)* 1/2; *Atlas- und Indexbd.* (Casale Monferrato 1983/84; 1988).

H.R. Drobner, *Lehrbuch der Patrologie* (Freiburg 1994).

A. Ehrhard, *Die altchristlichen Kirchen im Westen und im Osten*, Bd. 1: Die griechische und die lateinische Kirche (Bonn 1937).

A. Fliche/V. Martin (Ed.), Histoire de l'Église 3: J.-R. Palanque/G. Bardy/P. de Labriolle, *De la paix constantinienne à la mort de Théodose* (Paris 1947).

—/— (Ed.), Histoire de l'Église 4: P. de Labriolle/G. Bardy/L. Brehier/G. de Plinval, *De la mort de Théodose à l'élection de Grégoire le Grand* (Paris 1948).

M. Greschat (Hrsg.), *Gestalten der Kirchengeschichte.* Bde. 1/2: Alte Kirche I/II (Stuttgart 1984; Nachdruck ²1994).

G. Haendler, *Von Tertullian bis zu Ambrosius. Die Kirche im Abendland vom Ende des 2. bis zum Ende des 4. Jh*s. = Kirchengeschichte in Einzeldarstellungen 1,3 (Berlin ³1986).

—, *Die abendländische Kirche im Zeitalter der Völkerwanderung* = Kirchengeschichte in Einzeldarstellungen 1,5 (Berlin ³1987).

F. Heim, *La théologie de la victoire de Constantin à Théodose* = ThH 89 (Paris 1992).

H. Jedin/K.S. Latourette/J. Martin, *Atlas zur Kirchengeschichte* (Freiburg ³1988).

A.H.M. Jones, *The later Roman Empire* (Oxford 1963).

—, *The Decline of the Ancient World* (London 1966).

H. Lietzmann, *Geschichte der alten Kirche*, Bd. 3: Die Reichskirche bis zum Tode Julians (Berlin ³1961); Bd. 4: Die Zeit der Kirchenväter (Berlin ³1961).

R. Lorenz, *Das vierte bis sechste Jahrhundert (Westen)* = KIG 1, C1 (Göttingen 1970).

—, *Das vierte Jahrhundert (Osten)* = KIG 1, C2 (Göttingen 1992).

J.D. Mansi, *Sacrorum conciliorum nova et amplissima collectio*, 31 Bde. (Florenz

- Venedig 1757/98); Neudruck und Fortsetzung hrsg. von L. PETIT/J.B. MARTIN in 60 Bdn. (Paris 1899/1927).

R. MARCUS, *The end of Ancient Christianity* (Cambridge 1990).

F. VAN DER MEER/C. MOHRMANN/H. KRAFT, *Bildatlas der frühchristlichen Welt* (Gütersloh 1959).

C.D.G. MÜLLER, *Geschichte der orientalischen Nationalkirchen* = KIG 1, D2 (Göttingen 1981).

H. RAHNER, *Kirche und Staat im frühen Christentum* (München 1961).

Reallexikon für Antike und Christentum (RAC). Hrsg. von TH. KLAUSER, ab Bd. 14 von E. DASSMANN (Stuttgart 1950ff).

A.M. RITTER, *Alte Kirche* = Kirchen- und Theologiegeschichte in Quellen 1 (Neukirchen-Vluyn 1977; [6]1994).

O. SEECK, *Geschichte des Untergangs der antiken Welt* 1/6 (Heidelberg 1920ff; Nachdruck Darmstadt 1966).

1

콘스탄티누스 시대

1. '콘스탄티누스 전환'

참고문헌

M. BERGER, Das Ende des Konstantinischen Zeitalters: *Polit. Vierteljahreszeitschr.* 10 (1969) 261-77.

G. BONAMENTE/F. FUSCO (Ed.), *Costantino il Grande dall'antichità all'umanesimo*, 2 Bde. (Macerata 1993).

R. FARINA, La 'fine dell'epoca costantiniana': *Sal* 30 (1968) 523-7.

TH. GRÜNEWALD, *Constantinus Maximus Augustus. Herrschaftspropaganda in der zeitgenössischen Überlieferung* (Stuttgart 1990).

R. HERNEGGER, *Macht ohne Auftrag. Die Entstehung der Staats- und Volkskirche* (Olten/Freiburg 1963).

W. KAHLE, Über den Begriff "Ende des konstantinischen Zeitalters": *ZRGG* 17 (1965) 206-34.

V. KEIL, *Quellensammlung zur Religionspolitik Konstantins d. Gr.* (Darmstadt 1989).

H. RAHNER, Konstantinische Wende? Eine Reflexion über Kirchengeschichte und Kirchenzukunft: *StZ* 67 (1960/61) 419-28.

G. RUHBACH (Hrsg.), *Die politische Theologie Eusebs von Caesarea: Die Kirche angesichts der Konstantinischen Wende* = WdF 306 (Darmstadt 1976).

P. STOCKMEIER, Die alte Kirche – Leitbild der Erneuerung: *ThQ* 146 (1966) 385-408.

—, Zum Problem des sogenannten "konstantinischen Zeitalters": *TThZ* 76 (1967) 197-216.

J. VOGT, *Constantin d. Gr. und sein Jahrhundert* (München ²1960).

F. WINKELMANN, Konstantins Religionspolitik und ihre Motive im Urteil der literarischen Quellen des 4. und 5. Jhs.: *AAH* 9 (1961) 239-56.

1.1 사건

콘스탄티누스는 로마 외곽에 있는 밀비오 다리에서 자신의 경쟁자 막센티우스에게 승리를 거두었다. 그 뒤 그는 서방 제국 전체의 지배자로 로마에 입성했으며, 원로원은 그를 최고의 통치자(황제)로 맞이했다. 이 사건은 312년 10월 28일에 일어났다.

313년 2월, 콘스탄티누스는 제국의 상황을 상의하기 위해 밀라노에서 동방의 통치자인 리키니우스를 만났다. 이들은 종교 문제에서 그리스도인에게 제의에 관한 완전한 자유와 다른 모든 종교와 동등한 권리를 허용하는 데 합의했다. 이는 관용령으로 나타났으며 리키니우스가 이를 공포했다. 락탄티우스는 이를 라틴어로, 에우세비우스는 그리스어로 후세에 전했다.

> 우리 — 콘스탄티누스 황제와 리키니우스 황제 — 는 마침내 밀라노에서 만나 공공의 안녕과 안전에 관한 모든 문제를 상의한 뒤, 사회 전체에 유익하다고 여긴 여러 규정 가운데, 무엇보다도 신성을 공경하는 데 밑받침이 되는 것들을 체계화해야 한다고 생각했다. 우리는 그리스도인에게도 다른 사람들처럼 각자가 선택한 종교를 믿을 수 있는 자유로운 권리를 허용했다. 신적 존재가 하늘의 자리에 앉아 다스리는 모든 것이 우리와 우리 통치 아래 있는 모든 이에게 자비롭고 호의적인 것이 되기를 빈다.[1]

이는 그다지 구속력도 없고 고대 후기의 혼합 종교적 색채를 띤 듯한 발언

---

[1] 락탄티우스 『박해자들의 죽음』 48; 번역: BKV², *Laktantius* 57f; 참조: 에우세비우스 『교회사』 10,5,1-14.

이다. 그리스도인을 포함한 모든 사람이 종교의 자유를 얻었다. 이 내용 다음에는 그리스도인에게 그들의 교회, 미사를 드릴 수 있는 공간, 토지, 디오클레티아누스 황제가 일으킨 마지막 박해 시대에 몰수된 그 밖의 모든 소유물을 지체 없이 돌려줄 것을 상세히 지시하고 있다.

 그다지 정확하지 않은 용어인 이른바 밀라노 관용령은 보상령으로 부를 수도 있다. 어쨌든 이 보상령은 이미 그리스도인에게 관용을 허용했다. 두 황제는 자신들이 취한 조치로, 최근에 '매우 중요한 사건들에서 체험한' 신의 가호가 그치지 않고, 자신들의 계획이 늘 성공하기를 기대했다. '매우 중요한 사건들'이 콘스탄티누스가 그리스도의 표징으로 막센티우스에게 승리를 거둔 것을 뜻한다면, 여러 내용을 신중하게 언급한 정식은 그리스도교 고백을 허용할 준비가 되어 있는 것 이상의 의미를 담고 있다. 두 황제는 그리스도인이 믿는 신이 최근에 자신들이 적에게 거둔 승리를 앞으로도 보장해 주고 제국의 새로운 질서 확립에 신의 도움이 있기를 기대했다. 이로써 하느님과 그분을 고백하고 제의로 공경하는 교회는 국가를 유지하는 세력이 되었다. 관용령의 결론은 이렇다.

> 우리의 이러한 호의적인 규정을 모든 이가 알 수 있도록, 당신[비티니아의 총독]은 이 문서를 도처에 고시하여 공적으로 알리시오. … 그리하여 모든 사람이 우리의 호의적인 이 규정을 알게 하시오(같은 곳).

이 관용령은 세계사와 교회사에서 가장 중요한 사건 가운데 하나인 '콘스탄티누스 전환'의 실질적 선언이었다. 당연한 일이지만 이 전환은 종교적·정치적으로 오래전부터 준비되어 왔고, 완전한 결말에 이르기까지 다소 시간이 걸렸다. 이 점에서 '콘스탄티누스 전환'은 일정한 시점이 아니라 일정 기간을 필요로 한 과정이다. 그러나 콘스탄티누스가 막센티우스에게 승리를 거두고 두 황제의 밀라노 합의로 이 과정을 역사적으로 압축하는 중요한 일이 현실로 일어났다.

'콘스탄티누스 전환'은 교회사에서 가장 중요한 결정 가운데 하나임을 암시할 뿐 아니라 격렬한 토론의 대상이며 동시에 많은 의문을 낳았다. 곧, 교회가, 처음에는 평화를 보장해 주고 그다음에는 장려하겠다는 국가의 제안을 받아들임으로써 어떤 결과를 불러왔는가? 교회가 국가의 도움으로 권력과 명성을 얻는 대신 어떤 대가를 치러야 했는가? 교회와 국가의 관계, 정치신학의 정당성이나 필요성, 교회의 정치 참여 등에 관한 해결하기 어려운 문제가 '콘스탄티누스 전환'과 그 평가와 관련되어 있다. 제2차 바티칸 공의회 시기에, '콘스탄티누스 전환'의 영향은, 교회와 권력이 1,500년 이상 맺어 온 불행한 제휴를 마침내 끝낼 수 있다는 기대에서, 교회 안팎에서 격렬한 토론의 대상이 되었다.

1.2 역사적 · 신학적 비판

1.2.1 날조된 콘스탄티누스 상

'콘스탄티누스의 전환'에 대한 비판은 여러 관점에서 고찰해야 한다. 먼저, 사도들 이후에 교회사에서 가장 중요한 자리를 차지한 콘스탄티누스라는 인물에 대해 비판해야 한다. 서방교회에서 콘스탄티누스가 동방교회에서처럼 공식적으로 성인이요 열세 번째 사도로 존경받지 않는다 할지라도 그렇다.[2] 그는 네로처럼 잔인한 인물이었고, 이슬람교 국가의 군주처럼 아내와 아들을 살해한 폭력자였다(73-4쪽 참조). 그는 처음에는 십자가가 아니라, 아폴로와 동일시되고 자신이 막센티우스에게 승리하도록 해 준 태양신을 믿었고, 임종 때서야 비로소 아리우스파 주교에게 세례를 받았다. 이로써 교회의 정통 신앙이 아니라 325년 니케아 공의회에서 명백히 단죄된 오류를 고백했다. 왜냐하면 아리우스가 선포한 반신半神인 그리스도는 정통 신앙이 정의한 죄인들의 하느님보다 콘스탄티누스의 지상 통치를 안

---

[2] 콘스탄티누스에 대한 제의적 공경에 관해서는 VOGT (30쪽) 371 참조.

전하게 보증하는 하늘의 동맹자(101-4쪽 참조)로 그에게 더 많은 것을 확약했기 때문이다.³

콘스탄티누스의 개종도 매우 의심스럽다. 그의 개종은, 그리스도인의 순교에 영향을 받은 소박한 개인적 결단이었을 수 있다. 그러나 객관적으로 볼 때, 그의 개종은 신약성경에서 말하는 회개metanoia를 통한 개종이 아니라 국가의 정책에 따라 신앙의 대상을 바꾼 것이었다. 이러한 변화에서 십자가의 종말론적 표징이 국가를 떠받치는 신화가 되었다. 로마인의 종교관으로 볼 때 그의 개종은 전혀 문제 될 것이 없다. 신앙보다 제식과 법이 더 중요했다. 국가가 적극 장려한 각종 제의는 국가의 안녕을 위한 세계의 행동 규범으로 사용되는 법률과 마찬가지로 제국의 일치를 보장했다. 이런 전제에서 볼 때 콘스탄티누스가 교회를 세우고 법률을 제정한 이유가 분명해진다. 그래서 많은 비판가는 에우세비우스의 찬사 이래⁴ 미화된 콘스탄티누스 상을 바로잡기 시작하였다.

1.2.2 교회의 타락

'콘스탄티누스의 전환'이 교회에 가져온 숙명적인 결과는 콘스탄티누스라는 인물보다 더 부정적으로 평가된다. 교회가 본디의 모습을 잃고 지금의 모습이 된 것은 313년부터 이어 내려오는 교회의 잘못된 구조에 바탕을 두고 있다. 그때부터 교회의 성경적·종말론적 본질에 관한 직관이 흐려지고, 하느님 나라의 본질적 내세성을 올바르게 판단할 수 있는 능력을 잃었다. 소박하고 호교론적 정의를 실천하던 교회가 세속적인 성공을 보증하는 단체가 되어 버렸다. 이후 거의 1,700년 동안 권력 교회의 시대였기 때문에 '콘스탄티누스의 전환'은 필연적인 것처럼 여겨진다. 이 전환으로 말미암아, 복음의 요구에 따르는 세상에 대한 교회 본디의 적대적 태도

---

³ H. KÜHNER, *Tabus der Kirchengeschichte* (Nürnberg ²1965) 101-4; DERS., *Gezeiten der Kirche in zwei Jahrtausenden* 1 (Würzburg 1970) 83-93.

⁴ J. MOREAU, Eusebius von Caesarea: *RAC* 6 (1966) 1061f; BARNES (86쪽) 253-5.265-8.

가 약화되었다. 선교 노력은 정치적 팽창과 결합했기 때문에 효과적인 성과를 거두지 못했다. 또한 무력에 의한 개종은 당연히 내적인 변화를 불러오지 못했다.⁵

교회가 이미 콘스탄티누스 시대 이전에 교의를 그리스화하고 예배 행위를 이교화함으로써 국가와 교회의 연합이 일관성 있게 이루어지게끔 전반적인 상황을 조성했다는 점에서, 교회에 대한 비판이 자주 제기된다. 이 관점에서 볼 때 콘스탄티누스는 새로운 시대의 창시자라기보다 집행자다. 그런데도 황제는 비판의 핵심 대상이다. 그리스도교가 그를 통하여 정치적 활동의 의미에서 역사적 권력이 되었기 때문이다. 그 때문에 이른바 '복음에서의 이탈'은 여전히 지속되고 있다. 교회는 처음부터 권력을 얻고자 애썼으며, 이러한 간절한 소망을 이루는 데 단지 300년이 걸렸다. 콘스탄티누스와 더불어 기회가 왔을 때, 교회는 이를 기꺼이 받아들였다.

신약성경은 기쁜 소식을 실현하기 위하여 세속적 권력을 이용하는 것을 배제했다. 그러므로 콘스탄티누스 치하에서 이루어진 제국과 교회의 제휴는 그리스도교가 용납해서는 안 되는 것이었다. 그러나 그 제휴는 황제에게는 당연한 것이었다. 황제는 그리스도교가 사회에 미치는 영향력을 알았을 때, 그가 반응한 식으로 반응해야 했다. 콘스탄티누스의 종교정책에 실마리를 제공하는 것은, 그의 개종이 아니라 조상에게서 이어받은 로마인의 종교성이다. 이 종교성은 '상호 이행'do ut des의 원칙을 중시하고, 이에 따라 국가 제의와 종교가 하나가 되는 것이다. 종교는 국가의 안녕을 위하여 세계 일치의 배후 관계를 배려한다. 수석대제관Pontifex Maximus의 역할은 예부터 로마 황제에게 중요한 정치적 의무였다. 이제 이 기능을 넘겨받은 콘스탄티누스는 교회에 특권을 부여했다. 이에 대해 교회는 열광적으로 감사하면서 완전한 구조 변화로 화답했다. 제국 내의 소수 신자들로 구성되었던 교회는 국가교회, 민중교회가 되었다. 교회의 노선과 다른

---

⁵ P. Giloth, Kirche an der Schwelle der Zukunft: *Hochland* 53 (1960~1961) 97-106.

견해를 지녀 교회에 의해 늘 내쫓길 위험에 처한 진정한 신자들은 소수에 지나지 않았다. 교회정치적 활동이 복음 선포보다 우선시되고, 이교인과 이단자에 관한 문제는 국가의 중재로 해결되기에 이르렀다.

국가권력과 결탁은 교회의 내부까지도 변화시켰다는 비판도 추가되어야 한다. 이교적 종교성이 큰 물줄기처럼 교회 안에 깊이 파고들었다. 마법 같은 성사주의Sakramentalismus가 점점 확대되었다. 순교자와 성인 공경이 고대의 제신 숭배를 대체했다. 이러한 가상假像과 결부되어 교회 가르침이 관념화되었다. 새로 형성된 정치적 관계들, 무엇보다도 콘스탄티누스의 황제권이 신학적 논증으로 정당화되고, 교회의 구성 요소는 로마제국의 구성 요소와 동일시되었다. 하느님의 나라와 로마제국이 하나인 것처럼 여겨지면서, 종말론적 약속들이 콘스탄티누스 제국에서 이미 실현된 듯 보였다. 그리스도와 황제는 '승리자 그리스도'Christus Triumphator와 '우주 창조자'Kosmokrator라는 새로운 표상에 녹아들었다. 십자가 신학은 관념화된 승리 신학이 되었다. 더군다나 신약성경에 교회의 세속적 실존에 관한 규정이 없기 때문에, 신학은 그리스철학, 특히 스토아학파의 자연법에 의존했다. 더 큰 영향력을 지닌 낯선 사고 구조가 결과적으로 그리스도교 가르침의 내용을 입증해 주었다.[6]

1.2.3 불가피한 바로잡음

그리스도교는 본디 그 특징적 동인動因에서 고대와 그리스도교를 통합하면 더 이상 앞으로 나아갈 수 없기 때문에, '콘스탄티누스의 전환'은 바로잡지 않을 수 없다. 비판가들의 견해를 따르면 지금까지 이를 바로잡지 않았다. 복음에 따라 살고자 하는 쇄신 운동이 늘 일어나긴 했지만 궁극적으로는 큰 영향을 미치지 못했다. 경건한 삶으로 만족하고 상황을 변화시키려 하지 않을 정도의 시도만 허용되었다. 교회 안에 머무르기 위한 필수

---

[6] HERNEGGER, 특히 67-113.173-208; 이에 대한 비판적 소견에 관해서는 E. DASSMANN: *ThRv* 62 (1966) 378-82 참조.

적인 전제는 역사적으로 이루어진 구조에 이의를 제기하지 않고 복종하는 것이었다. 실행 가능한 영적 운동들은 위험하지 않았기에, 교회 조직 안에 들어올 수 있었다. 프란치스코 운동이 본보기로 여겨진다. 이 복종을 거부하고 교회의 사회적 실현을 반대하는 이들은 이단자로 여겨졌다. 카타르파, 발두스파, 루터의 종교개혁이 그 본보기였다. 교회는 성성聖性과 겸손, 가난, 복종을 철두철미하게 그리고 지속적으로 설교했다. 그러나 이러한 덕이 요구된 것은 개인들에게였다. 모든 사람은 가난하고 복종해야 했다. 이것이 사람을 거룩하게 하고, 하늘의 보상을 받을 자격을 갖추게 해 준다는 것이다. 교회 자체는 이러한 것과 관계가 없다. 교회는 그리스도의 부를 교회의 부로 보여 주어야 한다.

'콘스탄티누스의 전환'에 대한 비판이 제2차 바티칸 공의회가 열린 60년대에 특별히 활발하고 공개적으로 전개되었다고 앞에서 말했지만, 이는 이 비판이 20세기의 산물이라는 뜻은 아니다. 이러한 비판은 전환 자체만큼 오래되었다. 저명하고 중요한 인물들이 비판가의 대열에 있었다. 도나투스 운동의 지도자인 도나투스는(48쪽 참조) 이 전환이 일어난 지 몇 년 뒤에 이미 콘스탄티누스 황제의 사절들에게 이렇게 말했다. "황제가 교회와 무슨 관계가 있었는가?"(옵타투스 『도나투스파 열교』, 3,3). 궁정 전기 작가이며 황제를 찬양한 대표적인 인물이자 숭배자인 에우세비우스 주교도 『콘스탄티누스의 생애』에서 비판적 어조를 숨기지 못했다. 교회사가 소크라테스(†439년 이후)는 콘스탄티누스 이후 참된 그리스도교가 비대하게 발전했다고 한탄했다. 히에로니무스는 유감스럽게도 뜻을 이루지 못했지만 교회사를 쓰고자 생각하면서 이렇게 서술한다.

> 하느님께서 내 목숨을 구해 주시고, 내가 도피한 뒤, 그리고 은둔 생활을 할 때 나를 비난하는 이들이 나에 대한 압박을 끝내기를 바라며, 나는 구원자께서 오셨을 때부터 지금까지, 곧 사도들로부터 타락한 우리 시대까지의 역사를 기록하기로 결심했다. 교회가 어

떻게, 누구에 의해 생겨났으며, 어떻게 성장했고 박해를 거치면서 발전했으며, 순교를 통하여 어떻게 교회의 영광을 얻었으며, 그리스도교를 믿는 군주들을 어떻게 교회의 품 안에 받아들이고, 이를 통해 권력과 부를 얻었지만, 내적 능력을 잃었는가를 밝혀야 한다(『말쿠스의 생애』 1).

이는 고대교회 몇몇 인물의 외침일 뿐이었다. 단테, 발터 폰 데어 포겔바이데, 클레르보의 베르나르두스, 인문주의에서 계몽주의 시대까지의 많은 역사가도 비판자로 내세울 수 있다. '콘스탄티누스의 전환'은 실제로 예부터 순진한 사람들을 선동하고, 명민한 사람들을 번민하게 한 사건이었다.[7] 비판적 외침을 개관해 보면, 네 가지로 간추릴 수 있다.

1. 콘스탄티누스가 개종한 진심, 그의 정통 신앙, 개인적·도덕적 태도는 의심스럽다. 이 모든 것은 콘스탄티누스가 개종 직후부터 오랫동안 그리스도교 황제의 이상형으로 여겨져 왔기 때문에, 위험한 영향을 미쳤다.

2. 교회는 권력의 유혹으로 타락했다. 교회의 정치신학은 현실을 합리화하고, 이를 하느님의 뜻인 듯 포장했다. 로마제국과 하느님 나라가 거의 동일시되는 위험에 빠지게 되었다.

3. 신약성경 규범들을 잃으면서 교회는 이교인의 종교성을 받아들였다. 폭력을 수반한 선교는 내적 개심을 필요로 하지 않았다. 개심과 개혁을 낳을 가능성은 처음부터 없었으며, 원시 그리스도교의 도덕적 활기는 스토아학파의 자연법적 윤리에 눌려 위축되었다.

4. '콘스탄티누스의 전환'은 1,500년 이상 교회의 진로를 결정했다는 점에서 운명적이었다.

---

[7] Winkelmann, *Religionspolitik*; E. Ewig, Das Bild Constantins d. Gr. in den ersten Jahrhunderten des abendländischen Mittelalters: *HJ* 75 (1956) 1-46; W. Kaegi, Vom Nachleben Konstantins: *SZG* 8 (1958) 289-326; P. Stockmeier, Die alte Kirche – Leitbild der Erneuerung: *ThQ* 146 (1966) 385-408.

여기에 요약한 비평은 역사적 사건들과 이에 관해 보고하는 사료들을 곁들여 신중하게 평가해야 한다.

2. 콘스탄티누스가 일인 통치자가 되는 과정[8]

참고문헌

J. BURCKHARDT, *Die Zeit Constantins d. Gr.* (Stuttgart ⁶1949).

H. DÖRRIES, *Das Selbstzeugnis Kaiser Konstantins* = AAWG.PH 3,34 (Göttingen 1954).

—, *Konstantin d. Gr.* = Urban Bücher 29 (Stuttgart ²1967).

—, *Konstantin d. Gr.* Hrsg. von H. KRAFT = WdF 131 (Darmstadt 1974).

L. VOELKL, *Der Kaiser Konstantin. Annalen einer Zeitenwende. 306-337* (München 1957).

J. VOGT, Constantinus d. Gr.: *RAC* 3 (1957) 306-79.

콘스탄티누스의 젊은 시절에 관해서는 알려진 것이 많지 않다. 아마도 그는 285년 나이수스(니쉬)에서 태어났다. 아버지는 콘스탄티우스 클로루스, 어머니는 헬레나였다. 암브로시우스의 믿을 만한 증언(『테오도시우스의 죽음』 42)에 따르면 헬레나는 여관 주인stabularia이었다. 콘스탄티누스는 젊은 시절 어머니 집에서 살았다. 디오클레티아누스가 새로운 규정을 만들어 콘스탄티우스에게 부황제 자리를 맡기려 하면서 헬레나와 첩 관계를 유지할 수 없게 하자, 콘스탄티우스는 헬레나와 갈라섰다. 디오클레티아누스는 거대한 제국을 동방과 서방으로 분할하여, 동방과 서방을 각기 한 명의 황제가 통치하도록 했으며, 한 명의 부황제가 공동통치자와 잠재적 후계자로서 황제를 도왔다. 콘스탄티우스는 황제로 임명된 뒤 디오클레티아누스의 제2 황제였던 막시미아누스의 의붓딸 테오도라와 혼인했다.

---

[8] E. SCHWARTZ, *Der Aufstieg Konstantins zur Alleinherrschaft: Konstantin d. Gr.* 109-44; 많은 역사적 사건의 상세한 내용에 관해서는 SEECK 1, 1-188; LIETZMANN 3,53-67 참조.

2.1 디오클레티아누스의 4분령 구상

콘스탄티누스는 일생 동안 어머니를 지극히 사랑하고 정성을 다해 섬겼지만 아버지와의 관계도 끊지 않았다. 이는 305년에 두 명의 황제가 퇴위할 때 중요한 영향을 미쳤다. 디오클레티아누스는 직무를 수행하는 데 지쳤으며, 막시미아누스에게도 사직할 것을 강요했다. 디오클레티아누스의 황실에서 교육받은 콘스탄티누스는 두 황제가 퇴위를 공표했을 때, 연단에 함께 있었다. 그는 자기 아버지 콘스탄티우스가 황제로 즉위한 뒤 자신은 부황제가 되리라고 기대했다. 젊은 장교인 그를 존경한 군인들도 그렇게 기대했다. 그러나 콘스탄티누스의 기대는 이루어지지 않았다. 디오클레티아누스의 4분령 체제는 직무가 세습되는 것을 바라지 않았다. 방탕하고 무능한데도 왕자로 태어났다는 이유로 통치자가 되는 세습이 실제로 제국에 해가 되어 왔기 때문이다. 이에 대해 야심 있고 재능 있는 젊은이들, 콘스탄티누스와 막시미아누스의 아들 막센티우스는 무시당하고 있다고 느꼈다. 이 젊은이들은 뛰어난 재능에다 뛰어난 가문이라는 장점을 지녔다. 그러나 굳이 비교하자면 그들보다 전혀 나을 것 없는 인물들이 통치자로 선포되었다. 곧, 막시미누스 다이아가 동방의 부황제 — 이전에 부황제였던 갈레리우스는 황제가 되었다 —, 세베루스가 서방의 부황제가 되었다.

니코메디아(이즈미트)에 있는 황궁에서 지내던 콘스탄티누스는 갈레리우스가 자신의 신변을 노리고 있다고 느꼈다. 그래서 그는, 브리타니아 원정길에 나서 도버 해협을 막 횡단하려고 하는 아버지에게 피신했다. 콘스탄티누스는 아버지와 동행했고 콘스탄티우스가 306년 요크에서 죽었을 때, 군인들은 콘스탄티누스를 곧바로 황제로 선포했다. 갈레리우스는 이를 못마땅하게 여겼지만 어쩔 수 없이 콘스탄티누스를 황제가 아니라 부황제로 인정하고, 연약한 세베루스를 황제로 임명했다. 콘스탄티누스는 처음에 이 결정에 만족하지 않았다.

갈리아–브리타니아에서 행해진 본보기는 많은 동조자를 얻어, 디오클레티아누스의 4분령 체제는 얼마 되지 않아 그 기반이 흔들렸다. 세베루스

는 이탈리아에서 혹독한 세금을 부과하고 근위대를 해체하여 눈 밖에 남
으로써, 마지못해 황제 자리에서 물러난 막시미아누스의 아들 막센티우스
가 부황제로 선포되었다. 북아프리카 전체와 이탈리아 일부가 즉시 막센
티우스를 지지했다. 그의 아버지 막시미아누스는 추호의 망설임도 없이
이 사건에 관여했다. 그는 자신의 아들을 합법적으로 뒷받침하기 위해 다
시 황제의 자포紫袍를 받아들였다. 세베루스는 갈레리우스의 뜻에 따라 옛
질서를 무력으로 되찾으려 했지만 뜻을 이루지 못했다. 갈레리우스는 손
수 군대를 이끌고 이탈리아에서 일어난 사태에 관여했지만 아무것도 되돌
려 놓지 못했다. 최악의 상태에서 디오클레티아누스의 옛 체제는 다시 한
번 정리되어야 했다. 디오클레티아누스는 자신이 은퇴한 사실을 다시 강
력히 부인했다. 그는 308년 빈과 가까운 카르눈툼에서 다시 한 번 자신의
영향력을 행사했다. 막시미아누스에게는 은퇴가 강요되었지만, 그 일은
아무런 이목을 끌지 못했다. 콘스탄티누스는 부황제로 강등되었다. 서방
의 황제 자리는, 세베루스와 마찬가지로 그리 중요하지 않은 인물인 리키
니우스의 몫이었다. 동방에서는 갈레리우스와 막시미누스 다이아가 여전
히 황제와 부황제였다. 카르눈툼의 모임은 성대하게 거행되어 많은 관심
을 불러 일으켰다. 그러나 카르눈툼에서 내려진 결정들은 실질적인 권력
관계를 간과하였다. 특히 서방에서 막시미아누스와 막센티우스가 욕심을
포기하지 않았다.

2.2 갈레리우스의 관용령

갈레리우스는 카르눈툼의 결정을 관철시키려 최선을 다했지만, 310년 중
병에 걸렸다. 그는 311년 임종 직전에 세르디카(소피아)에서 합법적 통치자
네 명의 이름으로 전 제국에서 그리스도교를 허용하는 칙령을 반포했다.

> 우리가 국가를 위해 내리는 그 밖의 규정들 가운데, 우리는 지금까
> 지, 로마인의 옛 법률과 국가 헌법과 일치하여 모든 것을 배치하

고, 조상들이 믿던 종교를 떠난 그리스도인도 이성적인 신념으로 돌아오도록 배려할 생각이었다. 우리는 어떤 이유에서 바로 이 그리스도인을 완고하고 우직하게 이해했다. 그리스도인은 자신의 조상이 맨 처음에 도입한 옛 제도를 따르지 않고, 자신의 판단과 뜻에 따라 법률들을 지키고 서로 다른 지역에서 서로 다른 주민과 유대 관계를 맺었다.

우리가 옛 제도로 돌아가도록 훈령을 공표한 뒤, 많은 이가 생사와 관련된 고발에 연루되고 많은 이가 집과 가정에서도 추방되었다. 대부분의 사람은 자신의 결단을 고수했고, 그들이 [원하지 않았기에] 제신에게 걸맞은 봉사와 당연한 숭배도 하지 않았고, 그들이 [필요로 하지 않았기에] 그리스도인의 신도 공경하지도 않았다고 우리는 판단했다. 그래서 우리는 관대한 우리의 처분을 감안하고 우리의 영원한 관습을 고려하여 모든 사람을 용서해야 하고 남의 일을 잘 보살펴 주는 이 관대함이 그리스도인에게도 확대되어야 한다고 생각했다.

그들은 … 자신의 집회 장소들을 원상 복구 해도 좋다(이미 3세기에 교회 건물이 있었음을 암시한다). 그들은 공공질서를 거스르는 아무 것도 꾀하지 않는다. 우리는 다른 글을 통해 법원 직원들에게, 그들이 어떤 소송절차를 이행해야 하는지 명령할 것이다. 그런 이유에서 우리의 이러한 관대함에 바탕하여 우리의 안녕과 국가의 안녕, 그들 자신의 안녕을 위해 그리스도인의 신에게 기도하는 것은 그들의 임무다. 이에 따라 국가는 모든 면에서 피해를 입지 않을 수 있고, 그들은 걱정 없이 거주지에서 살 수 있다.[9]

---

[9] 락탄티우스 『박해자들의 죽음』 34; 번역: BKV², *Laktantius* 43f; 참조: BLEICKEN (37쪽) 6-13.

이 칙령은 로마 종교성에 관한 전형적 증언이다. 곧, 신 공경은 국가의 안녕을 보장한다. 디오클레티아누스가 펼친 박해정책이 실패했다는 시인도 장황하고 난해하게 표현하고 호의의 표시로 돌려 말한다. 이 칙령으로, 밀라노에서 콘스탄티누스와 리키니우스가 합의하기(22쪽 참조) 2년 전에 이미 그리스도인에 대한 박해는 법적으로 끝났으며, 그리스도교는 '공인된 종교'religio licita가 되었다. 막시미누스 다이아만 이를 따르지 않았으며, 곧바로 새로운 제식 억제책을 규정했다. 내내 방종을 일삼은 뒤 한 조각의 종교적 확신, 곧 그리스도교의 승리가 옛 제신의 몰락을 뜻한다는 두려움이 그에게 있었던 것 같다. 이는 그릇된 생각이 아니었다. 그리스도인은 특히 제국의 동방에서 더 이상 간과할 수 있는 무리가 아니었다. 그들의 종교를 금지하거나 근절하는 것은 비생산적이었다. 서로 싸우던 통치자 가운데 한 사람이 그리스도인을 자기편으로 끌어들이려 한다면 위험은 더 커질 수 있었다. 아마 갈레리우스도 그리스도인에게 관용을 베푸는 이 칙령으로, 경쟁 관계에 있는 권력자들이 그리스도인 문제를 자신에게 유리하게 이용하는 위험을 없애려 한 것 같다. 리키니우스가 그리스도인에게 우호적 태도를 보이다 나중에 그리스도인 박해자로 변한 것은 확실히 콘스탄티누스의 협력자였다가 적수로 변한 것과 관련이 있다. 4세기의 찬탈자들은, 그리스도교를 믿는 합법적인 황제들에 반대하는 추종자들을 얻기 위해, 한결같이 이교인 편을 들었다. 갈레리우스도 그리스도인 문제를 해결함으로써 다름 아닌 4분령 체제의 제국을 살리기 바란 것 같다. 그러나 이는 제국의 체제 유지에 아무 도움도 되지 않았다. 311년에 갈레리우스가 죽자 곧바로 권력투쟁이 일어났다.

2.3 막센티우스와 리키니우스에 대한 콘스탄티누스의 승리

어느 정도 합법적으로 인정받은 통치자는 넷이었다. 동방에는 막시미누스 다이아, 서방에는 콘스탄티누스와 아직 완전히 권좌에서 물러나지 않은 막센티우스와 리키니우스가 있었다. 권력정치의 빈자리는 사망한 갈레리우스가 다스리던 지역이었다. 막시미누스 다이아와 리키니우스는 둘 다 이 지역에 밀고 들어가려고 애썼다. 리키니우스는 서방의 황제로 임명되었지만, 이탈리아는 막센티우스가 차지했기에 리키니우스의 실질적인 통치 지역은 판노니아(헝가리)로 한정되었다. 이제는 갈레리우스가 통치하던 지역, 곧 남아 있는 발칸 지역, 그리스, 소아시아가 리키니우스를 유혹했다. 보스포루스 해협에서 군의 원정이 멈추었다. 양측은 공개적으로 충돌할 만큼 충분히 준비되어 있지 않았다. 이와 달리 콘스탄티누스와 막센티우스의 상황은 긴급한 결정을 요했다. 콘스탄티누스는 서방과 그 북쪽, 곧 브리타니아와 갈리아, 게르마니아만 통치하는 것에 만족하지 않았다. 그는 전 세계적인 군주정체를 세우고자 했다. 그곳으로 가는 길은 필연적으로 로마 건너편으로 이어졌다. 이러한 원정은 콘스탄티누스에게 모험이었다. 그는 라인 강 국경에서 빼낼 수 있는 소규모 군대로 북부 이탈리아에서 역경을 헤치며 나아가야 했다. 그런 다음에야 방어 시설이 견고하고 아우렐리아누스 성벽 때문에 난공불락으로 보이는 로마에 이를 수 있었다. 콘스탄티누스는 누이 콘스탄티아와 혼인한 리키니우스와 동맹을 맺어 동쪽 측면은 안전해졌다. 그는 상황에 적합한 선전을 함으로써 로마 귀족과 백성 그리고 막센티우스 사이에 벌어진 틈을 전면에 부각시켰다.

콘스탄티누스가 밀비오 다리에서 펼친 전술과 승리를 거둔 경위는 여기에서 서술할 필요가 없다. 그것보다는 황제가 그리스도교로 돌아섰다는 사실을 처음으로 명백히 암시한 황제의 환시가 교회사적으로 중요하다.

막센티우스에게 승리를 거두었지만 정치적으로는 아직 안정되지 않았다. 313년, 막시미누스 다이아도 리키니우스에 의해 축출되었다. 동방의 황제인 갈레리우스는 이미 죽었기 때문에, 두 명의 통치자만 남아 있었다. 자신과 리키니우스의 통치 지역 사이에, 부황제 바시아누스가 통치하는 북아프리카와 이탈리아, 판노니아에 완충지대를 두려는 콘스탄티누스의 시도는 수포로 돌아갔다. 바시아누스는 콘스탄티누스의 이복누이 아나스타시아를 부인으로 맞이했다. 그럼에도 불구하고 그는 리키니우스와 자기 동기 세네키오와 함께 음모를 꾀했기 때문에 살해되었다. 314년, 리키니우스가 세네키오를 넘겨주려 하지 않자 전쟁이 벌어져 리키니우스는 발칸 반도 남서쪽까지 물러났다. 두 황제는 이때 정해진 국경을 324년까지 유지했다. 317년, 서방의 통치자 콘스탄티누스의 아들인 크리스푸스와 겨우 한 살인 콘스탄티누스 2세, 황제 리키니우스와 여자 노예 사이에서 태어난 합법적 아들인 젊은 리키니우스가 부황제로 등극했다. 이로써 디오클레티아누스의 황제 선출 원칙이 다시 왕조 세습으로 돌아갔다. 310년대 말, 콘스탄티누스가 트라비아를 곤경에 빠뜨린 고트족을 격퇴하기 위해 리키니우스의 통치 지역에 들어섰을 때, 잠재해 있던 긴장 상태가 고조되어 전쟁이 일어났다. 이때 종교적 선전이 중요한 요소로 떠올랐다. 콘스탄티누스가 그리스도교를 내세우자 리키니우스는 이교인 측을 지지했다. 하드리아노폴리스(에디르네)와 크리소폴리스(스쿠타리)에서 리키니우스는 결정적인 패배를 당했다(소크라테스 『교회사』 1,5; 소조메누스 『교회사』 1,7). 이 전투의 관심사는 통일된 군주정체였으며, 이는 종교적으로 이해되고 뒷받침되었다. 하나가 된 제국에는 수장 한 명만 있어야 한다는 것이다. 하느님의 군주정체는 로마 황제의 군주정체에 상응했다. 전 세계를 아우르는 로마제국은 온 세상을 주관하는 하느님 나라와 일치했다.

324년, 패배한 리키니우스는 부인인 콘스탄티누스의 누이 콘스탄티아의 중재로 서방 황제의 정책을 따르기로 서약하고 목숨을 구했다. 그러나 그는 일 년 뒤, 통치권을 되찾으려 도나우 강 지역의 부족들과 연합한 벌로, 사형선고를 받아 처형되었다. 그의 아들은 아버지보다 오래 살지 못했다. 그는 노예로 강등되어 체벌을 받다가 죽었다. 이로써 카르눈툼 규정에 따른 경쟁자들 가운데 콘스탄티누스와 그의 자식들만 남았다. 이러한 역사적·정치적 사건에 관해 기술했으니 이제부터는 교회와 관련한 사건들에 관해 이야기할 차례다.

3. 콘스탄티누스의 개종

참고문헌

K. ALAND, Die religiöse Haltung Kaiser Konstantins: DERS., *Kirchengeschichtliche Entwürfe* (Gütersloh 1960) 202-39.

N.H. BAYNES, *Constantin the Great and the Christian Church* (Oxford ²1972).

J. BLEICKEN, Constantin d. Gr. und die Christen = HZ, Beihefte 15 (München 1992).

K. BRINGMANN, Die konstantinische Wende. Zum Verhältnis von politischer und religiöser Motivation: *HZ* 260 (1995) 21-47.

H. KRAFT, *Kaiser Konstantins religiöse Entwicklung* = BHTh 20 (Tübingen 1955).

R. LEEB, *Konstantin und Christus* = AKG 58 (Berlin 1992).

K. ROSEN, Constantins Weg zum Christentum und die Panegyrici Latini: *Università degli Studi di Macerata* 67 (Macerata 1993) 853-63.

E. SCHWARTZ, *Kaiser Constantin und die christliche Kirche* (Leipzig ²1936).

3.1 십자가 환시

콘스탄티누스가 그리스도교로 돌아선 시점과 특색, 효과에 관한 문제는 교회사적으로 중요하다. 일반적 견해에 따르면, 이는 밀비오 다리에서 전투하기 전날 처음 일어났다고 한다. 락탄티우스는 이렇게 전한다.

> 콘스탄티누스는 꿈에 하느님을 나타내는 하늘의 표지를 방패에 그리고 전투에 나서라는 지시를 받았다. 그는 명령을 따랐고, 방패에 *X*자를 기울이고 끝을 구부린 그리스도의 표시를 했다. 군대는 이 표시로 무장하고 칼을 잡았다. …[10]

환시 자체는 새로울 것이 없고 세기의 표상에 어울린다. 마르쿠스 아우렐리우스와 디오클레티아누스, 리키니우스의 경우에도 비슷한 일이 있었다

---
[10] 락탄티우스 『박해자들의 죽음』 44; 번역: BKV², *Laktantius* 52.

는 보고가 있다. 많은 군사령관이 전투하기 전에 꾼 뒤숭숭한 꿈에서 하늘의 환시를 보았다. 락탄티우스가 보고하는 표지의 형태는 에우세비우스가 전하는 것보다 이해하기 더 어렵고 종종 토론의 대상이 되었다. 그는 아무도 이해하지 못하는 신비를 해석할 수 있기 바랐다. 그러나 그러한 신비가 없다는 것은 분명했다. 군인들에게는 신이 자신들을 도와 승리를 보증해 준다는 확신만 있으면 충분했다.

표지는 어떤 모습인가? 락탄티우스가 바라는 대로 그리스 문자 '키'(Χ)를 비스듬하게 돌려 대들보처럼 세우면 십자가가 된다. 그렇지만 십자가가 요점이 아니었다. 십자가는 더 쉽게 표현할 수 있었다. 그리스도(Χριστός) 이름의 첫 글자인 Χ에서 십자가가 생기는 것이 중요했다. 이제 십자가의 가로 막대를 구부리면 그리스도 이름의 둘째 글자인 그리스 문자 '로'(ρ)가 된다. 조합하면 이는 그리스도교적 의미에서 이른바 십자가 문자라고도 하는 결합 문자를 확실하게 드러낸다. 이 형태의 그리스도 표지는 매우 오래되었고 이미 2세기 후반의 파피루스 단편에도 나오지만, 제명학적으로 드물게 전해진다. '키'와 '로'가 잘 들어맞도록 짜 맞추면 그리스도 결합 문자가 생긴다는 것은 잘 알려진 사실이다. 황제는 몇 년 뒤인 315년에 발행한 기념주화에 이 형상을 새기게 했다. 이전에 이 표지가 드물게 사용되었다는 사실은 락탄티우스의 보고가 신빙성이 없다는 쪽이 아니라 오히려 신빙성을 뒷받침해 준다.[11]

락탄티우스와 달리 에우세비우스는 황제에게 두 번에 걸쳐 환시가 일어났다고 보고한다. 첫째 환시는 막센티우스와 벌인 전투를 준비하는 오후에 일어났다. 이 환시에서 콘스탄티누스는 자신이 본 막연한 것에 관한 불안과 중압감을 느낀다(『콘스탄티누스의 생애』 1,28). 둘째 환시는 그날 밤 꿈을

---

[11] DÖRRIES, *Konstantin* (30쪽) 31; H. KRAFT, Das Silbermedaillon Constantins d. Gr. mit dem Christusmonogramm auf dem Helm: *Konstantin d. Gr.* (30쪽) 297-344; H.R. SEELIGER, Die Verwendung des Christogramms durch Konstantin im Jahre 312: *ZKG* 100 (1989) 149-68.

꿀 때 일어났다. 이 환시에서 그리스도는 콘스탄티누스에게, 하늘에 나타난 표지를 본떠 지금부터 방어 군기로 사용하라고 명했다(『콘스탄티누스의 생애』 1,29). 날이 밝자마자 콘스탄티누스는 화가들을 불러 하늘의 표지를 금과 보석으로 본떠 만들게 했다.

> 표지는 이런 방식으로 만들어졌다. 금도금한 긴 창 자루에 횡목을 붙여서 십자가 모양이 되었다. 위쪽 가장자리에, 금과 보석으로 정교하게 꾸민 관이 있었다. 이 관에 구원자의 이름을 나타내는 표지, 곧 그리스도(Χριστός)의 이름 가운데 맨 앞 두 문자, 곧 ρ('로') 가운데에 X('키')를 교차시킨 결합 문자를 붙여 넣었다. 나중에 황제는 이 문자를 자신의 투구에도 새겨 넣었다. 창 자루에 붙어 있는 횡목에 화려한 아마포 조각까지 드리웠다. 이 아마포에는 햇빛을 받아 영롱하게 빛나는 색색의 보석을 위에서 아래까지 촘촘히 박았고 금실로 호화롭게 수를 놓았다. 누가 보아도 말로 표현할 수 없이 아름다운 모습이었다. 횡목에 달려 있는 이 아마포는 폭과 길이가 같았다. 긴 천에는 밑 부분까지 십자가 표지가 수놓아져 있고, 글씨가 새겨진 천 끝 부분에 하느님께서 사랑하시는 황제와 아들들의 흉상이 모두 금으로 그려져 있었다. 황제는 늘 행복을 가져다주는 이 표지를 자신에게 적대적인 모든 세력에 대한 방어 수단으로 사용했으며, 자신의 군대도 모두 같은 표지를 사용하도록 명했다.[12]

락탄티우스와 에우세비우스가 전하는 내용에 많은 차이점이 있다는 사실을 고려하면 두 사람이 같은 사건을 묘사하고 있는지 묻지 않을 수 없다. 콘스탄티누스가 실제로 무엇을 보았는지도 전혀 명확하지 않다. 나중에

---

[12] 에우세비우스 『콘스탄티누스의 생애』 1,31; 번역: BKV², *Eusebius* 1,26f.

그리스도교적으로 해석된 표지가 문제일 수 있다.[13] 에우세비우스는 아마도 콘스탄티누스 후대에 군대에서 흔히 사용한 군기vexillum(또는 labarum)를 묘사하는 것 같다. 콘스탄티누스 아들들의 초상은 아무리 빨라도, 콘스탄티누스가 맏아들과 둘째 아들을 부황제로 등극시킨 317년부터나 있게 되었으리라 여겨진다.

외적인 사건의 묘사와 달리 내적 의미에서 두 보고자가 일치한다. 막센티우스와의 결전은 콘스탄티누스에게 종교적 전환이었다. 그는 그리스도인이 믿는 신의 보호에 힘입어 승리했다. 그가 그때부터 그리스도인의 신을 신봉했다고 보는 것이 논리에 맞다. 제국의 최고 지휘관들이 전투가 난관에 부딪쳤을 때 행한 맹세를 전쟁이 끝난 뒤 이행했듯이, 콘스탄티누스는 자신에게 선사된 승리를 통해 그때부터 그리스도께 의무감을 느꼈다. 이는 전장에서 개종이었다. 200여 년이 지난 뒤 프랑크족 통치자 클로비스가 알레만족과 벌인 전투 직전에도 비슷한 사건이 일어났다(177쪽 참조).

3.2 개종 동기

콘스탄티누스가 개종한 동기와 진정성에 관한 문제는, 후대의 '그리스도교적 해석'interpretatio christiana이 다양하게 미화한, 종교적 전환의 정확한 날짜나 상세한 상황보다 더 중요하다. 황제의 개인적 태도와 정치적 행위에서 심경의 변화를 나타내는 징조가 있었는가?

3.2.1 상반된 평가

전투에서 승리를 거둔 뒤 황제는 개선 행진을 하면서 로마에 입성했다. 행진은 광장을 거쳐 옛 '개선 가도'via triumphalis를 따라 이루어졌다. 그러나 콘스탄티누스는 카피톨리노 언덕에 올라가 주피터 신전에서 제물을 바치는 대신, 카피톨리노 언덕 아래에서 왼쪽으로 방향을 바꾸어 왕궁으로 사

---

[13] 모든 가설에 대한 상세한 논의에 관해서는 BLEICKEN 22-33 참조.

라졌다. 그는 승리의 정점을 장식하는 마무리로 제신에게 제물을 바치는 것을 드러내 놓고 포기했다. 이는 간접적이지만 명백한 표시인 것 같다. 이 점에서 과거와의 의도적인 단절이 선언되었다.[14] 그러나 누구나 알듯이, 그가 제물 봉헌을 포기하지 않았다는 것은 명백한 사실이다. 외국의 적에 대한 승리가 아니라 시민전쟁에서 승리를 거둔 뒤 행하는 개선 행진은 환영받지 못했다. 콘스탄티누스가 절차를 생략하고 카피톨리노 언덕에서 제물을 바치지 않은 것은 그 때문이 아니었을까?

콘스탄티누스가 개인적으로 발의하여 곧바로 실시되고 친그리스도교적 성향을 드러내는 듯한(61-86쪽 참조) 입법이 진지한 개종을 나타내는 암시일 수 있다. 하지만 대체로 입법은 두 가지 상반된 가치를 동시에 지니며 유용성을 고려하여 결정될 수 있다. 공의회를 통해 교회의 일치를 지키려는 황제의 노력이 의도적으로 신앙을 받아들이게 했다고 할 수 있다.

한편, 그의 개종을 진지한 개종으로 볼 수 없는 점은 무엇인가? 콘스탄티누스가 이교 억압을 지나칠 정도로 피했다는 사실을 지적할 수 있다. 그리스도교는 허용되었고 시간이 지나면서 점점 더 성장했다. 곧, 그리스도교는 장려되었다. 그러나 국가교회로서 교회, 이교 제식의 금지, 신전 폐쇄는 후대에 취해진 조치였다. 이와 더불어 312년 이후에도 주화와 예술 작품에 그리스도교의 상징과 더불어 이교의 신들과 그들의 특징이 표현되곤 했다는 점도 주목을 끈다. 이렇게 확인된 사실은 황제가 진지하게 개종하지 않았거나 정치적 처세를 잘했다고 평가할 수 있게 한다. 그러나 둘 중 하나로 단정하는 것은 그리 쉬운 일이 아니다.

3.2.2 주화의 증언

주화는 특별히 새겨볼 필요가 있다. 그 시대에 주화는, 선전 효과가 매우 크고 백성의 여론을 형성할 수 있는 유일한 수단이었다. 주화는 통치자

---

[14] 특히 J. STRAUB, Konstantins Verzicht auf den Gang zum Kapitol: DERS., *Regeneratio Imperii* (Darmstadt 1972) 100-8.

의 교체를 비롯한 정치적 변화를 알리는 뛰어난 수단이었다. 따라서 고대 후기의 주화 주조는 특별한 역사적 가치가 있다. 콘스탄티누스 개종의 신뢰성에 관해 제기된 질문과 관련하여, 막센티우스에게 승리를 거둔 뒤 곧바로 주화에 그리스도 결합 문자가 나타나는 반면, 콘스탄티누스가 신봉한 명백한 표지인, 4분령의 제신이 사라졌는지는, 주화에서 살펴볼 수 있다. 지방에서 주조된 주화에 이따금 이교의 상징이 나타나는 것은 중요하게 생각할 필요가 없다. 그러나 황제가 발행한 주화의 경우는 문제가 다르다. 그런 이유에서 '무적의 태양'sol invictus과 같은 표상은 주화에 오랫동안 사용되었다. 무적의 태양은 로마 제신이라는 고유성이 없었다. 무적의 태양은 모든 이가 자신이 바라는 종교적 내용으로 채울 수 있는 지극히 높은 천상 존재의 대명사였다. 이교의 주화 주조소들은 이러한 주제를 기꺼이 사용했다. 태양sol의 광휘는 황제의 마음에 들지 않을 까닭이 없었다. 황제에게 태양의 광휘가 소중하다면, 황제는 그것을 정의의 태양인 그리스도와 연관시켜 해석할 수 있었다. 태양의 광휘는 이교인 특사들에 의해서도 해명될 수 있었다. 콘스탄티누스가 진정 그리스도를 신봉할지라도 '정의의 태양'sol iustitiae에 대한 신봉이 이교를 단연코 반대하는 것은 결코 아니었다. 이교인은 태양의 상징을 자신들만의 고유한 내용으로 채울 수 있었다. 사람들이 십자가에 광휘를 덧붙였다면 태양신을 탈그리스도교화할 수도 있는 일이었다.[15]

3.2.3 콘스탄티누스 개선문

로마 원로원이 콘스탄티누스를 위해 로마에 세운 개선문은, 표면적으로 종교적 중립을 지키려는 노력의 전형적인 본보기다. 개선문은 황제를 무적의 태양으로 묘사하며, 군인들의 방패에 그리스도교의 상징을 넣는 것을 명백히 피한다. 비문도 신중히 표현된다.

---

[15] DÖRRIES, *Konstantin* (30쪽) 42.190: Abb. 8,1f; BLEICKEN 38-43.

IMP CAES FL CONSTANTINO MAXIMO
P F AUGUSTO S P Q R
QUOD INSTINCTU DIVINITATIS MENTIS
MAGNITUDINE CUM EXERCITU SUO
TAM DE TYRANNO QUAM DE OMNI EIUS
FACTIONE UNO TEMPORE IUSTIS
REMPUBLICAM ULTUS EST ARMIS
ARCUM TRIUMPHIS INSIGNEM DICAVIT

임페라토르 카이사르 플라비우스 콘스탄티누스 막시무스, 경건하고 행복이 가득 찬 아우구스투스에게 원로원과 로마 백성은 승리의 표지로 개선문을 바친다. 그가 적합한 무기로 무장한 자신의 군대와 함께 위대한 영 안에서 신성의 자극으로 국가를 위해 폭군과 그의 모든 추종자를 일격에 쓰러뜨렸기 때문이다.[16]

315년, 황제 즉위 10주년에 맞추어 개선문이 완성되어야 했다. 이 과제가 로마 관리들에게 어떤 어려움을 야기했는지 짐작할 수 있다. 밀비오 다리에서 거둔 승리와 밀라노에서 맺은 협정은 아직 오래전의 이야기가 아니었다. 황제의 종교적 성향이 어떻게 평가되어야 하는가? 10주년까지는 시간이 많지 않았다. 사람들은 표상 부조 대부분에 이전 황제의 기념물을 사용해야 했다. 특히 콘스탄티누스가 '신성의 자극'instinctu divinitatis으로 위업을 달성했다는 정식은 성공한 헌정 비문으로 보인다. 정식은 무적의 태양처럼 단조로워서, 황제가 새로운 신앙에 이미 집착할지라도 그를 모욕하지 않았고, 아직 확고부동하게 이교를 신봉하는 원로원을 무난히 곤경에서 벗어나게 했다. 312년 이후에도 주화와 기념비에 이교의 상징이나 중립적 상징이 보이는 것은 놀랄 일이 아니다. 오히려 황제가 영향을 미칠

---

[16] CIL 6,1139; VOELKL (30쪽) 72-4; DÖRRIES, *Konstantin* (30쪽) 41.

수 있는 곳과 황제의 개인적 확신과 원의가 영향을 미칠 수 있는 곳에서 그런 상징들이 점점 사라졌다는 것이 놀랄 일이다.

3.3 평가

콘스탄티누스의 그리스도교 개종은 시간이 지나면서 서서히 이루어진 것 같지 않다. 개종은 늦어도 312년이나 바로 그 전에 일어났다. 황제는 314년에 열린 아를 교회회의에 모인 주교들에게 이렇게 쓰고 있다.

> 우리 하느님의 영원하고 상상할 수 없는 거룩한 경건은 인류를 결코 더 이상 암흑 속에 있지 않게 하고 많은 사람의 추악한 악의가 이와 같이 만연하는 것을 허용하지 않습니다. 또한 그런 경건은 반짝이는 빛으로 구원의 길을 다시 새롭게 비추고 정의의 규범으로 개종하도록 그들에게 기회를 주는 것을 허용합니다. 저는 많은 본보기에서 이를 알았으며, 스스로 체험했습니다. 왜냐하면 이전에 제 안에는 정의가 없는 사물들이 있었고, 저는 은밀하게 숙고하는 것을 지극히 높은 권능께서 알지 못하신다고 생각했기 때문입니다. 제 말을 어떻게 끝냈겠습니까? 악이 넘친다고만 했습니다. 그러나 하늘 높은 곳에 거하시는 전능하신 하느님께서 제가 얻지 못한 것을 주셨습니다. 그분께서 천상의 은총으로 당신의 종인 저에게 주신 것은 확실히 표현할 수도 열거할 수도 없습니다.[17]

이는 개종 고백처럼 생각되며 실제로 그런 것 같다. 황제가 이 글을 썼다는 것은 확실하다. 그가 아니면 누가 자신의 과거를 이처럼 예리하게 판단할 수 있는가? 당연하지만, 편지만으로는 개종이 얼마나 극적으로 이루어

---

[17] 옵타투스 『도나투스파 열교』(부록) 5; 번역: KRAFT, *Religiöse Entwicklung* 183f; 편지의 일관된 특성과 개찬 가능성에 관해서는 KRAFT, *Religiöse Entwicklung* 185-91; GIRARDET, *Reichskonzil* (46쪽) 168. Anm. 21; RITTER, *Alte Kirche* 123 참조.

졌으며, 황제가 생각하는 그리스도인상像이 교회의 교의적·윤리적 요구와 어느 정도 일치하는지에 관해서는 아무것도 추론할 수 없다. 글귀를 보면 고백은 철학적으로 윤색되어 있다. 개종은 콘스탄티누스에게 더 고상한 행실에 관한 체험, 하느님 앞에서 자신의 책임에 대한 자의식, 백성의 운명을 보상과 벌로 해석하는 것을 담고 있다. 또한 그리스도교적 의미에서, 이 모든 것은 콘스탄티누스 자신이 일부를 이룬다고 느낀 그리스도인의 하느님께 대한 고백으로 이해된다.

전체적으로 볼 때 콘스탄티누스의 개인적·종교적 태도에 관한 평가는, 개별적으로 서로 일치하지 않고 문제점이 있음에도 불구하고, 역사적 연구에서는 놀랍게도 긍정적이다. 즉, 콘스탄티누스를 그리스도인으로 본다. 그는 정치적 합목적성에 바탕을 둔 고려뿐 아니라 내적 확신에서도 자신의 시대에 그리스도교 국가로 실현되는 발전을 원했고 촉진시켰다.[18]

그런 이유에서 콘스탄티누스 개종의 진정성을 의심할 까닭이 없다면, 콘스탄티누스에게만 해당되는 것이 아니지만, 그에게 그리스도교로의 개종이 중요한지 그리스도교 신앙으로의 개종이 중요한지를 결정하는 것은 인간의 몫이 아니다.[19] 콘스탄티누스가 개인적 확신에서 그리스도교에 관심을 기울였다는 것은 확실한 사실 같다. 콘스탄티누스는 그가 늘 생각해 오던 '최고의 신'summus deus, 참된 무적의 태양, 밝게 빛나는 신성을 이제 그리스도인의 하느님과 동일시한다. 입법과, 특히 312년 이후 곧바로 시작하고 적극적으로 지원한 교회 건축물을 세울 때 자신의 의견을 분명히 밝힌 황제의 종교정책에서 제의가 강조된 것은[20] 개종의 종교적 특성을 드

---

[18] DÖRRIES, KRAFT, LIETZMANN, VOGT 등의 주장이다. 참조: ALAND 239. BLEICKEN (64-6)은 이러한 견해를 내세우는 데 주저한다.

[19] 문제점에 관해서는 P. STOCKMEIER, *Glaube und Kultur* (Düsseldorf 1983) 60-105.236-53, 특히 252f 참조.

[20] R.M. GRANT, *Christen als Bürger im Römischen Reich* (Göttingen 1981) 169-73; H. BRANDENBURG, *Römische frühchristliche Basiliken des 4. Jhs.* = Heyne Stilkunde 14 (München 1979).

러낸다. 한편 콘스탄티누스가 죽기 직전까지 세례지원자였다는 사실 또한 확실하다. 그는 평생 한 번도 어떤 성찬례에 참석하지 않았다. 콘스탄티누스의 신앙이 어느 정도였는지, 곧 그가 자신의 신을 그리스도교의 하느님으로 바꾼 것인지 아니면 그리스도가 그를 내적으로 사로잡은 것인지는 단정할 수 없다. 회개라는 성경의 의미에서 개종했느냐는 의문은 로마 종교성의 견지에서는 제기되지 않는다.

그럼에도 불구하고 이는 '콘스탄티누스의 전환'에 대한 평가에 매우 중요하다. 교회가 비판 없이 황제의 정책에 얽매였다는 비난은 그의 개종 문제와 얽혀 있다. 콘스탄티누스가 보인 호의의 표시, 영향력과 권력의 제의 提議를 교회가 포기하려 하지 않았기 때문이다. 하지만 주교들이 콘스탄티누스를 정치가인 동시에 교회를 걱정하는 그리스도인이라고 확신했다면, 이를 포기할 수 있었을까? 이 의문은, 새로운 전제에서 발전해 나가는 국가와 교회의 관계를 올바르게 평가하자면, 함께 고려되어야 한다.

4. 아를 교회회의

참고문헌

W.H.C. FREND, The Donatist Church (Oxford ²1971).

M. GIRARDET, Kaiser Konstantius II. als "episcopus episcoporum" und das Herrscherbild des kirchlichen Widerstandes (Ossius von Corduba und Lucifer von Calaris): *Historia* 26 (1977) 95-128.

—, Konstantin d. Gr. und das Reichskonzil von Arles (314): *Oecumenica et Patristica*. FS W. Schneemelcher (Metropolie der Schweiz 1989) 151-74.

E.L. GRASMÜCK, *Coercitio. Staat und Kirche im Donatistenstreit* = Bonner Hist. Forsch. 22 (Bonn 1964).

J.-L. MAIER, *Le dossier du Donatisme*, 2 Bde. = TU 134f (Berlin 1987/89).

J.M. O'DONNELL, The Canons of the First Council of Arles (Diss. Washington 1961).

E. TENGSTRÖM, *Donatisten und Katholiken. Soziale, wirtschaftliche und politische Aspekte einer nordafrikanischen Kirchenspaltung* = Studia Graeca et Latina Gothoburgensia 18 (Göteborg 1964).

서방의 마흔여섯 교회의 대표자가 황제의 발의로 314년 아를에 모인 집회는 언뜻 보면 도나투스파와 교회가 벌인 논쟁(223-32쪽 참조)이라는 길고 즐겁지 않은 여정의 간이역쯤으로 보인다. 이와 관련하여 이 회합은 별 의미가 없었다. 교회회의가 도나투스파 문제를 부분적으로도 해결하지 못했기 때문이다. 집회는, 국가와 교회 사이에 겨우 시작된 연합의 관점에서, 황제의 이해관계와 교회의 관심사가 서로 만난 가장 이른 사건들 가운데 하나라는 의미가 더 컸다. 공동의 이해가 얽힌 일에서 고유한 권리를 어떻게 보호할 수 있는지에 관한 모델이 아직 없었다.

교회회의는 여기서 정하는 규율적 결정들과 관련해서 볼 때 중요하다. 그 결정들은 그 자체로 고찰하면, 시대와 연관되고 장기적으로는 큰 효과를 내지 못하지만 두 시대의 전환기에 서 있는 교회의 상황을 고려하면 미래 지향적이었다. 이 전환기에는 박해 시대에서 유래한 아직 풀리지 않는 갈등이 제거되어야 했고, 새로이 나타나기 시작한 과제들이 추구되어야 했다. 국가와 교회가 맺기 시작한 협력은 법규 대부분의 대상을 정하고 결정을 내리는 데 확실히 영향을 미쳤다.

4.1 전사前史

아를 교회회의가 소집된 이유는 도나투스파 문제 때문이었다. 디오클레티아누스 때 일어난 박해의 후유증으로 북아프리카 교회에서 분열이 일어났다. 누미디아의 주교들이, 카르타고의 주교 카이킬리아누스가 디오클레티아누스의 박해 때 성경을 넘겨준 배교자traditor 압퉁기의 주교 펠릭스에게 서품되었다는 사실 때문에 그가 받은 서품이 무효라고 선언했기 때문이다. 북아프리카 특유의 유심론적 성사 이해와 교회 이해 및 특별한 공동체적·사회적 관계가 논쟁의 토대가 되었다(167-9쪽 참조). 누미디아의 주교들은 귀족 출신인 루킬라라는 부인의 피후견인인 마요리누스를 카르타고의 주교로 서품했다. 그녀로 말미암아 카이킬리아누스는 결딴났다. 루킬라는 성찬 전례 전에 순교자들의 작은 뼈에 입 맞추곤 했다. 카이킬리아누스는 이를 비난했고, 루킬라는 이를 악의로 오해했다(옵타투스 『도나투스파 열교』 1,16,9).

313년 여름, 도나투스가 마요리누스의 후계자가 되었다. 급히 조직된 특수 교회는 그의 이름을 따라 도나투스파라고 한다. 도나투스파는 밀라노 칙령이 약속한 교회 재산을 돌려받기 위해 북아프리카의 총독 아닐리누스를 거쳐 콘스탄티누스에게 도움을 청하고, 갈리아 주교들에게 중재기관을 맡아 줄 것을 부탁했다. 이는 재산권에 관한 문제였기 때문에 황제도 직접 관련된 문제였다. 카이킬리아누스의 서품이 유효하지 않다고 여긴 도나투스파는 이 재산의 합법적인 수령자로 인정받기를 원했다. 그 때문에 이들은 갈리아 주교들에게 중재기관을 맡아 줄 것을 요구했다. 그들이 법적 판결을 가장 빨리 내릴 수 있다고 믿었기 때문이다. 그들은 당시 싹트기 시작한 분열과 이해관계가 없었으며, 올바른 성사 이해에 관해 로마와 카르타고 사이에 일어난 신학적 논쟁(224-6쪽 참조)에서도 중립적이었다. 콘스탄티누스는 북아프리카인들의 요청을 일부만 받아들여, 먼저 카이킬리아누스와 마요리누스를 각기 추종자 열 명과 함께 로마로 소환했다. 그곳에서 로마의 주교 밀티아데스와 갈리아의 오텡, 쾰른, 아를의 주교들 앞에서 카이킬리아누스의 주장이 '지극히 존경하는 교회의 결정들'에 일치하는지 밝혀내기 위해서였다(에우세비우스 『교회사』 10,5,19). 콘스탄티누스는 주교들의 중재기관을 준국가적 법원으로 여긴 것 같다. 이 준국가적 법원은 구성 방식에 기초하여 교회 사건에 결정을 내릴 권한이 있고 황제가 법적으로 관철할 수 있는 판결을 내릴 수 있기 때문이다.

밀티아데스는 이 중재기관의 의장을 맡아 달라는 황제의 요청에 어떻게 대응했는가? 위원회는 313년 10월에 로마에서 카이킬리아누스 문제를 다루기로 결정했지만 그 일을 마무리하지 못했으며, 콘스탄티누스와 도나투스파가 원하는 대로 하지 않았다. 갈리아 주교 세 명과 더불어 밀티아데스는 로마 주변 지역과 북이탈리아에서 주교 15명을 더 초대하여 황제의 중재기관을 교회회의로 확대했다. 밀티아데스는 로마 전통에 따른 방식으로

명민하고 품위 있게, 황제가 내린 심리 명령에 따르면서 교회회의 방식의 틀에 어울리게 하였다.[21]

4.2 도나투스파 단죄

4.2.1 황제의 관심사와 교회의 관심사

콘스탄티누스는 자신이 내린 명령을 암묵적으로 수정하는 것을 시인한 것 같다. 로마 교회회의는 카이킬리아누스가 배교자라는 비난에 동의하지 않고 그가 받은 서품의 유효성을 확언하였다. 도나투스파가 로마의 결정을 당연히 인정하지 않고 황제에게 호소하자, 콘스탄티누스는 314년 8월에 서방 제국의 모든 지방, 당시 자신이 통치하는 지역에서 대표를 보낸 교회들의 집회를 아를에 소집했다. 따라서 주교들로 구성되었지만 실제로는 국가의 중재기관을 본뜬 위원회가 모인 것이 아니라 교회회의 자체가 아를에 소집되었다. 서방교회 전체의 결정을 근거로 도나투스 논쟁을 끝내기 위해서였다.

이는 콘스탄티누스가 교회의 관례를 따르지 않고 멋대로 내린 조처였기에, 주교들의 관점, 특히 로마의 관점에서는 매우 못마땅한 일이었다. 제삼자, 곧 황제가 로마 교회회의의 결정을 다시 확대된 교회회의에 의뢰하였다는 것은 전통적인 관습에 어긋나는 일이었다. 또한 시라쿠사는 로마 교회회의의 관할 구역이고, 따라서 로마 주교가 소집해야 하는데도, 시라쿠사의 주교 크레스투스가 로마 주교의 뜻과 관계없이 황제의 개인 서간을 통해 아를로 소집한 것도 관례에 어긋났다(에우세비우스 『교회사』 10,5,21-24). 후대에 아우구스티누스는 로마와 아를 두 교회회의가 계속 열린 것을 어느 정도 합리화해 보고자 무척 애를 썼다(『서간집』 43,7과 19-20). 아프리카 주교들에 관해서는, 카이킬리아누스와 그의 반대자들을 비롯하여 북아프리카 모든 지방의 대표자들을 황제의 역참을 사용하여 제때에 아를에 도착

---

[21] CASPAR 1,112.

시키도록 하라는[22] 명령이 황실 관리 아일라피우스[23]에게 하달되었다.

'콘스탄티누스 전환' 비판자들에 따르면, 교회는 아를 교회회의로 마침내 황제의 정치적 관심사에 얽매이고, 이로써 국가교회 제도에서 일관성 있게 결말을 내려야 했던 사건 전개의 첫머리를 장식했다. 주교들은 황제와 교회가 만난 이 첫 집회에 참석하지 않았어야 옳은가? 그들은 황제의 초대를 거절했어야 했는가?

두 가지 사실을 허투루 넘겨서는 안 된다. 곧, 313년 10월의 로마 교회회의가 아를로 이어진 것은 무엇보다도, 황제가 독단적으로 행동하지 않고 교회회의가 효과적인 제도가 되었음을 나타낸다. 도나투스 논쟁의 해결에는 황제뿐 아니라 교회가 더 관심을 가졌다. 그러나 교회회의를 소집한 것은 분명 황제이지 로마 주교가 아니었다. 황제만 모든 지방의 경계를 넘어서고 자신의 개인적 참여와 관계없이[24] '제국 교회회의'[25]의 특성을 지닌 주교 모임을 소집할 권한을 지녔다. 본디 교회회의는 수석대주교가 수장인 한 지방에 국한되었다. 이와 관련하여, 특히 서방에서 광범위한 교회 재치권 영역의 생성과 경계 설정이 이제 막 시작되었다는 점에 주목해야 한다(332-3쪽 참조). 주교들에게는 도나투스파 문제를 가능한 한 다수의 의사로 결정하는 것이 중요했다. 교회의 지방들이 판결에 더 많이 관여할수록, 단죄된 이들이 돌아설 희망이 더 있었다.

당연히 아를 교회회의로 말미암아 새로운 발전이 시작되었다는 것을 부인해서는 안 된다. 지금까지 국가에게서 박해받거나 무시당하던 주교들은 황제의 관대함에 깊은 인상을 받았다. 황제는 그들에게 무상으로 황제의

---

[22] CASPAR 1,113; GIRARDET, *Reichskonzil* 152.167f.

[23] 아일라피우스가 아니라 아블라비우스라는 견해에 관해서는 R. MERKELBACH, Zwei Gespensternamen: *ZPE* 51 (1983) 228f; GIRARDET, *Reichskonzil* 168, Anm. 16 참조.

[24] GIRARDET (*Reichskonzil* 153f.162f)는 콘스탄티누스가 직접 아를 교회회의에 참석했다는 T.D. BARNES의 견해를 격렬히 논박한다.

[25] 더는 교회회의로 더는 공의회로 사용되는 언어 관용에 관해서는 GIRARDET, *Reichskonzil* 167, Anm. 11 참조.

역참을 사용하게 하였다. 이는 개인 여행을 하는 것이 몹시 어려웠다는 사실과 비용을 고려할 때 과소평가되어서는 안 되는 호의의 표시였다.[26] 더욱이 황제는 주교들이 신학 조언자 두 명과 하인 세 명을 동반하는 것을 허용했다. 이로써 그들은 고위 국가 관리의 명예를 누렸다. 주교들은 자신들의 직무가 존중받는 것에 매혹되지는 않았지만, 도나투스파 문제에서 확실하게 드러난 황제의 종교적 열의에 매우 만족했다. 황제의 원의에 저항하는 것은 한마디로 부적절했다. 황제가 의도한 발의發議에서 생겨날 수 있는 뜻밖의 결과들을 주교들이 모두 인식하지 못했다는 것은 충분히 있을 수 있는 일이며 이해할 수도 있다.

다른 한편으로 교회회의가 진행되면서, 주교들은 독자적 행위를 포기하려 하지 않았다고 추론된다. 황제의 바람에 대해 신중한 태도를 취한 것이 분명하게 인지된다. 후대에 국가의 권한 요구가 더 적나라해졌을 때, 이러한 신중함은 서방교회의 특징이 되었으며, 힐라리우스와 암브로시우스 또는 서방 지향적인 아타나시우스 같은 주교로 하여금 교의적·규율적 문제에서 교회의 자주를 지키게 했다. 그러나 국가 권위에 전적인 경의를 표하는 관례는, 황제가 교회의 교의 문제에서 아리우스주의에 우호적 입장을 취했을 때, 수많은 주교로 하여금 황제에게 내놓고 대들지 못하게 했다.

4.2.2 로마의 입장

314년, 밀티아데스의 자리를 이어받은 로마의 주교 실베스테르가 아를 교회회의에 불참하고, 사제와 부제 두 명을 대표자로 보낸 사실은 주목할 만하다. 이로써 실베스테르는 이러한 전통의 토대를 놓았다. 몇몇 예외적인 경우와 강요에 의해 여행한 경우를 제외하고 말이다. 초기 그리스도교 교황들은 여행하지 않고 늘 로마에 머물러 있었다. 이들은 자신이 당연히 의장을 맡지 않는 교회회의에 결코 참석하지 않았다. 여기에서 말로 표명

---

[26] 주교들이 빈번한 여행을 즐김으로써 야기된 역참의 쇠망에 관해서는 SEECK 4,451 참조.

되기 이전에도 수위권 의식이 이미 감지된다.

실베스테르가 아를에 초청받았다는 것은 확실해 보인다. 시라쿠사의 주교 크레스투스에게 보낸 황제의 서간이 남아 있지 않지만 그렇다. 사람들은 실베스테르가 교황직이 교체되었기 때문에 오지 않았다고 생각했다. 그러나 그때는 밀티아데스가 죽고 6개월도 더 지난 뒤였다. 아마도 로마의 주교는 아를에 가고 싶지 않았던 것 같다. 그가 자신의 불참을 변명하는 내용이 이를 말해 준다. 이러한 내용은 교회회의 참석자들이 아를에서 실베스테르에게 쓴 편지에 들어 있으며, 그들이 아를 교회회의에 참석한 교황의 대표자임을 암시한다.

> 지극히 사랑하는 형제인 그대가 이 볼만한 자리에 있었기를! 우리는 그들[도나투스파]에 대해 더 엄격한 판결을 내렸으며, 그대가 우리와 함께 선고하였다면 우리가 더 큰 기쁨을 느낀다는 인상을 아마도 많이 받을 것입니다. 그러나 그대는, 사도들이 매일 머무르고 그들의 피가 끊임없이 하느님의 영광을 증언하는 그곳을 결코 떠날 수 없습니다[옵타투스 『도나투스파 열교』(부록) 4].

실베스테르도 밀티아데스와 비슷하게 황제에게 무뚝뚝하게 대하지 않고, 황제의 독단적 태도에 대해 로마의 신중함을 표현하는 방식으로 대처했다. 주교들과 집회 자체도 자긍심에 찬 품위로 대응했다. 그들은 그들 측에서 이미 거부한, 지난해에 로마 교회회의가 내린 판결을 검토하고, '카이킬리아누스의 죄'crimina Caeciliani를 조사하자는 도나투스파의 무리한 요구를 들어주는 것을 양보라고 생각하지 않았다. 카이킬리아누스 서품의 유효성은, 죄지은 성직자가 성사의 효력을 방해하지 않는다는 로마의 확신에 따라 처음부터 확실했다. 그것만으로도 도나투스파의 고소는 애당초 근거가 없었다. 아를 교회회의도 같은 방식으로 처리했다. 이 교회회의는 카이킬리아누스가 배교자에 의해 서품되었는지에 관한 '사실 문제'quaestio facti를 조사하지 않았다. 도나투스파와 황제가 요구한 법적 조사는 교의적 결정으로 대체되었다.

동일한 성사 이해는, 교회로 돌아온 이단자들은 그들이 받은 세례가 옳다면, 곧 삼위의 이름으로 세례를 받았다면, 다시 세례 받을 필요가 없다는 결정에 기초가 되었다[『법규』 9(8)조]. 이 결정은, 스테파누스 교황이 50년 전 카르타고의 주교 키프리아누스에 대해 북아프리카에서 관철시킬 수 없었던 로마 관습에 상응하는 것이었다. 도나투스파 문제는, 로마의 방식이 이제부터 북아프리카 교회의 가톨릭파에도 법률상 효력이 있음을 확정하는, 절호의 기회가 되었다. 따라서 실질적인 승리자는 로마였다. 로마는 서방에서 열린 교회회의의 광범위한 지지 기반을 바탕으로 서품과 세례에 관한 자신의 기준을 모든 교회 — 이제부터는 북아프리카 교회도 — 에 규범으로 관철시킬 수 있었다.

모든 것을 검토하자는 콘스탄티누스의 호소는 거의 결실을 거두지 못했다. 주교들에게는 도나투스파와의 일치보다 오히려 그들의 굴복이 관심사였다. 콘스탄티누스가 도나투스파에게 '공정한 판결'rectum iudicium을 내려야 한다고 언급했음에도 불구하고[옵타투스 『도나투스파 열교』(부록) 5], 그들이 고발한 내용은 이번에도 처리 대상에 오르지 못해 조사되지 않았다. 그런데도 황제는 교회회의 참석자들에게 작별을 고하며 쓴 편지에서[27] 아를의 결정을 승인했다.

도나투스파의 우두머리들이 아를의 결정에도 만족하지 않았기에, 콘스탄티누스가 그들을 서방의 밀라노 법정에 소환했다는 것은, 교회가 내린 권위적인 선고의 관점에서 보면 별로 기분 좋은 일이 아니었지만 주교들의 권한 밖에 있었다. 주교들은, 자신의 관심사와 일치하고 교회회의의 실제적 관습이 침해되지 않는 한, 황제의 조치에 기꺼이 따랐다. 황제는 아프리카에서 평화를 이룰 수 있는 정치적 결정을 내리기 바랐다. 아를 교회

---

[27] 편지의 진정성에 관해서는 앞의 각주 17 참조.

회의에 참석한 주교들은 황제의 뜻과 달리 교의적으로 결정했기 때문에 황제는 실질적인 패배자였다. 그는 국가권력이 관여하지 않은 채 논쟁을 정상적인 소송절차에 따라 해결하려 했다. 이는 성과를 거두지 못했다. 그는, 교회의 분열을 받아들이고 가톨릭파 주교들에게 은인자중하게 함으로써 누미디아에서 몇 차례 일어난 것보다 더 큰 소요를 피할 수 있었다. 도나투스주의가 북아프리카에 한정되었기에, 황제가 취한 관용적인 태도는 둘 중에서 덜 나쁜 길을 택한 것 같았다. 콘스탄티누스의 후계자들 통치 아래서 다시 격렬한 논쟁이 일어났다.[28] 아우구스티누스도 주교 재임 시 많은 기간을 도나투스파와 이론적 논쟁뿐 아니라 실질적인 논쟁에 관여했다(223-32쪽 참조).

4.3 규율적 결정

황제의 요구에 동의하는 동일한 경향(이는 자주권이 유지되는 한에서만 일어날 수 있다)은 주교들이 교회회의에서 결정한 법규들에서도 알아볼 수 있다. 교회회의는 황제가 협의하기를 바라는 관점 밖에 있는 규율적 문제를 다룸으로써 교회의 과거를 알게 되었다. 법규들은 도나투스파와 관련하여 내린 결정을 명백히 드러내고, 실베스테르 교황에게 보낸 교회회의 서간에 나오듯이 '현존하는 성령과 그 천사들을' praesente Spiritu Sancto et angelis eius 만났다.[29] 법규들에 담긴 내용이 두 시기의 전환기에 교회회의의 특징으로 집회의 특성을 입증하는 듯했다.[30] 박해 시대와 박해로 야기된 분규를 극복하는 것이 과거의 문제였고, 새로운 상황과 로마제국에서 교회에 부과된 과제에 상응하는 것이 앞으로의 문제였다. 동방에서 314년에 열린 안키라 교회회의는 이런 목적을 이루는 데 도움이 되었다.

---

[28] 아를 교회회의 이후에 취해진 복잡하고 한결같이 모호한 조치에 관해서는 LIETZMANN 3,75-9; LORENZ, Westen 10; A. SCHINDLER, Afrika I: *TRE* 1 (1975) 656-60 참조.

[29] MANSI 2,469; 참조: C.J. HEFELE, *Conciliengeschichte* 1 (Freiburg ²1873) 204.

[30] C.J. HEFELE, *Conciliengeschichte* 1 (Freiburg ²1873) 219-42.

4.3.1 과거의 극복

이전에 일어난 박해의 영향과 관련된 결정들에 『법규』 10(9)조와 14(13)-16(15)조가 속했다. 『법규』 10(9)조는, 신앙 때문에 법정에 소환되어 유죄판결을 받았지만 목숨을 건진 고백자들의 영향을 제한하려 했다. 박해 시대에 고백자들은 공동체의 단결에 무시할 수 없는 존재였다. 박해가 끝난 뒤 그들은 배교한 그리스도인을 자주 배려했으며, 카리스마를 지닌 죄의 용서자로, 이른바 주교들에게 보내는 '평화의 편지'litterae pacis를 배교자들에게 교부하면서, 그들을 교회에 받아들이게 했다. 고백자들은 공동체 지도에서 때때로 주교들과 경쟁 관계에 있었다. 아를 교회회의는, 에스파냐에서 열린 엘비라 교회회의(303년경)의 『법규』 25조와 비슷하게, 고백자들의 편지는 이제 효력이 없으며, 그리스도인이 낯선 공동체에서 미사에 참석하기를 원한다면 고백자들의 편지 대신 신분을 증명하는 주교의 공식적인 추천 편지litterae communicatoriae가 있어야 한다고 결정했다.[31]

『법규』 14(13)조는 압통기의 펠릭스에 관한 구체적 문제와 도나투스 논쟁을 낳았을 뿐 아니라 많은 공동체에서 혼란을 일으킨 배교자들traditores 문제를 다루었다. 14(13)조에는 이렇게 쓰여 있다.

> 성경이나 교회에서 사용하는 도구들을 넘겨주거나 동료들의 이름을 누설한 이들은, 그것이 개인적 밀고일 뿐 아니라 공적인 행위였음이 명백한 경우 성직자 신분에서 축출해야 한다. 입증된 바와 같이 이들이 이러한 상황에서 다른 이들에게 서품을 주고, 그들에게 서품받은 이들이 합당하다고 입증되면, 그 서품은 유효하다. 그들이 교회의 규율을 거슬러 매수된 증인에 의해 고발되었다고 많은

---

[31] 해석은 논의의 여지가 있다. 참조: C.J. Hefele, *Conciliengeschichte* 1 (Freiburg ²1873) 165f; J. Orlandis/D. Ramos-Lisson, *Historia de los concilios de la España Romana y Visigoda* (Pamplona 1986) 47-9; L. Hertling, Communio und Primat: *Una sancta* 17 (1962) 99f.

이들이 믿는다면, 앞서 언급했듯이 그들이 소송기록을 통해 고발의 근거를 댈 수 없다면, 그들의 말에 귀를 기울이지 말아야 한다.

법규는 배교자들을, 디오클레티아누스 칙령에 근거하여 성경과 교회에서 사용하는 도구를 넘겨준 사람으로 이해한다. 또한 디오클레티아누스 칙령에는 들어 있지 않지만[32] 여기에서 특별히 언급되는, 신앙의 형제들과 성직자들의 명단을 넘겨준 성직자를 배교자로 이해한다. 배교자들이 교회의 모든 교직에서 면직되었다는 것은 의문의 여지가 없다. 그러나 그들이 베푼 서품은, 그들에게서 서품을 받은quos ordinaverunt 이들이 성사를 받을 수 있고 그에 합당하면, 유효했다. 법규는 배교자들의 정직(停職)에 관해, 피고인들이 '단지 말뿐'verbis nudis이 아니라 '공적인 행위'actibus publicis로 배교했음을 입증할 것을 요구했다. 이러한 안전망을 마련한 결정은, 배교에 대한 중대한 고발이 박해 때 남용되고 호감을 사지 못한 주교들이 시기나 개인적 반감에서 면직되는 사례를 막을 수 있었다. 유보 조건은 법규의 끝 부분에 고발 조건을 충족시키지 못하는 매수된 증인과 관련하여 다시 한 번 반복된다. 카이킬리아누스가 서품한 압통기의 펠릭스에 관한 변조한 글에 근거를 둔 도나투스파의 공격이 이 부가적 내용이 덧붙여진 계기일 수 있다. 『법규』 15(14)조는 이전에도 다룬 내용으로, 성경이나 교회에서 사용하는 도구를 넘겨준 것에 관한 고발만이 아니라 모든 거짓 고발을 중벌로 선고한다. 그러나 '그런 자에게 죽음까지는 고려하지 않는다'usque ad exitum non communicare.

그 밖의 다른 법규는 교회의 문제와 사목적 결정을 다룬다. 이단에서 돌아온 이들에게 재세례를 금하는 『법규』 9(8)조는 이미 앞에서 언급했다(53쪽 참조). 모교회로 돌아온 이는 재세례 대신에 신경을 고백하고 안수를 통해 성령을 받는다. 전차 기수와 배우들에게는 비교적 가벼운 처벌을 규정

---

[32] 에우세비우스 『교회사』 8,2,4.

했다(『법규』 4조와 5조). 성직자들에게 독단적 이전이 금지되고(『법규』 2조와 21조), 주교들 상호 간에 거래와, 주교는 일곱 명, 적어도 세 명에 의해 서품 받을 것을 규정했다(『법규』 20조). 또한 병자와 배교자의 경우 화해 절차에 대한 의견이 표명되고(『법규』 6조와 22조), 간통과 다른 종교 간 혼인에 관한 문제가 다루어졌으며[『법규』 11(10)조와 12(11)조], 부제의 권한이 제한되었다 (『법규』 18조). 『법규』 16(15)조는 많은 곳에서 제물을 바친 것offerre으로 알려진 부제들에 관해 다루었다. 그러고는 이런 일은 '결코 일어나서는 안 된다'placuit minime fieri debere고 단언한다. 여기서 제물을 바쳤다는 말은 성체를 분배했다는 것이 아니라 성찬례를 올렸음을 뜻하는 것 같다. 『법규』 19조는 여행하는 주교들에게 성찬례를 행할 기회가 제공되어야 한다는 결정에 동일한 표현을 사용한다. 『법규』 16(15)조는 주교들과 사제들이 추방되고 체포된 뒤 부제들이 자신의 권한에 속하지 않은 기능을 맡게 될 때 일어날 수 있는 상황과 관련된다. 아마도 시골 지역에 교회를 세울 때나 사제가 부족했던 갈리아 지방에서 남용되었을 사례가 논박된다.[33] 아를 교회회의는 로마의 계산에 따른 부활절 날짜를 확정하는 (전 교회의 일치를 위한 숱한 헛된 시도 가운데 하나인) 법규를 정점에 둔다.[34]

4.3.2 미래의 설계

다른 법규들은 미래 지향적이며, 콘스탄티누스의 제국이라는 교회의 새로운 상황에서 일어난 문제들을 다룬다.

『법규』 3조는 '평화 시에 무기를 버리는 이들은 교회 공동체에서 파문되어야 한다'De his qui arma proiciunt in pace, placuit abstineri eos a communione고 결정한다. 탈영하는 군인에게 파문을 위협하는 이 규정은 격렬한 반대를 불러일으켰다.[35]▶ 사람들은 '평화 시에 무기를 버리는 것'arma proicere in pace을

---

[33] E. Dassmann, Ämter und Dienste in den frühchristlichen Gemeinden = Hereditas 8 (Bonn 1994) 183-6.

[34] W. Rordorf/V. Loi, Pasqua: *DPAC* 2 (1984) 2692-7.

전쟁 때와 달리 평화 시에 무기를 사용하지 않는 것으로 해석하면서 난점을 피하려 했다. 그러나 proicere는 '사용하다'가 아니라 '내던지다'를 뜻한다. 이 법규를 콘스탄티누스가 금지시킨 검투사 시합과 관련시키는 이들도 있다(『테오도시우스 법전』 15,12,1). 이 해결책도 만족스럽지 않다. 그렇다면 탈영을 파문으로 처벌하라는 뜻으로 보아야 한다.

물론 '평화 시에'in pace라는 표현이 모호하기는 하다. 살인 금지는 교회에서 앞으로도 계속 절대적인 것으로 여겨지기 때문에, 이 표현은 적을 죽임으로써 죄를 짓는 위험이 상존하는 전쟁 시가 아니라 평화 시에만 무기를 버리는 것을 금하는 것인가? 이는 아마도 성 마르티누스의 태도를 설명하는 것 같다. 그는 세례를 받은 뒤 군인으로 남아 고향을 지키기 위해 국경에서 근무했으며, 적을 죽여야 하는 위기에 처했을 때, 알레만족과의 전투가 시작되기 직전에야 무기를 버리고 수도승이 되었다.[36]

'평화 시에' 탈영하는 것은 평화 시에도 — 전쟁 시에도 — 허락되지 않는 것을 뜻하는가? 또는 교회가 평화스럽게 살고 더 이상 박해가 없으며 황제가 이 평화를 보호하는 지금 군 복무의 포기를 금하는 것을 의미하는가? 이 해석도 옳지 않을 수 있다. 그리스도인은 '로마의 평화'pax romana를 대가를 지불하지 않고 기분 좋게 향유할 수 없었다. 이미 2세기에, 그리스도인의 군 복무를 단호하게 금지했을 때, 이교인 비판가 켈수스는 그리스도인을 이렇게 비난했다.

> 모든 이가 너(가상의 그리스도인 대화 상대자를 뜻함)와 같이 행했다면, 황제는 홀로 의지할 데 없는 채로, 세상이 법이라고는 지킬 줄 모르는 가장 난폭한 야만인들의 소유가 되는 것을 전혀 막지 못했

---

[35] Z.B. STOCKMEIER, Problem (21쪽) 212. 법규의 해석에 관해서는 K.W. RUYTER, Pacifism and Military Service in the Early Church: *Cross Currents* 32 (1982) 62.68f, Anm. 44 참조; R.H. BAINTON, *Die frühe Kirche und der Krieg: Das frühe Christentum im Römischen Staat.* Hrsg. von R. KLEIN = WdF 267 (Darmstadt 1971) 201; DÖRRIES, *Konstantin* (30쪽) 85.

[36] 술피키우스 세베루스 『마르티누스의 생애』 1,1-4.

을 것이다. 그러면 그리스도교의 '참된 지혜'라는 것도 아무 흔적조차 남아 있지 않았을 것이다(오리게네스 『켈수스 반박』 8,68).

2세기에 그리스도인은 제국에서 아직 소규모의 무리였음에도 불구하고, 그리스도인이 세상과 떨어져 있다는 것은 이미 불리하게 작용했다. 켈수스는 그리스도인에게, 온 힘을 기울여 황제를 돕고 정당한 것을 위해 황제와 함께 애쓰며 그를 위해 투쟁하고, (상황이 그래야 한다면) 그와 함께 싸우며 그의 군대를 지휘할 것을 요구했다. 그리스도인은 당시 이 제안을 받아들이지 않았다. 오리게네스는 켈수스에게, 그리스도인이 전쟁보다 더 나은 것을 행하며 처형보다 더 나은 것을 실행한다고 답변했다. 그리스도인이 국가를 위해 기도한다면, 그들은 칼보다 국가에 더 도움이 된다(오리게네스 『켈수스 반박』 8,73-75). 3세기로 넘어갈 무렵 테르툴리아누스도 비슷한 논리를 전개했다.

소규모의 무리인 한, 정치적으로 통제할 수 있었다. 그러나 그사이에 상황이 바뀌었다. 『법규』 3조는 군인 신분 평가에 영향을 미쳤다. 테르툴리아누스가 '군인의 영예'corona militis를 비방한 것은 옛날이야기였다. 군인은 어쩔 수 없이 제신과 황제에게 제물을 바쳐야 하므로 그리스도인이 군인이 될 수 없다는 테르툴리아누스의 논거는 이제는 더 이상 맞지 않았다. 콘스탄티누스는 그리스도인이 군에 복무하지 않는 것을 수용할 수 없었다. 국가의 안전은 교회의 발전도 보장했기 때문에, 교회는 새로운 상황을 받아들였다. 이는 망설임 없이 『법규』 3조를 결정했음을 이해하게 한다. 여기에서 처음으로 확실하게 부각된 그리스도인의 군 복무 문제는, 전시 복무 거부와 군인 사목에 관한 토론이 입증하듯이, 오늘날까지 해결되지 않고 있다.

마찬가지로 총독과 도시의 공무원에 관해 다루는 『법규』 7조는 새로운 교회정치적 상황에서 이해해야 한다. 국가공무원이 교회 규율을 위반하여 이른바 자동적으로 파문되는 것을 예외로 하는 한, 법규는 교회가 황제 앞에 무릎 꿇는 것을 의미하지 않는다.[37] 법규는 실로 변화된 관계를 고려했다. 군 복무처럼 국가와 시 공무원 취임도, 엘비라 교회회의 『법규』 56조에서도 표명되듯이, 더는 부정적으로 바라볼 수 없었다. 『법규』 56조는 도시의 의원들이 직무를 맡고 있는 동안 미사에 참석하는 것을 원칙적으로 금지했다. 이러한 금지는 병역에서와 같이 관직 그 자체가 아니라, 공무원이 충성의 표시로 황제에게 제물을 바쳐야 할 때 공무집행에 필연적으로 수반하는 우상숭배를 피할 수 없었기 때문이었다. 이러한 어려움은 콘스탄티누스 이후에는 더 이상 없었다. 따라서 아를 교회회의는, 새로 임명된 공무원들이 주교 관할 구역에서 권한을 행사하는 '교회의 친교 편지'litterae ecclesiasticae communicatoriae를 주교에게 보내야 한다고 결정했다. 주교는 공무원들을 돌보아야 했으며, 엘비라 교회회의가 규정한 대로(『법규』 56조), 관직의 취임 '사실 그 자체'ipso facto가 아니라, 그들이 실제로 교회의 규율에 어긋난 행동을 한다면, '그때야 비로소'tunc demum 성체를 영하지 못하게 해야 한다.

이 점에서도 발전이 있었다. 교회는 원래 세속 공무원을 그리스도인으로 받아들이지 않았다. 그러나 밀라노의 암브로시우스처럼 국가의 고위 관리가 교회의 직무를 맡아 주교가 되는 시기가 머지않았다. 당시의 황제 발렌티니아누스 1세(118-9쪽 참조)는 백성이 자신의 관리들을 주교로 선출하기를 열망하는 것을 뿌듯해했다.[38]

아를 교회회의는 새로운 상황에 처한 교회와 국가 권위의 첫 만남을 인상적으로 표명한다. 교회는 콘스탄티누스 치하에서 일어난 정치적 변화에 무비판적으로 굴복하지 않았음을 보여 주었다. 에우세비우스의 지나친 찬사와 달리 로마 주교와 아를 교회회의에 참석한 이들은 새로운 모세인 콘스탄티누스를 맹목적으로 따르지 않았다. 황제가 교회에 평화를 가져다준

---

[37] 그릇된 해석에 관한 HERNEGGER (21쪽) 198도 참조하라.
[38] 파울리누스 『암브로시우스의 생애』 8; 테오도레투스 『교회사』 4,7.

덕에 박해가 일어나지 않으리라는 기대와 감사는 분명히 감지된다. 황제의 원의에 성의를 다하여 동의하려 하지만, 독자적인 행위와 결정이 은근히 드러난다. 아를에서는 교회의 자유가 아직 위험에 처하지 않았다. 위험은, 교회에서 또는 교회의 몇몇 부분에서 국가의 원의를 비판적으로 시험할 용기가 사라졌을 때, 그리고 계속 변화하는 상황이 아니라 이전에 얻은 지위와 특혜를 잃지 않으려는 노력이 행위의 규범이 되었을 때 나타났다. 이렇게 볼 때 '콘스탄티누스의 전환'이 안고 있는 문제점은 전환 자체가 아니라 후대에 전환을 견고하게 하려는 데 있었다.

5. 입법

참고문헌

S. BACCHIOCCHI, *From Sabbath to Sunday. A Historical Investigation of the Rise of Sunday Observance in Early Christianity* (Rom 1977).

C. DUPONT, Les privilèges des clercs sous Constantin: *RHE* 62 (1967) 729-52.

A. EHRHARDT, *Constantin d. Gr. Religionspolitik und Gesetzgebung: Konstantin d. Gr.* Hrsg. von H. KRAFT = WdF 131 (Darmstadt 1974) 388-456.

T.G. ELLIOT, The tax exemtions granted to clerics by Constantin and Constantius II.: *Phoenix* 32 (1978) 326-36.

J. GAUDEMET, La législation religieuse de Constantin: *RHEF* 33 (1947) 25-61.

R. KLEIN, Die frühe Kirche und die Sklaverei: *RQ* 80 (1985) 259-83.

—, *Die Bestellung von Sklaven zu Priestern: Klassisches Altertum, Spätantike und frühes Christentum.* FS A. Lippold. Hrsg. von K. DIETZ u.a. (Würzburg 1993) 473-93.

—, *Die Sklaverei in der Sicht der Bischöfe Ambrosius und Augustinus* = Forschungen zur antiken Sklaverei 20 (Stuttgart 1988).

G. KONTOULIS, *Zum Problem der Sklaverei (ΔΟΥΛΕΙΑ) bei den kappadokischen Kirchenvätern und Johannes Chrysostomus* = Habelts Dissertationsdrucke. Reihe Alte Geschichte 38 (Bonn 1993).

H. LANGENFELD, *Christianisierungspolitik und Sklavengesetzgebung der römischen Kaiser von Konstantin bis Theodosius II.* = Antiquitas 1,26 (Bonn 1977).

K.L. NOETHLICHS, Zur Einflußnahme des Staates auf die Entwicklung eines christlichen Klerikerstandes: *JbAC* 15 (1972) 136-53.

R.L. ODOM, *Sabbath and Sunday in Early Christianity* (Washington 1977).

A.M. RABELLO, I privilegi dei chierici sotto Costantino: *Labeo* 16 (1970) 384-92.

B. RASPELS, Der Einfluß des Christentums auf die Gesetze zum Gefängniswesen und zum Strafvollzug von Konstantin d. Gr. bis Justinian: *ZKG* 102 (1991) 289-306.

J.J. VAN DE CASTEELE, Indices d'une mentalité chrétienne dans la législation civile de Constantin: *Bull. Assoc. G. Budé* 14 (1955) 65-90.

J. VOGT, *Zur Frage des christlichen Einflusses auf die Gesetzgebung Konstantins d. Gr.*: FS L. Wenger 2 (München 1945) 118-48.

마흔 살에 권력의 정상에 올라 일인 통치자가 된 콘스탄티누스는 국경이 어느 정도 확정되자 거대한 제국을 재조직하는 데 온 힘을 기울였다. 그에 따른 신속한 결과로 (이전의 법 이해와도 관련이 있지만) 분명히 새로운 동기와 의도를 나타내는 입법들이 공포되었다. 여기서는 황제의 입법 활동, 법률의 시대적 분류, 제국을 재조직하는 데 법률이 어떤 중요성을 지니는지에 관한 전망이 중요한 것이 아니다. 로마 종교성의 의미에서 이해되었다 할지라도, 신념에 찬 그리스도인이었으며 신학자들과 주교인 조언자들로 둘러싸인 콘스탄티누스와 함께 그리스도교 문화가 입법과 공동체, 사회생활의 형성에 어떤 영향을 미칠 수 있는지에 관한 문제가 중요했다.[39] 교회는 이 기회를 이용했나? 또한 그리스도교화를 위해, 곧 오늘날의 표현대로 하면, 고대 후기 사회의 교화를 위하여 기여했는가? 그리스도의 부드러운 멍에가 '콘스탄티누스 전환'에 속했는가? 또는 이 전환이 '법률들에서 노골적인 잔인성'으로 나타났는가?[40]

---

[39] 문제 제기의 문제점에 관해서는 LORENZ, *Westen* 13f 참조.

[40] D. LIEBS, *Unverhohlene Brutalität in den Gesetzen der ersten christlichen Kaiser: Römisches Recht in der europäischen Tradition*. Hrsg. von O. BEHRENDS/M. DIESSELHORST/W.E. VOSS (Ebelsbach 1985) 89-116.

5.1 노예법

5.1.1 교회와 노예제도에 관한 원칙

고대 후기의 노예제도에 관해서는 대단히 엄중한 문제가 제기된다. 교회는, 사회생활이라는 영역 가운데 다루기 힘든 이 분야에서 개혁이 이루어지고 인간의 존엄이 지켜지도록 애썼는가? 이에 대한 평가는 매우 부정적이다. 콘스탄티누스 시대에 이르러서가 아니라 이미 신약성경이 노예 소유의 억압적 구조를 강화했다는 교회 비판적 연구 결과도 있다.[41] 그들은, 복음서들이 노예제도를 한 마디의 비판도 없이 기정사실로 전제하고, 오히려 노예제도를 하느님과 인간 사이의 관계를 보여 주는 본보기로 미화했다고 비난한다. "그러므로 하늘 나라는 자기 종들과 셈을 하려는 어떤 임금에게 비길 수 있다"(마태 18,23). 바오로도 해방 같은 것을 원하지 않았다. 그는 이렇게 요구한다. "저마다 하느님의 부르심을 받았을 때의 상태대로 지내십시오"(1코린 7,20). 언어적 술책으로 노예에서 주님의 자유인이 되고, 자유인에서 그리스도의 종이 되었다. 이와 더불어 현실의 부자유가 감추어지고, 이를 하느님의 뜻으로 정당화했다. 바오로가 달아난 노예 오네시모스를 그리스도인 주인에게 돌려보낸(필레몬서) 일에 누가 놀랐던가? 노예들에게 세속 주인들을 그리스도 대하듯이 순수한 마음으로 두려워하고 떨면서 복종할 것을 염치없게 요구하는(에페 6,5), 늦게 쓰인 신약성경의 책들은 원칙으로 정해진 좁은 길을 확고히 다진 셈이었다. 이와 같이 사회적 강요는 종교적 계명들로 은폐되었다. 이는 억지로 강요된 것이 하느님께 순종하는 자발적 행위로 보이게 하기 위해서였다.

따라서 교회가 이후에 노예 소유자의 경제적 착취를 저지하는 데 온 힘

---

[41] J. KAHL, *Das Elend des Christentums oder Plädoyer für eine Humanität ohne Gott* = rororo 1093 (Reinbek 1968) 18-21; K. DESCHNER, *Kriminalgeschichte des Christentums* 1: *Die Frühzeit* (Reinbek 1986). 거듭 인용되는 광범위한 실증 자료에 관해서는 F. OVERBECK, *Über das Verhältnis der alten Kirche zur Sklaverei im römischen Reiche: Studien zur Geschichte der alten Kirche* 1 (Chemnitz 1875) 158-230; Nachdruck Libelli 155 (Darmstadt 1965) 참조.

콘스탄티누스 시대 63

을 기울이지 않은 것은 당연한 일이었다. 안티오키아의 주교 이그나티우스(110년경)는, 공동체의 비용으로 자신들의 몸값을 치르고 해방시켜 달라는 노예들의 요구를 받아들이지 않았다(『폴리카르푸스에게 보낸 편지』 4,3). 『바르나바의 편지』는 노예들에게 주인을 '하느님의 모습' typos theou으로 여기라고 명했다(19,7). 이원론적 인간론의 도움으로 교회는 노예들에게, 그들의 육체적 부자유는 죄의 노예 상태에서 해방되어 그리스도 안에서 얻는 자유와 비교할 때 보잘것없는 것이라고 주입시켰다. 락탄티우스는 『거룩한 가르침』 15,3에서 이렇게 주장했다.

> 그런 경우에 우리는 인간의 모든 것을 육체의 기준이 아니라 영의 기준으로 평가하기 때문에, 우리의 노예들은, 그들이 육체에 따라 달리 정해졌지만 우리의 노예가 아닙니다. 우리는 그들을 영에서 형제로, 종교에서 동료 노예로 여기며 그들을 이와 같이 부릅니다.

아우구스티누스가 노예 소유자들에게, 그리스도와 교회가 노예를 자유인으로 만든 것이 아니라 나쁜 노예를 선한 노예로 만든 것에 감사하라고 촉구한 것은 이런 경멸적인 태도의 정점이라고 할 수 있다(『시편 상해』 124,7).[42]

이런 강력한 비난들에 무엇으로 맞설 수 있을까? 부정적인 예들에 대응하여 일련의 긍정적 조치를 열거하는 것이 가장 확실한 방법일 터이다. 예를 들어, 복음서들은 예수가 억압받는 이들의 편에 있었으며 그의 외침은 부자들과 권력자들에게 향해 있었음을 증언한다. 바오로도 하느님 앞에서 모든 인간이 평등하다고 선포했다(갈라 3,28). 그는 사회적 관계를 바꿀 수는 없었다. 그러나 자신의 공동체에서 노예들이 모든 법과 의무에서 전적으로 합법적인 그리스도인이 될 수 있다는 것에 관하여 전혀 의심하지 않았다. 미사에서는 모든 차이가 없어졌다. 교회는 노예를 공동체의 주교로 임

---

[42] KAHL, Elend 20.

명하는 것을 꺼리지 않았으며, 노예 출신 주교가 공동체의 승인을 받지 못했다는 어떤 기록도 없다. 노예의 신분에서 해방되어 로마의 주교가 된 칼리스투스(217~222)는, 국가가 금지한 자유인과 노예의 혼인이 교회 안에서는 유효하다고 선언했다. 귀족 여성들과 여종들은 서로 자매처럼 지냈다. 그들은 함께 감옥에 갇히고, 함께 목숨을 잃었으며, 함께 공동체에서 여순교자로 불리고 제의적으로 공경받았다(페르페투아와 펠리키타스). 소小 멜라니아는 히에로니무스를 따라 팔레스티나로 갔을 때, 노예 수천 명을 해방시켰다. 바실리우스는 노예들의 신앙이 주인에 의해 위협받을 때, 그들이 자신의 수도원으로 피신할 수 있도록 도와주었다. 초기 그리스도교 수도원들은 대체로 모든 사회적 차별을 폐기했다. 후대에는 죄수들과 노예들의 몸값을 치르고 그들을 해방하는 데 전념한 수도회들도 생겨났으며, 노예였던 그리스도인들은 다른 노예의 해방을 위해 애썼다.[43]

물론 여기서 제시된 것은, 노예 문제가 단순한 사실 열거로만은 적절하게 평가될 수 없음을 나타낸다. 이와 더불어 고대 후기의 사회질서를 형성하는 데 기여한 경제적·문화적·종교적 배후 관계도 고려되어야 한다. 예를 들어 신약성경에 나오는 내용들에 대한 비난은, 사람들이 예수와 바오로처럼 남아 있는 시간이 얼마 안 된다고 믿었다는 사실을 고려하면, 그 의미를 잃는다. 세상 종말이 임박했다고 여긴 사람들은 회심과 회개를 설교했을 뿐 사회 개혁에는 뜻을 두지 않았다. 세상의 모습이 그 시대가 지나기 전에 끝나 버린다면(1코린 7,31 참조), 최후의 심판 때 하느님 앞에서 이루어질 모든 인간의 평등이 이 세상에서의 사회적 위치보다 더 중요해 보였다. 따라서 초대 그리스도교 선포는 외적 변화보다 내적 회심에 더 많은 가치를 두었다. 이 선포는 지속적인 멸시가 내포된 노예 — 외국인 노동자와 망명자는 토착민과 같은 권리를 지닐 수 없었으며 이류 인간으로 여겨졌다 — 의 해방을 우위에 두지 않았다. 그러나 법적 계급은 극복될 수 없

---

[43] 그 밖의 자료와 전거에 관해서는 KLEIN, *Kirche und Sklaverei* 262f 참조.

을지라도, 같은 신앙 안에서 형제와 자매로 인정했다. 락탄티우스는 이를 잘 파악했다(64쪽 참조). 하느님 앞에서의 평등은 결국 주인과 노예 사이의 사회적 관계도 틀림없이 변화시켰을 것이다. 바오로가 섬세한 풍자로 '주인 필레몬'과 달아난 오네시모스를 엮어 주는 같은 신앙을 통하여 개별적 요구가 사라지고 권력과 종속의 차이가 없어졌다는 점에 주의를 환기시킨 것에 유의해야 한다. 반대로 인간의 자유와 존엄이 교회를 통하여 그리고 복음서의 이름으로 손상되고 억압되었다면, 이는 어떤 것으로도 정당화될 수 없다. 교회는 역사에 책임져야 하기 때문이다.

5.1.2 보수적 입법

콘스탄티누스 시대에 제정된 노예법은 상반된 두 가지 가치가 공존하는 것 같다. 이 노예법은 한편으로는 당시의 신분 질서를 철두철미하게 유지했다. 따라서 노예와 혼인한 여성은 자신과 자식들의 자유를 잃었다. 후대에는 이처럼 비밀리에 이루어진 혼인은 더 나아가 사형에 처해야 한다고 을러대었다(『테오도시우스 법전』 4,12,1; 9,1-6). 도망친 노예들은 혹독한 벌을 받았으며, 야만인이 대부분인 광산으로 보내졌다. 노예제도는 고대 경제생활의 기반이기에, 노예제 폐지는 경제 질서를 어지럽히는 일이었다.

콘스탄티누스가 노예 소유자들의 권리를 얼마나 면밀하고 세심하게 지켜 주었는지는 317~319년에 공포된 법에서 나타난다.[44] 이 법은 노예가 주인에게 두들겨 맞는 징벌로 죽었을 경우, 주인이 어떤 벌을 받아야 하느냐는 구두와 문서로 제기한 질문에 대한 답변으로 제정되었다. 이 법은 어떤 벌도 받지 않는다고 규정했다. 때린 시간과, 때리고 나서 실제로 죽을 때까지 걸린 시간에 관한 검사나 다른 조사도 이루어지지 않았다. 주인은, 아무도 증명할 수 없는 문제인, 고의로 살인할 의도가 없었다고 주장하면 그만이었다. 329년에 이 법은 다시 갱신되었다.

---

[44] 『테오도시우스 법전』 9,12,1; 참조: A. STUIBER, Konstantinische und christliche Beurteilung der Sklaventötung: *JbAC* 21 (1978) 65-73.

우리는, 자신의 권리를 침해당하지 않은 상태로 주인 노릇을 하는 것이 주인의 관심사인 이와 같은 사건에서 사람을 죽인 것이 의도적인 징벌이었는지 단순히 일어난 것인지 조사하기를 바라지 않는다. 주인이 단순한 조치로 집안에서 폭력을 행했다면, 주인은 노예의 죽음 때문에 살인죄를 선고받아서는 안 된다. 노예들이 불가피하게 절박하고 운명적인 일 때문에 두들겨 맞는 징벌로 죽었다면, 주인들은 어떤 조사도 두려워할 필요가 없다.[45]

황제가 두 번에 걸쳐 입법 발의하여 당연하다고 여긴 처벌인데 노예 주인들이 무엇을 두려워하겠는가? 엘비라 교회회의 『법규』 5조는(55-7쪽 참조) 다음과 같은 정보를 제공한다.

극도의 시기심에 불타 부인이 여종을 채찍으로 때려 여종이 사흘 안에 처참한 고통을 겪으면서 죽었을 경우, 부인이 의도적으로 죽였는지 우연히 죽었는지 불확실하다면, 의도적인 경우는 7년 뒤, 우연인 경우는 5년 뒤에 그 부인은 합당한 참회를 한 뒤 다시 성체를 영할 수 있다.

다소 서투른 표현법은, 주교들이 결정한 근거가 되는 사정을 충분히 이해하게 한다. 그 사정이 실제 사건이었다는 것은 명백하다. 추측건대 또는 실제로, 남편이 여종과 관계를 가져 부인이 시기하는 일이 자주 일어났으며, 남편이 그리스도인이 아니라면 관습으로도 법률로도 그에게 금지된 것이 아무것도 없지 않은가?
 법규는, 여종이 사흘 안에 죽었을 때 징벌과 죽음의 원인 사이의 관계가 명백하다면, 교회에서 그 부인을 내쫓아야 한다고 규정한다. 이 법규는 의

---
 45 『테오도시우스 법전』 9,12,2; 번역: STUIBER, Konstantinische und christliche Beurteilung der Sklaventötung: *JbAC* 21 (1978) 66.

도적인 때려죽임과 의도하지 않은 죽임을 구분한다. 그러나 이러한 구분은 확인하기 매우 어렵다. 단지 죄의 고백 대상일 뿐이었다. 이 때문에 콘스탄티누스 시대에 제정된 법률은 의도를 확인하는 것을 포기했다. 사흘이라는 기간은 아마도 탈출기 21장 20-21절에 근거한 것인 듯하다.

> 어떤 사람이 자기 남종이나 여종을 몽둥이로 때렸는데, 그 종이 그 자리에서 죽었을 경우, 그는 벌을 받아야 한다[이는 직접적인 살인이다]. 그러나 그 종이 하루나 이틀을 더 살면, 그는 벌을 받지 않는다. 종은 그의 재산이기 때문이다[곧, 그는 손실로 이미 벌받았다].

이러한 규정 뒤에 숨겨진 법 이해는 오늘의 눈으로는 이해하기 어렵다. 여종을 죽인 것에 대한 벌로 고작 5~7년 동안 교회에서 내쫓는다는 것은 턱없이 부족해 보인다. 그렇지만 엘비라 교회회의 당시에는 참회를 한 번만 할 수 있었으며, 다시 과실을 범한 경우 교회에서 영원히 쫓겨났다는 사실 또한 고려해야 한다. 이와 관련하여 얼마 뒤 제정된 세속 법률은, 노예가 징벌을 받아 죽은 경우, 주인은 벌을 받지 않는다고 명백히 규정했음에도 불구하고, 일반적으로 벌을 받았다는 것이 더 중요하다. 교회는 당시 가장 작은 벌로 처벌하겠다는 위협을 담고 있는 내용을 국가 법안으로 제출하지도 않았다. 황제는 노예 주인들이 잔인한 징벌로 노예들을 도망가지 못하게 하고 복종시킬 수 있는 주인들의 권리를 빼앗으면서까지 기존 질서를 위태롭게 할 생각이 없었다.[46]

5.1.3 새로운 강조점

콘스탄티누스는 노예 질서를 철저하게 유지하는 한편, 주인과 노예의 인도주의적 관계 형성도 꾀했다. 노예제도에서 감지되는 완화책은 유산을

---

[46] 교회 사목의 난제가 된 노예 도망에 관해서는 H. BELLEN, *Studien zur Sklavenflucht im römischen Kaiserreich* = Forschungen zur antiken Sklaverei 4 (Stuttgart 1971) 참조.

분배할 때 황실 소유의 노예 가족을 서로 떼어 갈라놓지 못하게 한 것이었다(『테오도시우스 법전』 2,25,1). 어린 시절에 이미 여러 가정에 노예로 팔려 갔다는 것은, 로마 사회가 노예 가정의 정상적인 가족 유대를 거의 무시했음을 알려 준다.[47] 콘스탄티누스는 노예를 의도적으로 살인하는 것을 일반 살인과 동일시했다.

321년, 중요한 노예해방법이 공포되었다. 일요일에 노예를 해방하는 것은 하느님의 뜻에 맞는 선행이었기 때문에, 일요일은 휴일임에도 불구하고 노예를 해방하기 위해 관청 사무실을 열어야 한다고 결정했다(『테오도시우스 법전』 2,8,1). '종교 정신으로' religiosa mente 노예를 해방시키려는 사람은 교회에서도 노예를 해방할 수 있었다. 성직자들도 특별한 권한을 누렸다. 그들은 노예의 주인이 임종의 자리에서 유언하면 증인과 법적 서류의 형식을 갖추지 않은 채 노예해방을 집행할 수 있었다(『테오도시우스 법전』 4,7,1).

321년에 공포된 법의 중요성은, 여기서 처음으로 노예해방이 무조건적으로 권고되었다는 점이다.[48] 앞으로 나타날 수 있는 문제에도 불구하고 노예해방을 제한하는 모든 조치가 폐기되었다. 곧, 노예해방의 보편화는 국가가 돌봐 주어야 하는 최하층계급의 증가로 귀결되었다. 이 때문에 아우구스투스는 노예해방을 반대했다. 후대에 공포된 법들은 해방된 이들의 수를 삼분의 일로 한정했다. 특히 주인이 나쁜 사람이 아닌 경우 노예들은 주인의 보호와 배려를 받으며 기꺼이 노예로 남아 있기를 원했기 때문에 해방을 거절하기도 했다.

5.1.4 영향

콘스탄티누스 시대에 공포된 노예해방법은 그리스도교의 영향을 나타낸다. 앞서 언급한 『테오도시우스 법전』 4,7의 규정은 황제의 조언 주교이

---

[47] B. RAWSON, Family life among the lower classes at Rome in the first two centuries of the empire: *CP* (1966) 78-81.

[48] DÖRRIES, *Konstantin* (30쪽) 72-6.

며, 이 사건의 법률고문으로 추정되는 코르도바의 오시우스에게 송부되었다. 징벌법의 경우와 달리 그는 해방법에서는 자신의 뜻을 이루었다. 해방법은, 황제가 법률적 표현을 사용했지만, 그리스도교 사상에 부합한다. 물론 해방법은 노예제도를 폐지하지 않았다. 황제는 현존하는 사회질서를 혼란시키지 않기 위하여 폐지에 동의할 수도 없었을 터이다. 그래서 교회는 법을 개정하는 것이 아니라 법 제정을 반대하지 않는 분위기를 띠우려고 애썼다. 노예제도의 근간이 되는 인간 멸시 문제를 해결하지 않은 채 모든 노예를 강제적으로 해방한 것은 궁극적으로 아무것도 개선하지 못했다. 노예제도가 법적으로 폐지된 뒤에도 노동자를 혹사하는 비인간적인 노예제도가 있었으며, 오늘날까지도 있다. 주인과 노예의 관계는 소유자와 사물에 해당하는 법적 관계에서 아버지와 자녀, 나아가 형제자매 사이 같은 도덕적 관계로 변해야 한다.

아우구스티누스는 노예가 다른 물건처럼 소유물이 아니라고 강조했다. 사람들은 은 제품과 외투를 남에게 줄 수 있다. 노예의 경우 사람들은 그가 누구에게 속해 있는지 확인해야 한다. 노예를 넘겨주는 사람은 그가 노예가 된 것에 책임을 진다. "왜냐하면 사람은 자기 자신처럼 다른 사람을 사랑해야 하기 때문이다"(『주님의 산상 설교』 1,59). 그러나 이 의무는 명령될 수 없기 때문에 어떤 법률도 다루지 않는 의무다. 필레몬에게 도망간 오네시모스를 종이 아니라 '사랑스러운 형제'로 받아들이라는 바오로의 부탁은 실행을 강요할 수 없다.

당시 사회·정치적으로 중요한 역할을 하기 시작한 교회가 노예제도를 적극적으로 금지하지 않았는지를 판단하기란 쉽지 않다. 바실리우스와 요한 크리소스토무스, 암브로시우스, 아우구스티누스 같은 당시의 저명한 주교들은, 그들의 출신을 고려할 때 노예제도에 익숙하여, 자신들이 신학적 논거를 제시해야 할 위치에 있음을 충분히 의식하지 못했다.[49] 노동자,

---

[49] KLEIN, *Sklaverei* 218f.221f; KONTOULIS 192f.369f.

상인 또는 노예들의 생활 상태에 관해 법률적 차이가 아니라 도시와 농촌에서의 실제적 차이를 잘 알지 못했기 때문에, 현존하는 관계의 변화를 관철시켜야 하는 사목적 필연성에 관해서도 확실하게 말할 수 없었다. 여하튼 무조건적으로 노예제도를 진지하게 반대한 소리가 있었다. 니사의 그레고리우스는 『코헬렛 강해』 4에서 이렇게 기술한다.

··· '나는 남종과 여종을 소유하고 있다'고 그가 말했습니다. 당신은 너무 자만에 빠졌다고 생각하지 않습니까? ··· 당신은 본성상 자유롭고 자립적인 인간에게 노예제도를 용납하고, 자연에 근거를 두고 있는 하느님의 법을 위반하면서 그분께 대립하는 법을 만들었다고 생각하지 않습니까? ··· 당신은 성경을 얼마나 경시합니까? 당신은 하느님의 모습을 얼마나 과소평가합니까? 당신은 하느님의 신성을 얼마나 하찮게 평가합니까? 하느님께서는 "우리 모습으로 사람을 만들자"(창세 1,26)고 말씀하셨습니다. 하느님의 모습에 따라 창조되고 온 세상을 지배하고 땅 위에 있는 모든 것을 부릴 능력을 하느님에게서 받은 이를 어느 누가 사거나 팔 수 있단 말입니까? 고통과 기쁨, 유쾌함과 불쾌함, 용기와 두려움, 병과 죽음 등 어떤 것에서도 노예는 주인과 다르지 않습니다. 노예와 주인은 같은 공기를 마시지 않습니까? 그들도 같은 해를 보지 않습니까? 그들도 음식을 먹음으로써 생명을 유지하지 않습니까? 그들도 같은 내장을 가지고 있지 않습니까? 둘 다 죽은 뒤 먼지가 되지 않습니까? 심판은 모든 사람에게 오는 것 아닙니까? 둘 다에게 하나의 하늘과 지옥이 있는 것 아닙니까?

당신이 정말 모든 점에서 다른 사람과 같다면, 다른 모든 사람처럼 인간인 당신은, 자신을 인간을 지배하는 주인으로 여기고 그들은 염소 떼나 돼지 떼인 것처럼 '나는 남종과 여종을 소유하고 있다'고 여전히 말하고 주장하겠습니까?

유감스럽게도 고대교회에서 노예제도를 반대하는 강렬한 저항은 이것이 유일하다.[50] 이 글의 배경은 철학적 색채가 상당히 농후하다. 모든 인간이 공유하는 본성에 바탕을 둔 평등은 이미 스토아학파의 원칙이었다. 이 사상은 인간이 하느님 모습으로 창조되었다는 공통의 기원에 바탕하여 신학적으로 심화될 수 있었다. 사람들이 '나는 염소와 돼지를 소유하고 있다'고 말하듯이, 하느님의 아들과 딸인 인간을 두고 '나는 남종과 여종을 소유한다'고 말할 수 없다는 사실을 그레고리우스는 분명하고 바람직하게 공언할 수 있었다.

5.2 혼인법

그 밖의 일련의 법률에서 그리스도교의 영향이 어렴풋이 느껴지며, 많은 법률은 사회의 인도주의에 기여한 노력도 엿보인다. 미혼자를 기혼자와 대등하게 하고, 아우구스투스 때부터 미혼자들에게 부과해 왔던 세금을 면제하는 법률(『테오도시우스 법전』 8,16,1)은 확실히 그리스도교적 관심사에 도움이 되었다. 동정녀에 관한 이상주의가 꽃피고, 성직자의 독신 의무가 도입되기 시작했을 때, 이 법은 후대의 당사자들에게 상당한 편의를 주었다. 유아 거래에 관한 엄격한 법률을 공표했으나, 일반적으로 유아 유기와 유아를 팔아넘기는 것을 반대하는 법은 아니었다. 아마도 황제는 이 조치로 가난한 부모를 보호하는 방책인 고대의 일종의 유아 양육 보조금을 마련한 것 같다(『테오도시우스 법전』 11,27,1-2). 전체적으로 볼 때, 이 조치들은 도덕적으로 금지된 것을 개인과 국가의 재정적 능력 및 제국의 인구정책적 요구와 일치시키고, 어린이에 대한 고대 후기의 적개심을 저지하는 타협책을 담고 있다.[51]

혼인은 특별한 보호를 받았다. 이 자체는 새로운 것이 아니라 고대 로마

---

[50] Klein, *Kirche und Sklaverei* 268.281, Anm. 39.

[51] E. Dassmann, Haus II: *RAC* 13 (1986) 805-11; ders., Zeugnis des Glaubens. Familienleben in frühchristlicher Zeit: *LebZeug* 49 (1994) 22-5.

전통에 전적으로 부합했다. 그렇지만 이제는 그리스도교적 특성, 특히 기혼 남성이 첩을 두는 것을 금지한 요소 등이 법 제정에 영향을 미쳤다(『유스티니아누스 법전』 5,26,1). 로마법에 따르면, 남편은 다른 남자의 권리를 침해하지 않는 한 혼외 관계를 유지할 수 있었다. 혼인은 법률적·경제적으로 규정된 문제였으며, 도덕적 질서에서는 그리 중요한 조목이 아니었다.

그 밖의 법률들은 이혼을 허용하는 근거들을 되도록 제한했다(『테오도시우스 법전』 3,16,1). 마찬가지로 법적으로 부인을 동등하게 대우하려는 경향이 주목을 끈다. 남편과 부인이 간통하면 사형에 처한다고 규정한 엄한 법률은 326년에 승인되었다. "간통자들은 참수해야 한다"sacrilegos … nuptiarum gladio puniri oportet(『유스티니아누스 법전』 9,9,29,4).[52] 다소 비그리스도교적이지만, 현실을 고려하여 콘스탄티누스의 어머니 헬레나도 경영했던 술집 여주인들은 간통 조항에서 예외였지만, 술집 종업원은 예외가 아니었다(『테오도시우스 법전』 9,7,1). 기소권은 다른 법을 통하여, 남편과 간통한 부인의 일정 범위 내의 친척들에게 한정되었다. 전체적으로 볼 때 황제의 입법은 그리스도교 윤리와 전통 윤리 사이에서 중도를 유지했다.[53]

간통에 대해 가혹한 벌을 강화한 326년의 입법은 우연히 공표된 것 같지 않았다. 이는 그해 황실에서 일어난 비극과 관련이 있었는지도 모른다. 이런 경우, 누가 무엇을 좌우했는지, 무엇이 먼저이고 나중인지 불분명하듯이, 이 비극적 사건에 관한 많은 것이 불확실하다. 무슨 일이 있었을까? 가장 믿을 만한 보고에 따르면, 콘스탄티누스의 아내 파우스타(당시 서른 살)는 젊은 의붓아들 크리스푸스가 해서는 안 되는 방식으로 자신을 모욕했다고 고발했다. 법원은 크리스푸스에게 유죄를 선고했고, 그는 폴라에서

---

[52] 이 법의 전사(前史)와 후사(後史)에 관해서는 G. DELLING, Ehebruch: *RAC* 4 (1959) 673-5 참조.

[53] J. GAUDEMET, Familie 1 (Familienrecht): *RAC* 7 (1969) 345-57; DERS., Tendances nouvelles de la législation familiale au IV{{e}} siècle: *Transformation et conflits au IV{{e}} siècle ap. J.-C.* = Antiquitas 1,29 (Bonn 1978) 187-207.

독살되었다. 이는 제국과 아버지에게도 손실이었다. 콘스탄티누스는 크리스푸스에게 일찌감치 중요한 임무를 맡겼다. 젊은 왕자는 라인 강 국경에서 군사적으로 뛰어난 능력을 보여 주어, 317년에 아버지는 그를 부황제로 임명했다. 황제의 어머니인 헬레나는 맏손자의 죽음에 격분하여 콘스탄티누스에게 파우스타에게도 단호한 조치를 취하도록 부추겼다. 이리하여 326년, 혼인 보호를 위해 엄한 법률들을 공포한 황제는 자신의 가정에 일어난 간통을 처벌하게 되었다. 파우스타는 목욕탕에서 질식사 당했다.[54]

실제로 그랬을지 모른다. 더 확실한 것은 알 수 없다. 그러나 이를 미화하기를 바라지 않는다면, 콘스탄티누스를 경솔히 비난하지 말고 황제가 보여 준 네로와 같은 잔인함에 대해 말해야 한다.[55] 이 모든 것은 콘스탄티누스가 로마에 체재했던 326년에 일어났다. 그는 결코 이 도시를 좋아하지 않았다. 그는 이 사건이 일어나기 전인 312년에 매우 짧은 기간, 그리고 315년 즉위 10주년 축제 때 로마에 있었다. 그는 파우스타에게 잔인한 짓을 해야 했던 이 도시를 몹시 싫어했다. 세계사적 결과를 초래한 조치인 콘스탄티노플로 수도를 옮긴 것은 아마도 이러한 사정과 관련 있는 것 같다(105-9쪽 참조).

5.3 일요일법

콘스탄티누스가 제정한 일요일법은 오늘날까지 이어져 오는 관습들과도 관계가 있다. 고대 세계에서 특히 유대교는 일주일 가운데 하루를 휴일로 정했다. 이전의 문화·종교사적으로 볼 때, 일주일과 안식일 휴일이 어디에서 유래했는지는 지금까지 밝혀지지 않았다. 아마도 이스라엘에서 유래한 것 같다. 처음부터 안식일과 평일은 유대교의 특징 가운데 하나였기 때문이다. 안식일과 평일은 고대에, 특히 70년에 예루살렘 성전이 파괴된 뒤

---

[54] VOELKL (30쪽) 148f; 274, Anm. 14.

[55] KÜHNER, *Tabus der Kirchengeschichte* (Nürnberg ²1965) 102.

유대인의 단결을 보장하는 데 결정적으로 기여했다. 아우구스티누스가 『신국론』 6,11에서 전하듯이, 안식일에 쉬는 풍습은 많은 사람이 동감했으며, 비유대인들도 이를 본받았다는 사실은 세네카의 글에도 나온다. 7일로 구분하는 분류도 마찬가지로 오래되었다. 이는 행성으로 주간을 규정하는 관습을 퍼뜨렸다. 성신星辰 신앙은 행성들을 날(日)의 주재자로 이해했다. 일곱 날을 주재하는 행성들은 시간이 지나면서 바뀌었다. 4세기 초에는 태양신이 우두머리였다. 그렇지만 해의 날이 축제일이거나 휴일은 아니었을 터이다. 도시나 농촌에서 행해진 문화 축제와 연례 축제도 일정한 붙박이 평일이 아니었다. 고대 후기에 수많은 축제일이 있었지만 한 해에 한 번 불규칙적인 날짜에 행했다.

교회는 처음부터 유대교의 주간 체계를 받아들였으며, 다만 안식일을 버리고 세속적 의미에서 일요일[해의 날(dies solis)]과 일치하는 주간의 첫날, 곧 주님의 날dies dominica에 공동체 미사를 거행했다. 해의 날은 노동의 휴식을 뜻하지 않았다. 첫 3세기 동안 그리스도인은 노동의 휴식을 결코 생각할 수 없었다. 이 점에서 처음에 그리스도교의 일요일은 안식일의 특징인 휴일 개념이 없었다. 미사는 노동을 중단시켰으나 특별한 휴식 명령이 노동을 중단시킨 것은 아니었다.[56]

321년 3월, 콘스탄티누스가 공포한 법률은 미사를 통해 성스립고 친양받는 이날을 전제로 했다. 이 법은 이렇게 규정했다.

> 모든 재판관과 시민, 모든 수공업자의 작업장에서는 신성한 해의 날dies solis[주님의 날(dies dominica)이 아님]에 노동을 멈추어야 한다. 이와 달리 농부들은, 종종 다른 날이 곡식을 뿌리거나 포도나무를 심기에 적절하지 않으면, 이날에 농사일을 해도 된다. 이는 알맞은 때 하늘의 배려로 주어진 기회를 놓치지 않기 위해서다.[57]▶

---

[56] 안식일과 일요일에 관해서는 W. RORDORF, *Sabbat und Sonntag in der Alten Kirche* = TC 2 (1972) 참조.

몇 주 뒤 공포된 휴식법의 다른 수정안은 앞에서 언급했다(69쪽 참조).

> 지극히 거룩한 일요일을 서로의 말다툼이나 해로운 당파 논쟁으로 가득 채우는 것이 어울리지 않듯이, 그날에 하느님의 뜻에 맞는 일을 하는 것은 훌륭하고 기쁜 일이다. 그러므로 모든 이는 축일에 노예들을 해방할 수 있으며, 이에 관한 서류를 작성하는 것이 금지되어서는 안 된다.[58]

두 법률의 본문은 콘스탄티누스가 처음에는 사회적 문제가 아니라 문화적 문제에 관심이 있었음을 밝혀 준다. 이 법률의 주된 목표는 일하는 국민을 보호하기 위해서라기보다 떠들썩한 소송 제기와 작업장의 일처럼 하느님을 경배veneratio하는 데 방해가 되는 모든 요소를 막으려는 것이었다. 이와 달리 하느님의 뜻에 맞갖은 행위인 노예해방은 하느님 경배를 방해하는 것이 아니기에 행할 수 있었다. 일요일에 종교적으로 동기가 부여된 들일을 하는 것은 미사에 해롭지 않으며 금지되어서는 안 되었다.

그런데도 콘스탄티누스가 공포한 일요일은 후대에 — 농부들이 일할 수 있다는 예외 사항은 이미 곧바로 포기되었다[59] — 하층민 백성을 위한 특별한 혜택으로 입증되었다. 외적으로 보면, 콘스탄티누스는 그리스도교의 주님의 날이 아니라 일반적인 해의 날을 보호했다. 이는 제국의 모든 국민, 그리스도인과 이교인에게 황제의 법률에 속마음으로도 동의하게 했다. 콘스탄티누스 자신에 관해서는, 그가 일요일을 그리스도교적으로 이해했다고 가정할 수 있다. 그러나 황제의 관심사는 모든 국민을 종교 혼합주의적으로 결합시키는 것이 아니었다. 그는 군대에서 일요일에 모든 군인을 위한 공동 미사를 바칠 것을 쉽사리 명령할 수 있었지만 다른 방책을

---

[57] 『유스티니아누스 법전』 3,12,2; 번역: DÖRRIES, *Konstantin* (30쪽) 90.

[58] 『테오도시우스 법전』 2,8,1; 번역: DÖRRIES, *Konstantin* (30쪽) 90.

[59] DÖRRIES, *Konstantin* (30쪽) 94.

마련했다. 곧, 그는 그리스도인 군인들에게 교회의 미사에 참석하는 것을 허락한 반면, 다른 이들은 황제가 작성한 일신론적 기도를 바쳐야 했다(에우세비우스 『콘스탄티누스의 생애』 4,18-20).

콘스탄티누스의 일요일법은 영리한 완화책이었다. 일요일법은, 그리스도교적 정신을 쏟아 내고 교회의 원의를 받아들이긴 했지만, 국민이 아직 행하는 이교적 요소들을 매정하게 다루지 않았으며, 개별 종교 집단을 분열시킨 것이 아니라 일치시켰다. 곧, 이교인의 축제들도 일요일에 점점 더 많이 행해지면서, 제국의 모든 주민이 황제와 국가를 위해 기도하러 모이는 날이 주기적으로 생겼다. 이는 (고대 후기의 사상에 따라) 제국의 안녕을 위해 매우 중요한 사건이었다.

제의에 관련된 황제의 입법도 많은 점을 헤아려 제정되었음을 나타낸다. 319년에도 이교인의 제의는 분명히 허용되었다. 이교인 성직자를 위한 재정 보조금은 유지되었다. 황제는 '수석대제관' 칭호를 유지했다. 그러나 315년과 325년, 곧 즉위 10주년과 20주년을 축하하기 위해 제물을 바치는 것은 거부했다. 그 밖에 개인적으로 치는 점占과 짐승의 내장으로 치는 점은 (혁명의 위험 때문에) 금지되었지만, 공적인 예언, 곧 원로원이 규정한 예언은 금지되지 않았다. 콘스탄티누스는, 이교에 대해 더 엄격한 방향으로 정책을 펴기를 바라는 그리스도교 측 조언자들의 열망과 달리 이교에 관용정책을 폈다. 그러나 그의 관용을 잘못 이해하거나 우유부단한 개인적 태도라고 억지 주장해서는 안 된다. 콘스탄티누스는 고대 종교를 억압하지 않았을지라도 그리스도교에 대한 개인적 태도는 확고부동했다. 그리스도교를 믿는 시민이, 정해진 국가 축제일에 희생 제물Lustrationen을 바치도록 강요하는 것은 (아마도 리키니우스에 반대하여) 323년에 명백히 금지되었다(『테오도시우스 법전』 16,2,5). 콘스탄티누스가 취한 방향은 분명하여 후대에 급속히 그리스도교의 지위를 고양시켰으며, 이교 제의가 단계적으로 폐지되도록 만들었다(185-91쪽 참조).

5.4 성직자법

5.4.1 특권

마지막 법률 복합체는 그리스도교의 영향을 나타낼 뿐 아니라 직접적으로 교회에 대한 특혜와 성직자에 대한 특권으로 나아갔다. 이에는 '시민의 임무'munera civilia와 후대의 모든 특별세에서 면제가 속한다. 이는 동시에 그리스도교 성직자 신분을 공적·법적으로 인정하는 것을 뜻했다. 지속적으로 필요한 제국 국경의 방위, 황실 유지와 건축 활동으로 심각한 위기에 처한 재정은 상당한 조세 부담으로 이어졌다. 조세 부담은 농촌 주민과 10인회, 자기 재산으로 자치도시municipium의 세수稅收를 책임지는 시의원들에게 중대한 문제였다. 시의원이 되는 것은 애써 추구할 가치가 있는 목표가 아니었다. 사람들은 태생적 신분상 10인회에 속하기도 했고 억지로 임명되기도 했다. 이는, 교회의 직무 담당자들이 10인회에 들지 않을 때 오히려 특혜를 입는다는 것을 의미했다(『테오도시우스 법전』 16,2,2.7). 면세 혜택 덕분에 성직은 매력 있는 직업이 되었다. 성직자는 세금을 피하려고 애쓸 필요가 없었다. (더러 규정이 바뀌기도 하고 개별 조항에서 많은 차이가 있지만) 후대의 법률들은 자기 재산을 미리 포기하고 들어오는 사람만 성직자가 될 수 있도록 규정했다(『테오도시우스 법전』 16,2,3.6.11).[60]

다른 관점에서 교회의 재정 상태는 321년에 공포된 법에서 모든 이가 임의의 액수를 교회에 기부하는 것을 허용하여 튼튼해졌다(『테오도시우스 법전』 16,2,4 참조).[61] 교회는 늘어나는 교회 재산으로 자선사업을 널리 펼칠 수 있었다.

주교들이 이미 콘스탄티누스에 의해 '고위 인사'viri illustres의 귀족 서열로 올라갔는지, 신분에 상응하는 표장과 기장이 부여되었는지는 입증하기

---

[60] 해당 법의 목록에 관해서는 A. HÜBNER, Immunitas: RAC 17; NOETHLICHS, Einflußnahme 137-40 참조.

[61] CH. SCHWEIZER, Hierarchie und Organisation der römischen Reichskirche in der Kaisergesetzgebung vom vierten bis zum sechsten Jh. = EHS 3,479 (Bern 1991) 144f.

쉽지 않다. 아마도 후대에 입증된 칭호 및 주교 복식服飾의 요소와 주교 예식들은 국가의 본보기를 따라 형성되었다고 할 수 있다.62 아를 교회회의에 즈음하여 주교들이 황제의 역참을 거저 사용하는 것이 허용되었다는 것은 이미 언급한 바 있다. 이는 고대 후기에 누구나 바라는 특권이었다(49-51쪽 참조).

이러한 특권들을 평가하기 위해서는, 앞서 언급한 교회에 대한 모든 특혜가 로마제국 종교성의 범주에서 어떤 사상이 바탕이 되고 있는지 고려해야 한다. 하느님께 당연한 숭배와 합당한 제의를 바치면, 하느님은 국가의 안녕을 보장한다. 따라서 콘스탄티누스가 그리스도인의 신을 보호자로 택하자마자 그가 이 신神의 제의를 배려하는 것은, 일관성이 있는 행동이었다. 그런 까닭에 사제들은 국가에 대한 봉사에서 면제되었다. 그들은 신에 대한 당연한 숭배에 무엇 하나 소홀히 하지 않도록 특수한 법에 복종해야 한다. 종교는 내적인 헌신보다 제식의 집행으로 생각되었다. 황제는 도나투스파 사건과 관련하여 지방 총독 아닐리누스에게 보낸 편지에서 이렇게 썼다(48쪽 참조).

> 이 때문에 나는 그대가 관직을 수행하는 영역 내에서 카이킬리아누스가 다스리는 가톨릭교회에서 이 거룩한 종교에 봉사하고 일반적으로 성직자라 불리는 사람들이 국가의 모든 조세에서 면제되기를 바랍니다. 그들은 오류나 신성모독으로 신성에 당연한 봉사를 행하는 데 방해받아서는 안 되며, 어떤 방해도 없이 그들의 고유한 법에 봉사해야 합니다. 그들이 신적인 것to theion에 대한 고귀한 숭배를 이행한다면, 그들은 대체로 대중에게 유익합니다.63

---

[62] 토론 상황에 관해서는 BAUS/EWIG, *Reichskirche* 295f 참조.
[63] 에우세비우스 『교회사』 10,7,2; 『테오도시우스 법전』 16,2,2.

마찬가지로 콘스탄티누스는 여러 곳에 교회를 세웠으며, 미사를 화려하게 행할 수 있도록 교회에 재정적 혜택을 주었다(108쪽과 188쪽 참조). 그러나 콘스탄티누스는 살아 있는 동안 성찬례에 참석하지 않았다. 그에게 세례지원자 자격이 없었다는 사실도 허투루 넘겨서는 안 된다. 콘스탄티누스는 황궁에서 오늘날의 말씀의 전례에 참석하는 것으로 만족했다. 고대 후기의 종교 이해에 따르면, 황제나 신자가 성찬 희생 제물을 바치는 예식에 참여하는 것은 결코 중요하지 않았다. 이를 위해 자격 있는 특정한 인물들, 곧 사제들이 대리자로 희생 제물 예식을 행하는 것이 중요했다. 이를 위한 전제조건을 만들어 내는 것이 황제의 책임이었다. 미사예물 제도는 고대 후기의 이러한 제식 이해에서 생겨났다.

마지막 법률은 주교에게만 관계되었다. 콘스탄티누스가 법률적 사건 해결 방식을 불만스러워한 것은 분명하다. 끊임없는 소송과 법정에서 일어나는 소란에 관한 그의 불만은 일요일법에도 보인다. 그는 종종 사소한 사건이지만 여러 문제에 간섭하고 폐해를 바로잡으려 했으며, 미결수들의 고통을 덜어 주고자 신속한 판결을 내리게 했다. 그는 미결 상태에 있는 죄수에게 잔인한 족쇄를 채우는 것을 금지했다(『테오도시우스 법전』 9,3,1-2). '야수형'ad bestias이나 '검투형'in ludum, '광산형'in metallum을 선고받은 죄수의 얼굴에 더 이상 낙인을 찍지 못하게 했다. "하늘의 아름다운 모습에 따라 만들어진 얼굴을 훼손해서는 안 되기" 때문이었다(『테오도시우스 법전』 9,40,2). 콘스탄티누스의 뒤를 이은 황제들은 판결과 형 집행을 개선하기 위한 이러한 지향을 받아들였다. 『테오도시우스 법전』Codex Theodosianus은 이와 관련하여 320~409년에 공포한 일곱 법률을 담고 있다. 죄수들을 감옥에서 죽이지 말라는 첫째 법률은 아직도 유효하며, 종교적 동기에 바탕을 둔 마지막 법률은 주간에 한 번, 일요일에 죄수들을 목욕시키라고 규정했다. 주교들과 사제들은 죄수들의 상태에 관해 의견을 개진하기 위해 감옥에 자유로이 드나드는 것이 허용되었다(『테오오도시우스 법전』 1,27,1).[64] 325년에 검투 시합이 폐지되었으나(『테오도시우스 법전』 15,12,1) 백성이 이를 따르지 않아 실효를 거두지 못했다. 391년에도 흥분한 군중이, 로마 콜로세움에서 벌어진 잔인한 경기들에 격노한 수도승 텔레마쿠스를 원형 투기장에 밀어 넣었다.[65] 314년, 노예와 자유인이 지은 일부 범죄에 적용했던 십자가형 (『테오도시우스 법전』 9,5,1)은 얼마 안 가 폐지되었다.[66]

5.4.2 주교의 재판권

318년, 콘스탄티누스는 주교들에게 형사소송이 아니라 민사소송의 재판권을 넘겨주었다(『테오도시우스 법전』 1,27,1; 콘스탄티누스 Sirmond 1). 재판관 중재의 의미에서 사법행위는 그리스도교 공동체들에 처음부터 있었다. 이미 바오로는 소송을 세속 법정에서 하지 말라고 경고했다. 그렇지만 여기서는 그 이상이 문제였다. 황제가, 소송에 관련된 모든 이가 '주교의 심문' audientia episcopalis을 받고 그의 판결을 승인하고 관청이 이를 집행하도록 지시한다면, 주교의 판결은 그리스도인만 아니라 모든 시민에 대한 국가의 전권과 법률상 구속력을 지닌다.[67]

무엇 때문에 콘스탄티누스는 이러한 권한을 주교들에게 넘겼을까? 세속 법정의 부패, 얼마 전까지만 해도 박해의 꼭두각시였던 재판관들에게 그리스도인을 맡길 수 없다는 주장, 진리를 이해하기 위한 세속적 판결 능력에 대한 불신, 주교들이 신적 재판관의 대리자로 유죄와 무죄를 통찰할 수 있다는 희망 때문이었을까? 여느 때와 마찬가지로 그 영향은 중대한 결

---

[64] H.J. MARROU, *Von der Christenverfolgung Diokletians bis zum Tode Gregors des Großen* = Geschichte der Kirche 1 (Einsiedeln 1963) 324f; RASPELS 290-4.

[65] W. WEISMANN, Gladiator: *RAC* 11 (1981) 27f; 키루스의 테오도레투스 『교회사』 5,27.

[66] 문헌 상태의 해석에 관해서는 E. DINKLER VON SCHUBERT, "Nomen ipsum crucis absit" (Cicero, Pro Rabirio 5,16). Zur Abschaffung der Kreuzigungsstrafe in der Spätantike: *JbAC* 35 (1992) 135-46; N. HYLDAHL, Hinrichtung: *RAC* 15 (1991) 346; DEMANDT 77; BARNES(86쪽) 312, Anm. 83 참조.

[67] F.J. CUENA BOY, *La episcopalis audientia* (Valladolid 1985); G. VISMARA, Ancora sulla episcopalis audientia: *SDHJ* 53 (1987) 53-73.

과를 낳았으며, 처음부터 긍정적·부정적 영향을 동시에 미쳤다. 많은 사람이 주교의 판결을 받기를 원한 것은, 많은 주교에게 직무가 늘어났음을 추측하게 한다. 물론 새 직무는 주교 임명에도 적지 않은 영향을 미쳤다. 결국 판결 능력이 있다고 신뢰받는 사람들만 주교가 될 수 있었다. 이는 주교 후보자들의 선택을 제한했다. 주교들은 차츰 국가공무원의 위치로 전락했으며, 이는 국민과의 거리도 점점 멀어지게 했다.

황제의 신뢰에 매료된 주교는 많지 않았다. 주교들은 재판관직과 관련된 부담에 대해 탄식했다. 아우구스티누스는 암브로시우스가 늘 법률적 조언을 구하는 많은 사람으로 둘러싸여 있기 때문에, 밀라노에서 그와 개인적으로 만날 시간도 없다는 어려움에 관해 보고한다(『고백록』 6,3,3). 주교들은 매일 미사 후 오후까지 주교관episcopium에 앉아 소송 당사자들의 그칠 줄 모르는 푸념을 들어야 했다. 그들은 "사람아, 누가 나를 너희의 재판관이나 중재인으로 세웠단 말이냐?"(루카 12,14)라는 주님의 말씀을 상기할 만큼 성경 지식을 충분히 가지고 있었다.[68] 주교가 소송 중재에 실패하면 불화가 공동체 자체로 넘어갈 위험은 없었는가? 그러나 주교들의 판결은 대체로 긍정적으로 평가받은 것 같다. 어쨌든 주교들은 이교인들에게 교회의 영향력을 크게 강화했다. 책임감이 강한 주교들은, 인간에게 행해야 하는 이 짐을 봉사의 임무로 떠맡았으며, 사법행위를 그들의 고유한 임무와 다른 것이라 여기지 않았다. 사목자와 사제들의 사회참여는 오늘날까지도 서로 명확하게 분리되지 않는다.

5.5 평가

콘스탄티누스는 특히 리키니우스에게 승리를 거둔 뒤 지칠 줄 모르고 입법 활동을 했다. 그가 취한 조치들은 공공생활과 국가 살림의 모든 영역, 특히 거대한 제국의 관리와 군대의 조직과 관계된다. 많은 법률이 황제가

---

[68] 상세한 서술은 F. VAN DER MEER, *Augustinus der Seelsorger* (Köln 1951) 307-24 참조.

죽기 전에 폐기되었으며, 광범위한 영향을 미치지 못했다. 일요일법을 비롯한 몇 가지 다른 법은 수백 년 동안 길잡이가 되었다. 법제사가들의 평가는 저마다 다르다. 더러는 콘스탄티누스의 입법이 디오클레티아누스 황제의 입법과 유사하다는 의미에서 복고적이며, 더러는 혁명적이고 미래지향적이라고 평가한다. 진실은 이 가운데 어디쯤 있을 것이다. 사람들은 전통에 대한 콘스탄티누스의 이해를 문제시할 수 있어도 새로운 시대를 이끄는 자의식과 의지는 문제시할 수 없다.

이제 입법 조치에 그리스도교적 영향이 있는지 물어야 한다. 이러한 영향에 대한 평가도 논쟁의 여지가 있다. 자주 나오는 비난은 이렇다: 교회는 그 권위를 세우고, 정치적으로 훌륭한 처신과 기한을 엄수하는 납세의 무를 설교함으로써, 콘스탄티누스가 부여한 특권에 흔쾌히 대가를 치렀다. 교회가 사회적 상황을 혁명적으로 변화시키려 노력하지 않았음은 분명하다. 하늘의 보상을 받으리라는 희망으로 괴로운 세속적 상황을 당연하게 받아들일 것을 강조했다는 사실은 허투루 넘겨서는 안 된다. 문화사적 면에서의 결과들을 총체적·통계적으로 고찰하면, 4세기 로마 사회에 대한 그리스도교의 영향은 거의 보잘것없다고 평가할 수 있다. 전체적인 관점에서 감성의 강화, 관습과 제도의 타락이 밝혀져야 한다. 로마 세계는 야만인의 전쟁 위협과 같은 도전에 야만적 특징을 받아들임으로써 대응하려 한 것 같다.[69]

그러나 이러한 규명이 콘스탄티누스의 입법에 대한 평가는 아니다. 이교의 모태에서 태어나고 자라난 문화를 몇 년 또는 몇 세대 안에 그리스도교화하는 것은 쉬운 과제가 아니다. 새로운 종교적 이상을 요구하는 도덕적 방식의 효과를 모든 이가 이해하지는 못했다. 그리스도인이 되는 것이 삶의 변화를 요구한다는 사실을 인식한 아우구스티누스를 비롯한 사람들

---

[69] H.J. MARROU, *Von der Christenverfolgung Diokletians bis zum Tode Gregors des Großen* = Geschichte der Kirche 1 (Einsiedeln 1963) 325-9; DÖRRIES, *Konstantin* (30쪽) 64f; VOGT, *Gesetzgebung*.

은 종종 오랫동안 그리스도인이 되기 위한 첫걸음을 내딛기를 주저했다. 스토아학파와 신플라톤주의의 영향을 받은 이교인들 가운데 주도 세력은 관계를 개선하기 위하여 교회와 손을 잡았다.

콘스탄티누스와 그의 후계자들, 많은 주교는 사회 상황을 교화하기 위해 애썼다. 그러나 이들은 악의 뿌리, 불의한 판결 결과를 토대로 전체주의적 권력을 행사하는 체제, 조세 부담, 특히 하급 관리와 하위 지위에 있는 이들에 의한 사회적 억압을 없애지 못했다. 물론 이렇게 물어볼 수 있다: 황제가 기존 국가 체제를 포기하거나 교회가 현존하는 사회제도에 협력하기 거부했다면, 무엇이 지금까지의 부당한 질서를 대신했을까? 그리고 모든 문제점이 해결되었을까? 정치적·사회적 변혁을 내세우는 공론가들은, 다가오는 혼돈의 위험과 새로운 질서 조직체가 없다는 것이 혁명의 정당함과 필연성을 폐기할 수 없다고 말한다. 이것이 옳은지는 알 수 없다. 황제나 교회가 현존하는 질서를 굳게 지키지 않았다면, 고대 후기의 로마제국이 혼돈에 빠졌으리라는 것은 타당한 추측이다. 외부로부터의 위험, 제국 국경에서의 압박, 더불어 국내의 어려움, 부족한 생산성과 식량은 가혹한 조치들로 — 임시변통으로 — 해결되었다. 정치적 세력의 공백기는 없었다. 황제와 그를 지지하는 교회가 권력의 영역을 차지하지 않았다면, 다른 세력이 그것을 차지했을 것이다.

제국의 그리스도교화, 사회구조의 교화는 입법의 문제일 뿐 아니라 교육의 과제였다. 노예 문제와 관련하여, 법률들은 인간의 의식이 이미 정당한 것으로 인정한 것을 제도화하고 보증할 수 있다고 말했다. 이렇게 볼 때 콘스탄티누스와 그의 이후 시대에 제정된 많은 법률은 의식이 변화하기 시작한다는 신호이며, 부분적으로 이 변화를 촉진시키는 시도이자 동인이었다. 법률의 성공과 실패는, 법률이 도덕적 이해 수준과 상응했는지를 나타낸다. 법률은 (특히 도덕적 영역에서) 백성이 받아들일 때만 성공하고, 이르거나 늦게 공포되고 실제의 규범적 세력 — 당시에는 검투사법, 오늘날에는 낙태법 — 과 대립하면 실패한다.

사회의 그리스도교화와 교화가 교회의 교육적 과제임을 드러냈다는 규명은, 콘스탄티누스 시대 교회의 성공에 대한 평가를 이 문제에 관한 마지막 심층 질문으로 이끈다. 곧, 그리스도교 복음의 정당성은 세속 영역에서 교육적 성공과 인간관계의 개선에 의존하는가? 지난 세기의 철학자들은 역사를 인간 교화의 고등 발전 과정이라고 해석했다. 이 발전 과정에서 교회는 비판자라는 세계관적 관점에 따라 지도적 역할을 하거나 사슬의 고리였다.[70] 이런 관점에서 일종의 교육기관으로서의 역할을 교회의 본질이라 여기는 경우도 많았다. 도덕적 영역에서 교회의 실효성과 교회가 요구하는 권리는 명백해진다. 그렇지만 이러한 것은 그리스도교의 자기이해에 모순되는 위험한 단순화다. 왜냐하면 예수의 설교는 우선 첫째로 인간과 사회관계의 개선이 아니라 죄의 용서를 선포했기 때문이다. 마찬가지로 바오로 신학은 교회가 생겨났을 때부터, 인간은 행업이 아니라 믿음으로 구원받는다고 원칙적으로 설명했다. 바오로가 말하는 행업이 모세 율법의 실천을 뜻하지 않는 것은 확실하다. 그러나 여기에 인간의 도덕적 행실이 포함되는 것 또한 확실하다. 그리고 엄격한 집단들이 함께 갈 준비가 되어 있지 않은 길고 고통스러운 과정에서 그리스도인이 지속적인 죄의 용서를 필요로 한다는 것을 자주 깨닫게 된다. 극단적으로 이렇게 말할 수 있다: 교회의 임무는 세상의 개선과 인간 교화가 아니라 인간들에게 용서에 대한 희망을 선포하고 (모든 체험에 맞서) 유지하는 데 있다. 용서가 없으면, 지난 수십 년간 일어난 사건들, 유대인을 비롯하여 추방된 집단에 대한 수백만 명에 달하는 살인, 그리스도교화한 유럽 한가운데서 일어난 상상할 수 없는 잔인함에 관해, 교회가 달리 어떻게 설교할 수 있는가? 이 세기에 그리스도교를 믿는 민족들 가운데에서도 (그리스도교 교육과 발전이 이루어진 지 한참 뒤), 도덕적 기준에 비추어 평가하면 교회가 가르친 대로 실

---

[70] K. LÖWITH, *Weltgeschichte und Heilsgeschehen* = Urban Bücher 2 (Stuttgart ⁵1953); J. VOGT, *Wege zum historischen Universum* = Urban Bücher 51 (Stuttgart 1961), 특히 122-35.142.

천이 이루어지지 않았다. 다른 한편으로 도덕적 성공은 중요하다. 특히 교회가 외부 사람에게 신뢰를 얻는 데 중요하다. 좋은 나무는 좋은 열매들을 맺어야 하고, 믿음을 통해 영을 받는 사람은 영의 열매들을 맺어야 한다. 용서에 대한 희망은 활기차게 유지될 수 없는가? 이 둘은 어떤 역학 관계에 있는가?

교회의 과제와 목표는 변증법적으로만 결정될 수 있다. 콘스탄티누스 시대, 구체적으로는 콘스탄티누스가 제정한 법률에 미친 그리스도교의 영향에 관해 교회사적으로 해명하려 한다면, 용서에 관한 역사적 관점보다는 신학적 관점에 더 비중을 두어야 한다. 이는 문화 역사가의 관점에서 편파적으로 평가하지 않기 위해서다. 고대 후기 사회에서 교회의 활동에 미친 그 밖의 영향에 관해서는 특히 교회가 행한 자선 행위를 다루어야 한다. 교회는 자선 행위와 함께 고대사회와 그 뒤 서방사회 전체의 교화에 가장 자주적이고 독특한 기여를 했다.

6. 교회 안에서 콘스탄티누스의 위치

참고문헌

T.D. BARNES, *Constantine and Eusebius* (Cambridge, Ma. 1981).

H. BERKHOF, *Die Theologie des Eusebius von Caesarea* (Amsterdam 1939).

H.A. DRAKE, *In praise of Constantine. A historical study and new translation of Eusebius' Tricennial Orations* = Univ. of California Publ. 15 (Berkeley 1976).

R. FARINA, *L'impero e l'imperatore cristiano in Eusebio di Cesarea* (Zürich 1966) 236-58.

K.M. GIRADET, Das christliche Priestertum Konstantins d. Gr.: *Chiron* 10 (1980) 569-92.

P. KERESZTES, *Constantine. A great Christian, Monarch and Apostel* (Amsterdam 1981).

G. RUHBACH (Hrsg.), *Die politische Theologie Eusebs von Caesarea: Die Kirche angesichts der Konstantinischen Wende* (21쪽) 236-58.

W. SCHNEEMELCHER, Kirche und Staat im 4. Jh.: *ebd.* 122-48.

J. STRAUB, Kaiser Konstantin als ἐπίσκοπος τῶν ἐκτός: *Die Kirche angesichts der Konstantinischen Wende* (21쪽) 187-205.

H.J. VOGT, Politische Erfahrung als Quelle des Gottesbildes bei Kaiser Konstantin d. Gr.: *Dogma u. Politik. Zur politischen Hermeneutik theologischer Aussagen* (Mainz 1973) 35-61.

F. WINKELMANN, *Euseb von Kaisareia. Der Vater der Kirchengeschichte* (Berlin 1991).

지금까지 살펴본 모든 고찰은 콘스탄티누스와 함께 새롭고 숙명적인 단계로 접어든 교회와 국가의 관계를 설명하는 데 도움이 되었다. 이제는 니케아 공의회와 이른바 에우세비우스의 제국신학에 관해 고찰할 차례다. 니케아에 관해서는 교회 최초로 열린 이 보편 공의회의 신학적 내용, 그리스도 신성의 교의화, 아버지와 아들의 동일본질이 아니라, 공의회의 교회정치적 관점만 다룰 것이다.

6.1 니케아 공의회의 교회정치적 관점

6.1.1 비판적 이의

자주 표명된 견해에 따르면, 아를에서 이미 위협적인 조짐으로 나타난 것, 곧 교회의 내부 문제에 황제가 관여한 전례가 니케아에서 영향을 미쳤다고 한다. 아를에서는 사법적 문제가 관심사였다면 니케아에서는 근본적인 신앙 문제가 관심사였다. 아를 집회 때는 황제가 교회회의 소집에 만족했다면, 니케아 공의회 때는 직접 참석하여 함께 토론하고 결정하고 명령했다. 아를에서는 주교들이 아직 망설이는 단계였고, (특히 로마 주교 실베스테르는) 황제의 집착에서 능란하게 벗어날 수 있었지만(51-2쪽 참조), 니케아에서 주교들은 더 이상 그들의 자율권을 지키기 위한 시도조차 못 했고 황제의 뜻에 열광적으로 손뼉을 치며 동의했다. 니케아에서 교회가 '잘못'한 배경은 이렇다. 곧, 주교들은 황제가 까닭 없이 호의를 표한 것이 아님을 알았으며, 이 호의를 얻기 위해 자유를 잃는 희생을 치러야 했다. 교회가 이에 순응할 준비가 되었다면, 국가와 결속할 수밖에 없었다. 디오클레티아누스 황제가 일으킨 잔인한 박해를 효과적으로 견디어 낸 교회가, 박해라는 외적 폭력보다 교회의 생명선에 훨씬 더 치명적인 디오클레티아누스 후계자의 명령에 두말없이 항복했다.[71]

디오클레티아누스 황제가 일으킨 박해에 교회가 의연히 저항했다는 긍정적 평가는 사실과 일치한다. 물론 황제의 단호하고 조직적인 조치가 다행히도 오래 지속되지 않았고, 서방에서는 실행되지 않았다는 사실을 잊어서는 안 된다. 동방에서는 처형뿐 아니라 배교를 통해서도 엄청난 손실을 입었다. 사실 세대를 넘어 압박이 계속되었다면, 교회의 생명선이 오랫동안 온전하게 남아 있었을지 의문이다. 밀라노에서 결의된 협정(22-4쪽 참조)을 막시미누스 다이아와 리키니우스가 점점 지키지 않았기 때문에, 313년 이후에도 동방에서 거듭 일어난 박해들은, 왜 동방이 서방의 통치자 콘스탄티누스 황제에게 훨씬 더 열광적으로 의지했는지 설득력 있게 설명한다. 니케아 공의회에 참석한 교부 대부분은 동방에서 왔다. 서방은 갈리아, 칼라브리아, 판노니아의 주교, 그 밖에 코르도바의 오시우스, 도나투스 논쟁으로 유명해진 카르타고의 카이킬리아누스(47-8쪽 참조), 로마의 사제 두 명이 참석했다.

사람들은 교회회의를 어떻게 보았으며, 교회회의는 어떻게 진행되었는가? 현대의 교회 비판가의 견해에 따르면, 교회회의에 참석한 많은 이의 정신적 수준은 매우 높았다고 할 수 있다. 냉소적인 사람은 '바보들만의 교회회의'라고 말한다.[72] 초청된 교부들은 콘스탄티누스가 고백자들의 상처에 입 맞추고 그들을 친구요 사랑하는 형제로 부른 사탕발림에 깊은 인상을 받았다. 황제의 뜻에 반하는 것은 아무것도 일어나지 않았다. 당연히

---

[71] SCHWARTZ, *Constantin* (37쪽) 140; 참조: K. DESCHNER, *Abermals krähte der Hahn* (Stuttgart ³1968) 378; DERS., *Kriminalgeschichte des Christentums* 1: *Die Frühzeit* (Reinbek 1986) 242f.

[72] DESCHNER, *Abermals* 393. DESCHNER의 교회 비판에 관해서는 H.R. SEELIGER (Hrsg.), *Kriminalisierung des Christentums. Karlheinz Deschners Kirchengeschichte auf dem Prüfstand* (Freiburg 1993) 참조.

교황의 대리자인 로마의 사제들은 의장이 되지 못했다. 회의록은 없었거나 없어졌다. 아리우스파가 신앙고백을 낭독하려 했을 때, 사람들은 원고를 빼앗아 갈기갈기 찢어 버렸다. 진리의 문제는 어느 정치가에게나 그렇듯이 콘스탄티누스에게 중요하지도 않았다. 그 말은 키루스의 테오도레투스가 전한 이 사건을 정확하게 특징짓는다. 공의회의 시초에 주교들이 서로 이단시하고 황제에게 탄원서와 소송장을 건넸을 때, 황제는 청원서와 소송장을 봉인하였으며 토의가 이루어진 뒤에는 개봉하지 않은 채 태워 버리게 했다. 사제들의 과오가 사람들에게 알려짐으로써 불쾌감을 주는 것을 피하기 위해서였다(『교회사』 1,11).

여기서 표명된 일부 비난은 그리 중요하지 않다. 아를과 니케아 사이에 차이가 있고, 황제가 니케아에서 훨씬 더 적극적으로 활동했다는 것은 옳다. 그러나 그는 그사이에 주교들에게 알려졌고 교회의 친구로 입증되었다. 그가 신앙의 문제들에 관심을 가졌다고, 사람들이 이에 격분했겠는가? 콘스탄티누스가 주교들, 그 가운데 고백자들을 특별히 존경했다는 암시는 많다. 그가, 박해 때 눈을 찔려 실명한 파프누티우스 주교의 눈꺼풀에 입맞춤했다는 것은 순수한 경의를 표한 것으로 여겨야지 위선적 행동으로 의심할 필요가 없다(루피누스 『교회사』 10,4). 콘스탄티누스는 주교들을 신뢰했다. 그는 그들에게서, 특히 그들의 도덕적 품성에 많은 것을 기대했다. 그렇지 않으면 어떻게 그들이 자신들에게 맡겨진 재판관직을 효과적으로 수행할 수 있겠는가?(81-2쪽 참조). 황제가 주교들의 소송장을 태워 버리게 했을 때, 주교들은 부끄러워했을지도 모른다. 문제는 개인적 고소가 아니라 오직 공의회에서 밝혀져야 하는 교회의 신앙에 관한 것이었다. 로마의 사제들이 의장을 맡지 못한 것을 의아하게 여길 필요가 없다. 로마의 우위가 인정되지 않는 한 당연히, 제국의 절반인 동방에서 열린 공의회에서 의장 자리를 요구할 수 없었다. 이 때문에 실베스테르 주교도 참석하지 않았다. 로마의 주교는 의장을 맡지 않는 어떤 공의회에도 참석하지 않았다(51-3쪽 참조). 회의록이 없는 것은 황제가 과도하게 관여한 데 대한 계획적인 은폐로 해석할 수 있다. 니케아에서는, 국유화가 아직 시작되지 않았음을 나타낸다. 교회를 위해서는 이전에 이루어진 토의에 관해 아는 것보다 영감 받은 결과가 더 중요했다. 분파 간의 투쟁은 주목할 만한 일로 생각되지 않았다.

물론 진리의 문제가 콘스탄티누스에게 중요하지 않았고, 정의된 신앙 진술의 진실성이 아니라 국가의 일치concordia를 위한 황제의 요구가 토의를 결정했다는 주장은 심한 비난이라 할 수 있다. 이러한 비난이 옳다면, 교회는 공의회에 모인 주교들에 의해 실제로 국가의 기계적인 조직 운영에 작동되는 작은 바퀴가 되었을 것이다. 그렇지만 과정은 자주 추정된 것보다 더 복잡하다.

6.1.2 황제의 협력

정치적 상황을 마음속에 그려 보면, 콘스탄티누스는 이미 제국이 통일되기 전에, 동방교회에서 아리우스 논쟁으로 일어난 분열에 관해 알게 되었다. 324년, 콘스탄티누스는 리키니우스에게 승리를 거두어 일인 통치자가 되었다. 그는 외적인 일치가 시민의 내적 연대감으로 떠받쳐지지 않는다면, 아무것에도 도움이 되지 않는다는 것을 알았다. 황제는 이교인과 그리스도인의 일치를 무리하게 관철시킬 수 있었지만 그렇게 하기를 바라지 않았다. 그의 바람은, 자신의 통치하에서 (교회 내적으로 볼 때 급속도로) 확산되기 시작한, 선교하는 교회의 일치된 세력에 바탕을 두고 있었다. 따라서 318/19년부터 그리스도인들 사이에 견해가 다른 무리가 생겨나 제국의 일치를 위협하는 갈등으로 번지자 그가 실망한 것은 이해할 수 있다. 아프리카에서 도나투스파는 그에게 이러한 위험을 분명히 가르쳐 주었다. 이제는 동방교회도 — 황제는 국가의 중심을 동방으로 이전함으로써 동방교회에 자신의 희망을 걸었다. 그는 이미 니코메디아에 거주했으며 비잔티움으로 수도 이전이 계획되었다(106쪽 참조) — 신학적 논쟁의 소용돌이에 개입하면서 제국의 일치를 위협했다.

324년, 곧바로 황제는 논쟁을 시작한 알렉산드리아의 주교 알렉산더와 사제 아리우스에게 편지를 보내 이에 관여했다. 콘스탄티누스가 절친한 친구 코르도바의 주교 오시우스를 통해 알렉산드리아로 보낸 편지가 남아 있으며, 친저임이 확실하다.[73]

> 승리자 콘스탄티누스 대제가 알렉산더와 아리우스에게. 이 일에 관한 본인의 의도는 두 가지입니다. 이 때문에 본인은 직무를 맡았습니다. 이를 위해 본인은 제 행위의 협력자이며 만물의 하느님이신 구원자를 증인으로 모십니다. 첫째로 본인은 모든 백성의 종교적 지향이 일치되기 바랍니다. 둘째로 어느 정도 심한 상처를 입은 모두에게 공동인 지구의 육체에 생기를 불어넣고 결합하기 바랍니다. 본인은 이를 주시했고 한편으로 인식의 비밀스런 빛에서 저울질해 보았으며, 다른 한편으로 무장한 팔의 힘으로 성취하려고 애썼습니다. 그리하여 이 경우 본인은, 하느님의 모든 종 가운데 제 기도에 따라 공동의 단결을 이룰 수 있다면, 국가 제도도 모든 이의 경건한 신념을 통해 적절하게 변한다는 것을 알았습니다.

콘스탄티누스는 군사력으로 얻을 수 있는 것과 교육을 통해 장려되어야 하는 것을 정확히 구분한다. 제국의 일치에 관한 정치적 측면은 신앙에서 일치가 이루어져야 한다는 전제에서만 이루어질 수 있다.

> 그런 이유에서 참을 수 없는 광기가 아프리카를 사로잡았을 때, 어떤 사람들은 무분별한 경솔함으로 백성의 종교(그리스도교)를 여러 분파로 감히 분열시키려 했습니다. 저는 이 병을 치유하기 위한 다른 적절한 방법을 찾지 못했기에, 여러분의 집회에 반대하여 자신

---

[73] KRAFT, *Religiöse Entwicklung* (37쪽) 217.

의 불경한 뜻을 내놓은, 인류의 공동의 적[막센티우스]을 없앤 뒤, 논쟁하는 이들이 다시 단결하는 데 도움을 주도록 여러분 가운데 몇 사람을 보냈습니다. 빛의 힘과 거룩한 종교의 법은, 전 세계를 거룩한 광채로 비추기 위해, 하느님의 호의를 통해 동방의 모태에서 태어났기 때문입니다.

여기에서도 도나투스 논쟁에서 겪은 쓰라린 체험과 황제가 동방교회에 대해 품고 있는 신뢰가 암시된다. 동방교회는 그리스도교가 생겨난 곳이다. 그뿐 아니라 콘스탄티누스는 동방에서 교회의 참된 신학자와 지도자도 나올 것이라고 생각했다. 물론 동방의 주교들이 도나투스 논쟁에 관여했는지는 불확실하고 사실성이 결여되어 있다. 어쨌든 내심은 동방 주교들의 통찰에 대해 '환심을 얻으려는 것' captatio benevolentiae이다. 편지는 이렇게 계속된다.

전능하신 하느님, 제 귀가, 더 심하게는 제 마음이 얼마나 치명적인 상처를 입었습니까! 본인이 아프리카에 남긴 것보다 훨씬 더 심각한 논쟁이 여러분 사이에 벌어지려 한다는 것을 알게 되었습니다. 또한 여러분의 지역이 다른 지역들을 치유해 주기를 바랐건만 오히려 여러분의 지역에 더 큰 치유가 필요하다는 것도 알게 되었습니다. 본인이 논쟁의 발단과 대상을 살핀즉, 구실은 시시하고 그리 엄청난 불화를 일으킬 만한 일도 아니라는 것이 드러났습니다.

이 점에서 콘스탄티누스는 잘못 생각했다. 궁극적으로는 하느님 아들 예수에 관한 올바른 이해가 문제였다. 황제는 일치를 위해 논쟁을 의식적으로 대수롭지 않은 일로 왜곡하고자 했나? 일치만 된다면 교의적 차이는 중요하지 않았나? 이로써 사람들은 이미 인용된 비난을 계속한다: "진리 대신에 정치". 하지만 그리스도교적으로 돌려 말해 단결이 문제라면, 사랑의 계명이 계속 영향을 미친다. 결국 일치concordia는 로마의 사상에 근거를 둔 목표였으니, 다른 모든 것은 이 목표에 굴복해야 했다. 그런데 콘스탄티누스는 알렉산드리아 논쟁의 발생과 배경에 관해 무엇을 알았으며, 적어도 무엇을 안다고 둘러대었는가?

> 본인이 들어 알고 있듯이, 이 문제는 이렇게 시작되었습니다. 그대 알렉산더는, 그들 가운데 각자가 [구약성경] 율법서에 쓰인 구절에 관해, 오히려 쓸데없는 질문에 관해 무엇을 생각하는지 그대의 사제에게 물었습니다. 이에 그대 아리우스는, 그대가 처음부터 알 수 없거나 침묵으로 무시해야 하는 것을 경솔하게 답변했습니다. 그 결과 여러분 가운데 불화가 일어나고 공동체가 부인되며, 거룩한 백성이 둘로 분열되고 한 몸이라는 일치에서 벗어났습니다. 그러므로 여러분 각자는 같은 방식으로 다른 이를 용서하고 여러분의 동료 일꾼이 정당하게 조언하는 것을 행해야 합니다.

한마디로, 논쟁은 쓸데없고 논쟁의 발단은 중요하지 않았다. 사람들은 단지 성경 구절, 아마도 신적 지혜가 말하는 잠언 8장 22절의 해석을 두고 싸웠다. "주님께서는 그 옛날 당신의 일을 하시기 전에 당신 길의 처음으로 나를 지으셨다." 콘스탄티누스는 논쟁을 철학적 토론의 영역으로 떠넘겼다. 곧, 개별 문제에서는 당연히 여러 견해가 있을 수 있지만 신앙의 토대에서는 그렇지 않으며, 신학 전문가들의 다툼에 백성을 끌어들여서는 결코 안 된다. 하느님과 그분의 섭리에 관해서는 신앙 안에서 파악된 이해만 있기 때문이다. 아리우스와 다른 이들이 그리 중요하지 않은 문제들에 관해 각기 통찰력을 동원하여 생각해 낸 것은, 그들이 의견의 일치를 이룰 수 없다면, 사상의 비밀을 지키면서 그들 정신 안에 머물러야 한다.[74]

---

[74] 에우세비우스 『콘스탄티누스의 생애』 2,64-72; 번역: KRAFT, *Religiöse Entwicklung* (37쪽) 213-6.

콘스탄티누스는 자신의 슬픔을 나타내는 감동적인 말로 훈계를 끝내며 화해를 촉구하는 인상적인 부탁을 되풀이하였다. 그러나 그는 뜻을 이루지 못했다. 백성과 관계없는 중요하지 않은 사건은 그의 관심사가 아니었다. 반대로 백성은 토론에 열정적으로 관여했다. 황제가 논쟁 당사자 두 사람, 알렉산더 주교와 순종하지 않는 아리우스 사제에게 같은 편지를 보내고, 두 사람을 동등하게 대우하고 그들을 함께 훈계한 것은 전략상 신중하지 못했다.

논쟁은 끝나지 않았고, 오시우스가 안티오키아에 소집한 교회회의도 아무것도 이루어 내지 못했다. 그 때문에 황제는 325년, 서방의 주교들도 초청한 보편 제국 공의회를, 처음에는 안키라(앙카라), 그다음에는 니코메디아에서 50킬로미터 떨어져 있는 더 가까운 니케아(이즈니크)로 소집했다. 콘스탄티누스는 자신이 직접 참석하고, 토의를 조정할 수 있기를 원했다. 이는 교회의 문제에 개입한 것이었지만, 그럼에도 불구하고 교회가 결정을 할 수 있는 자유는 유지되었다.

알렉산더도 아리우스도, 두 진영으로 나뉜 주교들도 — 두 사람은 추종자들을 얻으려고 애썼고 곧바로 얻었다 — 평화를 이루려는 황제의 간절한 원의를 개의치 않았다. 그들은 이 원의를 이루어 줄 수 없었다. 아리우스의 완고함이 궤변을 늘어놓는 독선이듯이, 알렉산더의 고집도 완고한 몰이해였기 때문이다. 가장 일찍 쓰인 신약성경의 본문부터 문제를 안고 있는 그리스도론과 삼위일체론은, 단결이라는 구실로 감추어져서는 안 되고 근본적으로 논의되어야 하는 결정적 단계에 이르렀다. 지금 공개적으로 시작된 논쟁에서는, 모든 시대에 많은 이들이 교회의 선포를 환원시키고자 하는 신적 섭리와 복음의 구원 능력뿐 아니라 계시된 진리와 일치해야 하는 고백이 관심사였다. 콘스탄티누스는 이를 파악한 것 같다. 그는 견해 차이를 억지로 억압하거나, 적어도 일정 기간 동안 확실히 그가 할 수 있다고 보이는, 강제적인 평화를 관철시키려 하지 않았기 때문이다. 그는 아직도 자기 아들 콘스탄티우스처럼 행동하지 않았다. 콘스탄티우스는

355년 밀라노 교회회의에서 자신이 바라는 것을 교회법으로 여겨야 한다고 주장했다(131쪽 참조).

콘스탄티누스 이후 몇몇 황제가 아리우스주의를 두둔함으로써 새로운 박해를 일으키고 전면적인 정치적 압력을 행사했을 때, 많은 주교의 저항은 약해지지 않았다. 확실히, 4세기 내내 일어난 아리우스 분규는 교회 측에 지속적인 부정과 중상, 개인적 권력 추구, 지역적 관심사, 시기, 질투, 배반, 탐욕적 이익 추구 등 부정적 영향을 미쳤다. 그러나 많은 주교가 추방과 죽음의 위협 아래서도, 때때로 무리하게 관철된 교의적 타협을 허용하지 않았다는 점도 허투루 넘겨서는 안 된다. 참으로 그리스도교 형제애를 장식하는 영광의 한 장면이 아닌 논쟁의 부끄러운 측면들도 사건 자체, 곧 논쟁의 내적 핵심이 극복해야 하는 것을 감출 수 없었다. 여기에서 교회는 다른 사람의 말을 기꺼이 따를 수도 없었고 따라서도 안 되었다.

황제가 니케아 공의회 토의에 관여했다고는 하지만, 공의회를 개최하게 한 것만으로도 그는 신앙을 결정하는 자유를 이미 인정했다. 신앙의 일치를 이루기 위한 황제의 노력은 강압만을 뜻하지 않았다. 평화가 유지된다면 모든 사람이 무엇을 믿느냐는 중요하지 않기에, 그는 국가의 관심사를 고려하며 상이한 모든 신앙 개념을 억압하려 들지 않았다. 황제는 어떠한 대가를 치르느냐가 아니라 올바른 인식에 바탕을 둔 안정을 원했다. 이러한 인식에서 타협적 자세를 지니자는 모든 호소는 평화를 보장할 수 있는 교의를 공유한다는 본질을 전제했다. 이는 이미 강조되었고 여기에서 되풀이될 수 있다. 곧, 콘스탄티누스 자신은 많은 점에서 그의 시대에 맞서 있다. 이른바 황제교황주의는 니케아 공의회 때는 아직 생겨나지 않았거나, 생겨났다면 그가 아직 적용하지 않았다.

에우세비우스는, 황제가 공의회에 제시된 의견이 자신의 마음에 드느냐에 따라 그 말을 승낙하고 동의하며 경고하고 나무라면서, 공의회에서 독자적 인물로 논의에 관여했다고 보고한다(『콘스탄티누스의 생애』 3,13). 콘스탄티누스는 자신을 주교 가운데 한 명으로 여겼으며, 주교들은 이에 대해 어떤 의구심도 품지 않았던 것 같다. 때때로 황제가 공동으로 결정하는 데 한계가 있다는 사실도 드러난다. 카이사리아의 주교 에우세비우스가 자신의 신앙을 정당화하기 위해 자기 공동체의 세례 고백을 제출했을 때, 황제는 이 고백을 기꺼이 보편 신앙고백으로 인식한 것 같다. 그러나 주교들은, 카이사리아 신경이 바로 지금 결정해야 할 만큼 중요하지 않다고 이의를 제기한 것 같다. 어쨌든 그들은 에우세비우스의 고백문을 참고하지 않고, 고유한 니케아 고백을 작성했다(테오도레투스 『교회사』 1,12).

니케아 공의회의 결정, 곧 교의적 결정뿐 아니라 20조의 법규에 기록된 규율적 결정도 전 교회에 대한 황제의 법적 효력을 지녔다. 공의회는 부활절 날짜에 다시 주의를 기울여, 전 교회가 일관성 있게 니산 달 14일 다음에 오는 일요일에 지내야 한다고 결정했다. 황제는 전적으로 이에 동의했다. 마침내 공의회에 참석한 교부들은 리코폴리스의 주교 멜레티우스가 이집트에서 일으킨 열교를 효과적으로 해결하려고 애썼다.[75] 황제는 여러 지방에 보낸 편지와, 알렉산드리아에 보낸 편지에서 공의회의 결정과 아리우스에 대한 단죄를 다시 한 번 명시적으로 표명했다. "주교들의 거룩한 모임에서 다루어진 모든 것은 하느님의 뜻에 바탕을 두기 때문에"(에우세비우스 『콘스탄티누스의 생애』 3,20), 황제는 모든 이에게 복종하도록 경고했다. 아리우스, 서명하지 않은 리비아의 주교 두 명 및 공의회의 결정에 동의를 철회한 주교 두 명, 곧 니케아의 주교 테오그니스와 수도 니코메디아의 주교 에우세비우스가 추방된 것은 당연한 귀결이었다.

6.1.3 황제의 돌변

공의회의 개최, 경과, 결과에 황제의 협력은 이 시점까지 이례적인 것으로 보이지만, 교회의 독립성에 아직은 위협적이지 않았다. 어려움은 공의회가 끝난 뒤에야 나타났다. 콘스탄티누스는 공의회의 결정을 승인하고

---

[75] 더 상세한 내용에 관해서는 LIETZMANN 3,89-93; ANDRESEN/RITTER 57f 참조.

완고한 입장을 취하는 이들을 추방했음에도 불구하고, 몇 년 뒤인 328년부터 전면적으로 바뀌어 아리우스파가 교회에 복귀하는 것을 허용했다.

이렇게 돌변한 까닭에 관해 많은 추측이 있었다. 특히 두 가지를 추정할 수 있다. 곧, 콘스탄티누스는 궁극적으로 단결과 평화에 대한 열망의 제물이 되었다. 그에게 니케아 공의회는, 될 수 있는 대로 모든 사람이 동의하고 공동체와 주교들을 분열시키는 갈등이 없어지기만 하면 성공이었다. 이 때문에 니케아 신경을 가장 철저히 변론한 아타나시우스는 결국 추방되어야 했다. 그는 완고한 입장을 취하여 황제의 평화정책에 방해가 되었기 때문이다. 반면 아리우스파는 늘 새로운 정식과 우회적 표현으로, 그들의 신앙을 정확히 해석하면 니케아 신경과 모순되지 않는다는 것을 입증하려 애쓰면서, 평화가 — 이는 둘째 동기다 — 아리우스파의 큰 관심사인 양 굴었기 때문이다. 이와 달리 니케아파는 일치를 방해했다. 그들은 모든 사람이 받아들일 수 있는 신앙고백으로 만족하지 않고, 성경에 나오지 않으며 철학에 기원을 두고, 신앙의 진리보다 옹호자의 완고함과 관계있는, 유일한 낱말 동일본질*homousios*을 고수했기 때문이다.

콘스탄티누스는 아리우스파의 확언과 장황한 설명을 신뢰했다. 그는 고의로 정통 신앙의 토대에서 벗어난 것이 결코 아니었다. 종종 단순화해서 말하듯이, 그는 생애 마지막에 아리우스파가 된 것이 아니었다. 그러나 그는 평화에 대한 정치적 갈망으로 예전에 공의회를 소집했지만, 명백하지 않은 정식들로 대체될 수 없는 신학적 진상을 규명하지 못했다. 신앙고백을 통해 연결된 교회는 타협하면서 존속하지 않는다. 교회는 지체를 올바른 신앙 이해에서 확신할 수 있거나 아니면 그 지체들을 포기해야 한다. 황제는 후자를 바라지 않았으며, 전자는 신학적으로 아직 이루어지지 않았다. 그렇게 볼 때 니케아는 끝이 아니라 그리스도론–삼위일체론 논쟁에서 중요한 정류장이다. 니케아는, 특히 카파도키아인들이(137쪽 참조) 신학 개념에 필요한 설명을 하고 381년에 콘스탄티노플에서 열린 제2차 전 세계 공의회에서 삼위일체 신앙이 궁극적으로 정의될 수 있기 전까지 아직도 수십 년의 신학 작업이 필요했다.

때가 될 때까지, 콘스탄티누스와 그의 후계자들은 타협의 길로 나아갔다. 그들은 늘 새로운 시도에서 정치적 불가피성 때문에, 신앙의 일치를 그럴싸하게 보이게 한 신앙 정식들을 주교들에게 강제로 승인하게 하려고 애썼다. 국가권력의 지속적인 관여는 교회의 내적 설명을 자극하지 않고 동요시키고 주저하게 했다. 신앙 정식은 분별없이 이루어진 것이 아니다. 그리스도교 신앙의 핵심에 속하는 니케아 교의는 넓은 길을 통해서가 아니라 많은 이의 고난을 통해 달성되어야 했기 때문이다.

공의회가 끝나고 황제가 자신의 즉위 20주년 축제를 벌이기 위해 주교들을 니코메디아 황궁으로 초대했을 때, 그들은 앞으로 일어날 몇몇 어려움을 예감할 수 있었지만 이는 아직 명백하게 드러나지는 않았다. 주교들이, 몇십 년 전 디오클레티아누스 박해령이 공포된 황제의 거실로 걸어 들어갈 때, 황실 위병들이 양쪽에 늘어서 있었다. 주교들은 황제와 함께 식탁에 앉았으며, 식사 후 많은 선물을 받고 떠났다. 그들은 꿈꾼다고 생각했고 천상의 알현실을 본다고 느끼지 않았는가? 교회사가 에우세비우스는 그것이 마음속에 그리는 그리스도 제국의 모습이라고 여겼다(『콘스탄티누스의 생애』 3,15). 하지만 그 예감이 빗나갔음이 곧 밝혀졌다(124-5쪽 참조).

6.2 카이사리아의 에우세비우스의 정치신학

313년부터 팔레스티나의 수도 카이사리아의 주교인 에우세비우스는 지상에서 하느님의 총독인, 그리스도교를 옹호하는 황제를 어떻게 이해했는지 분명하게 말했다. 그는 역사에 관한 신학적 해석에서 그리스도교화한 제국의 이데올로기적 터전을 마련했다.

6.2.1 역사신학적 실마리

에우세비우스는 오리게네스의 전통을 계승했다. 그는 성경을 영적으로 이해하는 토대를 오리게네스에게서 물려받았다. 에우세비우스는 스승 팜필루스를 통해 정확한 문헌학적·역사적 연구 방법을 배웠다. 그는 이 분야에서 탁월한 능력을 나타냈다. 그가 쓴 『교회사』는 오늘날까지 초대교회를 알 수 있는 가장 중요한 문헌이다. 루카가 사도들의 역사를 기술하지 않았다면 원시 그리스도교에 관해 거의 알 수 없었듯이, 『교회사』가 없었다면 그리스도교 첫 몇 세기에 관해 거의 알 수 없었을 것이다.[76]

객관성을 유지하려는 노력과 전해진 문헌학적·고고학적·역사적 내용의 정확성에도 불구하고 에우세비우스의 서술은 신학적 동기에 바탕을 두고 있다. 그는 서술하려고만 하지 않고 입증하려 했다. 역사가 신학적으로 해석되는 한, 역사의 진행은 구원사적 구조의 틀에서만 아니라 — 그래서 에우세비우스는 구원사적 구조를 완전히 포기한다 — 사실적인 역사적 사건에서도 그리스도교의 소식에 대한 호교를 담고 있다. 곧, 역사의 그리스도교적 의미는, 사람들이 사실적 사건들 뒤에 숨겨진 구원사를 경건하게 받아들이는 것뿐 아니라, 구원사가 세계사에서 직접 입증될 수 있다는 것이다. 역사는 두 갈래, 곧 세계사나 보편사의 가시적·경험적 갈래와 구원사의 비가시적 갈래로 나뉘지 않는다. 역사는 그 자체에서, 이미 이스라엘 백성 안에서도 그랬고 그 뒤 특히 이 세상에 그리스도께서 육화하셨을 때부터 하느님의 구원을 나타낸다. 이는 이해하려고 하면 모든 사람이 인식할 수 있다.[77]

이렇게 볼 때, 에우세비우스 역사관의 기본 입장은 긍정적이다. 이미 에우세비우스의 초기 작품들에서 그리스도인은 다양한 문화적 환경에서 힘들게 인정받으려 애쓰는, 더 이상 야만적 분파의 작은 무리로 나타나지 않고 — 그 상황은 초기 호교가들의 작품들과 켈수스와 오리게네스의 논쟁에도 나온다 —, 전 세계에 퍼지고 모든 직업과 정신생활 영역에도 관여했

---

[76] 이러한 비교에 관해서는 VON CAMPENHAUSEN, *Griechische Kirchenväter* 65 참조.

[77] E. DASSMANN, *Augustinus* (Stuttgart 1993) 132-4; G. RUHBACH, *Euseb von Caesarea: Gestalten der Kirchengeschichte* 1,224-35; J. MOREAU, Eusebius von Caesarea: *RAC* 6 (1966) 1061f.1080f.

다. 이교가 스스로 갈기갈기 찢기고 붕괴된 반면, 교회는 규율과 신앙의 용기에 바탕을 두고 로마제국 사회에서 새로운 형태로 성장했다. 이러한 놀라운 전체적 발전은 처음부터 하느님의 계획에 있었으며, 그분의 불가사의한 도움으로 실현되고 지금 완성의 마무리 단계에 있다. 이교는 거덜 났다. 피투성이가 된 희생 제물과 악마적 우상숭배를 수반한 이교의 다신론은 그리스도교 계시라는 이성을 일깨우는 신앙에 더 이상 맞설 수 없다. 비생산적 철학 논쟁은 복음서의 더 높은 도덕을 이길 수 없다.[78]

에우세비우스는 신념을 지닌 역사 진화론자다. 교회의 시대가 시작되기 전에, 그의 관점에서 볼 때 예수 선포의 핵심인 유일신론과 도덕은 서서히 성숙하고 방랑 생활의 단계는 극복되어야 하며, 도시가 세워지고 법률이 제정되며, 국민에 의한 중우정치는 없어지고 평화의 로마제국이 등장해야 한다. 아우구스투스 시대의 '로마의 평화'pax Romana는 구원사적으로 때가 찬 것으로(갈라 4,4) 이해되면서 신학적 중요성을 지닌다. 에우세비우스는 자신의 저서 『복음의 준비』에서 그리스도에 바탕을 둔 역사의 이러한 발전을 면밀하게 서술했다.[79]

실제로 에우세비우스에게 교회는 역사의 목표임이 분명하다. 교회는 이 세상에서 일종의 신정주의적 하느님 통치이며, 하느님을 믿지 않는 타락한 이교인 국가와 더불어 또는 이교인 국가에서 활동하는 고유한 정신적 국가다. 아마도 처음에 이와 비슷한 것이 그에게 떠올랐을 것이다. 그 뒤 엄청난 전환이 일어나, 로마제국 자체가 그리스도교화하고 황제가 세속 영역에서 하느님의 대리인이 되었다. 에우세비우스는 자신의 신학적 기대를 이제 구체적으로 제국의 역사적 실재에 투사할 수 있었으며, 더 이상 제국 안의 교회로 만족할 필요가 없었다. 에우세비우스가 찬가 작품들의 수많은 구절에서 다양하게 표현한 교회와 제국은 동일시할 수 있다.

---

[78] VON CAMPENHAUSEN, *Griechische Kirchenväter* 63.

[79] W. KINZIG, *Novitas Christiana. Die Idee des Fortschritts in der Alten Kirche bis Eusebius* = FKDG (Göttingen 1994) 517-68.

에우세비우스는 335년 콘스탄티누스의 즉위 30주년 기념 축제에 즈음하여 콘스탄티노플에서 행한 찬양 연설에서 이렇게 말했다: 하느님 홀로 참된 대왕이시며, 모든 세상을 초월하시고, 지극히 높으시며, 가장 숭고하고 위대한 분이시다. 그분은 하늘 높은 곳에서 통치하시며, 그분의 발판은 땅이다. 아무도 그분 영광의 광채를 볼 수 없으며, 자신의 부족한 빛 안에서 감추어진 존재를 볼 수 없다. 범접하기 어려운 페르시아 대왕이 자기 총독들을 통해 세상을 통치하듯이, 하느님께서도 총독들을 통해 통치하신다. 그분 홀로 실질적인 행정에 전혀 참여하지 않으시며, 모든 육적 존재와 떨어져 계시다. 그분은 통치자이지만 통치하지 않으신다. 그분은 모든 권력을 지니셨지만 권력을 스스로 부리지 않으시고, 세상을 창조하신 그분의 로고스를 통해 통치하신다. 오리게네스적·종속론적 양식에 따른 에우세비우스의 이러한 로고스-그리스도론에서, 그가 그리스도가 아버지와 동일본질이라고 정의한 니케아 정식에 동의하기란 쉽지 않았으리라는 것은 명백하다. 그는 니케아 공의회에서 교회정치적으로 자신의 뜻을 이루지 못했다. 그리스도는 에우세비우스에게 하느님과 인간 사이의 중개자였다. 그리스도는 온 세상에 감추어지신 분의 의지를 선포하고, 그분 대신에 통치한다. 그리스도는 위대한 군사령관, 대사제, 아버지 하느님의 예언과 그분의 위대한 뜻을 전하는 분이다. 구약성경의 신정주의 표상들이 되풀이되어 나타난다.[80]

6.2.2 제국신학 또는 이념?

신적 영역을 서술한 다음에 지상 세계와 천상 세계가 동일시되는 결정적 내용이 뒤따른다. 그리스도가 천상 세계를 통치하듯이 황제는 보이지 않는 하느님 대신에 지상 세계와 보이는 세계를 통치하기 때문에, 황제는 로고스의 측근이 된다. 플라톤의 원형-예형론은 이런 접근을 가능케 했

---

[80] 『콘스탄티누스 찬가』 1,1-6; 참조: HERNEGGER (21쪽) 226f; DRAKE 84f. 46-60.

다. 그래서 그리스도와 황제의 관계는 『콘스탄티누스 찬가』에서 매우 밀접한 것으로 그려진다.

> 만물의 구원자께서 온 하늘과 우주, 최고의 제국을 당신 아버지 마음에 들게 마련하셨다. 그분의 친구인 황제께서 독생자, 구원자, 로고스께 자기 신하들을 소개하고 그들을 자신의 제국에 유용하게 쓰셨다.
>
> 만물의 공동 구원자께서 배반한 세력들을 붙잡으셨다. 착한 목자께서 당신 양 떼에게서 멀리 떨어져 계셨을 때, 많은 세력이 땅 위에 있는 기층을 떠돌아다니면서, 들짐승처럼 보이지 않는 신적 세력으로 인간의 영혼들을 괴롭혔다. 공동 구원자께서 적에게 거둔 승리의 표시로 장식된 그분의 친구[황제]께서는 전시법에 따라 눈앞에 보이는 진리의 적들을 제압하고 적들로 하여금 이성을 되찾게 하셨다.
>
> 선재하시는 만물의 로고스와 구원자께서는 이성과 구원의 씨앗을 그분을 숭배하는 자들에게 넘겨주시고 그들 안에 아버지 제국의 이성과 이해를 만드셨다. 그분의 친구[황제], 말하자면 하느님-로고스의 사자께서는 온 인류가 더 강력한 분을 깨닫도록 일깨우고, 큰 소리로 모든 이를 불러 땅에 사는 모든 이에게 참된 신심과 진리의 법을 선포하신다.[81]

이 문장들은 에우세비우스의 정치신학을 요약해 보여 준다. 그의 정치신학은 로고스와 황제, 천상의 제국과 지상의 제국 사이의 상응 관계에 관한 표상들로 가득 차 있다. 하늘과 땅 두 가지가 형태와 질서, 의미를 부여하는 황제의 법 *nomos*을 지배한다(『콘스탄티누스 찬가』 3). 관할 영역이 수직적으

---

[81] 『콘스탄티누스 찬가』 2,2-4; 번역: HERNEGGER (21쪽) 227f.

로 위임되면, 곧 권력과 책임이 하느님에게서 그리스도를 거쳐 황제에게 이르는 것으로 진행되면, 그리스도가 황제 위에 있는 것이 여전히 유지될 수 있다. 이와 달리 다른 관념들은 그리스도와 황제의 등위等位를 더 강조하거나, 에우세비우스가 콘스탄티누스와 그의 아들들을 하느님-아버지와 그분 본질의 빛, 로고스, 영과 비교한다면, 황제는 하느님의 측근이 된다. 에우세비우스의 이러한 모든 개념은 그리스도교의 순수한 문헌에서 나온 것이 아니라 신학적으로 고대의 황제 이념을 그리스도교적 황제 이념으로 옮긴 것이다.[82]

이런 논리라면 황제가 교회를 통치하는 것에 아무 문제가 없다는 것이 명백하다. 고대에 황제를 '수석대제관'으로 이해하던 전통이, 교회와 국가 사이에 일치되는 문제가 점점 늘어나면서 콘스탄티누스에게 문제없이 적용되었다. 황제는 교회의 권위 있는 수장이다. 그가 공의회를 소집하고 논쟁을 조정하고, 주교들을 임명하고 추방하는 것은 간섭이 아니라 정당한 권리이며, 나아가 의무였다. 에우세비우스는 황제에 관해 이렇게 전한다.

> 이 때문에 그분(황제)께서는 이전에 주교들을 손님으로 대접하셨을 때 자신도 주교라고 자기의 의견을 당연히 밝히셨으며, 우리 자신이 들은 대로, 주교들에게 대략 이렇게 말씀하셨다. "여러분은 교회 영역 안에 있는 것의 주교로 하느님에 의해 임명되었지만 저는 교회 영역 밖에 있는 것의 주교로 임명되었습니다."

'외적 영역의 주교' *episkopos tēn ektos*라는, 황제에 관한 논란의 대상이 되는 말은 콘스탄티누스의 자기 증언에서 나타난다. 이 용어는 콘스탄티누스가 경건한 삶으로 이끌어야 할 제국의 모든 주민에 대해 하느님께서 자신에게 맡긴 보호직을 가리킨다. 에우세비우스는 이와 관련하여 콘스탄티누스

---

[82] J. STRAUB, *Vom Herrscherideal in der Spätantike* (Stuttgart 1964) 116-29.

를 주교의 성향을 지닌 인물로 증언한다. "그분께서는 모든 신하에게 말하자면 주교였으며, 그분께서는 신하들에게 할 수 있는 한 하느님 뜻에 맞는 삶을 추구하라고 촉구하셨다."[83]

에우세비우스의 제국신학은 이념의 전형적 예다. 구체적 통치 상황이 신학적으로 과대평가되고 하느님의 뜻으로 선언된다. 이런 구조의 위험성은 명백했다. 그러나 오랫동안 고대해 왔고 막 시작된 평화를 누리는 마당에, 관여자들이 국가와 교회 사이에 놓인 새로운 가능성의 한계를 설정하는 동안만큼은 그 위험성이 분명히 인식되지 않았을 것이다. 이러한 역사적·심리학적 상황을 고려할 때 에우세비우스의 신학도 가치가 있다고 생각해야 한다. 국가와 교회의 목표가 더는 조화를 이루지 못할 때 또는 조화를 이루어서도 안 되었을 때, 그리고 부족한 통찰에서든지 그릇된 명예욕에서든지 신에 준하는 황제의 권위가 그러한 요구에 무감각해지고, 이 요구와 결합된 종교적 의무가 간과되고 본질적으로 교회의 내세적 실현이 경시되는 후대에 에우세비우스의 표상들은 위험한 것이 되었다.

에우세비우스는 동방의 신학자이자 저술가였다. 이 사실은 당시 중요한 의미를 띠었다. 서방에서는 그의 영향력이 비교적 작았으며, 동시에 아리우스 논쟁에서 상황에 따라 오락가락한 그의 불운한 처신은 서방에서 그의 신학적 권위를 떨어뜨렸다. 에우세비우스에게서 보이는 것과 같은 황제 이념과 제국 이념은 서방에서는 결코 발전되지 않았다. 신학적인 깊이는 없었다 하더라도 정통적이고 니케아 신경을 따르는 경향이 있는 서방은 아리우스파를 옹호하는 황제들과 점점 거리를 두었으며, 이는 전반적으로 국가에 대한 비판적 세력으로 자라났다.

몇 가지 부차적 사건 이후, 언제부터 동방교회와 서방교회가 멀어지기 시작했는지 그 정확한 연도를 밝히기는 쉽지 않다. 그러나 4세기의 20년대와 30년대에 시작되었다는 것은 확실하다. 이는 급기야 1054년 로마와

---

[83] 『콘스탄티누스의 생애』 4,24; 참조: STRAUB, *Kaiser Konstantin* 190-3; D. DE DECKER/G. DUPUIS-MASAY, L'"épiscopat" de l'empereur Constantin: *Byz.* 50 (1980) 118-57.

콘스탄티노플의 영구적 분열을 야기하고 말았다. 황제와 제국 관계에 관한 여러 가지 명백한 견해가 이에 적지 않은 기여를 했을 것이다. 새로운 수도 콘스탄티노플의 건설로 제국의 중심이 동방으로 이동한 것도 — 이는 디오클레티아누스와도 관계 있다 — 영향을 미쳤다.

7. 콘스탄티노플 건설

참고문헌

H.-G. BECK (Hrsg.), *Studien zur Frühgeschichte Konstantinopels* = MiscByzMonac 14 (München 1973).

G. DAGRON, *Naissance d'une capitale. Constantinople et ses institution de 330 à 451* (Paris 1974).

R. JANIN, *Constantinople byzantine. Développement urbain et répertoire topographique* (Paris ²1964).

E. LA ROCCA, *La fondazione di Constantinopoli: Costantino il Grande dall'antichità all'umanesimo* 2. Ed. G. BONAMENTE/F. FUSCO (Macerata 1993) 552-82.

C. MANGO, *Le développement urbain de Constantinople (IVᵉ-VIIᵉ siècle)* (Paris 1985).

W. MÜLLER-WIENER, *Bildlexikon zur Topographie Istanbuls* (Tübingen 1977).

콘스탄티누스는 혼란에 빠진 아우구스투스의 로마제국을 새로 정비해야 한다는 세계 정치사적 소명을 느꼈다. 자신의 생각이 자신이 본보기로 삼은 이의 생각과 많이 일치하는 것은 놀라운 일이 아니다. 일찍이 아우구스투스도 동방에 새로운 수도를 세우려고 했다. 그는 아이네아스 전설이 율리우스 가문의 고향으로 얘기하는 트로이를 가장 마음에 두었지만, 당시 로마 시민들이 이 계획을 격렬히 반대하여 계획 자체가 폐기되었다.[84]

콘스탄티누스는 이런 점을 고려할 필요가 없었다. 그는 통치 기간에 단 세 번 방문할 만큼(74쪽 참조) 로마와 특별한 관계를 가지고 있지 않았다. 따

---

[84] LIETZMANN 3,134.

라서 새로운 수도의 건설을 생각하는 것은 당연했다. 제국의 중심이 오래 전에 그곳으로 옮겨 갔기 때문에 동방 천도遷都는 정치적·경제적으로 볼 때 불가피했다. 이미 디오클레티아누스는, 관저를 니코메디아로 옮김으로써 이전의 필요성을 드러냈다. 더욱이 콘스탄티누스는 당시 군주정체적 제국의 새로운 설립을, 제국의 기원과 결부되는 황제의 도시로 장식하고자 했다. 디오클레티아누스가 니코메디아에 세운 건축물을 증축하는 것만으로는 이러한 야심찬 계획에 충분하지 않았다. 그래서 황제는 (세르디카 또는 테살로니카의 증축이 부결된 뒤) 트로이 평야에 건축물을 세우기 시작했다. 성벽과 성문들이 세워졌으며, 오랜 세월이 지난 지금도 그 잔해가 남아 있다.

그때 하느님이 꿈에 콘스탄티누스에게 나타나, 그가 의도한 곳이 아닌 보스포루스 해협 어귀에 자리한 비잔티움(소조메누스 『교회사』 2,3,3)으로 옮기라고 지시했다. 도시 건설을 신의 현현과 연결시키는 전통은 매우 오래되었다. 로마인들은 그들 도시의 경계를 설정하기 위해 이미 에트루리아인에게서 유사한 축제 예식을 넘겨받았다. 시조始祖는 아직 멍에를 메지 않은 황소 한 쌍으로 '정방형 도시'urbs quadrata의 한계를 정하는 고랑을 팠다.[85] 도시 건설은 인간의 숙고에 힘입을 뿐 아니라 신의 동의를 필요로 했다. 가령 비잔티움이 적절한 곳이라는 사실은 비단 현몽現夢 때문만이 아니라, 생시에도 콘스탄티누스의 마음에 들었다. 비잔티움은 유럽에서 아시아로 가는 육로와 지중해에서 흑해로 가는 해로의 교차점에 있었다. 이미 그리스도교 이전 시대에 비잔티움의 건설자들이 새 도시를 어디에 세워야 하는지 델피의 신탁에 문의했을 때, 그들에게 장님들의 땅 맞은편이라는 신탁이 내렸다. 이는 칼케돈을 의미했다. 그 주민들은 '황금의 뿔'의 뾰족한 끝으로 이주하라는 이상한 상황을 제대로 이해하지 못했다.[86] 건설이 시작된 몇 년 뒤, 콘스탄티누스는 헬레니즘 풍습에 따라 이 도시에 자

---

[85] T.J. CORNELL, Gründer: *RAC* 12 (1983) 1129-39.1166.

신의 이름을 붙이고, 하느님의 명에 따라 영원한 도시로 불렀다(『테오도시우스 법전』 13,5,7). 도시는 완성되지 않았지만 330년 5월 11일에 성대하게 봉헌되었다.

그리스도교 저술가들은 콘스탄티노플이 우상에게 제물을 바치는 야만적 행위가 없는 도시라고 찬양했다. 이는 새로 건설된 도시의 위상에 어울리는 말이었다. 이교인 신전들과 제물 예식은 이곳에서 허용되지 않았다. 셉티미우스 세베루스가 재건한 옛 비잔티움 지역에 몇몇 신전만 남아 있었다. 콘스탄티노플은 로마의 '행운의 여신'Fortuna에 상응하고 도시의 생명력을 상징하며, 아마도 '황금의 조'miliarium aureum와 관련된 '행운의 여신' Tyche 성소를 보존했다. 모든 도로가 이제 더는 로마로 통하지 않게 되자, 제국의 도시들은 이곳에서부터 거리가 추정되어 이정표가 세워졌다. 콘스탄티누스는 도처에 있는 귀중한 조각들을 이 도시로 가져오게 했으며, 그 가운데 신들의 어머니인 레아의 입상은 이제 발 아래에 길들인 사자들을 둔 모습이 아니라 손을 높이 들어 간청하고 있었다. 이 변화에 대해 이교인이 저항한 사실은, 이교인상像을 의식적으로 그리스도교화했다고 이해했음을 나타낸다(조시무스 『교회사』 2,31,3). 에우세비우스는 "시장 한가운데 분수에 … 사자들 가운데 있는 다니엘과 청동으로 주조되고 빛나는 판금으로 덮인"(『콘스탄티누스의 생애』 3,49) 착한 목자 상에 관하여 보고한다. 그 외에, 딱히 어떤 조형 작품이라 할 만한 것이 없던 당시의 그리스도교 예술에 관한 중요한 문학적 정보를 여기에서 접하게 된다.[87] 목자들과 다니엘의 경우 잘못 이해되거나 그리스도교적으로 새로이 해석되어 많이 건립된 이교인 입상들이 문제가 아니라면 말이다. 그리스도교적 조상彫像들과 제명들은 여러 곳에서도 황제의 황실을 장식했다.[88]▶

---

[86] DEMANDT 391.

[87] 그 밖의 자료에 관해서는 E. DASSMANN, *Sündenvergebung durch Taufe, Buße und Martyrerfürbitte in den Zeugnissen frühchristlicher Frömmigkeit und Kunst* = MBTh 36 (Münster 1973) 40f 참조.

도시는 황제의 뜻에 따라 그리스도교적 특징을 지녀야 했다. 예배소Oratorien, 순교자 경당들, 특히 두 개의 큰 교회 건축물이 도시 외관을 장식했다. 콘스탄티누스는 도시를 완전히 증축한 뒤 로마처럼 일곱 언덕이 있는 도시의 중간, 곧 오늘날 정복자 메흐메트 파티Mehmet Fatih의 회교 사원이 있는 네 번째 언덕에 '사도 바실리카'를 세우게 했다. 사도들의 기념비가 세워졌을 뿐 아니라, 사도들과 같은isapostolos 열세 번째 사도로 쉬고자 한 황제의 묘역과 이 바실리카를 연결시켰다.[89] 세베루스가 만든 옛 광장에 주교가 맡은 공동체 교회가 생겼다. 이 교회는 '성 이레네'Hagia Eirēne에게 봉헌되었다. 사람들은 은연 중에 로마에 있는 아우구스투스의 '평화의 제단'ara pacis을 떠올렸다.

새 도시에 옛 로마의 특권들이 주어졌다. 콘스탄티노플에 원로원이 생겼다. 국민은 로마의 평민plebs처럼 빵을 먹고 살았고 놀이를 즐겼다. 그럼에도 불구하고 도시에 생명을 불어넣는 것은 그리 간단하지 않았다. 처음에는 약속과 가벼운 압박을 가하면서 백성들을 콘스탄티노플로 데려오려고 애썼다. 백성들은 토지의 수익에 대해 매기는 조세를 면제받았다(『테오도시우스 법전』 14,13,1). 로마 출신의 원로원 가정에는 상당한 재정적 도움을 주어 이주를 부추겼다. 많지 않은, 추측건대 소수의 그리스도교 가정만 이주에 응했다. 영광과 부는 자긍심 강한 옛 로마 사람들을 현혹할 수 없었다.[90] 새로운 로마Nea Rhomē라고 불린 콘스탄티노플은 얼마 뒤 벼락부자의 냄새를 풍겼으나, 그 주민은 로마인이 아니었다.

그러나 이 도시 설립을, 다른 독재자들의 많은 건축 사업처럼 잘못된 계획이었다고 말할 수는 없을 것이다. 콘스탄티노플은 그 뒤 몇 세기 동안 특히 유스티니아누스 치하에서 번영했으며, 정치적으로 볼 때 오랫동안

---

[88] 에우세비우스 『콘스탄티누스의 생애』 3,3.49; LIETZMANN 3,135f; DÖRRIES, *Konstantin* (30쪽) 57.

[89] DEMANDT 79, Anm. 90 참조.

[90] DEMANDT 392; OPTATIANUS PORPHYRIUS 4,6; 18,33; DEMANDT 75f.391-9.

옛 로마를 중요하지 않은 도시로 몰락하게 했다. 이슬람교가 위협하자마자 도시는 강인한 활력을 발휘했다. 1453년 5월 29일에 도시가 함락될 때까지 수백 년 동안, 콘스탄티노플은 제국의 남동 측면을 방어했다. 덕분에 그리스도교 서방에는 민족이동 시기의 혼란을 겪은 뒤 국가가 견고한 체제를 갖추고 성장할 수 있는 충분한 시간이 있었다. 콘스탄티노플이 더 일찍이 함락되었고, 투르크군이 몇 세기 더 일찍 빈Wien에 당도했다면 어떤 일이 일어났을지 상상하기 어렵다. 따라서 오늘날 유럽의 운명도 이 도시와 관계 있다.

② 제국교회로 가는 길

1. 테오도시우스 1세 때까지의 역사적 사건

참고문헌

J. BIDEZ, *Kaiser Julian. Der Untergang der heidnischen Welt* = Rowohlts deutsche Enzyklopädie 26 (Hamburg 1956).

B. BLECKMANN, Constantina, Vetranio und Gallus Caesar: *Chiron* 24 (1994) 29-68.

R. BROWNING, *Julian. Der abtrünnige Kaiser* (München 1977).

M. CLAUSS, Jovinianus: *RAC* (erscheint demnächst).

G. GOTTLIEB, *Ambrosius von Mailand und Kaiser Gratian* = *Hypomnemata* 40 (Göttingen 1973).

—, Gratianus: *RAC* 12 (1983) 718-32.

B. GUTMANN, *Studien zur römischen Außenpolitik in der Spätantike (364-395 n.Chr.)* (Bonn 1991).

R. KLEIN, *Constantius II. und die christliche Kirche* = Impulse der Forschung 26 (Darmstadt 1977).

— (Hrsg.), *Julian Apostata* = WdF 509 (Darmstadt 1978).

A. LIPPOLD, *Theodosius der Grobe und seine Zeit* = Beck'sche Schwarze Reihe 209 (München ²1980).

—, *Julian, Kaiser*: RAC (erscheint demnächst).

J. MOREAU, Constantinus II.: *JbAC* 2 (1959) 160f.

—, Constantius II.: *ebd.* 162-79.

—, Constans: *ebd.* 179-84.

314년부터 325년까지, 곧 아를 교회회의부터 교회의 존재를 처음 뚜렷하게 나타낸 니케아 공의회까지 형성된 교회와 국가의 관계가 이제부터 어떻게 발전해 나가는지 고찰하려면, 우선 테오도시우스 1세 치하에서 국가교회가 성립되는 과정을 다루어야 한다.[1]

324년부터 콘스탄티누스가 죽을 때까지 제국은 외교적으로 안전했다. 336년에 이르러서 페르시아제국이 다시 세력을 넓혔고, 콘스탄티누스는 이에 대한 원정을 준비하고 있을 때인 337년에 사망했다. 황제는 324~337년에 많은 법률을 제정하고 활발한 건축 활동으로 제국을 내적으로 강화하는 데 온 힘을 기울였다. 교회정치적으로 교회의 권리 주장은 성직자의 특권과 교회의 재단 설립을 통해 계속되었다. 콘스탄티누스는 국내 정치적 평화 계획을 신학적·교의적이라기보다 (리키니우스의 아내인 의붓누이 콘스탄티아의 영향으로) 개인적으로 아리우스파 주교들을 선호함으로써 아리우스적 경향으로 몰고 나갔다. 황제는 죽음을 앞두고 세례를 받은 뒤 337년 성령강림절에 니코메디아 근처 안키로나에서 흰옷을 입은 채 죽었다in albis decessit. 그의 화려한 장례식은 여기서 다룰 필요가 없다.[2] 황제는 자신의 후계자를 스스로 정했다. 그는 디오클레티아누스의 4분령정책을 따랐다. 자식 가운데 한 명이 혼자서 거대한 제국을 통치할 수 있으리라 믿지 못했기 때문이다. 그러나 각 통치자와 분할된 각 제국이 혈연관계를 통해 유대를 공고히 하고자 하는 왕조의 원칙에 따라 디오클레티아누스 이념을 수정했다. 그의 뜻대로 이루어지지 않았다는 사실은 곧바로 드러났다.

1.1 콘스탄티누스의 아들들과 친척

크리스푸스를 처형한 뒤(73-4쪽 참조)에도 콘스탄티누스에게는 아직 세 아들이 있었다. 첩에게서 태어난 콘스탄티누스 2세, 파우스타가 낳은 콘스탄티

---

[1] 참조: DEMANDT 80-137.   [2] 참조: VOELKL (30쪽) 236-41.

우스와 열다섯 살인 콘스탄스다. 콘스탄티누스는 장남인 콘스탄티누스 2세가 갈리아와 에스파냐와 브리타니아를 통치하고, 콘스탄티우스가 이집트와 동방, 막내가 제국의 중앙부인 판노니아와 다키아, 이탈리아, 아프리카를 통치하도록 임명했다. 디오클레티아누스 체제를 보완하기 위해 콘스탄티누스는 조카 달마티우스에게는 콘스탄티노플과 트라키아를, 그의 형제 한니발리아누스에게는 아르메니아를 통치하도록 임명했다. 군軍은 콘스탄티누스의 직계 아들이 아닌 이들이 통치자가 되는 것에 동의하지 않았다. 이 때문에 콘스탄티노플에서 반란이 일어나 달마티우스와 한니발리아누스를 비롯한 그 밖의 다른 왕위 계승자들과 콘스탄티누스 시대의 고위 관리들이 살해되었다. 콘스탄티우스가 살육에 연루되었으며, 콘스탄티누스 가문에서는 당시 유년의 갈루스와 후대에 배교자라는 덧이름이 붙은 율리아누스 두 명만 목숨을 건졌다. 달마티우스가 다스린 지역은 콘스탄티우스와 콘스탄스에게 분할되었다.

1.1.1 콘스탄티누스 2세

서방에서도 분할 상태는 오래 유지되지 않았다. 콘스탄티누스 2세는 배다른 형제인 젊은 콘스탄스와 공동통치할 수 있다고 생각했다. 하지만 콘스탄스는 뜻밖에도 자부심이 있고 자주적이었음이 밝혀졌다. 달마티우스를 제거함으로써 이득을 보지 못하자 화가 난 콘스탄티누스 2세는 포Po 평야에 침입하여 아퀼레이아까지 돌진했다. 깜짝 놀란 콘스탄스는 탐욕스러운 형제를 만났다. 전쟁은 오래가지 않았다. 콘스탄티누스 2세가 알프스 준령을 공격하다가 전사했기 때문이다. 이로써 아버지가 죽은 지 3년 뒤인 340년에 콘스탄티누스의 첫째 아들은 역사의 무대에서 사라졌다.

1.1.2 콘스탄스

콘스탄티누스 2세의 통치 지역은 콘스탄스의 손에 떨어졌다. 콘스탄스는 콘스탄티우스와 더불어 제국의 상당히 광활한 지역을 다스렸다. 콘스탄티우스는 유프라테스 강 경계 지역에서 페르시아인과의 문제를 해결하려 애쓰느라 제국의 발전을 어쩔 수 없이 방관해야만 했다. 콘스탄스가 베푼 국내 정치는 그리스도교에 대단히 우호적이었으며 니케아 신경을 옹호했다. 그는 아버지의 권위라는 왕조의 유산을 곧바로 제대로 활용하지 못했다. 그는 완고하고 불공정했고 동성애 성향까지 있어서 동성애자들의 그릇된 조언을 정책에 많이 반영했다. 그렇지만 게르만족 출신인 장군 마그넨티우스가 오늘날의 부르고뉴에 자리한 오텡에서 반란을 일으킬 때까지 10년간은 괜찮았다. 찬탈자 마그넨티우스는 즉시 서방 전체에서 인정받았다. 콘스탄스는 달아났으나 피레네 산맥의 한 마을에서 살해되었으며 타라고나 근처 켄트켈레스에 있는 황제 묘역에 매장되었다.³

1.1.3 콘스탄티우스

콘스탄티우스가 마그넨티우스를 없애는 데 성공하여 제국은 350년경 다시 일인 통치자가 다스리게 되었다. 콘스탄티우스의 누이 콘스탄티나는 베트라니오 장군을 겉으로만 황제로 선포하게 함으로써 일리리쿰을 건졌다. 나이수스에서 베트라니오는 자신의 군대를 콘스탄티우스의 군대에 넘기고 부황제 지위를 다시 내놓았다. 마그넨티우스 측에서 많은 협상을 시도했음에도 불구하고 콘스탄티우스는 냉혹한 입장을 취했으며 전쟁을 일으켰다. 이는 351년 무르사(헝가리의 드라우 강변에 자리했으며 후대의 지명은 에세그)에서 일어났으며, 마그넨티우스는 이곳에서 격퇴되었다.

353년에 황제의 군대가 뒤랑스Durance 계곡을 거쳐 아를로 진군해 오자, 마그넨티우스는 전투를 포기하고 리옹에서 자살했다. 콘스탄티우스는 이제 실질적으로 자신의 아버지처럼 일인 통치자가 되었다. 이것이 그와 아버지의 유일한 공통점이었다. 체력도 정신력도 아버지를 따라가지 못했다. 그는 황제의 위엄을 드러낼 만한 인품을 갖추지 못했기 때문에, 짐짓

---

³ 켄트켈레스 마을에 있는 식장의 기능에 관해서는 J. ENGEMANN, Die Mosaikdarstellungen des Kuppelsaals in Centcelles: *JbAC* 32 (1989) 127-38 참조.

근엄한 태도로 범접하기 어려운 분위기를 자아냈다. 그의 등장은 어색하고 의례적인 느낌을 주었다. 얼마 되지 않아 그는 아부하는 궁신의 무리에 둘러싸여 외부 세계와 단절되는 부정적 결과를 초래했다. 황실에서는 환관이 경제를 쥐락펴락한다는 불만이 자자했다. 황제는 스스로 좋은 뜻을 지녔고 흠잡을 데 없는 그리스도인이 되기를 바랐지만, 그의 측근들은 아리우스적 경향을 지닌 황제의 교회정치에도 영향을 미쳤다.

아버지와 아들의 차이를 잘 드러내는 곁줄거리는 이렇다: 결전의 날, 무르사에서 콘스탄티우스는 기병의 선봉에 서서 적군에게 돌진하지 않았다. 위대한 콘스탄티누스라면 분명 그리했을 것이다. 콘스탄티우스는 도시 입구에 있는 경당에서 그곳의 주교 발렌스의 사목적 보살핌을 받으면서 전투의 결과를 기다렸다. 발렌스는 이 상황을 잘 이용했다. 그는 승리했다는 소식을 처음으로 접하고 이를 황제에게 알렸으며, 소식을 가져온 증인을 하늘의 천사라고 불렀다(술피키우스 세베루스 『연대기』 2,38,5-7). 그때부터 발렌스는 싱기두눔(베오그라드)의 주교 우르사키우스와 함께 황제와 터놓고 지내는 사이가 되었다. 친밀한 관계를 유지한 두 친구는 이후 교회정책의 방향을 결정했으며 교회에 큰 피해를 입혔다.[4]

콘스탄티우스는 제국을 홀로 통치할 수 없었으며, 방어는 더더욱 홀로 할 수 없었다. 그러나 전권을 위임받은 장군들을 임명하는 것은 늘 위험을 안고 있었다. 그들은 확고한 기반을 마련하자마자 찬탈의 욕망을 싹틔웠기 때문이다. 장군들이 아니라 승리한 군대가 자신들의 사령관을 황제로 선포하기를 원했다. 이는 2~3세기 로마제국의 군인 황제 시대에 생겨나 4세기 내내 유지된 경향이었다. 이러한 황제 등극은 쉽게 이해된다. 군대는 새로 제위에 오른 사람이 기댈 수 있는 실질적인 권력을 의미했기 때문이다. 오늘날 종종 군사 쿠데타를 통해 정권의 무력 또는 계승 분쟁이 끝나는 것과 비교할 수 있다. 콘스탄티우스가 군대가 일으키는 정변을 피하기

---

[4] LIETZMANN 3,210.

를 원했다면, 그는 콘스탄티누스가 죽은 뒤 정권 투쟁에서 살아남은 플라비우스 왕조의 마지막 대표자인 사촌 갈루스와 율리아누스에게 의지해야 했다.

1.1.4 갈루스

콘스탄티우스는 마그넨티우스와의 전투를 준비하면서 갈루스를 부황제로 삼았다. 갈루스는 안티오키아에 거주하면서 페르시아인과 대치한 동쪽 국경을 방어해야 했다. 이로써 갈루스가 많은 명성을 누릴 수 없다는 것을 콘스탄티우스는 자신의 경험으로 알았다. 그러나 그의 뜻대로 되지 않았다. 갈루스는 동쪽 지방을 방어하는 어떤 노력도 하지 않았으며, 더욱이 공포정치와 횡포를 일삼았다. 특히 이교인과 이단자와 유대인을 대상으로 이러한 정치를 펼치다가 목숨을 잃게 되었다. 그는 354년에 이스트리아에서 재판을 받고 참수되었다.

1.1.5 율리아누스

이제는 율리아누스만 남았다. 355년, 최고사령관 magister militum 실바누스가 쾰른에서 자신을 거슬러 반란을 일으켰을 때 콘스탄티우스는 율리아누스를 끌어들였다. 4주 뒤 실바누스는 '그리스도인의 전례 회합 장소' conventiculum ritus Christiani로 도피하다가 황제의 사절 우르시키누스 휘하 병사들에게 살해되었다.[5] 하지만 이로써 위험이 사라진 것이 아니었다. 프랑크족이 쾰른을 정복하고 알레만족과 함께 제국의 영역에 침입하여 국경 서쪽이 활활 불타올랐기 때문이다. 355년에 밀라노에서 부황제로 임명된 율리아누스는 콘스탄티우스의 여동생 헬레나와 혼인했지만 아무도 그에게 뜻을 펼칠 기회를 주지 않았다. 그러나 콘스탄티우스가 그때까지 철학적 몽상가이며 방에만 처박혀 있는 사람으로 여긴 (192-3쪽 참조) 율리아누스는

---

[5] 암미아누스 마르켈리누스 『연대기』 15,5,31; DASSMANN, *Anfänge* (149쪽) 106.119.

군사적 능력뿐 아니라 콘스탄티우스에 대한 충성심도 대단하다는 것을 입증해 보였다.

그런데도 콘스탄티우스는 그를 신임하지 않았다. 평온한 상태로 몇 년이 지난 359년 여름, 페르시아인들이 다시 준동蠢動하여 메소포타미아에 침입했을 때, 콘스탄티우스는 라인 국경에 주둔한 로마군 일부를 동방으로 이동시켜 페르시아인과 전투를 벌이도록 명령했다. 이로 말미암아 율리아누스의 전투력이 약화되었다는 것은 바람직한 부수적 효과였다. 하지만 율리아누스의 군대는 동방으로 이동하기를 원하지 않았고, 라인 국경이 약화되어 알레만족의 호전성이 드러나자 자신들의 가정을 염려했다. 행진하던 군대는 파리에서 율리아누스를 황제로 선포했다. 율리아누스는 처음에 주저했지만 권력투쟁을 감행하는 데 동의했다. 그는 콘스탄티우스에게 편지를 보내 갈리아 총독 영역에 대한 자신의 황제 지위를 인정해 줄 것을 청했다. 하지만 콘스탄티우스는 억누를 수 없는 분노에 사로잡혀 라인 국경 지역의 최고사령관을 교체하도록 명령을 내렸다. 그런데 누가 이를 관철해야 했는가? 콘스탄티우스 자신은 전적으로 페르시아인 문제에 몰두해 있었다.

율리아누스는 황제의 명령에 관한 소식을 들었으며, 콘스탄티우스가 다시 불안감을 느끼고 있던 알레만족에게 자신을 거슬러 싸우도록 부추겼다는 것도 알았다. 이 일을 계기로 그동안 망설이고 있던 율리아누스는 심리적 압박을 벗어나, 라인 국경 지역을 견고하게 한 뒤 361년 여름에 도나우 강 아래쪽에 자리한 니쉬 지역까지 진군했다. 그러나 더 이상 군사적 결정을 취하지 않았다. 왜냐하면 콘스탄티우스가 361년 43세의 나이로 타우루스 산맥 계곡에 자리한 몹스키레네에서 죽었기 때문이다. 그도 임종의 자리에서 안티오키아의 주교 에우조이우스에게 아리우스파 신앙을 고백하고 세례를 받았다.

다시 일인 통치자, 이번에는 철학자가 제국을 다스렸다. 옛 이교 신앙을 고수한 율리아누스는 361~363년까지 짧은 기간 통치했다. 그는 거대한 계획을 세웠으며 경제·사회적 발전 계획을 통치 초기부터 시행했다. 이와 달리 교회정치적으로는 50년간 지속된 역사의 바퀴를 되돌려 조상들의 종교를 부흥시키고자 했다. 이 모든 시도는 짧은 에피소드로 끝나고 말았다(193-200쪽 참조). 외교적으로는 동방 지역을 잃었다. 율리아누스는 페르시아 원정에서 기병의 창에 찔려 전사했다.

1.2 테오도시우스 1세 때까지의 발렌티니아누스 왕조

1.2.1 발렌티니아누스 1세

율리아누스가 사망한 다음 날 황제로 선포된 친위대 장군 요비니아누스는 페르시아인과 평화협정을 체결해야 했다. 그의 친그리스도교적 활동은 개별적으로 상론할 필요가 없다. 통치 기간이 8개월이었기 때문이다. 364년, 친위대 장교인 발렌티니아누스가 그의 후계자가 되었다. 그는 일리리쿰의 장교 집안 출신이었으며, 아버지는 장군으로 복무했다. 군대는 여전히 제2의 황제를 요구했으며, 발렌티니아누스는 친위대에서 평범한 군인으로 근무하는 자기 동생 발렌스 이외에 다른 이를 찾아내지 못했다. 군대는 발렌스를 받아들였다. 두 사람은 부모가 다 순수 야만족 혈통이었으나, 늘 신중하고 예술과 학문에 관심을 지닌 발렌티니아누스는 로마화했다. 발렌스는 이러한 특성을 지니지 못했다. 그의 선출은 고대 후기 황제 즉위에 수반하는 온갖 폐해를 드러내었다. 두 사람은 제국의 통치를 분담하여, 발렌티니아누스는 서방을, 발렌스는 동방을 맡았다.

교회정치에서 발렌티니아누스는 중립적 입장을 취했다. 온 서방이 (예외를 제외하고) 니케아 경향을 따르는 점에서 그가 교회정치를 펼치는 데에는 어려움이 없었다. 이로써 아리우스 논쟁으로 생겨난 여러 분파 가운데 어떤 분파를 옹호할 필요가 없었다. 발렌티니아누스는 신념에 따라 교회 문제에 간섭하지 않기를 원했다. 황제에 의해 교회회의에 소집된 어떤 주교는 이러한 못마땅한 답변을 받았다. "나는 평신도이며 그러한 문제를 걱정할 필요가 없습니다"(소조메누스 『교회사』 6,7,2). 스스로는 명백히 그리스도교적으로 생각했음에도 불구하고 발렌티니아누스는 이처럼 명령했다. "누구나 자기 마음에 드는 종교를 믿어도 좋다"(『테오도시우스 법전』 9,16,9).

1.2.2 발렌스

동방에서 발렌스의 종교정책은 더 가혹하고 아리우스파에 일관되게 우호적이었다. 황제가 취한 교회 투쟁은 377년 말, 반대하는 주교들에게 내려진 모든 벌이 파기됨으로써 끝났다. 발렌스의 방향 전환은 우연히 일어난 것이 아니었다. 고트족의 압박은 그에게 모든 전선에서, 그리고 교회정치에서도 평화협정을 체결하도록 만들었다. 발렌스는 이미 자신의 통치시기 초기부터 370년 여름까지 되풀이하여 고트족과 싸워야 했다. 지금은 상황이 더 절박했다. 훈족에게 밀려 어려움에 처한 동고트족의 압박으로, 서고트족이 로마제국 지역에 수용되고 이주하기를 청했기 때문이다. 이는 국경 문제에서 이웃한 게르만족과 더 이상 어려움이 없어지는 것이 아니라, 서로마제국을 몰락시키는 민족이동의 시작을 예고했다.

전투력이 검증된 서고트족을 트라키아로 이주시킨 것은 발렌스의 입장에서 보면 적절했고, 그는 이에 동의했다. 하지만 이주민의 수를 제한하고 단계적으로 받아들이는 데는 실패했다. 서고트족은 도나우 강을 건너 무리를 지어 쇄도하고, 동고트족과 한패가 되었다. 곧바로 중요한 생계 지원 문제가 대두되었다. 이 문제는 로마제국 관리들의 부패로 상황이 악화되었다. 이들은 굶주린 고트족의 곤경을 부당이득을 취하는 데 이용했다. 마침내 방백 루피키누스의 전횡으로 고트족은 폭발했다. 서고트족 왕 프리티게른은 민족 전쟁을 일으켜, 로마인을 죽이고 트라키아를 약탈했다. 그러나 로마군은 고트족을 발칸 산맥을 넘어 도나우 강 어귀로 밀어내어 궁지에 몰아넣었다. 프리티게른은 이제 훈족과 알라네족과 협상하여 자신의 기병대를 로마군 후미로 보냈다. 발칸 고갯길이 점령됨으로써 많은 약탈자가 다시 트라키아로 밀려왔다. 도나우 강 국경은 마침내 허물어지고 이 돌파구를 통해 게르만족들이 로마제국 지역으로 밀려들어 왔다. 이제 더는 토벌군이 도울 수 없었다. 발렌스는 전 군대를 페르시아 전선에서 철수하여 맨 먼저 콘스탄티노플로 진군했다. 발렌스는, 375년 아버지 발렌티니아누스가 죽은 뒤 즉위한 그라티아누스에게 도움을 청하는 협상을 했다. 하지만 라인 강에서 벌어진 전투가 그라티아누스의 출발을 지연시켜, 378년 여름에야 발렌스를 구하러 갈 수 있었다. 그러나 너무 늦었다. 프리티게른은, 고트족 군 병력에 관한 그릇된 보고를 받고 초초하게 기다리는 발렌스를 하드리아노폴리스 근처에서 공격했다. 로마군은 전멸했으며, 발렌스는 화살에 맞아 치명적인 부상을 당했다. 싸움터에서 아무도 그의 시신을 찾지 못했다.

1.2.3 그라티아누스

상황은 절망적이었다. 그라티아누스는 삼촌의 사망 소식을 듣자 진군을 멈추고 시르미움에서 가을과 겨울을 보냈다. 그 뒤 그는 되돌아가야 했다. 서방의 제국 국경을 방어하지 않으면 지킬 수 없었기 때문이다. 그는 뛰어난 장군으로 정평이 있던 에스파냐 출신의 테오도시우스를 전권을 지닌 군사령관으로 임명했으며, 379년에 그를 공동 황제로 등극하게 했다. 이는 그의 가장 사려 깊고 성공적인 조치였다. 테오도시우스는 거의 불가능해 보이는 임무, 곧 전쟁이 아니라 협상을 통해 동방의 평온을 되찾는 데 성공했다. 그가 죽을 때까지 16년 동안 동방에서 민족이동은 잠잠해졌다. 이는 동로마와 게르만족의 동로마 생활 방식에 굳건히 적응하는 귀중한 시기였다.

그라티아누스는 고트족 원정에서 어떤 성과도 거두지 못하고 서방으로 돌아간 뒤, 밀라노의 주교 암브로시우스의 영향으로 교회정치 문제에 집중적으로 관심을 기울였다. 암브로시우스는 젊은 황제에게 아버지 같은 친구였다. 물론 그라티아누스는 오랜 기간 교회정치에 관여할 수 없었다. 소홀한 대접을 받은 브리타니아의 군대가 거사하여 그들의 장군 막시무스를 황제로 임명했기 때문이다. 갈리아는 이 거사에 동조했다. 그라티아누스는 상황을 정상으로 되돌리려고 급히 파리로 갔지만 군대는 그를 떠났다. 383년, 젊은 황제는 기병대장magister equitum 안드라가티우스에 의해 리옹에서 살해되었다.

1.2.4 발렌티니아누스 2세

그라티아누스와 마찬가지로 아버지가 죽은 뒤 375년에 즉위한, 그라티아누스의 열두 살 된 동생 발렌티니아누스 2세는 밀라노에 거주했다. 그는, 알프스 고갯길을 차단하여 막시무스가 이탈리아로 진입하지 못하게 막은 프랑크족 장군 바우토의 보호를 받았다. 외교적 위협 때문에 무력 충돌을 할 수 없었기 때문에 그는 합의하려고 애썼다. 암브로시우스는 어린 발렌티니아누스 2세가 막시무스를 감당할 수 있는 평화조약을 맺도록 전력을 다했다. 테오도시우스는 막시무스를 맨 먼저 승인했기 때문에 이제 더 이루어야 할 것도 없었다. 당파들의 은인자중은 실질적인 평화라기보다는 미해결의 휴전 상태와 비슷했다. 막시무스가 이탈리아를 탐색하기 시작하고 어린 발렌티니아누스 2세가 전적으로 테오도시우스에게 의존하고 있을 때에도 사건들은 폭력적 결과를 향해 치닫고 있었다.

1.2.5 테오도시우스 1세

387년 가을, 막시무스는 이탈리아로 진입했다. 발렌티니아누스 2세는 테오도시우스가 있는 테살로니카로 피신했다. 388년 여름, 테오도시우스는 시스키아(시세크) 근처와 페토비움(페타우) 근처에서 막시무스를 물리쳤다. 같은 해 10월, 그는 밀라노로 진군하여 이제 실질적으로de facto 서방에서도 일인 통치자가 되었다. 발렌티니아누스 2세는 비엔으로 떠나 허울뿐이었다. 그는 바우토의 아들인 프랑크족 장군 아르보가스트의 보호를 받았다. 아르보가스트는 연약한 황제를 난폭하게 다루어 자신의 권력을 과시했고, 황제는 392년 3월에 자살했다. 물론 오래된 정보들은 자살과 타살 사이를 오락가락한다.

이로써 테오도시우스는 이제 법률상de iure 일인 통치자였지만 실제로는 아니었다. 온 세상이 젊은 발렌티니아누스 2세의 살인자로 여긴 아르보가스트가 여러 계획을 추진했기 때문이다. 아르보가스트는 친구인 황제의 궁내관 에우게니우스를 서방의 황제Augustus로 즉위시켰다. 프랑크족인 자신이 황제로 등극할 만큼 시대가 아직 무르익지 않았기 때문이다. 에우게니우스는 단지 허수아비였으며, 병력은 아르보가스트가 장악하고 있었다. 에우게니우스는 그리스도인이었다. 그는 자신의 선임자가 범한 실수를 되풀이하거나 그리스도교에 우호적인 황제를 거슬러 이교인 세력을 지지하는 것을 피하고 싶어 했다. 그의 관심사는 무엇보다 서방에서 막강한 정치적 영향력을 지닌 암브로시우스에게 인정받는 것이었다. 하지만 암브로시우스는 테오도시우스에게 충성했다.[6] 이는 에우게니우스를 궁극적으로 이교 원로원파의 군대와 손잡도록 내몰았고 그의 가족을 로마로 내몰았다. 테오도시우스는 밀라노가 위협받지 않는 한 서두르지 않았다. 그는 점점 종교 논쟁으로 미화되는 결정적 전투를 신중하게 준비했다. 다시 한 번 이교의 제신과 그리스도인의 하느님이 대결하여 누가 더 강한지 입증해야 했다. 이에 상응하여 종교적 준비가 집중적으로 이루어졌다. 이교인 측에서는 신탁을 묻고, 제신에게 제의를 행할 것을 약속했다. 제신이 승리하면 교회는 한낱 '외양간' 신세로 전락하고 말았다. 다른 한편에서는 사람들이 사도들과 순교자들의 무덤으로 기원 행렬을 했으며 테베 사막에서는 은수자의 축복과 예언이 이루어졌다. 394년 뷔파흐(프리기두스)에서 전투가 벌어졌을 때, 한쪽은 주피터나 헤라클레스의 표지로, 한쪽은 그리스도의 표지로 싸웠다. 전투는 에우게니우스와 아르보가스트의 패배로 끝나 둘 다 죽었다. 이로써 이교는 제국에서 정치적으로 끝장났다. 테오도시우스는 395년 1월 17일에 수종水腫으로 죽을 때까지 몇 개월만 평온을 누렸다.

---

[6] S. ELBERN, Kirche und Usurpation. Das Verhalten kirchlicher Würdenträger gegenüber illegitimen Herrschern in der Spätantike: *RQ* 81 (1986) 26-38.

2. 교회의 자유를 위한 투쟁

참고문헌

L.W. BARNARD, *The council of Serdica, 343 A.D.* (Sofia 1983).

T.D. BARNES, *Athanasius and Constantius. Theology and Politics in the Constantinian Empire* (Cambridge, MA 1993).

H.CH. BRENNECKE, *Hilarius von Poitiers und die Bischofsopposition gegen Konstantius II. Untersuchungen zur dritten Phase des arianischen Streites (337-361)* = PTS 26 (Berlin 1984).

—, *Studien zur Geschichte der Homöer* = BHTh 73 (Tübingen 1988).

V.C. DE CLERQ, *Ossius of Cordova* = The Cath. Univ. of America, Stud. in Christ. Antiqu. 13 (Washington D.C. 1954).

K.M. GIRARDET, Kaiser Konstantin als Episcopus Episcoporum und das Herrscherbild des kirchlichen Widerstandes (Ossius von Corduba und Lucifer von Calaris): *Hist.* 26 (1977) 95-128.

CH. KANNENGIESSER (Hrsg.), *Politique et Théologie chez Athanase d'Alexandrie* = ThH 27 (Paris 1974).

CH. MARKSCHIES, "Ganz Italien zum rechten Glauben bekehren". Kirchen- und theologiegeschichtliche Studien zu Antiarianismus und Neunizänismus bei Ambrosius und im lateinischen Westen (364-381) (Habilitationsschrift Tübingen 1994).

V. MONACHINO, *Il primato nella controversia ariana: Saggistorici intorno al Papato* (Roma 1959).

A.M. RITTER, Ein Jahrzwölft Arianismusforschung: *ThR* 55 (1990) 153-87.

J. ULRICH, *Die Anfänge der abendländischen Rezeption des Nizänums* = PTS 39 (Berlin 1994).

H. VON CAMPENHAUSEN, *Ambrosius von Mailand als Kirchenpolitiker* = AKG 12 (Berlin 1929).

이제부터는 교회사의 가장 중요한 사건들을 정치사의 흐름에 따라 다루어야 한다. 종종 같은 시대에 여러 도시에서 열린 수많은 교회회의와 황제의 종교정책뿐 아니라 총대주교의 특권에 관한 투쟁과 관계되는 교의적 입장을 여기에서 모두 다 다룰 수 없다.[7▶] 그러나 교회의 뛰어난 주교들이 더 강해진 국가의 영향력에서 벗어나려고 어떻게 애썼는지는 밝혀야 한다. 그렇다고 해서 교회 측이 행한 오류들도 숨겨서는 안 된다. 이 논쟁에서 내려진 결정들과 이에 근거한 확신이 다음 시대에 국가와 교회 간의 관계에 대한 이해를 특징짓게 된다.

2.1 아리우스 분규

2.1.1 콘스탄티누스 통치 시작에서 티루스 교회회의까지

국가와 교회의 관심사가 완전히 일치되었을 때, 그런 일치가 당시 니케아 공의회의 분위기였을 것이다. 에우세비우스는 황제가 베푼 황실 연회의 분위기를 이렇게 묘사했다(98쪽 참조).

> 통치자가 베푼 연회에 빠진 주교는 한 명도 없었다. … 더러는 황제처럼 쿠션 위에 누웠고, 더러는 양측에 있는 쿠션 위에서 쉬었다. 사람들은 이를 자칫하면 그리스도 제국의 모습으로 여기고, 모든 것이 실제가 아니라 꿈이라고 착각할 수 있었다(『콘스탄티누스의 생애』 3,15).

꿈이라는 표현은 그리 틀린 것이 아니었다. 교회의 자유는 황제의 '쿠션'에 근거하고 있지 않다. 많은 주교가 그때까지는 이를 알아차리지 못했지만, 머지않아 알게 되었다. 콘스탄티누스가 보여 준 엄청난 열정은, 교회도 동의할 수 있는 위대한 목적, 곧 평화와 일치에 대한 사랑이었다. 그러나 이것이 강권정책으로 변하면, 다른 모든 것은 제국의 목표인 일치라는 관점에서 고려되고, 마침내 이러한 목표를 이루기 위한 수단으로 사용된다. 이 때문에 니케아 공의회가 끝나자마자 신앙에 관한 논쟁은 점점 진리의 문제가 아니라 제국의 일치에 도움이 되는 방향으로 흐르게 되었다. 교의적

◂⁷ 교의사적 경과에 관해서는 LIETZMANN 3,111-25.174-234; 4,1-58 참조.

논쟁들은 (길어지면 길어질수록 더) 콘스탄티누스의 일치 노력에 번거로운 방해물이 되었다.

확실히 콘스탄티누스는 교회를 위해 최선을 다하고자 했다. 그러나 그는 황제가 지상에서 대표해야 하는 한 분이신 하느님의 섭리와 세계 지배에 관한 자신의 단순한 신학적 이해 안에서 최선을 다했다. 그는 니케아 공의회의 가장 중요한 쟁점인 하느님의 삼위일체적 신비를 수호하는 것을 제대로 이해하지 못한 것 같다. 그의 그리스도상像은 개선하는 승리자로 편협하게 고정되어 있었으며, 그는 그리스도의 구원론적 의미에 관한 근본적인 관점을 오해했다. 많은 주교가 곧바로 이를 분명하게 간파했다. 그러나 황궁에 주재하는 일부 주교는 위험을 알지 못했거나 알려 하지 않았고, 교육을 받은 소수의 주교들은 전선戰線을 분명히 인식하지 못했기 때문에, 황제의 보호권은 훨씬 더 위험한 새로운 박해의 형태로 변화했다. 국가는 교회와 더는 투쟁하지 않았고, 투쟁은 교회 안에서 일어났다. 주교들이 주교들을 거슬러 일어났고, 황제는 자신의 측근을 평화를 위하여 노력하는 사람들로 바꾸었다. 평화가 잇달아 제시되는 신앙고백들의 일부 낱말과 정식을 고수하는 것보다 실제로 더 가치가 없었는가? 이후에 열린 교회회의에서 많은 주교가 보인 태도를 이해하려면, 이러한 분위기를 감안해야 한다. 신자 수가 줄고 많은 썩은 나뭇가지가 떨어졌을지라도, 외적인 박해들은 교회를 종종 내적으로 굳건하게 하고 강화하였다. 극복하기 훨씬 더 어려운 것은 내적인 신앙의 위기였다. 이 위기에서는 불확실성이 증가하고, 신자 각자는 자신에게 제기된 것이 좋은 의미에서 미래 지향적인지, 파괴적 의미에서 혁명적인지, 긍정적 의미에서 보수적인지, 정체적 의미에서 반동적인지를 알지 못했다.

콘스탄티누스의 평화정책은 아리우스의 복권과 함께 시작했다. 아리우스, 그리고 그와 고락을 같이했으며 나중에 안티오키아의 주교가 된 에우조이우스는 니케아에서 열린 두 번째 교회회의에서, 그리고 다른 기회에도 황궁에 있는 동료들이 중재한 사면권을 요청할 수 있었다.[8] 아리우스는 옛 방식의 신앙고백을 제출할 기회를 얻었다. 이 신앙고백은 논쟁이 되는 모든 문제점을 다루고 그럴듯하게 둘러대는 추론을 포기하겠다는 사실을 명확히 강조했다. 황제는 이 신앙고백에 만족했다. 아리우스가 알현에서 (당연히 그가 이해한 대로) 니케아 신경을 고백했을 때, 황제는 진정으로 그의 고백을 신뢰했다. 아리우스를 단죄하지 않아 추방된(96쪽 참조) 니코메디아의 에우세비우스와 니케아의 주교도 이에 따라 상고하여, 주교좌를 되찾았다. 아리우스를 알렉산드리아의 교회 공동체에 다시 받아들이라는 명령이 알렉산드리아의 알렉산더에게 내려졌다. 알렉산더가 328년에 사망함으로써 답변할 필요가 없어졌지만, 알렉산더 주교에게 이 명령은 불쾌한 요구였다.

답변은 그의 후계자인 아타나시우스의 몫이었다. 황제의 교서가 노골적인 내용을 담고 있었지만 그는 이 요구를 거절했다. 교서는 다음과 같다.

> 당신은 이제 제 뜻을 알게 되었습니다. 그러니 교회에 들어오고자 하는 모든 이가 아무 지장 없이 들어올 수 있게 하십시오. 당신이 교회를 위하여 진력하는 사람들을 방해하고, 교회에 들어오려고 하는 이들을 막았다는 사실을 제가 듣게 된다면, 본인의 명에 따라 당신을 면직하고, 당신을 당신의 지역에서 추방하는 사절을 당장 보낼 것입니다.[9]

처음에는 위협의 강도가 이 정도였다. 콘스탄티누스는 아타나시우스의 용기를 존경한 듯하다. 게다가 아타나시우스는, 이집트의 분파인 멜레티우스파가 살인과 교회 모독죄로 고발했음에도 자신의 무죄를 입증할 수 있었다. 그렇지만 아타나시우스 사건은 해결되지 않았다. 334년에 콘스탄티

---

[8] LIETZMANN 3,111f; M. SIMONETTI, Euzoio di Antiochia: *DPAC* 1 (1983) 1310.

[9] 아타나시우스 『아리우스파 반박 변론』 2,59,6; 번역: KRAFT, *Religiöse Entwicklung* (37쪽) 252.

누스가 아타나시우스에 대한 고발을 다시 심리하려고 카이사리아에서 개최한 교회회의는, 다른 분파의 재판관이 판결한다는 사실에 아타나시우스가 맞섰기 때문에 뜻을 이루지 못했다. 아타나시우스는 출두를 단호히 거부했다. 일 년 뒤, 곧 335년에 아타나시우스는 자신도 참석한 티루스 교회회의에서 예외 없이 아리우스에 우호적인 주교들 앞에서 변론해야만 했다. 이 집회는 황제가 예루살렘 성묘 교회의 장엄한 축성과 더불어 통치 30주년 기념일을 준비했다. 그러나 그 전에 아타나시우스 문제가 처리되어야 했다. 아타나시우스는 자신의 생명이 위험하다고 느꼈기 때문에 티루스에 오래 머물지 않았다. 그는 자신이 출석하지 않은 상황에서 단죄받고 면직되었으며, 알렉산드리아에서 추방되었다. 그를 고발하고 비방한 멜레티우스파가 알렉산드리아 교회 공동체에서 교직들을 다시 맡게 되었다. 얼마 뒤 예루살렘에서 열린 교회회의에서 그들은 아리우스를 교직에 복권시킬 것을 요구하는 서한을 알렉산드리아로 보냈다. 그렇지만 아리우스는 이 교회회의가 열린 다음 해 콘스탄티노플에서 사망했다. 그는 알렉산드리아에서 다시 기반을 잡지 못한 것 같다.

아타나시우스는 티루스에서 도피한 뒤 콘스탄티노플로 갔다. 황제가 예루살렘에서 돌아왔을 때, 아타나시우스는 황제를 알현했다. 콘스탄티누스는 다시 알렉산드리아 주교의 인품에 굴복했다. 황제는 새 훈령을 공포했다. 티루스의 재판관들은 판결을 파기하기 위해 콘스탄티노플에 와야 했다. 그러나 이 일은 실행되지 않았다. 아리우스를 옹호하는 황제 측근의 주교들은, 아타나시우스가 콘스탄티노플로 보내는 식량 공급을 중단하겠다고 위협했다는 사실을 황제에게 고자질했다. 황제는 분노했다. 더 이상의 신문 없이 그는 아타나시우스를 트리어로 추방했다. 이것이 그 뒤 몇 번에 걸쳐 일어나는 여러 번의 추방 가운데 첫 번째 추방이었다. 콘스탄티노플에서 즉위 기념 축제가 열렸으며, 카이사리아의 에우세비우스는 마음의 짐을 덜고 축사했다(『콘스탄티누스 찬가』 1-10; 『콘스탄티누스의 생애』 4,46). 평화 교란자는 사라졌고, 어떤 협상도 신앙에 관해 말하지 않았다.[10]▶

2.1.2 콘스탄티누스 아들들의 치세부터 세르디카 교회회의까지

그러나 신앙 문제는 오랫동안 제쳐 둘 수 없었으며, 이후 수십 년에 걸쳐 점점 더 중요한 의미를 지니게 되었다. 콘스탄티누스가 337년에 사망한 뒤 곧바로 아타나시우스는 알렉산드리아로 돌아갈 수 있었다. 젊은 콘스탄티누스 2세는 추방령을 파기하여, 동방 제국의 황제로 아리우스주의에 우호적인 콘스탄티우스의 분노를 샀다. 그러나 니케아 신경을 따르며 서방에 거주한 콘스탄티누스 2세에게 추방령의 파기는 시종일관된 정책이었다. 콘스탄티우스는 페르시아와의 국경 문제에 바빠 아타나시우스의 귀환을 받아들여야만 했다. 그러나 니코메디아의 에우세비우스는 곧바로 교회정치적 투쟁을 시작했다. 먼저, 철저한 니케아파인 콘스탄티노플의 주교 파울리누스가 중대한 부정 때문에 교회회의에서 단죄받고 면직되었다. 니코메디아의 에우세비우스는 그의 자리로 옮겨, 마침내 정치권력의 중심에 있는 주교좌를 차지했다. 그리고 나서 337/38년경 에우세비우스를 중심으로 안티오키아에 모인 주교들은 아타나시우스를 논박하는 기소장을 작성했다. 이때 아타나시우스는 335년 티루스에서 결정된 자신의 면직을 아랑곳하지 않고 — 교회법에서 볼 때 이 판결은 아직도 파기되지 않았다 — 알렉산드리아 주교직을 다시 맡았다.

기소장은 콘스탄티우스와 (티루스의 조서와 고발장과 함께) 로마의 주교 율리우스에게 보내졌다. 서방이 유죄판결에 동의했다면 아타나시우스는 이 문제를 극복하지 못했을 것이다.

아타나시우스도 교회회의를 소집하여 (많은 문서로 보완된) 교회회의 서간을 로마로 보냈다. 에우세비우스파는 세련되지 못한 그들의 협의 절차 때문에 로마에서 완전히 패했다. 그들이 로마에서 몰래 도망갔을 때 그들의 외교는 전적으로 실패로 끝났다. 그들은 사건 전체를 재심사하는 교회회의를 열 것을 제의했다. 로마의 율리우스도 재심사해야 한다는 발의

◀10 전거에 관해서는 Lietzmann 3,111-25 참조.

를 기꺼이 받아들였다. 물론 에우세비우스는 그 결과를 기다리지 않았다. 그는 황제의 배후에서 아타나시우스를 알렉산드리아에서 강제로 추방하고 카파도키아 출신의 주교 게오르기우스를 그의 자리에 앉히게 했다(192쪽 참조). 아타나시우스는 얼마 동안 알렉산드리아 근처에 숨어 있다가 로마로 갔다. 그는 그곳에서 불굴의 니케아파 가운데 한 사람으로 로마에 있던 안키라의 마르켈루스를 만났다.

로마의 주교 율리우스는 동방에서 열린 교회회의가 결정한 모든 면직-판결을 무시하고, 두 명의 망명자, 곧 아타나시우스와 마르켈루스를 진심으로 맞이했다. 그는 동방 사람들이 오랫동안 주저한 교회회의를 로마로 소집하여, 341년 가을에 동방의 주교들이 참석하지 않은 채 교회회의를 열어 아타나시우스와 마르켈루스를 복직시켰다. 율리우스가 동방의 주교들에게 보낸 편지는 남아 있다. 이 편지에는 순교자 시대에 잃어버린 자유에 대한 유감과 앞으로의 발전에 대한 예감과, 황제의 원의를 무조건 따르지는 않으려는 로마 주교의 자의식이 드러나 있다.

> 오, 사랑하는 이들이며, 교회에서 법의 판결이 이제 복음에 의해서가 아니라 추방과 처형의 위협으로 내려져야 합니까! [아타나시우스에 관해] 올바른 판결을 내리기 위해서는 우리에게 편지를 보냈어야 합니다. 여러분은 이것이 오래된 법 관습이며, 먼저 우리에게 편지를 보내고, 그다음에 법에 합당한 판결을 내려야 한다는 것을 알지 못합니까?[11]

그사이에 콘스탄티노플의 황실 주교가 된 에우세비우스는 로마의 율리우스에게 두 명의 선동자인 아타나시우스와 마르켈루스와 갈라서거나, 갈라질 동방과 서방 교회 가운데 하나를 택할 것을 요구했다. 율리우스는 로마

---

[11] 아타나시우스 『아리우스파 반박 변론』 35,3f; 번역: RAHNER, *Kirche und Staat* 85.

의 권위를 분명히 지적하면서, 단죄받은 이들을 편들었다. 이것은 그의 올바른 권리이며 고대교회의 관습이었다. 어떤 교회회의도 다른 교회회의 위에 있지 않았고, 모든 교회회의는 소송 문제를 새로 파악하고, 스스로 검사할 수 있었기 때문이다. 서방은 티루스에서 아타나시우스의 단죄에 관여하지 않았다. 더구나 율리우스의 태도는 정치적으로도 신중했다. 콘스탄티누스 2세가 횡사한 뒤, 콘스탄스의 지배 아래 있던 서방의 광활한 제국은 니케아 신앙을 지지했다. 콘스탄티우스의 동로마제국은 지역적으로 작고, 황제는 전적으로 페르시아 문제에 매달려야 했다. 의견의 차이는 극복되어야 한다는 고대교회의 시대가 끝났음이 더 분명히 드러난다. 이제 황제의 의지는 교회회의의 결정을 지지하는 것이었으며, 그 결정을 관철하기를 원했다. 이 때문에 아타나시우스 사건은 앞으로도 계속 문제가 되었다.

동서 제국의 황제들이 합의하여 343년 가을에 열린 세르디카 교회회의에서 논쟁들은[12] 새로운 정점에 이르렀다. 서방의 주교들 — 이들 가운데 쾰른의 에우프라테스(180-1쪽 참조) — 과 동방의 주교들이 만났지만, 동방의 주교들이 실질적인 문제를 다루기 전에 필리포폴리스(플로브디프)로 떠났기 때문에, 만났다고 할 수 없다. 세르디카 교의 서한은 교의사에서 중요한 의미를 지닌다. 물론 일치의 문제에서 아무것도 이루어진 것이 없었다. 콘스탄스는 형제인 콘스탄티우스에게 영향력을 행사할 수 있었다. 그 덕분에 346년 아타나시우스가 콘스탄티우스를 만난 후 알렉산드리아로 돌아갈 수 있게 되자, 잠시나마 평화가 도래한 듯했다. 그러나 350년에 콘스탄티우스가 일인 통치자가 된 뒤, 전반적으로 전제정치를 펼치자 실질적인 투쟁이 임박했다.

---

[12] 교회회의가 열린 날짜에 관한 토론에 관해서는 ULRICH (123쪽) 39-44; M. DURST, *Studien zum "Liber de Synodis" des Hilarius von Poitiers* (Habilitationsschrift Bonn 1993) 1, 60-71 참조.

2.1.3 콘스탄티우스와 아를·밀라노 교회회의

353년에 아를 교회회의는 황제의 명에 따라 아타나시우스를 다시 단죄했다. 주교들, 더욱이 교황의 사절들도 이에 동의했다. 하지만 이는 서방에서 놀라운 사건이었다. 율리우스의 후계자로 352년에 로마의 주교가 된 리베리우스는 격분했다. 그는 코르도바의 오시우스에게 이렇게 썼다.

> 여러분의 행동은 저를 슬픔으로 가득 차게 했습니다. 차라리 저는, 마침내 배반자가 되어 복음을 거스르는 판결에 동의하는 일이 없도록, 하느님을 위해 죽음을 달게 받고자 합니다.[13]

그 후 곧바로 그는 용기 있는 이 말을 실행으로 옮길 기회가 있었다. 교황이 새 교회회의를 요구하여, 355년에 밀라노 교회회의가 열렸다. 푸아티에의 힐라리우스는 이 모임의 긴장감 넘치는 분위기를 이렇게 묘사한다.

> 로마제국에서 평온은 끝났습니다. 황제는 신경이 날카롭고 황실은 들끓었으며 주교들은 오락가락하고 황실 관리들은 급히 서두르고 도처에서 협의하고 떨리는 음성으로 답변하며 절박하게 말했습니다. 곧, 모든 것이 사도적 인물들에 대해 혼란에 빠졌습니다.[14]

아를에서 흉흉한 소식이 들리자 서방의 주교들, 특히 아타나시우스를 지지하는 이들의 대표자인 코르도바의 오시우스, 베르첼리의 에우세비우스, 밀라노의 디오니시우스, 완고한 인물인 칼라리스의 루키페르는 깊은 생각에 빠졌다. 자색 장막 뒤에서 협의에 참석한 콘스탄티우스는 아타나시우스를 다시 단죄해야 하고 교회의 법질서와 제국의 법질서를 혼동하지 않

---

[13] 힐라리우스 『선집』: Collectanea Antiariana Parisina, Series B, VII,2,5f; 번역: RAHNER, *Kirche und Staat* 87.

[14] 같은 책 VII,I,4; RAHNER, *Kirche und Staat* 88.

겠다고 황제에게 서약한 주교들에게 답변했다. 이 답변에서는 지금까지 발전한 결과와 앞으로 발전할 비극이 숨김없이 나타난다. "제가 바라는 것은 교회의 법규로 여겨져야 합니다! 제가 그렇게 말하면 시리아 주교들도 아무런 이의를 제기하지 않습니다"라고 콘스탄티우스가 말했다고 한다.[15]

황제는 완강한 태도를 보이는 주교들을 추방했다. 노인인 오시우스만 고향으로 돌아갈 수 있었으며, 그곳에서 아타나시우스를 단죄하는 데 동의하라는 황제의 친서를 받았다. 오시우스의 답변은 (적어도 부분적으로) 전할 가치가 있다.

> 오시우스가 주님 안에서 콘스탄티우스 황제에게 인사드립니다. 저는, 폐하의 조부이신 막시미아누스[디오클레티아누스와 공동 황제] 치하에서 박해가 일어난 당시에 이미 신앙을 증언했습니다. 이제 폐하께서 저를 박해하시고자 한다면, 저는 무죄한 피를 쏟고 진리를 드러내기 이전에, 생각해 낼 수 있는 모든 것을 감수할 준비가 되어 있습니다. 폐하께서 저에게 협박 편지를 쓰신다 하더라도 저에게 전혀 깊은 인상을 주지 못합니다. 이러한 글을 그만 쓰십시오. 아리우스파를 편들지 않는다면, 그리스인들의 말에 귀 기울이지 말고 우르사키우스와 발렌스 같은 사람들을 신뢰하지 마십시오. 그들의 유창한 말솜씨에서는 아타나시우스가 아니라 고유한 이단이 문제가 됩니다. 콘스탄티우스여, 제 말에 귀를 기울이십시오. 저는 나이로 보면 폐하의 할아버지일 것입니다! 저는, 폐하와 폐하의 복된 형제인 콘스탄스께서 우리 모두를 불러 모은 세르디카 교회회의에 참석했습니다. 그리고 저는 그때, 아타나시우스의 반대자들이 우리가 모임을 연 교회에 와서 공개적으로 아타나시우스를 반대할 수 있도록 그들을 위해 개인적으로 기도했습니다. 저는 그

---

[15] 아타나시우스 『아리우스파 이야기』 33; 번역: RAHNER, *Kirche und Staat* 89.

들이 저를 신뢰해도 좋다고 약속했으며, 예정된 모든 문제에서 올바른 판결을 명확히 표현하는 것 외에는 아무것도 의미가 없다고 힘주어 말했습니다.

오시우스는 자신이 합의하고자 어떻게 애썼는지, 아타나시우스가 황제에게 가려고 어떻게 안티오키아로 여행했는지, 적대자들이 어떻게 나타났는지, 발렌스와 우르사키우스가 콘스탄스의 분노를 두려워하면서 어떻게 돌변했는지, 어떻게 그들의 단죄를 철회하고 사랑이 흠뻑 묻어나는 편지를 로마 주교와 아타나시우스에게 보냈는지 설명한다. 여기서 오시우스는 개선의 여지가 없는 두 반대자의 성격을 신랄하게 묘사하면서(115쪽 참조) 교회 일에 간섭하지 않은 콘스탄스의 본보기를 보여 준 뒤 이렇게 말한다.

저는 박해를 그만둘 것을 폐하께 간청합니다. 폐하께서도 단지 죽음을 면치 못하는 인간이라는 사실을 잊지 마십시오. 다가올 심판날을 두려워하십시오. 매 순간 순수하게 유지하십시오. 교회의 일에 간섭하지 마십시오. 이런 관점에서 저희에게 명령하지 마십시오. 이 점에서 폐하께서는 오히려 우리에게 배우십시오. 하느님께서 폐하에게 황제권을 주셨다면, 저희에게 교회의 일을 맡기셨습니다. 어떤 사람이 폐하에게서 황제 통치권을 빼앗는다면 하느님께서 세우신 질서에 어긋나듯이, 바로 그런 이치로 폐하께서도 교회의 일에 부당하게 권리를 행사하며 중한 범죄를 저지르는 것을 두려워해야 합니다.

그다음에 교회의 자유에 관한 논쟁과 깊이 연관된 말이 뒤따른다.

이렇게 쓰여 있습니다. "황제의 것은 황제에게 돌려주고, 하느님의 것은 하느님께 돌려 드려라"(마태 22,21). 따라서 땅에서 통치권을

> 행사하는 것은 우리의 권한에 속하지 않고, 향을 피우는 제물을 바치는 것은 황제 폐하의 권한에 속하지 않습니다.

과연 마음에 새겨야 할 말이다. 절대적 통치자에게 이런 것을 요구했다니 더욱 놀라울 따름이다. 교회가 늘 이 말에 따라 행동하지 않았고, 국가와 교회의 바람이 우연히 한 번 일치했다면, 국가의 개입에 이러한 거리감을 지키지도 못했다는 것은 유감으로 생각할 수 있다. 또한 세속 권력이 교회에 통치권을 제공했다면, 여기서 표현된 세상에서 교회가 '통치권'이 없다는 사실을, 교회가 주목하지 않은 것은 유감으로 생각할 수 있다. 편지는 첫 부분처럼 간결하게 끝난다. 오시우스는 세련된 문체를 중히 여기지 않았다.

> 다시 한 번 저는 폐하께 박해를 그만둘 것을 간청합니다. 콘스탄티우스여, 제 말에 귀를 기울이십시오! 저는 이 편지를 폐하께 써야 했습니다. 편지를 가볍게 여겨 제쳐 놓지 마십시오.[16]

편지는 직접적인 효과를 가져오지는 않았다. 그러나 헛되이 쓰인 편지는 아니었다. 왜냐하면 그러한 말들이 일찍이 쓰였는지 또는 쓰이지 않았는지가 중요하기 때문이다. 당시에 이 말들은 황제의 생각을 바꾸어 놓지 못했지만 후대의 세대에 용기를 불어넣었으며, 오늘날에도 이 말들은 세속 권력과 교회에 양심의 문제로 제기된다.

2.1.4 리베리우스 사건

로마의 주교 리베리우스는 아를 교회회의가 아타나시우스를 단죄한 것을 격렬히 반대했다(131쪽 참조). 콘스탄티우스가 로마 주교의 마음을 사로

---

[16] 아타나시우스 『아리우스파 이야기』 44; RAHNER, *Kirche und Staat* 119-25.

잡아 아타나시우스 문제를 해결하려는 마음을 먹었기 때문에, 밀라노 교회회의 이후 리베리우스는 강제로 황제 앞에 불려 왔다. 긴장감 넘치는 심리(조서가 남아 있다)에서 리베리우스는, 황제의 바람에 동의하라는 위협을 받았다. 콘스탄티우스는 그에게 사흘간 생각할 말미를 주었다. 하지만 리베리우스는 의연하게 대처했다. "사흘간 생각할 말미가 제 결정을 바꾸지는 못할 것입니다. 폐하께서 바라시는 대로 저를 보내십시오!"[17]

당당하게 말했지만 이로써 리베리우스는 많은 것을 약속해야 했다. 트라키아 지방의 베로이아로 추방된 지 몇 년 뒤, 그는 가능한 한 많은 인물에게 소송 서한을 쓰기 시작했다. 그는 아타나시우스를 단죄하고, 시르미움(스렘스카 미트로비카) 교회회의에서 결의한 아리우스적 일치 정식에 서명한 뒤에야 로마로 돌아올 수 있었다. 로마에서는 그사이에 아리우스파가 임명한 펠릭스 주교와 논쟁이 벌어졌다. 리베리우스는 펠릭스를 반대하여 자기 생각을 주장했다. 그는 특히 백성에게 더 인기 있었다. 366년, 그는 높은 명망을 누리면서 죽었다. 다만 교회정치적으로, 그는 자신의 태도를 바꾼 이래 끝장났다. 니케아파를 위해 그는 아무것도 더 할 수 없었다.

그의 사건은 거듭 토론되었다. 제1차 바티칸 공의회 — 교황의 무류성에 관한 토론 — 에서도 리베리우스 사건은 어떤 역할을 했다. 그럼에도 불구하고 리베리우스의 정통 신앙은 의심할 나위 없이 확실하다. 그가 서명한 시르미움 교회회의의 아리우스적 정식의 궤변에 관해 그는 거의 이해하지 못한 듯하다. 대부분의 서방 주교에게 논쟁 전체의 신학적 배경은 일곱 번 봉인된 책으로 남아 있는 것처럼 보였다. 이와 달리 신앙 문제에 관한 교회 내부의 투쟁에 국가가 관여할 수 없다는 사실과, 말 잘 듣는 주교는 임명하고 마음에 들지 않은 주교는 면직시킨다는 사실을 이들이 동방 주교들보다 더 예민하게 감지했다. 리베리우스의 실패는 당연히 납득되지 않는다. 이는 그가 앞서 한 용감한 증언을 무효로 만들지 않는다. 그

---

[17] 테오도레투스 『교회사』 2,16; 참조: RAHNER, *Kirche und Staat* 124-31; 131쪽에서 인용.

는 아타나시우스처럼 투쟁적인 인물이 아니었다. 그에게는 추방을 견디어 낼 수 있는 뚝심이 없었다. 그가 자신을 유배 보낸 콘스탄티우스 앞에서 보인 용기는 그래서 더욱 중요하다.

밀라노 교회회의와 그 이후에 아타나시우스를 위해 전력을 다한 모든 주교는 면직되었다. 갈리아에서 콘스탄티우스의 교회정책에 저항한 푸아티에의 힐라리우스는 프리기아로 4년간 추방되었다. 오시우스는 노령에 다시 한 번 시르미움으로 추방되었고, 일 년 동안 그곳에서 발렌스와 우르사키우스를 교회 공동체에 다시 받아들이라고 설득당했다. 그는 앞으로도 아타나시우스의 단죄만 계속 반대했다.

콘스탄티우스가 교회의 확실한 주인인 듯이 여겨질 수 있었다. 그런데도 그는 자신의 승리를 반길 수 없었다. 왜냐하면 그 뒤로도 아타나시우스가 알렉산드리아에 계속 남아 있었기 때문이다. 그는 완강하고 쉽게 추방할 수 없는 유일한 인물로, 모든 면에서 중심적 위치에 있었다. 보람 없는 여러 노력과 검거 작전을 펼친 뒤 356년에야 아타나시우스가 머무르는 테오나스 교회를 군사력으로 점거했지만, 아타나시우스는 흔적도 없이 사라졌다. 그다음 해는 도시에서 일어난 피비린내 나는 소요로 특징지어진다. 357년에야 아타나시우스의 주교좌에 임명된 게오르기우스(129쪽 참조)는 358년 콘스탄티노플로 달아나야 했다. 아타나시우스는 은신처에서 하릴없이 바라보고만 있을 수는 없었다. 그러나 추방과 다름없는 조치로 그는 어쩔 수 없이 은신처에 머물러 있었다.

2.1.5 리미니-셀레우키아 교회회의에서의 아리우스 분규

콘스탄티우스는 359년에 열린 리미니-셀레우키아 이중 교회회의에서 궁극적인 승리를 거두었다. 동방의 주교들이 분리되고 343년 필리포폴리스에서 세르디카 교회회의가 열렸다. 이때의 불행한 논쟁이 야기한 결말은 리미니-셀레우키아 교회회의에서 처음부터 계획된 것이었다. 황실 주교들과 관리들이 노련하게 협력하여 황제의 바람을 관철시켰다. 예전에 시르미움 교회회의에서 면밀하게 생각해 낸 신경에 바탕을 둔 일치 고백, 곧 하드리아노폴리스 근처의 니케Nike에서 정한 이른바 타협 정식에 서명할 때까지 주교들은, 그들의 지도자들과 신학적으로 교육받은 주교들이 제외된 채 설득당했다. 적지 않은 압박이 뒤따랐다. 주교들은 합의하기 전에는 그들의 고향으로 돌아갈 수 없었다. 오시우스와 리베리우스는 서명하지 않았는가? 점점 참을 수 없게 된 교의 논쟁들에서 마침내 빠져나올 가능성이 있었는가? 겨울이 다가왔고 귀향길은 멀었다. 리미니 교회회의에 참석한 400명이 넘는 서방의 주교 가운데 20명만 니케아 신경을 부인하는 것을 한동안 거부했다. 결국 모든 주교가 정식에 서명했다.

동방의 주교 가운데 황제에게 서약한 주교들의 무리가 처음부터 더 많았기에, 그들의 급변은 더 쉽게 일어났다. '온 세상이 한탄했고 아리우스파는 경탄했다'Ingemuit totus orbis et arianum se esse miratus est라고 히에로니무스는 리미니-셀레우키아 교회회의 결과를 평가했다(『펠라기우스파 반박 대화』 29). 황제는 완전히 승리한 것 같았지만 손실이 큰 승리였다. 자유에 바탕을 두지 않고 거둔 승리였기 때문이다. 니케아 공의회에서도 주교들은 황제에게 협력했지만, 황제의 순수한 의도를 믿고 선의로 함께한 것이었다. 그러나 지금은 강요에 의해 일치가 이루어졌다. 많은 주교가 추방되고 많은 양심이 억압받았다. 아리우스파에 경도傾倒된 황제가 승리하면서 동시에 아리우스주의가 몰락하기 시작했다.

콘스탄티우스는 361년에 죽었다. 그의 후계자인 배교자 율리아누스는 추방된 모든 주교를 자신의 주교좌로 돌아가게 했다. 그는, 니케아파와 아리우스파뿐 아니라 성부와 그리스도의 관계 표현에서 상이한 아리우스파 경향을 지닌 분파, 곧 유사본질파, 유사파, 비유사파가 서로 대립하고 분열된 교회의 부흥을 희망했다. 국가의 압력이 점점 약해졌을 때, 실질적 일치를 위해 나아갈 수 있는 길이 마련되었다. 어쨌든, 덜 성찰된 니케아 고백의 의미에서 볼 때 서방은 늘 일치했다. 동방에서는 특히 카파도키아의 세 주교, 곧 카이사리아의 바실리우스와 나지안주스의 그레고리우스와 니사의 그레고리우스가 이러한 신학적 성찰을 했다. 이들은 동일본질의 올바른 이해에 알맞은 개념들을 두루 살폈다. 이들은, 동일한 용어가 상이한 의미로 생각될 수 있다는 인식이 이루어질 때까지 서방의 표상들에도 영향을 미쳤다.

이는, 381년 콘스탄티노플에서 정식뿐 아니라 신앙에서 궁극적으로 일치가 이루어지기 전까지, 특히 동방에서 발렌스가 통치하는 기간 동안 겪어야 했던 많은 오해와 압박을 동반하는(119-20쪽 참조) 먼 길이었다. 교회정치가들뿐 아니라 신학자들도 발언할 기회를 다시 얻었을 때야, 이 길을 지나다닐 수 있었다.

2.2 밀라노의 암브로시우스의 교회정치

밀라노의 암브로시우스(†397)는 4세기 서방의 가장 저명한 주교라 할 수 있다. 그는 로마 시 귀족 가문 출신으로 339년에 트리어에서 태어났으리라 추정된다. 아버지 아우렐리우스 암브로시우스는 '갈리아 속주의 총독' praefectus praetorio Galliarum이었다. 젊은 암브로시우스는 시르미움의 법원에서 잠시 변호사로 활동한 뒤 프로부스 총독의 보좌관이 되었으며, 그의 도움으로 370년경 밀라노가 속해 있는 에밀리아-리구리아의 집정관이 되었다. 그의 출신과 성장 과정은 다른 사람과 달리 그를, 국가와 교회의 관계를 해결하는 데 앞장서도록 운명 지었다. 그의 교회정치 활동이 예부터 교회사의 중요한 위치를 확고히 점한 반면, 사목적·신학적 능력도 인정받았다.[18] 그가 주교로 선출되는 과정은 파울리누스의 『암브로시우스의 생애』에서 감동적으로 그려진다. 선거가 시작되어 빈자리 없는 밀라노 대성당에서 한 아이가 큰 소리로 '암브로시우스 주교를'Ambrosium episcopum 하고 외쳤다(『생애』 6). 문학적 효과를 위해 다소 과장된 것을 제외하고 과정, 곧 이 시점에 아직 세례 받지 않은 관리를 황제가 거주하는 도시인 밀라노

---

[18] E. Dassmann, Ambrosius von Mailand: *TRE* 2 (1978) 362-86.

의 주교로 선출하는 것 자체가 믿기 어려운 일이었던 것 같다. 아리우스 분규로 사이가 나빠진 밀라노의 분파들은, 니케아 신경을 따르지만 교회 정치적으로 공평할 수 있고 존경받는 집정관을 주교로 선출하는 것이 도시에서 교회의 평화를 되찾는 데 좋은 밑거름이 되리라고 희망했을 것이다. 이런 희망은 그대로 이루어졌다. 암브로시우스는 아리우스파 선임자가 서품한 모든 성직자를 받아들였다. 이들은 곧바로 그에게 충실했다. 다른 한편으로 그는 일리리쿰 지방의 비어 있는 주교좌들에 니케아 신경을 따르는 후보들을 임명했으며, 381년 아퀼레이아 교회회의에서 북이탈리아에서 일어난 삼위일체 문제에 관한 논쟁을 마무리했다.

암브로시우스는 국가의 권위에 관해 더 많이 걱정해야 했다. 먼저 그는 아리우스파를 선호하는 밀라노 황실의 요구를 거절했다. 테오도시우스 황제가 381년 콘스탄티노플 공의회에서 획득한 종교 자유의 보증인으로 여겨졌음에도, 그와의 협력은 충돌 없이 이루어진 것이 아니었다. 황제에 대한 사목적 배려라는 측면에서 주교직은 대단히 어려운 자리였다. 많은 경우, 교회의 자유는 친구보다 적으로부터 지키기 더 쉬운 법이다.

2.2.1 바실리카에 관한 분쟁

384년, 암브로시우스는 로마 원로원에 있는 빅토리아 여신의 제단 때문에 발렌티니아누스 2세와 싸우게 되었다(203쪽 참조). 그 뒤 황제 또는 황제에게 큰 영향력을 미친 어머니 유스티나가, 황실에 사는 아리우스파, 특히 왕궁 근위병이 미사를 드릴 수 있도록 암브로시우스에게 도시의 성문 밖에 있는 작은 교회, 이른바 바실리카 포르티아나를 넘겨주길 요구했을 때 분쟁이 새로 일어났다. 이 분쟁이 일어났을 때는 385~386년이었다.[19] 암

---

[19] 사건의 경과에 관해서는, 『서간집』 20과 21에 나오는 암브로시우스의 보고가 385년과 386년에 일어난 거의 같이 진행되는 두 사건에 해당하는지 또는 『아욱센티우스 반박』과 함께 386년 사순절에 벌어진 논쟁을 서술하는지는 논의의 여지가 있다. Dassmann, Ambrosius von Mailand: *TRE* 2 (1978) 366.

브로시우스는 몇 년 전에 비슷한 요구를 양보해야 했기에, 황제가 381년 콘스탄티노플에서 니케아 신앙고백을 장엄하게 서약한 뒤로는 더 이상 황실의 요구에 따를 수 없다고 생각했다. 암브로시우스가 양도 교섭을 위해 황실에 소환되었을 때 소요가 일어나 백성들이 궁궐로 난입하려 했다. 황실은 이러한 격앙된 반응과 주교의 단호한 거절에 대비하지 못했고 교섭의 성과도 거두지 못한 채 협상을 중단해야 했다.

그러나 황실은 모욕을 받아들일 수 없어 위협적 어조로 요구를 되풀이했다. 더욱이 이제는 작은 바실리카가 아니라 '성안에 있는 더 큰 바실리카'Basilica nova, hoc est intramurana를 요구했다. 386년 1월 23일, 칙령이 반포되었다(『테오도시우스 법전』 16,1,4). 이 칙령은 381년에 반포한 금지 조치(215쪽 참조)와 달리 도처에서 아리우스파의 미사를 다시 허용했다. 이는 교회정치적 시대착오였다. 테오도시우스는 동방에서 이 집행을 관철하리라고 생각하지 않았기 때문이다. 이것이 바로 주교의 고집을 꺾기 위해 제정된 '암브로시우스 법'lex Ambrosiana이었다. 따라서 1월 23일의 칙령은 서방에서도 지역적 갈등을 해소하는 데 어떤 영향력도 발휘하지 못했다. 이는, 찬탈자 막시무스가 자신의 정통 신앙을 증명하고 추종자를 얻기 위해 칙령의 거부를 강조했기에 그에게만 효과가 있었다(221-2쪽 참조).

그렇지만 밀라노에서 투쟁은 불가피했다. 성지주일에 미사를 드리는 동안 암브로시우스는 포르티아나 바실리카를 압류한다는 소식을 들었다(『서간집』 20,4).[20] 다시 백성은 자기 주교에게 충실했다. 많은 백성이 성문 밖 바실리카를 지키기 위해 급히 그곳으로 갔다. 암브로시우스는 중재기관 앞에서 해명하도록 황제의 추밀원에 다시 소환되었다. 그는 출두하기를 거절했고 황제에게 보낸 편지에서 참석하지 않은 근거를 대었다(『서간집』 21). 군인들이 포위한 바실리카에서 암브로시우스가 재의 수요일 미사를 봉헌하는 동안, 백성은 물러서지 않고 "오히려 자신들의 주교처럼 죽기로"(소조

---

[20] 『서간집』 20은 CSEL 82,3의 『서간집』 76과 상응하고, 『서간집』 21은 『서간집』 75와 상응하며, 『아욱센티우스 반박』은 『서간집』 75a와 상응한다.

메누스 『교회사』 7,13) 결심했다. 설교와 시편 노래, 이제부터 밀라노 전례의 붙박이 구성 요소가 된 찬가[21]로 주교는 신자들의 열정을 생생하게 유지하리라고 생각했다. 당시 밀라노에 머무르던 아우구스티누스는 이 며칠을 잊지 못했다(『고백록』 9,7,15).

암브로시우스는, 투쟁의 특성이 모호해지지 않도록, 난동이 일어나지 않게 살폈다. 여기서 일어난 것은 황제에 대한 폭동이 아니라 교회의 권리 방어였다(『서간집』 20,22-23). 암브로시우스는 황실과 싸우기를 원치 않았으며, 하느님의 일을 위해 죽을 준비가 되어 있었다(『서간집』 20,8). 이러한 태도는 분명 그의 견고한 확신에 부합했다. 이는 전략상 현명했다. 주교가 순교자가 되는 것은 밀라노 황실의 입장에서 볼 때 결코 일어나기를 바라지 않는 일이었기 때문이다.

투쟁은 이번에도 황제에게 명예롭지 않게 끝났다. 교회를 포위한 군인들은, 바실리카에서 종교적 열정의 파도에 더 이상 견뎌 낼 수 없었으며, 암브로시우스에게 투항했을 때 상황은 끝났다. 군인들은 철수했으며 포르티아나 바실리카가 압류되었음을 나타내는 깃발을 조용히 거두어들였다.

암브로시우스 자신이 논쟁의 정점에서 발렌티니아누스 2세에게 보낸 편지(『서간집』 21)와 황실에서 근무한 아리우스파 주교 아욱센티우스를 반박하는 설교(『아욱센티우스 반박』) 및 바실리카에 관한 분쟁을 회고하면서 자기 누이 마르켈리나에게 보낸 편지(『서간집』 20)에서 진술한 것을 읽으면, 여기에서 간단하게 묘사된 사건들은 의미심장한 중요성을 드러낸다. 암브로시우스는 이미 코르도바의 오시우스가 콘스탄티우스에게 촉구한 말을 자기 논증의 핵심으로 삼았다. "황제의 것은 황제에게 돌려주고 하느님의 것은 하느님에게 돌려 드려라"(마태 22,21). 예수의 이 말에서 암브로시우스는 구체적인 요구를 이끌어 낸다. 누이 마르켈리나에게 보낸 편지에서 그는 사건을 이렇게 설명한다.

---

[21] J. FONTAINE, *Ambroise de Milan. Hymnes* (Paris 1992) 16-23.

"바실리카를 넘기라"는 훈령이 공포되었어. 나는 "바실리카를 넘겨주는 신적 권리가 저에게는 없습니다. 바실리카를 받는 것은 황제 폐하께 걸맞지 않습니다. 한갓 개인 집을 침해하는 것도 폐하의 권한에 속하지 않습니다. 폐하께서는 어떻게 하느님의 집을 빼앗아 가려고 잘못 생각하실 수 있습니까?'라고 대답했지. 어떤 궁신이 황제에게는 모든 것이 허용되고 모든 사물이 그분의 소유물이라고 내세우더군. 그래서 나는 "통치자시여, 폐하께서는 하느님께 속하는 사물에 대해 황제의 권리를 지니고 있다고 착각하심으로써 폐하의 양심을 더럽히지 마십시오. 불손을 조심하십시오! 폐하께서는 오래 통치하길 바라신다면 하느님의 신하로 행동하십시오! 하느님의 것은 하느님에게 돌려 드리고 황제의 것은 황제에게 돌려주라고 쓰여 있습니다. 궁궐은 황제에게 속하고 하느님의 집은 주교에게 속합니다. 세상의 건물에 관한 처분 권한은 폐하께 양도해야 하지만 하느님께서 축성하신 건물들은 양도할 수 없습니다'라고 대답했지. 지금 황제는 "하지만 본인도 바실리카 정도는 가져야겠소!"라며 훈령을 반포했어. 그러기에 나는 "폐하께서는 바실리카를 가질 수 없습니다. 폐하께서는 왜 간통한 이런 분파(아리우스파)와 관계를 맺으려 합니까? 이 분파는 그리스도와 합법적인 관계로 살지 않기 때문입니다"라고 답변했소.[22]

이 말의 핵심은 결국, "궁궐은 황제에게 속하고 하느님의 집은 주교에게 속한다"는 것이다. 황제에게 세금을 바치는 것에는 아무도 이의를 제기하지 않는다. 세금을 내는 주화에 그의 상像이 박혀 있기 때문이다. 그러나 암브로시우스는 교회에는 하나의 상, 곧 보이지 않는 하느님 상만 있다고 이해한다(『아욱센티우스 반박』 32).

---

[22] 『서간집』 20,19; 번역: L. SCHLÄPPER, *Das Leben des heiligen Ambrosius* = Heilige der ungeteilten Christenheit. Hrsg. von W. NIGG/W. SCHAMONI (Düsseldorf 1967) 96f.

교회의 가르침에 관한 문제에서 황제는 어떤 결정권도 없다. 밀라노의 주교는 추밀원에 출두하기를 거절하는 이유를 대면서, 황제가 이를 이해할 수 있게 편지에서 설명하려 했다.

> 폐하께서 제게 보낸 호민관이며 공증인인 달마티우스는, 아욱센티우스가 중재재판관을 이미 선택했듯이 제 쪽에서도 이를 선택하도록 권하는 것이 폐하의 자비에 어울린다고 제게 보고했습니다. 하지만 그는 공판에 정해진 사람들의 이름을 제게 전하지 않았습니다. 오히려 그는 공판이 추밀원에서 열리고, 폐하께서 재판장이 되시고 판결도 내리실 것이라고 덧붙여 말했습니다.
> 저는 이 사건에서 이렇게 그리고 제가 생각하듯이 확실하게 제 의견을 말해야 합니다. 그런데 지극히 자비로우신 황제 폐하께서는 신앙의 문제에서 평신도들이 주교를 재판한 일을 언제 들어 보셨는지요? 그러면 저희는 종이 왕좌 앞에서 표하는 존경의 방법으로 절을 하고, 저희가 주교의 권리를 잊고 하느님께서 저희에게 맡기신 것을 다른 이들에게 넘겨주어야 합니까? 주교가 평신도에게 가르침을 받아야 한다면, 그 결과가 어떻게 되겠습니까? 평신도가 강연하고 주교가 들으며, 주교가 평신도가 가르치는 학교에 가야 합니까? 참으로 그래야 합니까? 성경을 손에 들고 과거로 눈을 돌려 보십시오. 곧, 신앙의 문제에서, 제가 강조하듯이 참으로 신앙의 문제에서, 황제들이 주교들 위에 있는 권리가 아니라, 주교들이 그리스도교를 믿는 황제들 위에 있는 권리를 말하곤 했다는 견해에 누가 관심이 없을 수 있겠습니까?[23]

그러므로, 불리한 결과가 나올 것이 뻔히 예상되기에 암브로시우스는 평

---

[23] 『서간집』 21,1-4; 번역: SCHLÄPPER, *Das Leben des heiligen Ambrosius* 103f.

신도와 이단자로 구성된 중재기관 앞에서 원칙적으로 해명할 수 없었다. 암브로시우스는 한 걸음 더 나아갔다: 황제는 자신의 권한을 일반적으로 세속 사건에 국한해야 하고 교회의 영역을 하느님의 영역으로 인정해야 하며, 주교에 관해 어떤 판결도 내리지 말아야 한다. 황제는 교회 위에 있지 않고 교회 안에 있으며, 교회가 선포한 하느님의 계명 앞에서 자신의 모든 행위를 해명해야 한다. 황제는 교회의 주인이 아니다. 암브로시우스는 황제를, 겸손한 경칭이 아니라 오히려 지극히 고귀한 경칭의 표시인 '교회의 아들'이라고 부른다(『아욱센티우스 반박』 36).

이 멋진 문장들에서 국가로부터 교회의 자유가 처음으로 명료하게 표명되었다. 수석대제관인 로마 통치자의 종교적 기능과 교회에 대한 국가의 통치권은 분명히 논란의 여지가 있다. 암브로시우스는 서방에서 교회의 자유에 지침이 될 만한 이러한 걸음을 내딛는 데 적합한 인물이었다. 상류 계층 출신의 국가 관리였던 그는, 자신의 신앙에 대한 확신과 정치적 경험을 기반으로 황실과의 교제에서도 개인적 노련미를 발휘했다. 교회의 자주를 위해 암브로시우스가 보인 용기 있는 중재는, 그가 교회와 국가의 분리를 염두에 두었거나 황제가 국가에서 종교적 모든 집단, 곧 그리스도인과 유대인·이교인·이단자에 대해 중립적 입장에 있다는 것을 뜻하지 않는다. 암브로시우스의 생각에도 제국의 안녕은 종교적 일치에 바탕을 두고 있었다. 종교의 자유와 세계관적 관용은 이교인의 다신론과 이단자의 오류에는 적용되지 않는다. 이러한 평가에서 디오클레티아누스의 종교관과 교회의 관점은 서로 구분되지 않는다. 이 점에서 아직도 논해야 하는 암브로시우스의 모범적 태도에는 한계가 있다(147-8쪽 참조).

2.2.2 테오도시우스 황제에 대한 저항

암브로시우스는 테오도시우스와도 몇 번 격렬하게 부딪친다. 이 충돌은 더 극적이었다. 암브로시우스가 미성년자도 아니고 독자적으로 자신의 결정을 내리지 못하는 황제도 아니며, 콘스탄티노플 공의회에서 니케아 신앙의 보호자로서 교회일치의 보증인이 된 정치적 지위에 있는 사람과 맞서야 했기 때문이다.

가장 격렬한 사건은 390년에 일어났다. 테살로니카에서 일리리쿰 속주의 군사령관인 부테리쿠스가 소요 사태로 격앙된 군중에게 살해되었다. 테오도시우스는 보고를 듣자마자 격노하여 엄한 처벌을 명했다. 그가 명령을 거두어들이기에는 이미 때가 늦었다. 군인들은 아무것도 모르고 소요에 참여한 사람들에게 소름끼치는 살육을 저질렀다. 죽은 사람이 7,000명이라고 한다.

암브로시우스는 다시 펜을 잡았고(『서간집』51),[24] 제삼자가 편지의 내용을 알지 못하도록 황제에게 친필 편지를 보냈다. 그는 테오도시우스로 말미암아 일어난 유혈을 속죄하도록 그에게 교회에서 규정한 참회를 요구했다. 설화는 황제의 참회를 감동적인 장면으로 그려 냈다. 그러나 이는 역사적으로도 사실이다. 테오도시우스는 참회하라는 요구에 따랐다. 그는 황제의 휘장을 벗고 공동체 앞에서 공개적으로 자신의 죄를 고백했다. 그제서야 암브로시우스는 그를 390년 성탄절에 다시 성사에 참여할 수 있도록 허용했다(테오도레투스 『교회사』 5,18).

이는 전례 없는 사건이었다. 관련된 모든 사람이 받은 인상은, 통치자의 신성불가침한 위엄도 감히 침범할 수 없는 종교적 지위를 상상할 때만 이해될 수 있다. 모든 이는 여기에서 황제의 굴복으로 주교가 승리했다는 사실이 중요한 것이 아니라 살아 있는 모든 것의 주님이신 하느님을 존중한다는 것이 중요함을 이해해야 한다. 암브로시우스는 감히 황제와 맞선 첫 번째 인물이 아니었다. 그럼에도 불구하고 테오도시우스 황제가 교회에서 참회한 것은 처음이었다. 이 점에서는, 이단을 추종하는 황제가 비판받는 것이 아니라 정통 신앙의 황제가 교회의 규율에 복종했기에, 교의적 불가피성에서 적절했다.

---

[24] 『서간집』51은 CSEL 82,3의 『서간집』11과 상응한다.

교회에서 테오도시우스의 참회는 교황 그레고리우스 7세 때 하인리히 4세가 해야 했던 참회와 종종 비교되었다.[25] 사람들은 밀라노에서 카노사까지 똑바른 길이 열렸고, 중세 때 교황과 황제의 숙명적 권력투쟁은 암브로시우스에 의해 시작되었다고들 했다. 그러나 암브로시우스가 교회에 대한 세속의 권력을 전혀 문제 삼지 않았다는 점에서, 밀라노의 사정은 중세의 상황과 근본적으로 구별된다. 그는 어떤 교회 국가를 원하지 않았다. 그는 황제의 영원한 구원에 대해 책임이 있는 사목자로서 그에게 참회를 요구한 것이었다. 테오도시우스도 이를 그렇게 이해한 것 같다. 어쨌든 사건은 황제와 주교의 관계가 뒤틀리는 상황으로 전개되지 않았다. 테오도시우스가 에우게니우스에게 승리를 거둔 뒤(122쪽 참조) 아퀼레이아에서 암브로시우스를 만났을 때, 그는 주교의 기도와 공적 덕분에 자신이 구조되었음을 감사하면서 고백했다(파울리누스 『생애』 31).

두 사람의 관계는 이미 일 년 전에 칼리니쿰에서 일어난 돌발 사건에서 더 나빠졌다. 유프라테스 강가에 자리한 이 도시의 주교는 백성과 수도승들에게 회당을 태워 버리도록 부추겼다(258-9쪽 참조). 테오도시우스는 주교가 회당을 다시 세워 주고 그런 잘못된 행위에 보상할 것을 요구했다. 여기서도 암브로시우스는, 그러한 명령이 그리스도에 대한 유대인의 승리를 나타낸다는 논증으로 중재했다(『서간집』 40).[26] 테오도시우스는 이 사건을 분명히 그릇된 것으로 생각했지만 다시 양보했다. 그는 현재의 그릇된 일에 벌을 내리지 말자는 암브로시우스의 요구보다 테살로니카 사건에서 자신이 행한 그릇된 일을 더 많이 고려했다. 그러나 암브로시우스에게 진리와 오류는 같지 않았다. 그런 까닭에 그리스도교를 믿는 황제는 유대교 회당

---

[25] R. SCHIEFFER, Von Mailand nach Canossa. Ein Beitrag zur Geschichte der christlichen Herrscherbuße von Theodosius d. Gr. bis zu Heinrich IV.: *DA* 28 (1972) 333-70; DEMANDT 133.

[26] 『서간집』 40은 CSEL 82,3의 『서간집』 74와 상응한다. 사건과 평가에 대한 비평본에 관해서는 N.B. MCLYNN, *Ambrose of Milan* (Berkeley 1994) 315-30 참조.

을 더 이상 보호해서도, 이교 제식을 지지하거나 이단자들을 허용해서도 안 되었다.

2.2.3 교회와 국가

서로 다른 확신을 지닌 무리가 평등한 권리를 누리며 더불어 함께 살 수 있는 세속화된 국가에 관한 체험이 암브로시우스에게는 없었다. 그에게 교회는 제의와 기도를 통해 제국의 안녕을 지키는 단체였다. 따라서 교회만 국가의 보호와 지지를 받을 권리가 있다. 암브로시우스는 황제를 정치적 법에 따라 행동하는 중립적 제도가 아니라, 다른 모든 사람처럼 자신의 행위에서 교회가 선포한 계명에 따라 판결해야 하는 한 인간이자 그리스도인으로 보았다. 황제는 자신의 영원한 구원에 영향을 미칠 수 없기 때문이다. 콘스탄티누스가 교회에 외적 평화를 선사한 뒤, 내적 자유를 확보하는 것은 그의 임무였다. 암브로시우스는 황제의 예식을 종교적·전례적 광채로 장식하는 황실 주교로 적합하지 않았다. 그는 신앙을 일치시키는 힘을 무조건적으로 정치적 목표에 이용할 생각이 없었다. 마찬가지로 그는 국가를 교회에 예속시키려 하지 않았다. 그의 목표는 자신의 권력이 아니라 하느님 뜻의 실현이었다.

국가와 교회의 이해관계는 긴밀한 연대에도 불구하고 완전히 일치하지 않는다. 암브로시우스에게 교회는 정치권력이 아니다. 교회는 지방을 얻기 바라지 않고 마음을 얻기 바라기 때문에 교회의 성장은 국가의 정복 사업에 좌우되지 않는다. 교회가 암브로시우스에게 그 근본에서 정신적·종교적 실재라면, 그는 교회의 세속적 영예와 시대에 따라 조건지어지는 요구에 더 냉정한 입장에 있을 수 없었는가? 암브로시우스의 교회론은 어느 정도 그의 교회정치적 영향과 모순된다. 그는 국가와 교회의 문제에 관해 결정적인 답변을 줄 수 없었다. 그 답변은 늘 새로이 추구되어야 한다. 교회사의 책무는, 조건이 변하고 새로운 답변이 필요해질 때조차 역사적 해결책이 지속적 영향을 발휘하도록 내적 역동성을 발전시키는 데 있다.

이는 무엇보다 암브로시우스의 활동과 영향에도 해당된다. 그는 탁월한 권위를 지녔고, 그의 교회정치적 활동은 전형적인 특성을 띠기 때문이다. 교회의 자유를 위한 그의 노력에는 무조건적으로 동의해야 한다. 서방교회가 국가의 후견에서 일찌감치 자유로워진 것은 확실히 그의 공로다. 교회의 자립을 위해 애쓰는 곳에서는 늘 암브로시우스를 증인으로 끌어댈 수 있다. 종교적 관용, 특히 반대되는 모든 무리에 대해 교회의 절대적 진리 요구를 관철시키는 데 국가가 도와야 한다는 그의 요구에 관한 그릇된 이해가 다음 시대에 예사롭지 않게 나타나는 것은 당연하다.

4세기에 교회가 처음으로 해결해야 하는 과제는 바로 종교적 관용의 영역에 있었다. 교회는 지금까지 외적 반대자들인 제신을 믿는 이교인을 어떻게 대해야 하는가? 교회는 아리우스 분규 이후 내부의 적인 이단자로부터 자신을 지키기 위해, 정통 신앙을 고수하는 국가권력을 끌어들여야 하는가? 성장하는 교회가 영향력을 미치는 데 처음부터 부담이 된 유대인과의 관계는 어떻게 발전해야 하는가? 애써 찾아낸 해결책에 대한 평가는, 4~5세기에 교회가 전파되고 사회에 영향을 미친 정황과 결코 무관할 수 없다.

3. 선교와 전파

참고문헌

P. ANDRES, *Der Missionsgedanke in den Schriften des Heiligen Johannes Chrysostomus* (Hünfeld 1935).

K. BAUS, *Erwägungen zu einer künftigen 'Geschichte der christlichen Mission in der Spätantike' (4.-6. Jh.)*: Reformata Reformanda, FS H. Jedin 1 (Münster 1965) 22-38.

H. BIELER, Hibernia: *RAC* 15 (1991) 1-26.

A. BÖHLIG, Ägypten: *RAC* 1 (1950) 128-38.

H. BRAKMANN, Axomis (Aksum): *RAC Suppl.* 1,5/6 (1992) 718-810.

P. Brown, *Authority and the Sacred. Aspects of the Christianization of the Roman World* (Cambridge 1995).

H. Büttner/I. Müller, *Frühes Christentum im schweizerischen Alpenraum* (Einsiedeln 1967).

Cristianesimo e specificità regionalinel mediterraneo latino (sec. IV-VI) = SEAug 46 (Roma 1994).

E. Dassmann, *Die Anfänge der Kirche in Deutschland* = Urban Taschenbücher 444 (Stuttgart 1993).

É. Demougeot, Gallia I: *RAC* 8 (1972) 822-927.

I. Engelhardt, *Mission und Politik in Byzanz. Ein Beitrage zur Strukturanalyse byzantinischer Mission z.Zt. Justins und Justinians* = MiscByzMonac 19 (München 1974).

H. Frohnes/U.W. Knorr (Hrsg.), *Kirchengeschichte als Missionsgeschichte*. Bd. 1: *Die alte Kirche* (München 1974).

E. Kirsten, Britannia: *RAC* 2 (1954) 585-611.

G. Klinge, Armenien: *RAC* 1 (1950) 678-89.

B. Kötting, Christentum I (Ausbreitung): *RAC* 2 (1954) 1138-59.

A. Lippold/E. Kirsten, Donauprovinzen: *RAC* 4 (1959) 147-89.

O. Lordkipanidse/H. Brakmann, Iberia II (Georgien): *RAC Lfg.* 129 (1994) 12-106.

J. Mesot, *Die Heidenbekehrung bei Ambrosius von Mailand* (Schöneck/Beckenried 1958).

W.W. Müller, Himyar: *RAC* 15 (1991) 303-31.

R. Noll, *Frühes Christentum in Österreich von den Anfängen bis um 600 nach Chr.* (Wien 1954).

Th. Ulbert, Hispania I (landesgeschichtlich): *RAC* 15 (1991) 607-46.

E. Wipszycka, La christianisation de l'Égypte au IVe – VIe siècles. Aspects sociaux et ethniques: *Aeg.* 68 (1988) 117-65.

그리스도인이 사회적으로 미치는 영향이 그들의 수보다 더 컸다 할지라도, '콘스탄티누스 전환' 이전인 4세기 초에 그리스도인은 제국 인구 가운데 얼마 안 되는 소수였다는 것이 보편적인 평가다. 어쨌든, 앞으로도 계속 총인구 수에서 이교인 — 지역적으로 다르고 지식인층이 평범한 사람보다 더 많고 동방보다 서방에 더 많았다 — 이 상당한 몫을 차지하고 있는 점을 고려하더라도, 5세기 말에 제국은 그리스도교화했다.

유감스럽게도 이러한 일반적인 가정을 구체적 숫자로 입증하는 것은 어렵다. 다른 종교를 믿는 시민들에 대한 국가와 교회의 대처를 평가하는 데 도움이 된다 할지라도 말이다. 4세기와 5세기에 이교인의 수는 얼마나 되었는가? 이교는 아직도 교회가 복음을 전파하는 데 방해 요소였는가? 어떤 사람이 이교인이었는가? 그들은 적극적으로 저항하고 신념을 지니고서 옛 종교를 믿는 이들이거나 그리스도교가 아직 전파되지 않은 지역에 사는 사람들이었는가?

다른 질문들도 대답하기 어렵다. 곧, 교회는 새로운 구성원을 어떤 식으로 얻었는가? 누가 선교를 조직하고 담당했는가? 교회와 국가가 분담하는 상이한 소관 사항이 있었는가? 이와 관련하여 무엇보다도, 국가가 어떤 이유에서 신앙의 전파에 참여했는가 하는 문제가 관심을 불러 일으킨다. 로마제국의 주민과 제국 경계 밖에서 야만인 백성에 관해서 제시되는 근거는 다르다. 선교가 성공했는지를 평가하기 위해서는, 개인이나 무리, 특히 게르만족이 어떤 기대를 품고 교회로 들어왔는지 아는 것이 궁극적으로 중요하다. 이에 대한 답변은, 많은 정보에도 불구하고 시간적·공간적 모든 관점을 적절하게 고려하는 전반적인 서술이 아니라, 개별적 관점들만 강조되고 입증될 수 있다는 점에 유의해야 한다.[27]

3.1 선교

3.1.1 제국의 그리스도교화

교회의 선교가 계획적으로 이루어지지 않았다는 것은, 콘스탄티누스 황제 이후 시대 선교의 특징이다. 수백 년간 박해를 받는 외적 상황에서 계

---

[27] BAUS/EWIG (189-238)는 상세하고 정돈된 개요와 포괄적인 참고문헌을 제시한다. 보완적 자료는 *RAC*의 Land 항목에 있다.

획적으로 선교를 지속할 수 없었다. 그 결과 멀리 떨어진 지역뿐 아니라 그리스도교가 많이 전파된 지방에서도 그리스도교 공동체를 나타내는 지도에 미답지가 한동안 많이 남아 있었다. 에페소의 요한(†585년 이후)은 자신이 소아시아에서 이교인 칠만 명을 개종시켰고, 트랄레스 지역에서 비신자와 열교자 수천 명을 교회로 인도했다고 자랑했다.[28] 시골에 비해 도시에 그리스도인이 많은 것도 선교가 계획적으로 이루어지지 않은 결과다. 3세기에 네오카이사리아에서 기적가 그레고리우스가 증언하고 니사의 그레고리우스가 『기적가 그레고리우스의 생애』에서 칭송했듯이, 주교가 자기 주교좌 도시의 배후 지역을 그리스도교화하려고 애쓴 것은 4세기에도 드문 일이었다. 투르의 마르티누스는 노르망디까지 선교 여행을 했다 (술피키우스 세베루스 『마르티누스의 생애』 13,9). 트리어의 주교 막시미누스(†346)가 카스토르와 루벤티우스를 신앙 사절로 모젤 강 하류 지역과 란 강 지역에 보낸 것은 잘 알려진 사실이다.[29] 그러나 이는 예외의 경우다. 4세기 중엽에 미개한 시골 주민을 가리키는 낱말 '파가누스'paganus가 그리스도교를 믿지 않는 이교인에 대한 명칭이 되었다는 사실은 의미 있다.[30]

4세기에도 신앙 전파의 중심은 공동체의 일반적인 사목과 '자선 행위' caritas라는 틀에서 이루어진 주교 중심의 공동체였다. 세례청원자의 시험과 승인, 세례지원자 교육, 새로 개종한 이들을 보살피는 것은 주교의 의무였다. 그 밖의 성직자 또는 신자들이 세례교육에 관여했는지는 지역에 따라 달랐다. 이교인에 대한 특별한 개종 설교는 이루어지지 않은 것 같으며, 성직자가 교회 구역 밖에서 설교하려는 노력도 거의 이루어지지 않은

---

[28] 에페소의 요한 『동방 성인들의 생애』 47; 참조: K. HOLL, *Die Missionsmethode der alten und die der mittelalterlichen Kirche: Kirchengeschichte als Missionsgeschichte* 10; W. H.C. FREND, Der Verlauf der Mission in der alten Kirche bis zum 7. Jh.: *ebd.* 45; ENGELHARDT 17; S.A. HARVEY, Johannes von Ephesus: *RAC* 18.

[29] DASSMANN, *Anfänge* 101.

[30] J. VOGT, *Die kaiserliche Politik und die christliche Mission im 4. und 5. Jh.: Kirchengeschichte als Missionsgeschichte* 171.

것 같다.³¹ 사람들이 자유로이 만날 수 있었던 바실리우스와 요한 크리소스토무스, 암브로시우스, 베로나의 제노, 토리노의 막시무스, 특히 아우구스티누스의 경우 일반적인 미사 설교는 이교인 청중을 대상으로 한 수많은 구절을 포함하고 있다. 이와 달리 피르미쿠스 마테르누스(188쪽 참조)의 저서 『이교의 오류』와 같이 이교인과 투쟁하거나 『자캐우스와 아폴로니우스의 협의』*Consultationes Zacchaei et Apollonii* 처럼³² 옛 종교를 믿는 교양인에게 그리스도교 신앙에 관한 가르침과 윤리적 행동 방식을 설명하려고 한 작품은 소수에 지나지 않는다.

신자들의 모범적인 태도는 비그리스도인이 공동체와 관계를 맺는 데 분명히 큰 영향을 미쳤다. 그리스도인은 이교인과 교제하거나 그들에게 그리스도교 신앙을 받아들이도록 권유하는 것을 두려워하지 않았다(암브로시우스 『육일 창조』 3,55). 이교인을 교회에 입교시키는 것은 각 신자의 확신에 달려 있었다. 요한 크리소스토무스는 "우리가 참된 그리스도인이었다면 이교인은 더 이상 없었을 것이다"라고 경고한다.³³ 많은 주교가 평신도의 적극적이지 못한 선교 열정을 한탄하고 대지주들이 그들에게 예속된 사람들에 대한 종교적 가르침과 미사 참례에 대한 배려를 소홀히 한 것에 대해 책임을 묻는 것은 경고 설교의 양식에 속한다. 다른 한편으로 제국의 변두리 지역에 그리스도교의 기쁜 소식이 급속히 전파된 것은 여행자와 상인, 관리, 군인들의 활동적인 신앙 증언 없이는 생각할 수 없다.

선교의 강력한 추진력은 수도승에게서 시작되었다. 수많은 은수자의 독방과 수도원은 신앙 전파의 중심지가 되었다. 수도승들은 떠돌이 선교사로 마을을 옮겨 다녔다. 그들 가운데 더러는 단둘이 대화하는 것을 선호했고, 더러는 많은 청중 앞에서 설교했다. 연설에 재능이 없는 이는 성경

---

³¹ 밀라노에 관해서는 MESOT 63 참조.

³² 저자와 수신인, 저술 시기에 관해서는 *Questions d'un païen à un chrétien*. Ed. J.L. FEIERTAG = SC 401 (Paris 1994) 10-31 참조.

³³ 『티모테오 1서 강해』 10,3; 그 밖의 전거에 관해서는 BAUS/EWIG 221 참조.

만 낭독했다. 수도승들은 병자를 고쳐 주고 악마를 내쫓았다. 사람들은 수도승을 영으로 깨침을 얻고 기적을 행하는 사람일 뿐 아니라 부당한 소작료와 관청의 횡포에 대해 자신들을 위해 애쓴 사람으로 여겼다. 광신적인 금욕가들은 이교 신전을 파괴했다. 신전과 회당에 대한 수도승들의 불법 행위에 관한 보고(185-7쪽 참조)는 대부분 확인되었듯이 그들의 광신뿐 아니라, 특히 그리스도교가 아직 전파되지 않는 지역의 여러 도시 밖에서 보여 준 선교 열정을 나타낸다. 작은 교회의 건립과 이교 신전 파괴는 개종의 가능성이 있는 마을에서 종종 같이 일어났다.

교회의 활동 이외에 콘스탄티누스 이래 국가의 특혜도 신앙의 전파에 긍정적 영향을 미쳤다. 4세기부터 시작된 활발한 교회 건립은, 디오클레티아누스 박해가 끝난 뒤 모든 그리스도인이 공개적으로 신앙을 고백할 수 있었을 때, 많은 공동체가 이미 상당히 성장했음을 나타낸다. 지상의 황제직에 관한 에우세비우스의 제국신학에서 발전된 사상, '외적 영역의 주교'라는 황제의 자기이해(101-4쪽 참조) 및 국가의 안녕과 참된 하느님 공경이 밀접한 관계가 있다는 확신은 황제에게 곧바로 제국 안팎에서 신앙의 전파를 위해 진력할 의무를 지웠다. 그리스도의 보편적 평화 제국의 확대와 로마제국의 확장은 같은 것으로 여겨졌다.[34] 황제의 입법은 지상에서 하느님 통치의 대리인으로 행동하는 통치자의 의지를 뚜렷하게 강조했다. 이 경우 이교인에 대한 엄격한 조치는 구체적으로 이루어졌으며, 콘스탄티누스부터 테오도시우스까지, 더 나아가 유스티니아누스 황제까지 더욱더 혹독해졌다(187-9쪽과 381-2쪽 참조).

3.1.2 야만인 선교

만인의 군주라는 황제의 권리 주장은 로마제국에 속하지 않는 민족들을 명백히 선교 노력에 포함시켰을 것이다. 그 실행은 정치적 이유에서 가능

---

[34] 에우세비우스 『콘스탄티누스의 생애』 4,13; 번역: DÖRRIES, *Selbstzeugnis* (30쪽) 126.

하지 않았지만, 황제는 제국 밖에 있는 모든 그리스도인을 보호할 책임이 있다고 느꼈다. 이미 콘스탄티누스는 페르시아제국에 사는 그리스도인의 삶으로 대왕 샤푸르 2세의 마음을 움직이고자 했다. 그는 이렇게 썼다.

> 저는 '페르시아 지방도 그리스도인으로 말미암아 뛰어나다'는 소식을 듣고 기쁩니다. 저는 당신과 그들에게 좋은 일만 있기를 기원합니다. 이로써 당신께서는 세상의 주인이 자비롭다는 것을 알게 될 것입니다. 저는 경건하다고 칭송받는 당신께 그리스도인을 맡깁니다. 당신께서 지니신 박애의 정신으로 그들을 사랑하십시오. 그것은 우리처럼 당신에게도 대체로 도움이 될 것입니다.[35]

페르시아 교회에 관한 그 밖의 역사는 선교와 정치 사이에서 긴밀한 관계를 나타낸다. 말하자면, 로마 황제들은 그리스도인 보호라는 명목으로 페르시아와 전쟁을 했으며, 페르시아 대왕들은 그리스도교를 믿는 신하들의 충성을 의심하여 페르시아 교회가 독립할 것을 촉구했다. 그 결과, 마침내 제국에서 박해받은 네스토리우스파가 페르시아에서 자신들의 교의를 천명하고, 498년 로마제국교회에서 '동방교회'가 분리되었다.[36]

　제국 밖에 있는 그리스도인들에 대한 황제의 배려가 제국 안에서 일어난 신앙 논쟁으로 어떻게 방해를 받았는지는, 콘스탄티우스가 에티오피아(도읍지는 악숨이었다)의 통치자 아이자나스와 사자나스에게 보낸 편지에 기록되어 있다. 황제는 전 세계가 참된 하느님을 인식하도록 전파하는 데 열성을 다했지만 아타나시우스가 서품한 주교 프루멘티우스를 알렉산드리

---

[35] 에우세비우스 『콘스탄티누스의 생애』 4,13; 번역: DÖRRIES, *Selbstzeugnis* 126; J. VOGT, *Die kaiserliche Politik und die christliche Mission im 4. und 5. Jh.: Kirchengeschichte als Missionsgeschichte* 183.

[36] J. VOGT, *Die kaiserliche Politik und die christliche Mission im 4. und 5. Jh.: Kirchengeschichte als Missionsgeschichte* 182-4.

아로 되돌려 보내야 한다고 다소 위협적 어조로 요구했다. 이는 프루멘티우스를 아리우스파 주교 게오르기우스(129쪽 참조)의 재치권 아래에 두기 위한 것이었다.[37]

콘스탄티우스가 사망한 뒤, 황제는 1세기 이상 동안 제국의 경계를 넘어 이교인들을 개종시키려는 열의를 보이지 않았다. 유스티니아누스 황제(527~565) 때에 이르러서야 동방에 콘스탄티누스 왕조의 보편주의적 계획들이 되살아났다. 제국과 교회의 확장은 함께 가야 했다. 누비아인의 그리스도교화는 필라이에 있는 이시스 신전 파괴의 결과로 일어났으며, 북아프리카 정복은 바르바르족의 개종으로 이끌었다.[38] 그들이 개종함으로써 난폭한 민족이 온화해지고, 제국에 대한 그들의 위험성이 줄어들었다. 설교와 기적 행위, 남녀 선교사의 금욕적 본보기뿐 아니라 세례를 통한 대부모 관계, 혼인, 외국의 통치자들에게 칭호 수여나 선물 같은 정치적 수단과 위급한 경우 무력 정복도 선교 방법에 동원되었다. 페르시아와 벌인 몇 차례의 전쟁과 아랍인의 침입은 유스티니아누스 이후 비잔틴교회가 행한 그 밖의 선교 노력을 방해했다. 그 밖에 비단길을 따라 인도와 중국까지 나아간 네스토리우스파가 성공적으로 선교했다. 781년에 쓰인 비문이 입증하듯이 그곳에서는 중국 황제의 후원으로 매년 교회회의가 열렸다.[39]

본디 야만인 선교는 분명히 정치적 목적과 연계되었을 뿐 아니라 더 나아가 교회의 매우 절박한 과제였다. 그렇지만 주교들이 다른 민족들에 대해 관심을 가지고 체계화한 설교는 한참 늦게서야 이루어졌다. 이는 '콘스탄티누스 전환' 이후 그리스도인이 된 로마인이 야만인들을 제국의 적으로 여긴 것과 관계가 있는 것 같다. 그렇지만 이미 2세기 중엽에 유스티누스

---

[37] 아타나시우스 『콘스탄티우스 황제에게 보낸 변론』 31; 번역: H. BRAKMANN, *Die Einwurzelung der Kirche im spätantiken Reich von Aksum* (Bonn 1994) 51-5.

[38] FLICHE/MARTIN 4,527-9; W.H.C. FREND, *Der Verlauf der Mission in der alten Kirche bis zum 7. Jh.* 44f.

[39] W.H.C. FREND, *Der Verlauf der Mission in der alten Kirche bis zum 7. Jh.* 48.

(『유대인 트리폰과의 대화』 117)는 유대인을 만나지 않았지만 예수의 이름을 부르지 않는 이가 없는 — 그리스인 또는 야만인이든지 — 민족들이 있었다고 자랑했다. 이레네우스(『이단 반박』 3,4,2)는 읽지도 못하고 쓸 줄도 모르지만 구원에 이른 야만인 공동체를 알고 있었다. 특히 호교론적 이유에서 많은 교부는 다른 민족들이 신앙을 받아들여 난폭성을 버렸다는 것을 강조했다. 그렇지만 4세기에 야만인의 습격에 대한 두려움이 커지면서 이전의 표상이 흐려졌다.[40] 암브로시우스는 종말에 나타날 민족 곡(참조: 에제 38-39장; 묵시 20,8)을 고트족과 동일시했으며, 다가온 야만인과의 전쟁으로 세계의 종말이 왔다고 여겼다(『신앙론』 2,16,137-138; 『루카 복음 해설』 10,10.14). 후대에 곡Gog과 마곡Magog은 훈족의 위협에 직면하게 되었다.[41]

물론 민족이동으로 다가온 위험을 운명일 뿐 아니라 신앙의 나태함에 대한 하느님의 벌, 더 나아가 원대한 신앙 전파를 위한 기회로 본 개별적 의견도 있었다. 특히 쾰른 출신으로 프랑크족의 침입 때 도시가 황폐화되는 것을 본 마르세유의 살비아누스(†460년 이후)는, 『하느님의 다스림』에서 서방교회와 동일시된 로마제국의 몰락을 신학적으로 이해하려 했다. 당시 많은 교회사가는 야만인들에게 포로로 잡힌 그리스도인이 이룬 선교가 성과를 거두었다고 지적한다. 민족이동을 통한 제국의 영향 없이는 많은 야만 민족이 그리스도교 진리를 알지 못했을 것이다.[42] 그런데도 4~5세기의 많은 주교가 아직 제국의 경계를 넘지 않은 것 같았고, 야만인에 대한 계획적 선교를 기회로 알지 못한 것 같다. 아우구스티누스는 아프리카에 아직 복음서에 대해 전혀 들은 바가 없는 민족이 많다는 것을 알고 있었다. 그러나 그는 『입문자 교리교육』을 그들을 위해서가 아니라 카르타고에 있는 이교인을 대상으로 저술했다. 켈레스티누스 교황(422~432)이 브리타니

---

[40] 전거에 관해서는 I. OPELT/W. SPEYER, Barbaren: *RAC Suppl. Lfg.* 5-6 (1992) 869 참조.

[41] 전거에 관해서는 E. DASSMANN, Hesekiel: *RAC* 14 (1988) 1177 참조.

[42] 오로시우스 『교회사』 7,41,8f; 소조메누스 『교회사』 2,6,1; 그 밖의 전거에 관해서는 I. OPELT/W. SPEYER, Barbaren: *RAC Suppl. Lfg.* 5-6 (1992) 870f 참조.

아와 아일랜드를 선교하려는 동기도 야만인 주민을 그리스도인으로 만들기 위한 것이 아니라 이미 그리스도인이 된 주민을 펠라기우스의 오류에서 해방시키기 위해서였다.[43] 대 레오 교황(440~461)도 자신이 주교로 있던 로마에서 생생하게 체험한 훈족의 위난에 직면하여 제국교회의 관념에 몰두해 있었다. 시야는 대 그레고리우스 교황에 이르러서야 넓어졌다. 레오 교황이 훈족에게 당한 만큼이나 그는 롬바르드족에게 심하게 당한 바 있다. 그에게 야만 민족은 제국의 적일 뿐 아니라 교회에서 거주권을 얻어야 하는 하느님의 자녀였다(361쪽 참조).

3.2 전파

3.2.1 팔레스티나/시리아

4세기 초까지 팔레스티나에서 이루어진 그리스도교 전파에 관해서는 니케아 공의회에 참석한 주교 목록이 가장 좋은 정보다. 19명의 이름이 나오는데 그 가운데 14명이 확인된 인물이다. 지리학적 분포에서 보면, 유대인이 주로 거주하는 지역들, 중앙 갈릴래아, 후대의 지방인 팔레스티나 세쿤다의 가장자리에 있는 주교좌 도시만 나타나는 점이 눈에 뜨인다. 이 사실이 보여 주듯이 그리스도교 선교는 특히 2세기부터 유대인이 떠난 유대아와 바닷가에 자리한 여러 도시에 사는 이교인에게 성과를 거두었다. 주교좌에 그리스도인이 얼마나 있었는지에 관해서는 알려진 바가 많지 않다. 공동체들은, 예를 들어 가자처럼 소규모였을 것이다. 놀랍게도 에페소 공의회(431)에서 유베날리스 주교는 팔레스티나 주교 16명의 대표자였는데, 이 수는 니케아 공의회 때와 거의 비슷했다.[44]

그리스도교 생활은 콘스탄티누스를 통해 힘찬 추진력을 얻었다. 콘스탄티누스는 몇몇 웅장한 바실리카, 특히 아일리아/예루살렘에 성묘 교회 단

---

[43] 아퀴타니아의 프로스페루스 『연대기』 1306f; 참조: Caspar 1,388.

[44] Stemberger, *Palästina* (245쪽) 50f.

지를 건립하게 했다. 예루살렘에는 곧바로 여러 교회, 기도실, 수도원, 순례자 숙박 시설 등을 지어 그리스도교 도시의 특성을 갖추었다. 이 도시에서 이교 신전들이 없어졌고, 파괴된 유대교 성전 자리에 건물이 들어서지 않고 황폐하게 되었다는 것은 역사적 변화를 나타낸다.[45]

교회 건립은 곧 온 지역으로 퍼졌다. 베들레헴에 탄생 교회와 하느님께서 마므레의 참나무 근처에서 아브라함에게 나타나신 곳에 세워진 바실리카는 콘스탄티누스에게로 거슬러 올라간다. 그 밖의 여러 교회가 4세기와 5세기 초에 갈릴래아 지방의 카파르나움, 타브가, 카나, 나자렛, 세포리스에, 또 네게브 지방의 여러 도시에 세워졌다. 콘스탄티누스 이후 곧바로 제정되고, 십자가 유물을 발견함으로써 강한 활력을 얻은 순례 제도가 활기를 띠면서 영향을 미쳤다. 교회 건립과 순례자는 서로 영향을 미쳤으며, 그 지역에서 이룬 경제적 발전은 유대인과 그리스도인의 공동생활을 용이하게 해 주었다.

팔레스티나 동쪽에 인접한 아라비아의 경계는 동쪽과 남쪽이 뚜렷하지 않다. 아라비아에서 옛 주교좌 도시로는 보스트라, 게라사, (교회의 합창대 자리에 모자이크로 된 팔레스티나 지도가 있어 유명한) 마다바 및 니케아 공의회에서 어떤 주교가 증언한 나바테아인들의 도시인 페트라가 유명하다. 게라사에 있는 교회 건축물의 수와 크기는 5/6세기에 그리스도교 공동체가 어떤 중요성을 지녔는지를 알려 준다.

선교는 시리아에서도 대단한 성공을 거두었다. 오론테스 강가에 자리한 수도 안티오키아는 사도 시대에 이미 이교인 선교의 중심이자 출발점이었다. 공동체는 디오클레티아누스와 리키니우스 치하에서 일어난 박해를 잘 견뎌 낸 것 같다. 율리아누스 황제의 복고 계획에 대한 도시의 저항(194쪽 참조) 및 리바니우스 논쟁은 4세기 말에 주민 대부분이 그리스도인이었음을 암시한다. 안티오키아에서 오랜 기간 사제와 설교자로 활동한 요한 크

---

[45] K. BIEBERSTEIN/H. BLOEDHORN, *Jerusalem*, 3 Bde. = Beihefte zum Tübingen Atlas des Vorderen Orients B 100-2 (Wiesbaden 1994), 특히 1,153-75.

리소스토무스는 콘스탄티노플의 주교로 임명되기 전에, 모든 그리스도인이 빵 하나만 희사한다면 안티오키아에 가난한 이들이 없어지리라고 생각했다(『마태오 복음 강해』 85,4; 367쪽 참조). 5세기 초에는 이교인의 유물이 얼마 남지 않았다. 당시 전례 때문에 시민들에게 상당한 매력을 느끼게 했던 유대인 공동체는 그리스도인들과 경쟁했다(248-54쪽 참조). 4세기에 더 웅장해진 교회 건축물에 도시의 변화가 잘 반영되어 있다(에우세비우스 『콘스탄티누스의 생애』 3,50).

일찍이 시리아어를 주로 사용한 안티오키아 배후 지역에서 신학적·전례적·예술적, 특히 문학적으로 독자적인 그리스도교가 발전했다. 시리아의 신학 문헌은 '페르시아의 현인' 아프라하트(†345년 이후), 시리아인 에프렘(†373)으로 첫 정점에 이르렀다. 오스로에네 지방의 에데사는 시리아어를 사용하는 그리스도교의 정신적 중심지로 발전했다. 시리아의 중요한 주교좌는 아파메아와 에메사(홈스), 베리투스(베이루트), 다마스쿠스였다. 키루스의 테오도레투스가 레오 교황에게 보낸 편지에서, 자신의 교구에 시골 사목자들 paroikiai의 체류지로 볼 수 있는 본당 800개가 있다고 한 소견은 농촌이 어느 정도 그리스도교화했는지 강조한다(『서간집』 113). 마찬가지로 시리아에서 독자적으로 발전한 독창적인 수도제도도 중요한 몫을 했다. 이 수도제도에서 주두柱頭수도승 시메온과 다른 주두수도승들이 특히 유명하다. 칼케돈 공의회에서 안티오키아의 총대주교는 130여 주교좌를 거느리는 교회를 대표했다.[46] 에페소 공의회(431)와 칼케돈 공의회(451) 이후에, 교의적 분열로 말미암아 그리스-안티오키아를 근거지로 하는 교회와 시리아-에데사를 근거지로 하는 교회와 더불어, 새로운 교회 조직이 발전했다는 것도 중요하다. 곧, 제국 국경 동쪽의 네스토리우스파 교회, 오늘날의 아시리아-칼데아파와, 안티오키아와 시리아의 칼케돈 공의회에 적대적인 총대주교 관할 지역, 오늘날의 시리아 정통 교회가 그 교회들이

---

[46] R. DEVREESSE, *Le Patriarcat d'Antioche depuis la paix de l'église jusqu'a la conquête arabe* (Paris 1945) 136-40.

다. 5세기에 시리아 그리스도교는 완전히 분열되었고, 그 생존이 세속 권력, 곧 서쪽의 비잔틴과 동쪽의 페르시아의 호의에 크게 좌우되었다.

4세기에 선교는 동시리아 국경 지역에 사는 유목민에까지 이르렀다. 이 유목민들을 관할하는 주교가 따로 있었지만 정해진 거주지에 매이지는 않았다. 이 지역보다 더 동쪽에 사는 아랍 민족은 사산 왕조에 포로가 된 그리스도인을 통해 그리스도교 신앙을 접했다. 4세기 중엽에 개종한 중앙 카우카수스 지역의 게오르기아인도 이러한 방식으로 그리스도교를 알게 되었다(루피누스 『교회사』 10,10). 이들은 5세기 말에 독자적 교회를 이루었지만 그들의 수석주교는 8세기까지도 안티오키아의 총대주교에게 주교품을 받았다.[47] 이들은 칼케돈 공의회의 정통 신앙에 동조했다. 5세기 중엽부터 강화된 네스토리우스파 선교사들과 단성론파 선교사들이 중근동의 주민과 더 동쪽에 자리한 중앙아시아, 티베트, 중국까지 선교했다.

아르메니아 선교는 카파도키아의 수도 카이사리아에서 그리스도교적으로 교육받고 주교로 서품된 계몽가 그레고리우스에 의해 일찌감치 시작되었다. 그레고리우스는 3세기 말 또는 4세기 초에 아르메니아 왕 티리다테스를 개종시켰으며 최초의 국가교회를 세웠다. 카이사리아와의 관계가 곧바로 끊어졌기 때문에 파프 왕(367/69~374) 치하 때, 페르시아(387년부터)와 아라비아 통치권 아래서도 자립을 유지할 수 있는, 자치*autokepale* 국가교회가 생겼다. 사산 왕조의 왕이 받아들인 네스토리우스주의를 피하기 위해, 그들은 칼케돈 공의회의 결정도 거절했으며, 궁극적으로 동방교회에서 유일하게 엄격한 단성론을 넘겨받았다.

신학적 · 전례적 필요에서 생겨난 국가 문헌을 통해 더 강화된 아르메니아와 게오르기아 교회의 자주성은, 아르메니아와 게오르기아 민족이 오늘날까지 그들의 정체성을 유지하는 데 적지 않게 기여했다.

타우루스 산맥으로 소아시아의 다른 지방과 분리된 킬리키아와 이사우

---

[47] H. BRAKMANN, Iberia II (Georgien): *RAC Lfg.* 129 (1994) 51-4.

리아는 안티오키아와 마주하고 있었다. 킬리키아에는 5세기 중엽에 타르수스를 비롯하여 17개 주교좌가 있었으며, 이사우리아에는 셀레우키아와 성 테클라 성지와 더불어 22개 주교좌가 있었다. 이로써 두 지방의 그리스도교화는 끝났다고 볼 수 있다. 이사우리아의 산악 부족이 저지르는 노상 강도 같은 약탈이 오랫동안 두려움의 대상이 되었을지라도 말이다.

3.2.2 이집트

특히 이집트의 상황은 교회 전파에 우호적이었다. 오랫동안 알렉산드리아가 유일한 중심지였다. 데메트리우스 주교 재임 시(188/89~231)와 그의 후계자 헤라클라스 주교 서품 때에서야 다른 공동체에 관한 증언이 나온다. 그런데도 니케아 공의회 당시, 리비아와 키레나이카를 포함하여 이집트 교회는 100여 개 주교좌로 완전히 조직화되어 있었다. 주교좌의 수는 그 이후 몇 세기에 걸쳐 거의 변함이 없었다. 아타나시우스는 상부 이집트의 그리스도교화를 강력히 장려했다. 상부 이집트의 그리스도인 군사 감독관인 마케도니우스가 아타나시우스에게, (순례지로 유명한 이시스 신전과 함께 나일 강에 최초로 건설된 아스완 댐에서 멀지 않은) 필라이 섬에 사는 그리스도인이 그곳에 교회가 없어 이웃한 시에네의 성직자가 가끔씩 지도한다고 보고했을 때, 아타나시우스는 그를 느닷없이 필라이의 주교로 서품했다. 마케도니우스는 그곳에서 활발하게 활동했으며, 이교인 대제관의 아들을 개종시키기까지 했다.[48]

신앙이 성공적으로 전파된 결과와 함께 평범한 주민에게 집중적인 선교 활동을 하게 된 동인으로 이집트 수도제도의 번영에 의미를 부여할 수 있다. 파코미우스(†346)와 아트리페의 셰누테(†452년경)는 주민에게 지방어인 콥트어를 사용했다. 수도승들은 복음을 상부 이집트의 두메 마을까지 전파했다. 물론 평범한 사람들이 신앙을 얼마나 제대로 이해했는지는 확인

---

[48] BAUS/EWIG 190.

할 수 없었다.⁴⁹ 많은 수도승이 개인적으로 이교의 제관들을 개종시키려 애썼으며, 그들의 개종은 자주 많은 사람의 개종으로 이어졌다. 몽매한 종교적 열정에서 신전과 이교인에 대한 불법행위가 일어났다는 것은 이미 언급했다(151-3쪽 참조).

그리스도교화가 많이 이루어졌다는 인상 깊은 본보기들이 있었음에도, 400년경 아직도 소수의 사람이 이교를 신봉했고, 그 후 50년이 지난 뒤 지방이 완전히 그리스도교화했는지는⁵⁰ 확실하게 입증되지 않는다. 거리와 건물이 엄격한 계획에 따라 이루어져 그 이름을 얻은 옥시린쿠스에는 300년경 회당 하나, 작거나 큰 이교 신전 12개, 그리스도교 예배 건물 두 곳이 있었다. 100여 년 뒤 이 도시에는 교회 12개가 있었으며, 600년경까지 교회의 수는 계속 늘었다.⁵¹ 하부 테바이스의 아프로디토폴리스에서 몇 마일 떨어진 바일러 타니아이티스Weiler Tanyaithis에는 6세기에 14개의 교회와 경당이 있었다. 아프로디토폴리스에는 특히 알려진 2,079명의 인사 가운데 사제 60명도 포함되어 있었다.⁵² 물론 이러한 개별 정보를 일반화하는 데는 무리가 따른다.

이교의 존속을 보고하는 전승도 간과해서는 안 된다. 무엇보다도 그리스어를 사용하는 상류층에서 이교를 계속 신봉했다. 이시스 숭배는 끈질기게 이어졌다. 이교인 예배를 그리스도교 순교자 공경으로 대체하기 위해, 키릴루스 총대주교(†444)는 성 키루스의 유골과 알렉산드리아의 요한의 유골을 메누티스(오늘날 아부키르 = 아파 키루스)로 옮기게 했다. 그러한 노력에도 불구하고 알렉산드리아 대학교 교수와 학생, 다수의 이교 주민, 성

---

⁴⁹ BÖHLIG 132f.

⁵⁰ 또한 BAUS/EWIG 192; 참조: R.S. BAGNALL, Religious conversation and onomastic change in early byzantine Egypt: *Bulletin of the American Society of Papyrologists* 19 (1982) 105-24; WIPSZYCKA (164)는 회의적으로 평가한다.

⁵¹ BAUS/EWIG 191f.

⁵² E. DASSMANN, *Ämter und Dienste in den frühchristlichen Gemeinden* = Hereditas 8 (Bonn 1994) 187.

인보다 이시스를 더 신뢰하는 그리스도인들은, 남모르게 개인 집에 도피처를 찾은 여신의 신탁 장소와 요양소를 계속 찾아갔다.[53] 필라이 섬의 이시스 신전은 5세기 내내 번창했으나 유스티니아누스 황제의 최고사령관 벨리사리우스에 의해 파괴되었다. 지방 주민의 개종은 종종 겉 핥기 식으로 이루어졌으며, 신앙은 미신적인 행동과 뒤섞이고, 더욱이 교육에 적대적인 많은 수도승의 경우에는 이성적 근거가 박약했다. 이러한 결점이 없었더라면, 아랍인 침입의 성공과 이슬람교의 급속한 전파는 거의 설명이 불가능하다.

아타나시우스가 필라이를 넘어서 남쪽으로 선교 노력을 기울였고 콘스탄티우스 황제도 악숨 왕조를 그리스도교화했다는 것(154-5쪽 참조)은 이미 언급했다. 누비아와 에티오피아에 대한 집중적인 선교는 5세기에 단성론을 지향하는 선교사들에 의해서야 이루어졌다.

3.2.3 소아시아/그리스

여러 정황으로 미루어, 소아시아는 이미 4세기에 대부분 그리스도교 지방이 되었다. 콘스탄티누스 시대에 주교가 작성한 공동체들의 조밀한 연락망이 온 지방에 닿았다. 소아시아에서 열린 교회회의들은 선교 문제를 거의 다루지 않았다. 카파도키아의 수석대주교 바실리우스의 관할 아래 있는 50여 명의 지방 교구 주교가 입증하듯이, 지방민들도 새로운 신앙을 접할 수 있었다. 율리아누스 황제의 복고 시도는 소아시아에서 거의 성공하지 못했다. 에페소의 요한의 선교 노력이 보여 주듯이(151쪽 참조), 내륙 지방에는 교회 지도사地圖史에 오랫동안 미답지가 있었으며, 서쪽 해안의 여러 대도시 및 상류 계층에서 이교적 신념이 유지되었다는 것을 배제하지 않는다. 그러나 시골과 도시는, 수많은 교회 건축물이 세워지고 신전이 황폐화되었다는 외적 증거가 말해 주듯이 그리스도교적 특징을 띠었다.

---

[53] R. HERZOG, *Der Kampf um den Kult von Menuthis: Pisciculi*. FS F.J. Dölger (Münster 1939) 121.

에페소의 유명한 아르테미스 신전은 과거 몇 차례 공격을 받은 뒤 요한 크리소스토무스 시대에 결국 사라졌다.[54] 바실리우스가 카이사리아에서 펼친 이상적인 자선 행위는 많은 가난한 이를 교회로 인도하는 한편, 시골의 부유한 가정들에 그리스도교 신앙을 심어 주는 성과를 거두었다. 바실리우스 자신, 동생인 니사의 주교 그레고리우스, 친구인 나지안주스의 그레고리우스, 이코니움(코니아)의 암필로키우스를 비롯한 많은 이가 지식인들이었다. 이들은 세속 학문을 이성적으로 숙고된 신앙과 자연스럽게 연결시키는 방법을 알았다.

니사의 그레고리우스가 '위대한 누이'라고 예찬하는[55] 소小 마크리나와 같은 상류층 여인들의 활동도 신앙을 전하는 데 효과적인 기여를 했다. 수도승들의 활동도 잊어서는 안 된다. 그들 가운데에는 신학 교육을 받은 인물도 많았으며, 상당한 신학적 업적도 남겼다. 소아시아에서 니케아 공의회 이후 곧바로 일어난, 부분적으로 격렬한 신학적 논쟁들은 시골을 그리스도교화하는 데 방해되지 않은 듯하다. 이단에 대한 투쟁은 신앙에 생기를 불어넣을 수 있는 신호일 수 있다.

사도들이 선교 활동을 펼친 지역임에도 불구하고 그리스의 그리스도교화는 더디게 이루어졌다. 이미 바오로는 선교의 실패를 맛보았다. 특히 아테네는 그의 설교에 저항했다. 이 도시는 테오도시우스 황제 시대까지 계속 거부감을 드러냈다. 바실리우스와 나지안주스의 그레고리우스가 아테네에서 교육받을 때, 아카데미아는 아직 이교인 학교였다. 485년까지 이 학교에서 플로티누스 이후에 아마도 가장 저명한 신플라톤주의자인 프로클루스가 활동했다. 이 학교는 유스티니아누스 치하인 529년에 마침내 폐쇄되었다. 물론 학교는 그 당시 이미 유물처럼 되어 있었다. 이미 키레네의 시네시우스는 이 학교에 대해 조롱을 퍼부었다(209쪽 참조). 5세기에 도

---

[54] GEFFCKEN (183쪽) 102.282f.

[55] F. VAN DER MEER, *Makrina: Gestalten der Kirchengeschichte* 2,38.

시의 그리스도교화는 비교적 소리 없이 이루어졌다. 이제부터 교회는 아크로폴리스를 차지하지 않았다. 그리스에서 주교좌는 4세기 초 10개에서 15개로, 450년경에는 50여 개로 늘어났다.[56]

일리리쿰 속주에 속하는 다른 지방들에서도 그리스와 비슷한 발전이 일어났으리라고 추론할 수 있다. 이 경우 도시뿐 아니라 그리스도교 공동생활의 중심지가 많지 않고 민족이동이 시작되어 북쪽 국경이 위태로운 상황에 빠진 것은 시골 지역의 선교를 어렵게 했다. 달마티아 지방의 항구도시 살로나(스플리트)의 교회와 순교자 공경, 무덤 미술에 관한 수많은 고고학적 증거가 입증하듯이, 일부 도시에서 그리스도교화는 대단히 성공적이었다. 뛰어난 선교 주교는 레메시아나의 니케타스였다.[57]

그리스와 마찬가지로 당시 일리리쿰 속주에 속한 두 지방 노리쿰 메디테라네움과 오늘날 오스트리아 지역인 노리쿰 리펜세를 각별히 주목해야 한다. 4세기에 관한 보고는 많지 않으며, 디오클레티아누스 치하에서 성 플로리아누스의 순교로 시작한다. 그에 관해 『히에로니무스 순교록』은 이렇게 보고한다.

> '강변 노리쿰', 라우리아쿰에서, 플로리아누스의 생일[순교일]. 총독의 전 고위 관리인 그는, 총독의 명령으로 많은 구경꾼이 보는 앞에서 목에 돌을 매단 채 다리 위에서 엔스 강으로 던져졌다.[58]

아타나시우스는 노리쿰의 주교들이 세르디카 교회회의(343)에 참석했다고 보고하지만 그들의 이름과 주교좌를 전하지 않는다. 마찬가지로 그는, 디오클레티아누스 이래 지방이 분리된, 도나우 강에 인접한 '강변 노리쿰'과

---

[56] MANSI 8,611f.

[57] LIPPOLD/KIRSTEN 169-81.

[58] NOLL 33.

'중앙 노리쿰'을 구분하지 않는다. 그리스도인이 틀림없이 살았던 장소는 오빌라바(웰스)에서 발견된, 명확히 crestiana fidelis라고 하는, 우르사의 묘비석이 말해 준다.[59] 마지막으로, 4세기 말 암브로시우스와 프리티길의 접촉은 노리쿰에서 선교 활동이 있었다는 암시로 판단할 수 있다. 이에 관해 파울리누스는 이렇게 보고한다.

> 당시 마르코만니인의 여왕 프리티길이 이탈리아에서 우연히 […] 이 사람(암브로시우스)의 명성에 관해 듣고 그리스도께로 돌아섰으며 그리스도의 겸손한 종임을 고백했다. 그녀는 밀라노 교회에 선물을 보내고, 어떻게 믿어야 하는지 암브로시우스의 저서로 배우길 바란다고 사절을 통해 청했다. 암브로시우스는 로마인과 평화를 유지하도록 그녀가 남편에게 조언해야 한다고 훈계하면서 세례 지원자 가르침 방식에 따라 그녀에게 편지를 보냈다(『암브로시우스의 생애』 36).

제물과 신상들에 관한 테오도시우스 입법에 따라 4세기 말 비루눔에 있는 주피터 돌리케누스 신전, 상트 마르가레텐 근처의 군신 라토비우스 신전, 고대 테우르니아 지역의 군신 라토비우스의 성소聖所가 없어졌다.[60] 이는 선교 노력의 부정적인 면이었다.

  5세기는 민족이동의 결과로서 로마 권력이 해체되고 게르만족에게 통치권이 넘어간 것으로 특징지어진다. 그리스도교 공동체의 운명에 관한 주요 문헌으로, 에우기피우스 아빠스가 511년경 저술한 『성 세베리누스의 생애』가 있다. 세베리누스의 사목적 · 애덕적 · 정치적 활동에 관한 서술과 관련하여 그리스도교를 전파하는 데 중요한 역할을 한 많은 사람의 이름

---

[59] NOLL 45-7.

[60] NOLL 49-51.

이 나온다. 또한 세베리누스는 아스투리스(빈 근처 클로스터노이부르크)와 코마게니스(툴른)에서 설교했으며, 파비아니스(크렘스 맞은편), 바타바(파사우), 보이오두룸(172쪽 참조)에 수도 공동체를 세웠고, 도나우 강에 있는 여러 성채에서 그리스도인을 격려했으며, 쿠쿨리스(잘차흐에 접한 쿠클)와 유바붐(잘츠부르크)에서 종교 생활을 강화하기 위해 내륙 지방을 여행했다. 라우리아쿰에서 콘스탄티우스 주교가, 테우르니아(드라우 강가에 있는 슈피탈 근처의 상트 페터 임 홀츠)에서 파울리누스 주교가 활동한 것으로 언급된다. 482년, 세베리누스가 파비아니스에서 죽었을 때, 그는 '강변 노리쿰'이 로마제국에 속한 지방으로서의 위상을 상실하리라는 것을 예감한 것 같다. 실제로 늦은 6세기의 보고들은 남알프스 지역의 '중앙 노리쿰'에 있는 관구, 곧 켈레이아(첼레), 테우르니아, 아군툼(동티롤의 리엔츠 근처), 비루눔(클라겐푸르트 근처)만 언급한다. 그리스도교 생활의 부흥과 새로운 방향 정립은 맨 처음에 포라를베르크에서, 그다음에 이전의 노리쿰 지방들에서 서쪽의 영향을 받았으며, 6세기 초에 들어서자마자 시작되었다. 문헌적 보고들은 고고학적 발굴을 통해 보완된다. 앞서 언급한 장소 외에 부르겐란트의 돈너스키르헨에 있는 초기 그리스도교 양식 건축물, 카르눈툼에 있는 세례반, 아군툼 근처 키르히베르크 폰 라반트에 있는 성유물, 슈피탈과 빌라흐 사이에 있는 두엘의 소규모 교회, 그라체르코겔에 있는 두 교회, 울리크스베르크에 있는 교회와 헴마베르크에 있는 시설이 언급할 가치가 있다.[61]

3.2.4 북아프리카

북아프리카의 선교는 두 갈래로 갈라져서 나타난다. 2~3세기에 테르툴리아누스와 키프리아누스 같은 뛰어난 저술가들과 주교들로 초기 그리스도교는 북아프리카에서 희망찬 걸음을 내디뎠다. 그러나 4세기에 아마도

---

[61] NOLL 51-70.131; *Kult und Kirche in Enns-Lauriacum* = Mitteilungen des Museumsvereins Lauriacum Enns NF 26 (1988), 특히 7-46; F. GLASER, *Teurnia – Metropolis Norici. Ein frühchristlicher Bischofssitz* (Wien 1987).

도나투스파, 마니교도와 가톨릭파의 교회 내적 논쟁 때문에(223-32쪽과 241-3쪽 참조) 선교 인력은 여러 도시에서 영향력이 큰 이교인의 개종과 대규모 농장에서 일하는 바르바르-카르타고 주민의 개종이라는 목표를 달성하기에 충분하지 못했던 것 같다. 하지만 아우구스티누스는 시골 사람들의 개종이 다음 세대에 끝날 것이고, 자신의 주교좌 도시인 히포 레기우스에 그리스도인이 한 명도 없는 가정이 없으며, 일부 지역에서만 그리스도인보다 이교인이 더 많았다고 말했다(『설교집』 302,19,21). 그런데도 히포의 주교는 설교와 편지에서 끈기 있게 이교인을 입교시키려고 애쓰고, 신앙에 대한 이교인들의 실제적이거나 그럴싸하게 보인 논증을 반박하려는 의욕에 늘 불탔다. 신전과 제신 예식도 북아프리카에서 동방보다 오래 유지되었다. 호노리우스 황제가 전면적으로 관여하고 나서야 전환이 일어났다. 399년에 카르타고에서 '하늘의 여신'Dea caelestis 신전이 폐쇄되고, 후대에 '천상의 왕과 주님'caelesti regi et Domino께 봉헌되었다. 지방 도처에서 신전이 폐쇄되고 제단이 파괴되었으며, 몇몇 장소에서는 제의에 사용되는 돈을 빼앗겨 이교인은 이에 격렬하게 항의했다. 콜로니아 수페타나에서 이교인들은 헤라클레스 상을 뒤엎은 그리스도인 60명을 때려죽였으며, 408년에도 이교인은 오래전에 금지된 행렬 가운데 하나를 행했다.[62]

그러나 문제는 이교인의 수가 아니었다. 북아프리카 교회가 가톨릭파와 도나투스파로 분열되고 단일 세력으로 국민을 사로잡지 못하며 내적으로 변화시킬 수 없다는 것이 더 중대한 문제였다. 아프리카 교회는 이교인의 많은 관습을, 특히 순교자 숭배는 과도한 사자死者 숭배를 물려받았다. 429년에 반달족이 침입할 때까지 이교인의 개종 작업을 마무리할 시간이 더 이상 많이 남아 있지 않다는 것이 중요한 문제였다. 거의 백 년 뒤, 비잔틴인이 533년에 반달족 통치를 끝내고 아프리카를 다시 제국에 합병했을 때, 비슷한 일이 반복되었다. 애당초 희망에 넘쳐 부흥을 꿈꾸던 아프리카

---

[62] F. VAN DER MEER, *Augustinus der Seelsorger* (Köln 1951) 62-5.

교회는 곧바로 동로마제국과 멀어지고 비잔틴인의 점령을 압제로 느꼈다. 반달족과 비잔틴인에 의해 약화되어 내적으로 찢긴 교회는 이슬람의 돌진에 저항할 수 없었으며, 아랍인 정복의 결과로 곧바로 250개 이상의 교구가 완전히 몰락했다.

로마제국 지방의 변경에서 선교 노력은 눈에 띄게 줄었다. 아우구스티누스는, 복음이 아프리카의 많은 민족에게 아직 전파되지 않았다고 시인한다. 그는 자신의 개종을 미래의 선교 사명으로 여겼다. 비자케나와 누미디아와 만나는 남쪽 국경 지역까지 선교가 이루어졌다. 그곳의 가톨릭파 주교 한 명과 도나투스파 주교 한 명이 411년 카르타고에서 열린 종교 대화에 참석했다(226-7쪽 참조). 두 명의 대표는 북아프리카 교회의 분열이 선교에도 영향을 미쳤음을 나타낸다. 아프리카 서쪽에 자리한 마우레타니아 두 지방에서의 선교 시도에 관해서는 불분명한 암시만 있다. 이 두 지방은 반달족 통치 시기에 다시 선교를 포기해야 했다. 비잔틴인은 렙티스 마그나와 마우레타니아에서 선교가 성공적으로 이루어졌음을 내세울 수 있었지만, 선교를 계속할 수 없었다.[63]

3.2.5 이탈리아

콘스탄티누스 때부터 이탈리아의 그리스도교화 역사는 라이티아의 두 지방을 포함한 북부 이탈리아 안노나리아와 시칠리아, 코르시카, 사르디니아가 속한 중부와 남부의 이탈리아 수부르비카리아로 구분해야 한다. 북쪽의 선교 중심지는 밀라노였다. 밀라노는 암브로시우스를 비롯한 저명한 주교들 덕분에, 그리고 알프스의 고갯길로 통하는 교통의 요지라는 자연적 조건 덕분에 북쪽으로 신앙을 전파하는 데 중요한 동인이 되었다. 브레시아와 볼로냐, 파도바, 토리노, 베로나와 같은 북쪽에 자리한 많은 교구는 4세기 초, 그 뒤 코모와 피아첸차, 로디와 같은 교구가 밀라노와 관계

---

[63] 가자의 프로코피우스 『성 소피아 대성당 묘사』 6,4,12; 참조: BAUS/EWIG 213f.

를 맺었다. 이 교구들이 밀라노에서 설립되었느냐, 밀라노의 성직자들을 주교로 받아들였느냐, 또는 적어도 밀라노와 긴밀한 관계를 유지했느냐는 상관이 없었다. 본디 라벤나에 속한 지방인 에밀리아의 많은 주교도 밀라노에서 도움을 구했다. 이는 나르보넨시스와 비엔넨시스 지방의 아퀴타니아 주교들에게도 해당된다. 상급 법원에 도움을 청해야 할 쟁점이 있을 때, 이들은 로마가 아니라 밀라노까지만 오는 경우가 잦았다.[64]

스위스, 알프스 인접 지역과 라이티아 지방들의 선교 현황은 여기서 간략하게 서술하겠다. 377년의 그리스도교 비문은 발리스에 그리스도교 신앙이 있었다는 것을 증언한다. 381년에 옥토두루스(마티니)의 주교 테오도루스는 아퀼레이아 교회회의에 참석했다(139쪽 참조). 당시 밀라노에서 시작된 순교자 예식에 관한 그의 지식은, 아가우눔(생 모리스) 묘지에 있는 성 마우리티우스와 그의 동료들의 유골을 공경하도록 그의 마음을 움직였을 것이다. 게나바(제네바) 교구도 이미 4세기 초에 존재했다. 이 시기에 주교의 이름은 이사악이었다. 이보다 조금 일찍 세례당이 있는 작은 교회가 있었다. 물론 선교는 갈리아에서 이루어진 것 같다. 다음 시대에도 계속 리옹과 좋은 관계를 맺었다. 솔로투른과 취리히에서 활동한 초기 신앙의 증인인 빅토르와 우르수스, 펠릭스, 레굴라에 관한 기념물이 남아 있다. 추르차흐Zurzach에는 여순교자 베레나의 기념비가 있다. 이 자리에는 확실히 5세기까지 거슬러 올라가는 교회 시설과 세례반이 있었다.[65]

그리스도교는 비길리우스 주교(†405) 때 트렌토 근처의 논스탈에서 시작되었다. 암브로시우스는 그에게 교구 관리에 관해 조언했다.[66] 아오스타 탈에 있는 아우구스타 프라이토리아와 마찬가지로 라이티아 프리마의 수도인 쿠리아(쿠어)에 관해서는 451년에 어떤 주교가 처음으로 증언한다. 비

---

[64] BAUS/EWIG 205f.

[65] H. BÜTTNER/J. MÜLLER, *Frühes Christentum im schweizerischen Alpenraum* (Einsiedeln 1967) 11-6; CH. BONNET, *Genéve aux premiers temps chrétiens* (Geneve 1986) 22-39.

[66] 『서간집』 19는 CSEL 82,2의 『서간집』 62와 상응한다.

아 클라우디아에 자리한 에파흐(아보디아쿰) 근처의 로렌츠베르크에 있는 교회 유적들로 보아, 쿠어와 빈트슈가우Vintschgau의 선교가 그 전에 이미, 그것도 북쪽에서부터 이루어졌음을 알 수 있다. 4세기에 관한 더 확실한 보고 내지 발굴물이 없다 할지라도, 아벤티쿰(아방쉬)과 빈도니사(윈디쉬)도 이와 같이 선교되었다고 추정할 수 있다. 6세기에 이르러서야 주교들의 이름이 등장하며 이들은 자신을 '빈도니사 시'civitas Vindonensis나 '아벤티쿰 교회'ecclesia Aventica의 주교로 부른다. 5세기에 그리스도교화가 어떻게 진행되었는지에 관한 증언은 거의 남아 있지 않으며, 5세기 말에 '헬베티족의 도시국가'civitas Helvetiorum가 부르군드족 통치하에 있었다.[67]

라이티아 세쿤다 지방은 밀라노와 아퀼레이아 두 도시에서 각각 선교가 이루어졌다. 이는 빈트슈가우와 아이자크탈의 그리스도교화와 사비오나(제벤) 교구의 설립에 어느 정도 역할을 할 수 있었다. 6세기에 이르러서 세워진 사비오나는 아퀼레이아의 전진 선교 교구일 수 있다.[68] 아우구스타 빈델리코룸(아우크스부르크) 자체가 언제 교구가 되었는지는 정확히 말할 수 없다. 라이티아 세쿤다 지방의 수도인 아우크스부르크가 이미 후기 로마 시대에 주교가 작성한 문서가 있었다는 사실에 바탕을 두고 추론할 수 있다. 이에 관한 최초의 확실한 보고는 565/75년에서야 나타나며 여순교자 아프라 공경과 관계된다. 당시 성 마르티누스의 무덤을 순례하기 위해 라벤나에서 투르로 여행하던 중 아우크스부르크를 방문한 베난티우스 포르투나투스는 이렇게 썼다.

> 그대가 야만족의 강을 건너는 것이 허가되어, 평화로이 라인 강과
> 도나우 강을 가로지를 수 있다면, 그대는 베르타흐 강과 레히 강이

---

[67] H. BÜTTNER/J. MÜLLER, *Frühes Christentum im schweizerischen Alpenraum* (Einsiedeln 1967) 17-24; CH. BONNET/R. PERINETTI, *Aoste aux premiers temps chrétiens* (Quart 1986); DASSMANN, *Anfänge* 42.

[68] DASSMANN, *Anfänge* 35f.

흐르는 아우크스부르크에 이릅니다. 그곳에서 그대는 여순교자 성 아프라의 유골을 공경하게 됩니다(『성 마르티누스의 생애』 4,640-643).

초기에 활동한 주교들의 이름은 남아 있지 않다. 조시무스(또는 디오니시우스) 주교는 아프라에 관한 중세의 순교 보고에서야 나타나지만, 디오클레티아누스 황제가 일으킨 박해 시대까지 거슬러 올라갈 수 있다. 4세기로 소급하는 확실한 고고학적 흔적들도 없다. 마찬가지로, 시골이 어느 정도 그리스도교화했는지 알 수 있는 자료는 많지 않다. 발렌티누스 주교는 맨 처음에 메란 근처의 체노부르크 폰 마이스Zenoburg von Mais에 자신이 묻힐 곳을 찾았지만, 결국엔 바타바에 매장되었다. 에우기피우스가 저술한 『성 세베리누스의 생애』에서 발렌티누스는 450년경 '라이티아의 주교'episcopus Raetiarum로 묘사된다(41,2).

도나우 강 건너 파사우 맞은편에, 이미 노리쿰에 속하는 보이오두룸 성채가 있다. 세베리누스는 그곳에 수도원을 건립하고 작은 교회를 세웠다(『성 세베리누스의 생애』 22,1). 퀸타니스(퀸칭) 성채 근처의 도나우 강 상류 쪽에 세베리누스가 홍수를 막기 위한 둑을 토대로 삼아 세운 교회가 있다. 그는 도끼로 말뚝에 거룩한 표시인 십자가를 새겨 넣었다(같은 책 15,1-4). 카스트라 레기나(레겐스부르크)와 캄보두눔(켐프텐), 에파흐에 관한 얼마 안 되는 다른 보고도 있다.[69]

중부 이탈리아와 남부 이탈리아에서 선교는 이교인의 저항이 없지 않았지만 끊임없이 이루어졌다. 그 본보기가 로마다. 4세기와 5세기의 교회 건축물이 입증하듯이 로마에서 그리스도인의 수는 지속적으로 늘어났지만, 적어도 테오도시우스가 에우게니우스에게 승리할 때까지 이교인 반대파 세력(122쪽 참조)은 약화되지 않았다. 이교가 우세하여 도시의 모습도 6세기

---

[69] DASSMANN, *Anfänge* 25-42.

까지 거주 지역에 신전이 많이 건설되기도 했지만, 신전이 폐쇄되고 붕괴되기 시작함으로써 이교 시대의 종말이 예견되었다. 따라서 원로원 가문의 남성들이 조상의 종교를 집요하게 고수한 만큼, 상류층을 금욕 생활에 끌어들이기 위해 애쓴 귀족 계층 여성들의 사회참여도 주목할 만하다.[70]

로마 밖에서 교회 조직은 끊임없이 성장했다. 이탈리아 수부르비카리아의 200여 개 교구 가운데 100여 개가 4세기 말경 생겨났으며, 80개가 5세기에, 나머지는 그 뒤 생겨났다. 여기에서도 시골과 섬 지역에 선교하는 것은 상당히 힘들었던 것 같다.[71] 더 집약적인 발전은 캄파니아 지방에서 나폴리, 성 파울리누스가 활동한 놀라, 카푸아, 베네벤토 지역에서 이루어졌다. 한편 황제의 반이교인법, 특히 제물 금지가 개별 지역에서 오랫동안 지켜지지 않았음을 알려 주는 더 많은 정보가 있다.

6세기에도 신전이 파괴되고 변형되었다. 대 그레고리우스에 따르면, 누르시아의 베네딕투스는 산 정상에 자신의 수도원을 세우기 전인 529년, 몬테카시노 산 위에 있는 아폴로 신전과 거룩한 하이네를 파괴했다. 이곳에서 농촌 주민은 제물을 바쳤다(『대화』 2,8).

여러 섬 지역, 특히 코르시카에서 농촌 주민의 개종은 매우 느리게 진행되었다. 그레고리우스는 알레리아의 주교에게, 많은 그리스도인이 이교로 되돌아가는 것을 막으라고 누차 권고하고 이를 행할 수 있도록 적극 도왔다. 그레고리우스는 자신의 관할 구역 밖 선교에 무척 애를 쓴 최초의 교황이었다(360-4쪽 참조). 그레고리우스 이전에는 켈레스티누스 1세가 431년 팔라디우스 부제를 아일랜드로 파견한 사실만 알려져 있다. 이는 물론 선교 목적이 아니라 펠라기우스주의와의 투쟁을 위해서였다(303-5쪽 참조).

---

[70] CH. KRUMEICH, *Hieronymus und die christlichen feminae clarissimae* = Habelts Diss. Alte Geschichte 36 (Bonn 1993).

[71] BAUS/EWIG 210.

3.2.6 서방의 지방

브리타니아와 에스파냐, 갈리아, 게르마니아 선교는 시간적으로 지체되고 조건이 악화된 상황에서도 계속되었다. 민족이동의 시기는 끊임없이 국경이 변하여 교회 조직을 구성하는 데 어려움이 많았다. 대도시가 없는 곳에는 교회 위성도시라는 다른 형태가 있었다. 아무튼 314년에 열린 아를 교회회의(47쪽 참조) 참석자 명부는 '콘스탄티누스 전환' 당시 서방의 모든 지방에 이미 주교들이 있었음을 알려 준다.

3.2.6.1 브리타니아

브리타니아에서 콘스탄티누스 이전의 주교좌는 에부라쿰(요크)과 론디니움(런던), 아마도 콜체스터에서 입증된다. 358/59년경 푸아티에의 힐라리우스는 자신의 『리미니 교회회의 서간』을 '브리타니아 지방의 주교들'provinciarum Britanniarum episcopi에게도 보냈다. 로마제국이 통치하던 당시의 그리스도교 생활에 관해 베룰라미움에서 성 알바누스의 순교, 실체스터에서 그리스도교 상징을 나타내는 작은 발굴물들과 바실리카 유적이 알려 준다.[72] 갈리아의 주교인 루앙의 빅트리키우스, 오세르의 게르마누스의 선교 여행 및 피크텐과 이렌에서 선교사 파트리키우스와 니니아누스의 개종 시도가 대변하듯이, 그리스도교 생활이 지향하는 목적을 널리 알리는 데에는 더 이상 많은 시간이 걸리지 않았다. 로마인이 섬을 떠나야 했을 때, 유트란트족과 앵글족, 색슨족이 브리타니아에 들어왔으며, 대 그레고리우스 교황에게서 새로운 실마리를 찾은 지속적인 선교 활동은 중단되었다.

3.2.6.2 에스파냐

바오로 사도가 에스파냐를 방문하지 않았다 해도, 교회는 이베리아 반도에 일찍 전파되었음을 기억해야 한다. 또 남부 에스파냐에서 열린 엘비

---

[72] KIRSTEN 603-5.

라 교회회의와 아를 교회회의에 참석한 주교들은 이미 콘스탄티누스 이전 시대에 그리스도교가 집중적으로 전파되었다고 증언한다. 선교는 남부 지방인 바이티카에 집중되었지만 다른 지방도 배제되지 않았다. 로마화한 주민들이 내적으로도 신앙을 받아들일 수 있었다는 사실을 사라고사 교회회의(380)와 톨레도 교회회의(400)가 증언한다. 이 두 교회회의에서는 이교의 과거와 논쟁을 거의 다루지 않았기 때문이다.

그리스도교 생활이 발전했다는 사실은 자신의 교구 너머까지 큰 영향을 미친 코르도바의 오시우스를 비롯한 수많은 주교의 사례를 통해 알 수 있다. 그뿐만 아니라 4세기 중엽에 엘비라의 그레고리우스에게서 시작되고, 시인 프루덴티우스(✝405년 이후), 역사가 오르시우스(5세기 초), 세비야의 이시도루스(560년경~636)에게서 주목할 만한 정점에 이른[73] 그리스도교 문학 및 고유한 석관石棺 미술에서 두드러지게 나타나는 초기 그리스도교 기념물의 잔해에서도[74] 그리스도교 생활의 발전을 알 수 있다. 프리스킬리아누스에 관한 사건들(218-22쪽 참조)도 부정적인 영향과 더불어 에스파냐 그리스도교의 금욕적·영적 능력을 입증한다.

서고트족과 알라네족, 반달족, 수에브족이 에스파냐에 침입한 것은 교회의 발전에 부정적 영향을 미쳤다고 평가할 수 있다. 5세기에 교회회의를 열지 못하게 한 것은 이러한 발전을 방해하는 한 요소라 할 수 있다. 다른 한편, 니케아 신경을 따르는 세력이 활기찬 활동을 펼쳐, 서고트족 왕 레카레두스가 개종(587)하고 브라가의 주교 마르티누스(✝579)의 영향 아래 수에브족이 그리스도교화한 이후 교회는 전반적인 정치·사회 생활을 형성하는 데 결정적인 원동력이 되었다. 6~7세기에 열린 교회회의들은 종교적 관심사뿐 아니라 국가적 관심사도 규정했다. 브라가의 마르티누스는 저서 『농부들을 위한 계도』*De correctione*(*castigatione*) *rusticorum*에서 농촌 주민들에

---

[73] J. FONTAINE, Hispania II (literaturgeschichtlich): *RAC* 15 (1991) 652-80.

[74] ULBERT 632-45.

게 남아 있는 이교적 미신에 관해 생생하게 묘사한다. 아랍인이 침입한 뒤에도 수도원은 신앙을 이어 가는 근거지였고, 후대에 '아랍인 통치에 대한 그리스도인 백성이 벌인 투쟁'Reconquista의 중심지가 되었다.

3.2.6.3 갈리아

남부 해안과 론 계곡에서 갈리아 교회의 시작은 사도 시대까지 거슬러 올라갈 수 있다. 2세기 후반, 리옹과 비엔에는 포티누스 주교와 그의 후계자 이레네우스의 적극적인 지도 아래 활기찬 공동체들이 있었다. 아를 교회회의에 나르본과 툴루즈 · 파리 · 메스 · 상스 · 오세르의 주교를 비롯한 갈리아의 교회 대표자 16명이 참석했다. 콘스탄티누스 시대에 주교 수는 28명으로 늘어났다. 앞에서 인용한 힐라리우스의 『교회회의』(131쪽 참조)는 주교 60여 명에게 조언을 청한다. 400년경 편집된 『갈리아 지방 명단』*Notitia Galliarum*에 따르면, 갈리아의 거의 모든 도시인 115개 도시, 거기에다 진영 7곳과 항구 1곳에 한 명의 주교가 있었다.[75]

초지역적인 교회 조직은 어렵게 발전했다. 북아프리카에서 카르타고와 북부 이탈리아에서 밀라노처럼 고유한 중심지는 없었다. 리옹의 과거가 존경심을 불러 일으키고 트리어가 정치적으로 중요한 위치에 있었는데도 그랬다. 아를은 한동안 로마 주교의 도움으로 갈리아 교회에 대한 일종의 수위권을 얻으려고 애썼지만 이웃한 대도시에 대해 그 뜻을 오랫동안 관철시키지 못했다(311-2쪽과 331-3쪽 참조).[76] 5세기의 가장 중요한 과제는 농촌의 그리스도교화였다. 이는 주교의 도시civitas에서 시작되었으며 지주들과 수도제도도 이에 관여했다. 투르의 마르티누스와 루앙의 빅트리키우스는 특별한 선교 열정을 보여 주었다(151쪽 참조). 소규모의 신전과 시골에 있는 성소는 미사가 거행될 수 있는 경당으로 대체된 곳이 많았다. 신앙 선포는

---

[75] DEMOUGEOT 900-2.

[76] G. LANGGÄRTNER, *Die Gallienpolitik der Päpste* = Theoph. 16 (Bonn 1964).

다른 지방들에서도 익숙한 반대에 부딪쳤다. 더욱이 민족이동이라는 혼란 속에서 개별 지역이 다시 이교화되었다는 점을 고려해야 한다. 이 경우 여전히 존재하는 이교-로마 제신 숭배가 게르만족의 종교 형태와 갈리아-켈트족에 남아 있는 제식과 결합되었다.

전체적으로 볼 때 교회의 발전은 군대와 로마 당국이 철수한 뒤에도 침체되지 않았다. 새 군주들은 비교적 조용히 그리스도교 신앙으로 개종했다. 곧바로 갈리아-로마 출신의 주교들은 게르만족-프랑크족 통치자들의 믿을 만한 조언자가 되었다. 클로비스가 가톨릭 신앙으로 개종하여 498년 혹은 499년에 세례를 받음으로써(280쪽 참조) 귀족과 백성을 얻는 길을 터 주었다. 그러나 프랑크족 15~20만 명이 이교 백성 5, 6백만 명과 맞서고 있었다는 사실을 허투루 넘겨서는 안 된다.[77] 투르의 마르티누스(538~594)는 10권으로 이루어진 자신의 『프랑크족 역사』에서 6~7세기에도 갈리아 선교에 방해가 되었던 어려움을 구체적으로 묘사했다.[78] 이 어려움은 외적으로만 그리스도교화한 백성이 앞으로도 계속 이교적 · 미신적 기본 분위기에 젖어 있으며, 이교적 · 미신적 행위를 실천하는 데 있었다. 또한 갈리아-로마 배후 지역인 아퀴타니아와 오베르뉴 출신의 자격 있는 선교사들이 부족한 점도 한 요소였다. 이 선교사들은 후대에 이르러서야 메로빙거 지역 주민과 아일랜드-스코틀랜드 수도승 출신의 선교사들로 대체될 수 있었다. 선교의 어려움은 사유교회 제도에도 기인했다. 서방교회가 어렵사리 얻은 자유는 지주들에게 종속되는 이 새로운 교회 제도로 다시 잃게 되었다.

---

[77] A. ANGENENDT, *Das Frühmittelalter. Die abendländische Christenheit von 400 bis 900* (Stuttgart ²1995) 31.

[78] M. HEINZELMANN, *Gregor von Tours (538-594), 'Zehn Bücher Geschichte'. Historiographie und Gesellschaftskonzept im 6. Jh.* (Darmstadt 1994), 특히 47-57.180-5.

3.2.7 독일 교회의 시작[79]

라이티아 세쿤다(171쪽 참조)와 더불어 독일 교회가 시작된 게르마니아 두 지방과 벨기카 프리마는 특별히 언급할 가치가 있다.

벨기카 지방의 수도는 트리어(아우구스타 트레베로룸)였다. 트리어는 293년 서방의 부황제 콘스탄티우스 클로루스의 거주지였다. 4세기 전반에 걸쳐 이 도시는 서방 제국의 정치적 중심지였다. 트리어에는 콘스탄티누스 2세와 콘스탄티우스의 황궁이 있었다. 발렌티니아누스 1세는 367년부터 여기에 머물렀으며, 그라티아누스와 그의 적수 막센티우스도 이 도시에 거주했다. 정치적으로 중요하다 보니 교회에서도 중요해졌다. 콘스탄티누스 아들의 스승인 락탄티우스와 그라티아누스의 스승인 아우소니우스는, 4세기의 신학적·교회정치적 논쟁에서 정통 신앙의 피난처와 항소抗訴 소재지로 몇몇 교회 인물들의 여행 목적지가 된 트리어에 체류했다. 코르도바의 오시우스는 콘스탄티누스의 조언자로 트리어로 여행했으며, 아타나시우스는 티루스 교회회의에서 내린 최초의 추방 결정으로 몇 년간 여기에서 살았다. 히에로니무스는 트리어에서 오랜 기간 공부했다. 암브로시우스는 여기에서 태어났으며, 후대에 발렌티니아누스 2세의 명령으로 찬탈자 막시무스와 협상하기 위해 이곳에 왔다. 386년, 트리어에서는 프리스킬리아누스에 관한 소송이 열렸으며, 이 소송은 투르의 주교 마르티누스의 중재 노력에도 불구하고 처형으로 끝났다(221쪽 참조).

트리어의 주교들은 3세기 중엽까지 거슬러 올라가는데, 4세기부터는 그 명부가 빠짐없이 기록되었다. 에우카리우스가 최초의 주교로 여겨진다. 후대의 성인전은 그를 발레리우스, 쾰른에서 활동한 마테르누스와 함께 거룩한 베드로의 제자로 여긴다. 베드로는 선교사 세 명을 갈리아로 파견했다고 한다. 에우카리우스의 셋째 후계자인 아그리키우스는 314년에 열린 아를 교회회의에 참석했다. 바로 다음 주교인 막시미누스와 파울리누

---

[79] 상세한 서술과 전거에 관해서는 DASSMANN, Anfänge 43-159 참조.

스는 니케아 정통 신앙을 용기 있게 변론했다. 파울리누스는, 자신들에게 유리하도록 황실에 간섭한 동방의 아리우스파 주교단을 교회 공동체에 받아들이기를 거부했다. 이를 위해 그는 343년에 세르디카 교회회의를 개최하는 데 관여했으며, 그 결정에 서명했다. 파울리누스는 353년 아를 교회회의에 참석한 주교 가운데 유일하게 아타나시우스를 단죄하기를 반대했기 때문에 프리기아로 추방되어, 358년에 그곳에서 죽었다. 펠릭스 주교는 파울리누스의 유골을 트리어로 가져왔다. 유골은 4~5세기 전환기에, 후대에 그의 이름을 따라 명명된 교회에 매장되었다. 펠릭스의 3대 후계자인 세베루스는 게르만족 선교를 위한 펠릭스의 노력을 칭송했다. 특히 저명한 주교 니케티우스(522/ 26~566/69)는 메로빙거 왕들과 벌인 협상을 통해 게르만족 선교를 강력하게 장려했다. 니케티우스의 후계자 마그네리쿠스(566~569, †587년 이후)는 게르만족 이름을 지닌 최초의 트리어 출신 주교였다. '트리어의 몇 본당에서 성덕이 뛰어난 사람들'viri magnae sanctitatis in parochia Treverorum이 은수자 수도승으로 마그네리쿠스 아래 모여들었다. 그들은 자신의 시골 은신처에서 이교인의 미신을 찾아내어 뿌리 뽑고자 했다. 이 선교사들 가운데 벤델린, 잉고베르트 또는 디시보트와 같은 몇몇 이름은 오늘날에도 자르란트와 모젤 지방 지명으로 남아 있다. 4세기부터 메로빙거 시대까지 모젤 계곡에서 코블렌츠까지 그리고 비트부르크와 파흐텐, 톨레이, 노이마겐, 카르덴, 뮌스터라이펠, 코베른, 마이엔 등의 인접 지역에 사목 숙소들이 생겨났다.

라인 강 중류 지역에는 초기 그리스도교가 선교한 흔적이 비교적 짙게 남아 있다. 성채를 가진 보름스 · 슈파이어 · 스트라스부르 주교좌와 더불어 알체이 · 크로이츠나흐 · 알트리프 · 아이젠베르크 · 코블렌츠 · 안더나흐처럼 견고한 방어 시설을 갖춘 장소들, 특히 빙엔과 보파르트에는 묘비석을 비롯한 수많은 초기 그리스도교 유적과 교회의 흔적이 남아 있다. 앞서 언급한 모든 장소는 수도 모군티아쿰(마인츠)과 함께 상부 게르마니아 지방(게르마니아 프리마)에 속한다. 마인츠 교회의 시작에 관한 정보는 별로 없다. 이 도시는 라인 강과 도나우 강 사이의 국경 방어벽을 포기한 뒤 라인 강을 건너는 게르만족의 습격으로 배후 지역에 있는 트리어보다 더 심한 고통을 견뎌야 했다. 암미아누스 마르켈리누스는 『연대기』 27,10,1-2에서, 368년 부활절 무렵에 모든 주민이 교회에 모여 있어서 도시의 방비가 비교적 느슨해졌을 때 알레만족 군주 란도가 이 도시를 습격했다고 보고한다. 히에로니무스는 『서간집』 123,16에서, 마르세유의 살비아누스는 『하느님의 다스림』 6,8에서 그 밖의 핍박을 보고한다. 민족이동의 혼란으로 인해 최초의 주교 명부는 [아우크스부르크에서와 비슷하게(171쪽 참조)] 매우 불완전한 상태로 남아 있다. 테우데베르투스 1세(534~548) 당시 활동하고 580/88년 이후 사망했으며, 역사적 증명이 확실한 최초의 인물인 시도니우스 이전에 크레스켄스와 아우레우스와 막시무스, 다른 목록에 마리누스(마르티누스)와 소프로니우스가 언급된다. 856년에 사망한 마인츠의 주교 라바누스 마우루스가 전하는 후대의 보고에 따르면, 아우레우스 주교는 (Martyrologium ad Iuni 16) 훈족에게 살해되었다고 한다. 그는 마인츠의 사제성 알바누스에게 봉헌된 교회에 매장되었다. 알바누스는 406년 알레만족 침입 때 목숨을 잃은 것으로 추정된다.

 게르마니아 세쿤다의 정치적·그리스도교적 중심지는 쾰른이었다. 쾰른은 클라우디우스 황제(41~54)의 부인으로 이곳에서 태어난 황후 아그리피나에 의해 콜로니아 클라우디아 아라 아그리피넨시움 도시로 승격되었다. 그리스도교 공동체의 시작은 3세기로 거슬러 올라갈 수 있다. 왜냐하면 이미 313년에 '아그리피나 시의 마테르누스'Maternus ex Agrippina civitate는 도나투스파 문제 때문에 콘스탄티누스가 로마로 호출한 주교 중재재판관에 속했기 때문이다(48쪽 참조). 마테르누스는 자신의 교구 부제 마크리누스와 함께 314년에 열린 아를 교회회의 문서에도 서명했다. 쾰른에서 둘째로 유명한 주교인 에우프라테스는 이단자라는 오점이 찍힌 채 전승되고 있다. 그는 343년 세르디카 교회회의에 참석했으며, 그러고 나서 니케아파를 중재하기 위해 안티오키아에 체류하는 콘스탄티우스 황제에게 파견되었다(130쪽 참조). 얼마 후 그는, 346년 갈리아 주교들이 쾰른에서 개최하고 트리어의 막시미누스가 의장으로 활동한 교회회의에서, '그리스도가 하느님임을 부인한다'Christum deum negat는 이유로 면직되었다. 에우프라테스가 몇 년 사이에 니케아파의 중재자에서 아리우스파로 변신했다는 사실을 고려하지 않았다면, 교회회의는 그를 (그리스도와 성부를 동일시하여 그리스도의 독자성을 인정하지 않는) 극단적 사벨리우스주의자라고 비난할 수밖에 없었을 것이다. 그러나 10세기에 교회회의 문서가 작성될 당시, 카롤링거 시대 이래 트리어가 쾰른보다 더 우위에 있음을 강조하려고 문서를 위조한 것이 문제가 되었을 개연성이 더 크다.

세베리누스 주교는 4세기 말경에 살았다. 투르의 그레고리우스는 『성 마르티누스의 덕행』 1,4에서, 천사의 무리가 세베리누스에게 성 마르티누스의 죽음을 예고했다고 보고한다. 세베리누스 이후 쾰른에서도 주교 명부가 상당 기간 중단된 것으로 보아, 로마 몰락과 프랑크족의 안정적 통치기 사이에 전쟁의 격랑이 휩쓸고 지나간 게 아닌가 한다. 566/67년경에 이르러서야 베난티우스 포르투나투스가 『시가집』 3,14에서 여전히 라틴 식으로 명명되는 카렌티누스 주교를 언급한다. 바로 다음 주교인 에베리기실(590년경)은 확실히 게르만족 출신이다.

주교들에 관한 보고는 드물어서 다른 문서로 보완되어야 한다. '그리스도인의 전례 회합 장소'conventiculum ritus christiani에 기병대장magister peditum 실바누스가 도주하려 했다고 앞서 언급한 바 있다(116쪽 참조). 다마수스 교황(366~384)의 적수 우르시누스가 쾰른으로 추방되었다는 사실은 그라티아누스 황제의 편지에서 유추할 수 있다.[80] 마르세유의 살비아누스는, 프랑크족 정복자들이 쾰른의 주민들을 핍박한 일에 관해 보고한다. 상류계급의 어떤 로마 여성은 생계를 이어 가기 위해 '야만인의 부인들'uxores barbarorum에게 고용될 수밖에 없었다(『서간집』 1,6). 투르의 그레고리우스는 『교

---

[80] Coll. Avellana 1,13; 참조: DASSMANN, *Anfänge* 114.

부들의 생애』 6,2에서, 선교사 갈루스가 520년경 쾰른에서 야만인의 신전을 파괴했다고 말한다. 쾰른의 초기 그리스도교에 관한 부가적 증언들은 성 게레온과 성 우르술라 공경 및 사목과 순교자 숭배를 위해 세워진 교회 건축물에 관한 것이다.

게르마니아 세쿤다의 기타 주교좌들에 관해서는 알려진 것이 별로 없다. 『갈리아 지방 명단』은 다른 전승과 마찬가지로 퉁게렌의 주교 세르바티우스가 343년에 열린 세르디카 교회회의에 참석했다고 전한다. 유명한 콜로니아 울피아 트라이아나(크산텐), 그리고 아마도 본Bonn조차 한동안은 주교좌가 아니었다는 사실을 배제할 수 없다. 농촌에서 그리스도교 신앙의 전파에 관해 알 수 있는 고고학적 발굴물은 얼마 되지 않는다. 레마겐(리코마구스)에서, 교회의 존재를 암시하는, 그리스도 문자Christogramm로 장식된 옷장의 파편이 발견되었다. 순교자 카시우스와 플로렌티우스와 빅토르를 공경하는 초기 그리스도교 묘지 경당들이 본과 크산텐에서 발굴되었다. 이들의 무덤은 후대에 이 자리에 세워진 교회와 마을의 뿌리가 되었다. 크산텐 근처의 비르텐에 관해, 투르의 그레고리우스는 『순교자 성 율리아누스의 수난과 덕행과 영광』 62에서 에베리기실 주교가 경당에 순교자 말로수스의 유물들을 숨겼다고 증언한다.

게르마니아 지방의 그리스도교 생활에 관한 뚜렷한 그림은 정보가 얼마 남아 있지 않아 — 이는 더 많은 비문과 그 외의 고고학적 발굴물로 보완될 수 있다 — 그리기 어렵다. 그렇지만 이미 4세기에 지방 도시 밖에도 주교가 세운 공동체들이 일부 있었다. 5세기와 6세기에는 시골 지역, 특히 모젤 지방과 중부 라인 강 지역에도 선교가 이루어졌다. 민족이동의 혼란으로 말미암아 각 지역은 엄청난 곤궁을 겪었으며, 주교들의 계승에 관한 정보도 오랫동안 끊기고 말았다. 그럼에도 이 시기에 교회의 삶은 완전히 멸절되지 않았다. 새 통치자들은 그리스도인들을 박해하지 않았고, 오히려 탁월한 주교들과 선교사들의 영향을 받아 백성과 함께 머지않아 그리스도 신앙을 받아들였다.

4. 이교인과의 논쟁

참고문헌

A. ALFÖLDI, *Die Kontorniaten. Ein verkanntes Propagandamittel der stadtrömischen heidnischen Aristokratie in ihrem Kampfe gegen das christliche Kaisertum* (Budapest/Leipzig 1943).

G.J. BAUDY, Die Wiederkehr des Typhon: *JbAC* 35 (1992) 47-82.

G.W. BOWERSOCK, *Julian the Apostate* (London 1978).

T. CHRISTENSEN, *Christus oder Jupiter* (Göttingen 1981).

P. CHUVIN, *Chronique des derniers païens* (Paris ²1991).

B. CROKE/J. HARRIES, *Religious Conflict in the 4th-century Rome* (Sydney 1982).

F.W. DEICHMANN, Frühchristliche Kirchen in antiken Heiligtümern: *JdI* 54 (1939) 105-36.

R. FELDMEIER/K. HECKEL (Hrsg.), *Die Heiden, Juden und Christen und das Problem des Fremden* = WUNT 70 (Tübingen 1994).

H. FUNKE, Götterbild: *RAC* 11 (1981) 659-828.

J. GEFFCKEN, *Der Ausgang des griechisch-römischen Heidentums* (Nachdruck Darmstadt 1963).

CH. GNILKA, *Kultur und Conversion* = XPHΣIΣ 2 (Basel 1993).

R.P. HANSON, The transformation of Pagan temples into churches in the early christian centuries: *JSSA* 23 (1978) 257-67.

R. KLEIN, *Der Streit um den Victoriaaltar* = Texte zur Forschung 7 (Darmstadt 1972).

—, *Symmachus, eine tragische Gestalt des ausgehenden Heidentums* (Darmstadt ²1986).

—, *Distruzione di templi nella tarda antichità: Atti dell'Accademia Romanistica Constantiniana. X Convegno internazionale* (Perugia 1992) 127-52.

B. KÖTTING, Christentum und heidnische Opposition in Rom am Ende des 4. Jhs.: DERS., *Ecclesia peregrinans* 1 = MBTh 54,1 (Münster 1988) 315-35.

—, Religionsfreiheit und Toleranz im Altertum: *ebd.* 158-87.

A. MOMIGLIANO (Ed.), *The Conflict between Paganism and Christianity in the Fourth Century* (Oxford ²1970).

K.L. NOETHLICHS, Die gesetzgeberischen Maßnahmen der christlichen Kaiser des vierten Jhs. gegen die Häretiker, Heiden und Juden (Diss. Köln 1971).

—, Heidenverfolgung: *RAC* 13 (1986) 1149-90.

D. ROQUES, *Synésios de Cyrène et la Cyrénaïque du Bas-Empire – Études d'Antiquités Africaines* (Paris 1987).

K. ROSEN, Fides contra dissimulationem. Ambrosius und Symmachus im Kampf um den Victoriaaltar: *JbAC* (1994) 29-36.

Teodoro di Mopsuestia, Replica a Giuliano Imperatore. A cura di A. GUIDA (Florenz 1994).

P. THRAMS, *Christianisierung des Römerreiches und heidnischer Widerstand* (Heidelberg 1992).

F. TROMBLEY, Paganism in the Greek world at the end of antiquity. The case of rural Anatolia and Greece: *HThR* 78 (1985) 327-52.

J. VAES, Christliche Wiederverwendung antiker Bauten: *Ancient Society* 15-7 (1984/86) 305-443.

고대 후기의 종교 이해에 바탕을 둔, 제신 숭배와 국가의 안녕 사이의 관계는 교회와 이교의 신학적 논쟁뿐 아니라 필연적으로 공적·정치적 논쟁도 야기시켰다. 4세기에 이르자 콘스탄티누스 이전의 그리스도교 박해는 이교 박해로 변했다. 물론 그리스도교 황제들의 대이교도 국가 정책은 이른바 그 잔인성과 정도에 있어서 일반적 견해들이 주장하는 것과는 수단도 다르고 방법도 복잡했다. 따라서 그리스도교 시대에 관청은 옛 제신 신앙을 고수하는 이교인들을 결코 사형으로 위협하지 않았다. 그러나 보복 충동과 맹목적 분노 때문에 이교인들을 습격하고 살해했을 가능성은 배제할 수 없다.

특히 슬픈 사건은 415년에 알렉산드리아에서 여성 수학자이자 신플라톤학파 철학자인 히파티아가 살해된 일이었다. 교회사가 소크라테스의 증언(『교회사』 7,15)에 따르면, 몇몇 파라발라니*parabalani*, 즉 총대주교 키릴루스 수하의 간병인들이 독서자 페트루스에게 이끌려 히파티아를 습격하여 카리사리온 교회로 끌고 갔다. 그곳에서 그들은 그녀의 옷을 찢고 돌로 쳐 죽인 다음 시신을 토막 내 불태웠다.

키릴루스가 이 사건에 관련되었는지, 그렇다면 어떻게 관련되었는지는 불분명하다. 후대의 비잔틴 성인전은 이 사건을 성 카타리나의 순교로 새로운 해석을 했다. 그녀는 이교적 신플라톤학파의 여성 철학자에서, 이교 반대자를 논박하고 그 때문에 거열형車裂刑에 처해진 그리스도교 철학자로 변신했다. 천사들이 그녀의 시신을 시나이 반도에 있는 카타리나 산으로 옮겼다. 뻔뻔스러움, 또는 실제로 일어난 일에 대한 수치심이 역사적 진리를 이렇게 왜곡하지 않았는지 자문해 보아야 한다.[81] 이미 테오도레투스는 『교회사』 7,15,8에서 폭력과 살인은 그리스도교 방식에 맞지 않는다는 논증으로 히파티아 살해를 비난했다.

4.1 조치와 동기

4.1.1 신전과 제신 상에 대한 대응

그리스도인과 이교인은 특히 이교 신전 파괴 문제를 놓고 격렬하게 논쟁했다. 이러한 파괴는 후대에 신전을 교회로 바꾸고 그리스도교 제식을 지내기 위해 강제로 빼앗는 방식으로 바뀌었다. 황제의 명령에 따라서든 자의적이든 종교적 집단 학살이든, 폭력적으로 대응했다는 확실한 보고는 4세기까지만 해도 흔히 추정하는 것만큼 많지 않았다. 에우세비우스(『콘스탄티누스의 생애』 3,55.58)에 따르면, 콘스탄티누스는 페니키아의 아파카와 헬리오폴리스-발베크에 있는 아프로디테 성소들을 도덕적 탈선을 이유로 허물게 했다. 360년 무렵, 그곳에서는 종교적 매춘이 지속적으로 자행되었다.[82] 신전 파괴에 관해서는 더 확실한 증언이 남아 있다. 그것은 콘스탄티우스 통치 시기에 아라투사와 키지쿠스에서 분개한 군중들에 의해 자행되었다(소조메누스 『교회사』 5,10,15; 테오도레투스 『교회사』 3,7). 아이가이(킬리키아)에서 아스클레피우스 신전의 원기둥들이 제거되었다(요한 조나라스 『연대기』

---

[81] CH. LACOMBRADE, Hypatia: *RAC* 16 (1994) 959.966; BROWN, *Macht* 133f.150f.
[82] DEMANDT 417.

13,12,31). 에우세비우스(『콘스탄티누스의 생애』 3,56)에 따르면, 이 신전은 콘스탄티누스의 명령으로 군인들에 의해 철거되었다. 카파도키아의 카이사리아에서 그리스도교 공동체는 주피터 신전과 아폴로 신전을 파괴했으며, 그 뒤 티케 신전도 파괴했다(소조메누스 『교회사』 5,4). 키네기우스 총독(189쪽 참조)과 마르켈루스 주교는 아파메아에 있는 주피터 신전과 시리아에 있는 다른 성소들을 허물게 했다(테오도레투스 『교회사』 5,22; 루피누스 『교회사』 11,23). 가자에서는 유명한 마르네이온을 포함하여 공적으로 제식을 지내는 여덟 곳이 모두 파괴되었다(부제 마르쿠스 『가자의 주교 포르피리우스의 생애』 63-71). 알렉산드리아에서는 자주 습격 사건이 일어났다. 391/92년 그곳에서는, 원인이 밝혀지지 않았지만, 유명한 세라피스 신전이 불타 없어졌다. 히에로니무스는 미트라 신전을 파괴한 로마 시 총독 그라쿠스(376/77)를 칭송했다(『서간집』 107,2). 테오도시우스 황제 때는 에데사 근처 하란에서, 그리고 아이가이에서도 아스클레피우스 신전이 파괴되었다. 투르의 마르티누스도 그라티아누스 황제 당시 갈리아에서 많은 신전과 제신 상을 파괴했다고 한다(술피키우스 세베루스 『마르티누스의 생애』 13-15). 신전 전체를 파괴하는 일보다 제신 상을 약탈하고 없애거나 경멸하는 일이 더 자주 일어났다. 제물 금지와 신전 폐쇄는 구체적인 오해와 연관된 경우가 많았다. 신전 매춘과 방탕한 제식에 대해서는 이미 이교인 황제들이 대응했으며, 이는 그리스도교 시대에 강화되었다.[83]

이교에 대한 조치는 5세기와 그 후대에 늘어났지만, 이교의 공적 영향이 줄어들면서 큰 관심을 불러 일으키지는 않았다. 신전을 교회로 만드는 데는 종종 몇 군데 개축만 해도 충분하다는 사실을 알게 됨으로써, 신전 파괴는 많이 일어나지 않았다. 테오도시우스 1세는 다마스쿠스에서 신전의 신상 안치소를 교회로 개축하게 했다고 한다(요한 말랄라스 『연대기』 13,37).

---

[83] FLICHE/MARTIN 4,19-21; GEFFCKEN 97-103.178-96; H. FUNKE, Götterbild: *RAC* 11 (1981) 808-14; R.M. GRANT, *Christen als Bürger im Römischen Reich* (Göttingen 1981) 174; NOETHLICHS, *Heidenverfolgung* 1178-80.

지금도 시라쿠사 대성당의 벽에는 고대 아테나 신전의 뛰어난 도리아식 원기둥들이 남아 있다. 신전들은 필요에 따라 축소되고 확대되거나 경향에 따라 바뀌었다. 헤라 상의 홀笏과 접시가 십자가와 못으로 대체되었다. 그때부터 머리를 조금 돌려 십자가를 올려다보면 헤라가 헬레나로 보였다. (오늘날에도 로마의 산타 크로체에 가 보면 감탄을 금할 수 없다.) 당연히, 이러한 변형의 과정에서 고대의 귀중한 예술적 문화유산이 사라졌다. 소멸하는 다신교를 보며 자신을 승리자로 느낀 운동에서 — 이는 당시 그리스도교적 운동이었다 — 고고학적 유물이나 옛것의 보존에 대한 심리적 압박감을 기대할 수는 없었다. 국가의 제물 금지와 신전 건물에 대한 개별 조치와 더불어 귀중한 건축물을 구해야 한다는 보호 규정들도 있었다. 신전에 진열된 귀중한 상像을 구경할 수 있도록, 각 신전의 입구를 열어 두었다(『테오도시우스 법전』 16,10,8).

4.1.2 황제의 입법

무분별한 습격과 파괴가 자행된 이유를 이해하기 위해서는, 흔히 가정하듯이 이교가 그렇게 빨리 그리고 철저하게 몰락하지 않았다는 사실을 고려해야 한다. 제식 금지와 신전 폐쇄와 같은 황제의 입법으로는 쉽게 이교를 정리할 수 없었다. 이교를 신봉하는 시민들의 종교적 욕구가 관청의 규정을 거스를 만큼 강했으므로 법령은 효과를 발휘할 수 없었다. 법령들은 이교의 영향이 실질적으로 감소했을 때 그 목적을 이룰 수 있다.

콘스탄티누스는 상황을 올바로 파악하고 나서 제물 금지나 신전 폐쇄와 같은 조치를 포기했다. 이미 이교를 신봉하는 황제들이 그래 왔듯이, 정치적으로 위험하다고 여겨진 개인 점술과 마법만 엄금했다(『테오도시우스 법전』 9,16,1-3).[84] 이교인에 대한 종교적 강제 조치는 명시적으로 금지되었으며 (『테오도시우스 법전』 16,2,5), 이교 제관들sacerdotes과 신관들flamines의 특권은

---

[84] H. KARPP, Konstantins Gesetze gegen die private Haruspizin: *ZNW* 41 (1942) 145-51; J. TER VRUGT-LENTZ, Haruspex: *RAC* 13 (1986) 659-61.

인정되었다(『테오도시우스 법전』 12,1,21; 5,2). 이는, 가령 성묘 교회를 건립할 장소를 마련하기 위해 그리스도의 무덤 위에 있는 예루살렘의 아프로디테 성소를 파괴하라는 개별 조치들이 황제의 직접적인 명령으로 이루어졌을 가능성을 배제하지 않는다(에우세비우스 『콘스탄티누스의 생애』 3,26-30). 콘스탄티노플에서 제신 상에 대한 공적 숭배, 도축된 제물과 번제물의 봉헌 및 이교 축제의 실행을 비롯한 이교 활동의 금지도 콘스탄티누스 자신이, 새로운 수도에 그리스도교적 특징을 부여하기 위해 명령했을 수 있다. 에우세비우스(『콘스탄티누스의 생애』 3,48)는 이러한 조치를 찬양했다(107쪽 참조). 에우세비우스가 말하는 모든 다른 조치도 실제로 황제가 내린 명령을 뜻하는지, 하느님께서 사랑하시는 황제에 대한 찬양을 공식적으로 알리는 것인지 확실하지 않다. 에우세비우스는 『콘스탄티누스의 생애』 3,53에서 마므레의 '아브라함 참나무' 근처에 있는 이교 신전의 파괴에 관해 보고한다. 이 경우, 이교의 제단을 파괴하지 않기 위해, 325년경 그곳에 세워진 교회 — 이례적으로 평면도가 있다 — 가 거룩한 구역의 울타리 끝으로 옮겨졌다는 사실이 주목을 끈다.[85]

서방에서 콘스탄스는 자신의 아버지가 취한 신중한 방침을 바꾸지 않았다. 346년, 로마 밖에서 신전을 보호하는 법률이 반포되었다(『테오도시우스 법전』 16,10,3). 이 시기에, 신전 파괴와 신전 소유물의 몰수를 강력하게 요구하는 피르미쿠스 마테르누스의 문학적 비방도 일어났다(『이교의 오류』 28,6). 콘스탄티우스가 찬탈자 마그넨티우스에게 승리하고 일인 통치자가 된 뒤 반포한 이교인 법률들은 더 단호했다. 마법과 점, 밤에 제물을 바치는 행위를 거듭 금지시킨 것과 더불어 354년에 모든 신전을 폐쇄할 것을 요구하고 제신에게 제물 바치는 것을 금지한 일반법이 반포되었다. 제신에게 제물을 바칠 경우 사형에 처할 것이라고 위협했다(『테오도시우스 법전』 16,10,4). 이 법은 356년에 재반포되었다(같은 책 16,10,6). 그러나 이 법률들은

---

[85] J. MURPHY-O'CONNOR, *Das Heilige Land* (München 1981) 293f.

일관되게 지켜지지 않았지만, 이교를 일반 법으로 보호할 수 없다는 사실은 법률들로 명백히 표명되었다. 이교는 '공인되지 않은 종교'religio illicita가 되었다. 357년 콘스탄티우스 황제의 로마 방문은, 그가 이교 무리의 세력을 적어도 서방에서 과소평가했음을 그에게 분명히 알렸다. 황제는 원로원에서 빅토리아 여신 제단을 철거하게 했지만(203쪽 참조), 공적 제식을 위한 국가의 지원금을 다시 한 번 승인했으며 북아프리카에서처럼 로마에서 제관단을 충원했다. 이교인에게 우호적인 그 밖의 법률들은 더 이상 반포되지 않았다.

율리아누스 황제와 그 후계자들 시대에 약 25년 동안은 잠잠하다가, 그라티아누스와 테오도시우스 황제 치하에 이교에 대한 압박이 다시 강화되었다. 그라티아누스가 공포한 금지령이 많지는 않았지만, 신전과 제신에게 바치는 제사의 재정적 기반을 박탈함으로써 제식이 국가의 위임으로는 더 이상 행해지지 못하도록 사유화해 버렸다. 빅토리아 여신 제단에 관한 논쟁에서 미루어 알 수 있듯이(204-6쪽 참조), 이 조치는 한편으로 국가와 교회의 관계, 다른 한편으로 국가와 제식의 관계에 관한 암브로시우스의 생각과 일치했다. 특히 테오도시우스는 강력한 법률들을 반포했다. 392년, 그는 모든 종류의 제신 예식·신상 숭배·번제물 봉헌과 포도주 기부·약초를 걸어 두는 행위 등에 대한 일반적 금지령을 공포했다(『테오도시우스 법전』 16,10,12). 이에 따라 오리엔스의 총독praefectus praetorio 키네기우스는 메소포타미아와 시리아, 팔레스티나, 이집트에서 이교 제식을 지내는 많은 곳을 폐쇄했다. 신플라톤주의 철학자 리바니우스는 신전과 예술품을 보호하기 위해 황제에게 바치는 명연설을 했다(『연설』 30). 그러나 더는 아무것도 바꿀 수 없었다. 법률은 효과를 나타냈다. 동시에 이교 무리를 반대파로 몰아넣고 에우게니우스와 싸우고 있는 전선에서 황제와 대치하고 있는 사람들이 누구인지 뚜렷하게 밝혔다. 황제의 이러한 단호한 입장 표명은 에우게니우스가 이교인을 편들게 하는 데 한몫했다(122쪽 참조).

4.1.3 이교인 박해의 동기

　신전과 이교 조직을 보호하는 법령들이 간헐적으로 제정되고 몇몇 황제가 [이교 박해에] 주저하는 태도를 보였음에도 불구하고, 교회와 이교는 실질적으로 오랫동안 공존할 수 없다. 그리스도교의 하느님 신앙이 유일하게 합법적인 신앙으로 인정되었다면, 다른 제신과 제식은 더 이상 정당성이 없으며, 국가와 시민의 안녕을 위태롭게 한다. 이교인과 그리스도인은 (제각기) 4세기에 일어난 모든 재앙과 기근, 범람, 전염병, 전쟁, 황제 시해 등의 원인을 하느님을 올바로 공경하지 않았다거나 제신을 배반했다는 사실에서 찾았다. 아우구스티누스가 쓴 불후의 호교서 『신국론』은, 전통적인 제신을 경시하여 410년에 '영원한 로마'Roma aeterna가 몰락하고 도시가 파괴되었다는 비난을 반박하기 위해 쓰였다. 이 비난은 그리스도인을 적지 않은 혼란에 빠뜨렸다. 제신의 죽음이 불행을 야기하지 않았다 하더라도, 참된 신앙이 왜 불행을 막지 못했는가?

　물론 이 질문의 근거가 되는 미사와 세속적 행복의 결합은 거듭 확인된 바 있다. 이 결합은 '상호 이행'do ut des이라는 로마의 종교 이해로 뒷받침된다. 그러나 4세기에 그리스도인 백성도 황제도 종교를 이렇게 이해하지 않았다. 하느님 공경과 인간 또는 국가의 안녕 간의 관계는 아우구스티누스에 이르러서야 깨졌다. 하느님을 행운을 가져다주는 존재로 격하시키는 사람은 사실상 하느님을 제대로 모르는 사람이다. 그러나 이런 통찰이 4세기의 종교정책을 결정할 수 있었던 것은 아니다. 그런 까닭에 이교에 대한 조치는 본디 종교적 이유가 아니라, (설령 종교적 해석을 오해한 데서 기인했다 할지라도) 정치적 이유에 바탕을 두고 있다.

　정치적으로 이교인에 대해 제한적인 조치를 취할 수밖에 없다는 것이 더 그럴듯하다. 곧, 이교는 당연히 정치적 수단도 배제하지 않는 모든 압력에 맞섰다. 황제들 사이에 일어난 전쟁과 황제와 찬탈자 사이에 벌어진 권력투쟁이 늘 종교적 대립이 되었다는 것은 이미 언급했다. 한쪽이 그리스도인 측을 편들면 다른 쪽은 이교인 측을 편들었다. 콘스탄티누스와 막센티우스의 충돌, 그 뒤 리키니우스와의 충돌 때에도 이러한 현상이 일어 났으며, 5세기 말 아르보가스트와 에우게니우스에 대한 테오도시우스의 권력투쟁에서 다시 한 번 되풀이되었다.

이교는 정치적 세력을 잃은 뒤에도 위협적인 종교적 경쟁자로 남아 있었다. 황제의 법령들을 면밀히 연구하면 5세기 전 시기에 걸쳐 제물과 이교 축제, 내장으로 점치는 것에 관한 구경거리, 종교적 구경거리에 대해 어떤 법률과 칙령이 어떻게 공포되었는지 알 수 있다. 그런데도 모든 것이 여전히 번창했다. 위반 사항에 대해 혹독한 조치를 취한 관리가 그리 많지는 않았던 것 같다. 따라서 로마뿐 아니라(200-3쪽 참조) 다른 대도시와 농촌 지역에서도 이교인은 오랫동안 활발히 활동했다.

다른 한편으로 많은 곳에서 확고하지 않은 그리스도교적 신념을 거침없이 말하는 관리와 주교들의 사례들은 실로 경탄할 만하다. 494년에도 그리스도인 원로원 의원 안드로마쿠스는, 흑사병에 대처하기 위해, 목신牧神 파우누스에게 경의를 표하는 이교 축제를 거행하기를 원했지만, 겔라시우스 교황은 마지막 순간에 이 계획을 무산시킬 수 있었다. 대 그레고리우스 교황(590~604)에 이르러서야 로마 시에서 이교 활동을 더 이상 찾아볼 수 없었던 것 같다.[86]

각 가정에서의 이교 신심 행위는 공공 영역에서보다 더 오랫동안 이루어지고 있었으며, 선교가 겉핥기로 이루어진 경우 그리스도인의 일상생활에도 미신적 관습이 파고들었다. 마찬가지로 암미아누스 마르켈리누스와 같이 이교인 관점에서, 더욱이 에우나피우스(†404년 이후) 또는 조시무스(500년경)와 같은 역사가에게서 나타나듯이 분명히 반그리스도교적이고 반콘스탄티누스적 관점을 강조한 역사에 대한 평가는 계속되었다. 그러나 이교의 정신적 세력은 대중적인 파급효과에서 약화되었다. 이교는 종교와 철학에서 그 명맥을 유지했으며 더 이상 그리스도교에 효력을 미치는 새

---

[86] GEFFCKEN 182f.

로운 동인으로 성장하지 않았다. 강자가 약자를 억누르고, 패자의 보물을 약취하였으며 그들의 귀중품을 챙겼다.

그리스도인과 이교인의 관계는 지금까지 개관한 것보다 훨씬 복잡 다양하기 때문에 더 구체적인 설명이 필요하다.

4.2 배교자 율리아누스

4.2.1 발전 과정

율리아누스 황제(361~363)가 그리스도교에 취한 적대적인 조치는 상당한 충격을 주었다. 그 충격은, 그리스도교의 영향이 증대되고 백성들이 실질적으로 그리스도교화함에 따라 그라티아누스와 테오도시우스 치하에서 반이교적 입법을 강화하는 데 상당한 영향을 미친 듯하다. 콘스탄티누스 이래 어떤 세대도 율리아누스 치하에서만큼 교회의 자유를 위협하고 그리스도인을 박해하지는 않았을 것이다.

율리아누스는 역사의 비극적 인물 가운데 한 명이다.[87] 그는 331년에 태어났으며 유아였을 때 어머니를 잃었고, 337년에 왕조에서 일어난 권력투쟁에서 아버지를 잃었다(113쪽 참조). 그는 니코메디아에 있는 황실에서 자랐으며, 그 뒤 자기 형 갈루스와 함께 카이사리아에서 멀지 않은 카파도키아 내륙에 있는 황제의 사유지에서 자랐다. 그는 그리스도교 교육을 받고 하위 성직자 신분으로 보이는 독서자가 되었으며, 게오르기우스 주교의 도서관에서 연구에 몰두했다. 나중에 게오르기우스는 알렉산드리아에서 추방된 아타나시우스의 뒤를 이어 주교가 되었다(129쪽 참조). 갈루스가 황실로 불려 갈 때, 관습대로 율리아누스는 문법과 수사학을 배우기 위해 콘스탄티노플로 갔다. 물론 그는 이를 그리 기뻐하지 않았다. 그가 다시 니코메디아로 불려 갔을 때, 그의 운명은 정해졌다. 엄격히 금지되었음에도 불구하고 그는 저명한 신플라톤학파의 스승인 리바니우스의 강의 필사본

---

[87] 율리아누스에 관해서는 111쪽과 183쪽에 제시된 참고문헌과 더불어 Geffcken 115-41; Lietzmann 3,262-91 참조.

을 손에 넣을 수 있었다. 이를 통해 그는 곧바로 그리스 정신에 대한 낭만적인 사랑에 휩싸였으며, 특히 신비에 둘러싸인 철학자 막시무스의 강의를 듣기 위해 에페소를 여행할 때는 제신과 신비스러운 교감에 빠지기도 했다. 아테네에서는 엘레우시스 비교秘敎에도 입문했다. 철학과 비교 신심 행위는 서로 모순되지 않았다. 철학적으로 명료하게 사색함에도 불구하고 마법과 점복술, 신기神技를 행하는 신플라톤 철학자가 적지 않았다. 율리아누스는 자신이 태양신에게 매여 있으며 제신 예식을 다시 재건하라는 명을 이행할 의무가 있다고 느꼈다. 그의 내적 회심은 당연히 아무도 몰랐다. 그는 부황제로 갈리아에서 군인들과 함께 그리스도교 축일을 지냈다. 그러나 361년에 콘스탄티우스가 때 이르게 죽은 뒤 그는 국가의 우두머리가 되었다.

율리아누스는 지체 없이 개혁을 시작했으며, 몇 가지 영역에서 놀라운 성과를 이루어 냈다. 황실 생활은 검소해졌고, 콘스탄티우스의 간신배와 환관들이 내쫓겼다. 콘스탄티우스는 개인적 결점을 감추기 위해 고상한 장식품을 사용했다. 그러나 율리아누스는 스스로, 아첨꾼이 아니라 친구를 곁에 두고 싶어 하는 깨인 군주라고 여겼다. 황제는 모든 허식을 싫어했다. 그는 362년의 집정관 취임 축하식에 걸어서 갔다. 그러나 그의 이런 소박함에 소수의 사람만 깊이 감명받았다. 대부분의 사람은 이를 예의범절에 완전히 어긋나는 것으로 여겼다. 아마도 백성은 확신과 권력을 그럴싸하게 보이게 하는 황제의 허식을 바란 것 같다. 율리아누스는 시 행정의 권위를 높이려고 애썼다. 성직자들의 면세가 폐지되고 조세가 인하되었으며 지출이 제한되어, 일종의 재정적 개선책이 반영되기 시작했다.

4.2.2 종교적 개혁 시도

율리아누스는, 동시대의 많은 사람이 그의 노력을 이해하지 못했음에도 불구하고, 조상의 종교와 제식의 부흥에 특별한 관심을 기울였다. 확실히 시리아 지역에서 이교 주민은 그들 신전의 파괴에 대해 피비린내 나는 복수를 했다. 361년, 알렉산드리아에서는 게오르기우스 주교와 고위 관리 두 명이 맞아 죽었다. 암브로시우스는 다마스쿠스와 가자, 아쉬켈론, 베이루트, 알렉산드리아에서 교회가 불타 없어졌다고 보고한다(『서간집』 40,15).[88] 그러나 이는 조상의 종교를 유지할 수 있는 바람직한 행동이 아니었다. 몇몇 신전은 다시 세워졌고, 리바니우스는 화려한 원기둥들이 배편으로 옮겨져 옛 자리에 다시 세워지는 것을 기뻐했다. 그렇지만 시 당국자 대부분은 많은 사람이 더 이상 진지하게 관심을 보이지 않는 신전 건축에 시간과 돈을 낭비할 마음이 없었다.

제식을 복구하기 위한 노력에도 불구하고 율리아누스는, 예를 들어 완전히 실패로 끝난 안티오키아 근처의 유명한 온천장 다프네에서 행해진 아폴로 축제에서, 쓰라린 체험을 해야 했다. 율리아누스는, 안티오키아의 주교가 아폴로와 경쟁하기 위해 다프네로 옮긴 순교자 바빌라스의 유골을 다시 파내게 하여 안티오키아로 되돌려 보냈다. 그가 축제일에 화려한 제신 축제를 기대하면서 아폴로 신전에 나타났을 때, 그는 산 제물도, 신에게 바친 술도, 향이나 합창대도 발견하지 못했다. 안티오키아 시 당국은 아무것도 준비하지 않았다. (다행히) 어느 가난한 사제가 거위 한 마리를 가지고 있지 않았던들, 결코 제단에서 연기가 피어 오를 수 없었을 것이다. 율리아누스가 책임을 맡은 관리들에게 행한 혹독한 질책은 쇠귀에 경 읽기였다.

율리아누스는 특유의 종교적 열정을 보였지만 많은 결실을 맺지는 못했다. 오히려 그는 많은 사람을 곤혹스럽게 했다. 황제가 좋은 본보기를 보이겠다고 축제 행렬에서 정체를 알 수 없는 인물들의 호위를 받으며 어떤 거룩한 도구를 신전으로 나르면, 구경꾼들은 이를 품위 없고 우스꽝스러운 광경으로 여겼다. 사람들은 황제가 명하여 관철시킨 황소와 다른 동물들의 대량 도살에 더는 익숙해지지 않았고, 쓸데없는 낭비라고 생각했다.

---

[88] 참조: 앞의 각주 26; STEMBERGER, *Palästina* (245쪽) 157.

율리아누스에게는 제식만 관심사가 아니었다. 그는 교회가 뛰어난 조직을 갖춘 점을 염두에 둔 것이 분명한 개혁 프로그램을 계획했다. 황제는 갈라티아의 대제관 아르사키우스에게 이렇게 썼다.

> 서로 힘을 합쳐 [그리스도교적] 신성 모독을 가장 많이 촉진시킨 것은 바로 낯선 이들에 대한 박애, 죽은 이들을 장사 지낼 준비, 처신의 거짓된 순수함이었다는 사실에 유념합시다. 우리는 이 모든 덕목을 진정한 열의를 가지고 행해야 한다고 생각합니다. …
>
> 낯선 이들 — 우리 도시의 가난한 이들뿐 아니라 다른 도시의 모든 가난한 이들 — 이 우리가 행하는 박애를 누리게 되도록 모든 도시에 많은 숙소를 세우십시오. 본인은 그대가 이 조치에 사용할 풍부한 자금을 맨 먼저 생각했습니다. 본인은 매년 갈라티아 전체를 위해 곡물 3만 세펠과 포도주 6만 쇼펜을 준비하라고 지시했습니다. 이 가운데 오분의 일은 제관들에게 고용된 가난한 이를 위해 사용해야 하고, 나머지 하사품은 낯선 사람과 거지들에게 나누어 주어야 한다고 명했습니다.
>
> 왜냐하면 … 불경한 갈릴래아인들도 유대인과 우리 백성을 부양하는데, 우리 백성이 도와주지 않는 것은 명백히 수치이기 때문입니다.[89]

율리아누스는 제관들에게 적극적인 봉사와 진지하고 도덕적으로 순수한 삶을 요구한다. 그들은 도덕적으로 모범을 보여야 했으며, 술집도 극장도 드나들면 안 되었고 정당한 영업을 해야 했다. 그들은 말과 행실에서 도움을 필요로 하는 이들을 도와주어야 한다. 이와 관련하여 황제는 교회가 사랑을 실천했다는 신뢰할 만한 증언을 한다. 그는 그리스도교 신앙을 위한

---

[89] 『서간집』 39; 번역: B.K. WEIS, *Julian. Briefe* (München 1973) 107.

교회의 선전 효과를 알고 있었다. 그래서 율리아누스는 헬레니즘 종교가 교회 같은 구조를 갖추기를 바랐다. 그는 도시와 지방에 숙소를 세우고, 빈민을 구제하기 위한 빵과 포도주 분배를 체계화하기를 원했다. 하지만 스토아학파가 퍼뜨리고 그리스도교가 일깨운 이러한 박애주의적 이상은 고대 제신 종교에서는 실행되지 않았다. 제신 종교는 이러한 윤리적·박애주의적 요소를 알지 못했기 때문이다.

4.2.3 반그리스도교적 조치

율리아누스는 그리스도교에 대해 점진적인 태도를 보였다. 그는 처음부터 모든 종교인 집단, 특히 갈릴래아인들(황제는 그리스도인을 이렇게 부르기를 좋아했다)에게도 철저히 너그러운 태도를 취하겠다고 마음먹었다. 이런 초심에서 추구된 그의 이상은 제국과 종교와 사회의 관계에 대한 고대 후기의 시각 때문에 제대로 실현되지 못했다. 그리스도교에 우호적인 황제들이 이교에 대해 취한 조치가 개인적 성향에서 나온 것이 아니라 정치적 필연성에서 나왔다는 사실이 이를 입증한다. 그리하여 율리아누스는 박해자가 되었다. 물론 데키우스나 디오클레티아누스와 같은 방식으로 교회를 멸절시키는 일은 더 이상 불가능해졌다. 율리아누스는 유혈사태와 무관했고 그리 해롭지 않아 보이는 규정들을 선호했다. 그러나 그리스도인들에게는 이것이 명백한 전횡專橫으로 느껴졌다.

362년에 반포된 이른바 복구 칙령은 철저하게 실행됨으로써 광범위한 영향을 미쳤다. 이 칙령은 파괴된 신전의 반환과 재건, 성소에 속한 모든 토지의 재반환, 신전이 구매한 건축자재에 대한 세금을 규정하고, 어떤 제신 상도 없애는 것을 금지했다.[90] 그사이에 신전의 소유권이 합법적 방식으로 다른 사람에게 넘어가는 경우가 허다했다. 강제로 반환할 때는 새로운 비리가 묵은 비리와 자리바꿈을 할 따름이었다. 그리스도인은 이러한

---

[90] 전거에 관해서는 S<small>EECK</small> 4,493, Anm. 31 참조.

규정에 격렬히 맞섰으며, 율리아누스의 스승이며 숭배자인 리바니우스마저 이를 조심스레 비판했다(『서간집』 724; 763).

특히 그리스도인은, 그리스도교 교사에게 학과 수업에서 고전 시인과 철학자들의 저서를 사용하지 못하게 한 율리아누스의 법률을 불쾌하게 생각했다. 교사의 가장 큰 특징은 — 황제는 이렇게 설명했다 — 진실에 대한 사랑을 고수하며, 가르침과 개인적 확신의 일치를 전제한다. 나쁘게 여기는 어떤 것을 찬양하는 것은 경멸할 만한 좀스런 사람임을 드러낸다.

> 호메로스와 헤시오도스, 데모스테네스, 헤로도토스, 투키디데스, 이소크라테스, 리시아스에게 제신은 모든 교육의 지도자였습니다. … 따라서 그들 저서의 해석자들이 자신이 공경하는 제신에게 경의를 표하지 않는 것은 불합리하다는 것이 본인의 소견입니다. … 이와 달리 그(그리스도교 해석자)들이 스스로 생각하기에 가장 존경할 만한 인물들에 의해 오도되었다고 여긴다면, 그들은 갈릴래아인들의 교회로 가서 마태오와 루카를 해석해야 할 것입니다. …[91]

진리에 대한 접근은 그리스도교를 믿는 젊은이의 재량에 맡겨야 하고, 어떤 그리스도인도 고전문학을 가르쳐서는 안 된다. 따라서 위협적인 표현은 없지만, 그리스도교 교사만 대상으로 하는 칙령이 반포되었다. 여기서 율리아누스는 이렇게 규정했다.

> 교사와 교수는 우선 자신의 행실에서 뛰어나야 하고, 수사학은 그 다음이다. 본인이 친히 모든 공동체에 있을 수 없기 때문에, 교사로 활동하려는 모든 이가 … 시의회의 결의를 통해 [자격을] 인정받을 것을 명한다. 그들이 우리의 승인을 받아 드높아진 명성으로

---

[91] 『서간집』 55; 번역: WEIS, *Julian. Briefe* (München 1973) 179; 참조: R. KLEIN, Kaiser Julians Rhetoren- und Unterrichtsgesetz: *RQ* 76 (1981) 73-94.

공동체 학교에 들어갈 수 있도록, 이 칙령이 본인에게 제출되었으니 이를 친히 다듬었다.[92]

로마에서 인정받는 신플라톤학파 학자이며 개종한 그리스도인인 마리우스 빅토리누스는 이에 반대하여 즉시 교수직을 사임했다. 많은 이교인도 이 '문화투쟁법'을 이해하지 못했다. 암미아누스 마르켈리누스는 이 법이 "영원한 침묵으로 덮어 버려야 할 만큼 편협한 것"이라고 말했다(『연대기』 22,10,7). 그러나 이것이 그렇게 명청한 법은 아니었다. 이 법은 그리스도인의 교육을 위기로 몰아갈 작정이었다. 뿐만 아니라 많은 그리스도인 자신이 고통스럽게 느끼고 있던 상처를 건드렸다. 그리스도교 교사와 주교들도 앞으로 계속 작가들의 꾸민 이야기와 신화들에 관여하는 것이 당연한 것인지 확신을 가지지 못했다. 제신 이야기는 오늘날의 독자에게 '고전적인 고대의 설화'이지만 당시에는 죽은 문학이 아니라 살아 있는 현재였다. 히에로니무스처럼 학식이 뛰어난 사람조차 늘 자신의 약점에 관해 장황하게 이야기했으며, 거룩한 서약에도 불구하고 고전문학에서 떠날 수 없었다. 그는 고전문학을 몹시 비난했지만, 생애 내내 이교 작가들의 저서를 달고 다녔다.[93] 당시 그리스도교 저술가들은 복음서들을 6운각 시구로 개작하려 했으나[94] 뜻대로 되지 않았다. 성경을 시대의 기호에 따르는 문학으로 만드는 것은 실현될 수 없는 모험이었다.

고전 교육과 그리스도인의 관계는 깊고도 어려운 문제다. 이 문제는 '고대와 그리스도교'라는 논쟁 과정이 진작부터 몇몇 법률로 억압될 수 있을 만큼 단순하게 진행되어 오지 않았음을 보여준다. 전체적으로 볼 때 그리스도교 신학자들은 고전 교육을 받아야 한다는 요구를 멀리할 수 없었다. 그들의 신학은 동시대의 철학과 싸우며 발전해야 했다. 이러한 과정 속에

---

[92] 『테오도시우스 법전』 13,3,5; 번역: WEIS, *Julian. Briefe* (München 1973) 321f.

[93] H. HAGENDAHL/J.H. WASZINK, Hieronymus: *RAC* 15 (1991) 12.123.129.

[94] ALTANER/STUIBER 404-6.

서 신앙이 헬레니즘화하는 것은 불가피했다. 예루살렘에서 로마로 가는 길은 아테네를 거쳐 갔다. 성경의 기쁜 소식이 이교 철학을 배제하지 않고 포괄했다면, 고대 후기 문화권에 더 개방적일 수 있을 뻔했다. 세속의 모든 지식을 악마라고 낙인찍고, 순수한 복음만 선교하려 하고, 아테네를 거쳐 가는 에움길의 신고辛苦를 피하려는 광신적인 고대 그리스도교 운동은 몬타누스주의처럼 영향력이 없었다.

율리아누스의 문학 금지는 아무도 걱정할 필요가 없는 삽화적 사건이었다. 황제는 몇 년 안 되는 통치 기간 안에 자신의 시대착오적인 규정을 실행시킬 수 없었고, 그의 후계자들도 그것을 계속 추구하는 데 관심이 없었기 때문이다. 혈기 왕성한 게르만족이 그들의 수도원학교에서 고대의 문학작품들을 계속 전할 수 있을 때까지,[95] 로마제국이 붕괴하고 민족이동이 이루어지는 혼란스러운 상황에서 고대 학문의 보물을 마지막 순간에 구한 이들은 결국 보에티우스(†524), 카시오도루스(†580년 이후), 세비야의 이시도루스(†636)와 같은 그리스도교 신학자였다.

엄밀히 말해, 율리아누스의 반그리스도교 정책들은 트집을 잡기 위한 것이었을 뿐, 위험하지는 않았다. 여기서 모두 열거할 필요는 없으나, 황제가 미숙한 처신, 편협한 생각, 개인적 원한을 무릅쓰고 성공을 위해 스스로 어떤 노력을 기울였는지 보여 주는 마지막 사례는 언급할 만하다. 그리스도교를 반박하기 위해 율리아누스는 예루살렘에 성전을 다시 세우도록 결정했다. 복음서가 예언하는 성전 파괴(마태 24,2)는 예부터 그리스도교의 반유대인 논쟁에서 중요한 개념이었다. 복음서[의 성전 파괴 예언]은 성전의 재건을 통해 반박되어야 마땅했다. 율리아누스는 자신의 계획을 알리기 위해 유대인 사절단을 불러들였다. 지방과 디아스포라에 거주하는

---

[95] 보에티우스와 카시오도루스에 관해서는 A. ANGENENDT, *Das Frühmittelalter. Die abendländische Christenheit von 400 bis 900* (Stuttgart ²1995) 142f.165f; J. FONTAINE, *Isidore de Seville et la culture classique dans l'Espagne wisigothique*, 3 Bde. (Paris 1959; 1983); *Erziehung und Bildung in der heidnischen und christlichen Antike*. Hrsg. von H. -TH. JOHANN = WdF 377 (Darmstadt 1976)참조.

순박한 유대인들이 특히 열광했다. 성전 서쪽 벽에, "이를 보고 너희 마음은 기뻐하고 너희 뼈마디들은 새 풀처럼 싱싱해지리라"(이사 66,14)는 구절이 새겨져 있는데, 이 말이 사건의 전모를 짐작게 한다.[96] 율리아누스는 믿을 만한 관리에게 건축 감독을 위임했고 건축에 필요한 막대한 금액을 마음대로 쓰게 했다. 재건은 콘스탄티누스 치하의 성묘 교회 건축과 마찬가지로 국책사업이었다. 그러나 계획은 처음부터 불운이 뒤따랐다. 성전의 기초 작업을 하고 있던 363년 5월에 지진이 일어나 그때까지 건축된 것이 무너지고 공사 인부 몇 명이 매몰되어 죽었다. 나머지 건물은 불타 없어졌다. 황제를 좋아하지 않는 모든 사람은 이런 사고를 매우 기뻐했다.[97]

율리아누스는 안티오키아의 주민과 그리 잘 지내지 못했다. 그는 안티오키아에서 페르시아 원정을 떠나 다시 돌아오지 못했다고 한다. 율리아누스와 그의 정책 같은 것이 얼마든지 나올 수 있다는 충격만 안겨 주었을 뿐, 율리아누스의 정책은 그의 재임 기간 중에 거의 영향을 미치지 못했다. 아타나시우스의 말대로 그것은 '한 조각 뜬구름'[98]에 지나지 않았다.

4.3 빅토리아 제단에 관한 논쟁

4.3.1 로마에서 이교인의 반대

법적 조치뿐 아니라 정신적 논쟁도 4세기 이교인과 그리스도인의 관계를 결정짓는 요소였다. 이 점은 특히 로마에서 분명히 확인된다. 그리스도 교화에 격렬히 저항한 이교인 명문가들이 로마에 많았기 때문이다. 국가의 반이교 조치가 효력을 발휘함에 따라 이러한 저항도 대부분 좌절되었다. 종전의 법률이 그다지 주목을 끌지 못했기 때문에(187-8쪽 참조), 콘스탄티우스는 356년에 처벌 조항을 덧붙여 이교 제의 금지법을 개정했다. 그

---

[96] B. MAZAR, *Der Berg des Herrn. Neue Ausgrabungen in Jerusalem* (Bergisch Gladbach 1979) 88.

[97] STEMBERGER, Palästina (245쪽) 163-74.

[98] BIDEZ (111쪽) 190.

러나 359년, 도시의 생계 지원에 중요한 곡물을 실은 배가 악천후 때문에 오스티아에 입항할 수 없었을 때, 테르툴루스 총독은 쌍둥이 신 카스토르와 폴룩스에게 제물을 바쳐, 배가 무사히 목적지에 도달했다.[99] 사람들은 제신에게 제물을 바침으로써 실질적 이익을 얻으리라는 기대를 걸었다. 이와 함께 제의 금지법은 바로 폐지되어 사문화死文化되었다.

354년의 축제력은 이교인과 그리스도인의 애매한 관계와 평화적 공존에 관해 많은 것을 시사하는 문서다. 이는 필로칼루스라는 사람이 만든 로마 시에 관한 일종의 연감이자 행사 일정표다. 이 연감에는 집정관과 총독 이름, 그리스도교 주교들의 면직 날짜가 기입되고, 교회의 축일과 부활절 날짜와 더불어 이교인의 축제, 가령 11월에 열리는 이시스 축제에 관한 소견이 실려 있다. 이러한 방식으로 반관반민半官半民의 로마 시 고시告示에 그리스도교적 요소와 이교인 요소가 모두 들어 있었다.

무엇보다도 옛 로마 귀족 출신의 세 남자가 그리스도교에 대한 저항을 체계화했다. 곧, 베티우스 아고리우스 프라이텍스타투스, 퀸투스 아우렐리우스 심마쿠스, 비리우스 니코마쿠스 플라비아누스가 그들이다. 세 사람 모두 당시에 쓰인 마크로비우스의 『사투르누스 신의 축제』에서 중요한 역할을 했다. 이 작품에서는 교양 있고, 종교적으로는 신플라톤주의 경향을 띤 로마 상류 사회가 생생하게 묘사된다. 그리스도교는 이 작품에서 단순히 무시된다. 사람들은 그리스도교는 하찮은 평민층만 믿는다는 태도를 취한다. 원로원 의원인 이 세 사람은 문학적으로도 활발한 활동을 했다. 라틴어로 번역된 티아나의 아폴로니우스의 『생애』는 그들의 신플라톤주의적 주해와 더불어 그리스도교를 반박하는 논증의 보고寶庫가 되었다. 심마쿠스와 그의 친구들은 고전 시인을 되살리는 문예부흥과 텍스트 교정, 문학작품의 보존에 힘썼다. 베르길리우스와 오비디우스의 작품이 확실하게 전승된 것도 그들 덕분이다. 이 시기에 교회에서 사용하는 로마의 문학어

---

[99] 암미아누스 마르켈리누스 『연대기』 19,10,1; 그 밖의 내용에 관해서는 KÖTTING, *Opposition* 316-23 참조.

가 그리스어에서 라틴어로 바뀌는 것은 우연이 아니며, 다마수스 교황은 히에로니무스에게 히브리어 성경을 라틴어로 새로 번역(불가타)할 것을 명했다. 교회는 이교인의 활동을 의식하고 문학을 진지하게 받아들이려고 애썼다.

화폐 주조도 이교 선전에 실용적으로 이용되었다. 대중매체도 없고 정치적 선전을 하기 위한 다른 방법이 없었기 때문에, 주화는 정치적·종교적 변화를 국민에게 알리는 데 아주 뛰어난 도구였다. 가장자리가 불룩한 특별한 방식의 주화 주조는 355/61년에 시작하여 395년 이후 갑자기 끝났으며, 410년 이후 단기간에 다시 주조되었다. 그 배후에 작용하는 일련의 정치적 사건들(율리아누스 - 테오도시우스 - 로마 몰락)이 명백히 드러난다. 주화는 백성에게 분배되었다. 옛 풍속에 따라 원로원 가문들은 주화 덕분에 추종 세력을 얻었다. 주화에는 무엇이 새겨져 있었나? 당연히 일상과 관련된 인물, 즉 전차 경주자와 레슬링 선수와 무희舞姬, 문화 전달자로 알렉산더 대왕, 신적 섭리의 상징으로 올림피아스가 새겨져 있었다. 다른 화폐에는 '무적의 로마'Roma invicta를 나타내는 상, 로마의 과거를 말해 주는 장면, 네로·트라야누스·안토니누스 피우스 황제의 반신상이 있었다. 마지막 두 황제는 오래전부터 훌륭한 통치자의 전형으로 여겨졌다. 그러나 유명한 그리스도인 박해자인 네로가 포함되어 있는 것은 의외다. '영원한 로마'가 새로이 빛나기 위해서는 먼저 그리스도교 유령이 사라져야 한다는 희망이 '소생한 네로'Nero redivivus에 관한 칭송에서 사실화한 것이다.

앞에서 언급한 티아나의 아폴로니우스의 초상은 자주 나타난다. 그는 예수와 동시대 인물로 필로스트라투스가 쓴 전기로 유명해졌다. 필로스트라투스는 그를 사람의 마음을 아는 사람, 기적 요법을 행하는 의사, 악령 추방자, 죽은 이를 살리는 사람으로 묘사한다. 그는 경건하고 지혜로운 철학자의 이상이고 만나는 모든 이를 개심시키는 바른생활의 전형이었으며, 마법사가 아니라 성자였다. 필로스트라투스뿐 아니라 신플라톤주의 해석가 포르피리우스와 히에로클레스도 아폴로니우스를 의도적으로 신적 존재로 미화시켰다. 이런 신적 존재를 4세기 화폐 주조에 사용한 이교인은 아폴로니우스를 의신醫神 아스클레피오스와 더불어 예수의 대체 인물이자 이교인의 구원자soter로 백성과 친숙한 인물로 만들고자 하였다.

4.3.2 심마쿠스의 청원서와 암브로시우스의 반응

4세기 중엽, 로마 원로원에는 여전히 그리스도인보다 이교인의 수가 더 많았다. 로마 원로원 의원의 투쟁은 원로원에 있는 빅토리아 제단에 관한 투쟁에서 구체화되었다. 예부터 집회는 로마의 세계 통치 상징으로 빅토리아 입상이 있는 이 제단에 유향 제물을 바침으로써 시작되었다. 356년에 제물을 바치는 행위가 일반적으로 금지되었기 때문에, 이 제단은 357년에 콘스탄티우스 황제가 로마를 방문했을 때 원로원에서 철거되었다. 율리아누스 황제는 제단을 다시 설치하는 것을 기꺼이 다시 허용했다. 그 이후 20년 동안 아무런 변화가 없었다. 그라티아누스 황제가 (아마도 암브로시우스의 영향으로) 382년에 제단의 철거를 다시 요구했다. 하지만 이번에는 원로원이 저항 없이 순순히 따를 생각이 없었으며, 밀라노 황실에 사절을 보냈다. 암브로시우스는 다마수스 교황을 통해 이 사건에 관해 듣고 청원자들의 알현을 막을 대책을 마련했다.[100] 원로원은 포기하지 않았다. 곧바로 좋은 기회가 찾아왔다. 갈리아에서 찬탈자 막시무스가 반란을 일으켜 그라티아누스 황제가 리옹에서 살해되었다(120-1쪽 참조). 사람들은 그리스도교를 믿는 젊은 황제에게 제신의 징벌이 내렸다고 수군덕거렸다. 밀라노에서는 발렌티니아누스 2세와 그의 어머니 유스티나가 통치했다. 암브로시우스는 큰 영향을 미칠 수 없었다. 아리우스파를 따르는 유스티나는 젊은 황제가 밀라노 주교의 영향을 받지 않도록 세심하게 배려했기 때문이다. 심마쿠스의 주도로 원로원은 아리우스파를 따르는 황실 사람들과 공모하여 다시 사절을 보냈다. 오늘날까지 남아 있는 이른바 셋째 청원

---

[100] 『서간집』 17,10은 CSEL 83,3의 『서간집』 72,10과 상응한다.

서인 그의 추모서에는 유려한 문체와 더불어 드높은 신념도 담겨 있다.

사람들은 이 문서를 죽어 가는 종교에 관한 백조의 노래라고 한다.[101] 그리스도교 시인 프루덴티우스도 이것을 후세에 전할 가치가 있는 문서로 여겼다(『심마쿠스 반박』 1,648-49). 의인화된 로마가 직접 황제에게 재치 있게 도움을 청한다.

> 통치자 중의 통치자, 조국의 원로들은 이날까지 제가 경건한 의무를 이행하도록 도와준 저의 연륜에 경의를 표하소서! 저는 전승된 관습에 머물러 있기를 바랍니다. 이 관습을 두고 후회할 이유가 없기 때문입니다. 저는 자유로운 인간이기에 제 방식에 따라 살고 싶습니다. 이러한 제신 숭배 형태는 제가 지키는 법률에 세상을 굴복시켰고, 이 제물들은 제 성벽에서 한니발을, 카피톨리노에서 갈리아 사람들을 격퇴시켰습니다. … 하여, 우리는 우리 조상의 제신과 우리 고향의 제신을 위한 평화를 청합니다. 모든 인간이 숭배하는 것이 하나라고 여겨지는 것은 합당합니다. 우리는 같은 별을 보고 같은 하늘 아래 살며, 같은 우주가 우리를 담고 있습니다. 각자가 진리를 추구하기 위해 어떤 가르침을 따르는 그것이 무어 그리 중요합니까? 초월적 신비에 이르는 길이 하나뿐일 리 없습니다.[102]

내용상 심마쿠스의 요구는 대단히 중용적인 태도를 보인다. 그는 옛 제식만 옳다고 주장하지 않고 관용의 필요성을 역설한다. 여기에서 종교 혼합주의로 채색되고 철학적으로 희석된 종교성이 나타난다. 이 종교성은 진리의 문제를 배제한다. 사람들은 빅토리아 여신의 존재를 믿지 않을지라도 그녀에게 조용히 제물을 바칠 수 있다. 그렇다면 빅토리아 여신은, 누

---

[101] SEECK 5,196; ROSEN, *Fides* 31.

[102] 『청원서』 3,9f; 번역: KLEIN, *Streit* 105-7.

구나 마음 놓고 경외심을 가져도 좋을 로마 권력의 상징쯤 되겠다. 그러나 종교적 관용은 천편일률적인 세계관으로 전락할 위험이 있다.

심마쿠스는 계몽된 종교 이해에 관한 글만 쓴 것이 아니라 실질적인 목표도 추구했다. 그는 이교 제의와 성직자 신분, 특히 오랜 전통을 지닌 베스타 여사제 제도를 위해 국가가 계속 지원해 줄 것을 청했다. 심마쿠스에게도 좁은 의미에서 개인의 영적 고양高揚으로서의 종교가 아니라 국가의 안녕이 문제였다. 그는 로마의 세계 제국이 제신의 파멸보다 오래 살아남으리라 생각할 수 없었다. 제신을 모독하는 사람은 국가에 나쁜 짓을 저지르는 것이며, 이로써 모든 시민은 고통을 겪게 된다. 지금 덮친 기근은 쇠퇴하는 제신 숭배로 인한 제신의 분노의 표시가 아닌가?(『청원서』 3,16).

젊은 발렌티니아누스와 그의 조언자들은 로마 사절단의 원의에 따르려 하지 않은 것 같다. 암브로시우스가 다시 관여했지만, 개인적 알현을 받으리라고는 기대할 수 없었기 때문에, 급히 황제와 추밀원에 명백히 위협적인 어조로 항변하는 글을 썼다(『서간집』 17).[103] 말하자면, 황제는 광범위한 영향을 미치는 결정을 내리기 전에 경험 많은 테오도시우스 황제의 조언을 구해야 했다. 이로써 제국에서 실질적인 권좌에 있는 인물이 이 사건에 명백히 관여하게 되었다. 발렌티니아누스는 전적으로 테오도시우스의 보호에 의존했기 때문이다. 황제가 청원에 응했다면 암브로시우스는 경고하고, 주교들은 이를 인정할 수 없을 것이다. 교회는, 이교 신전에도 희사하는 황제에게서 어떤 선물도 받을 수 없었다. 암브로시우스는 황제가 종교적으로 중립을 지키는 것을 상상할 수 없었다.

암브로시우스는 『청원서』 본문을 받은 뒤, 황제에게 다시 편지를 쓰고 심마쿠스의 논증을 낱낱이 논박했다. 그는 국가를 보호하기 위해 옛 제식을 되살려 복구해야 한다는 필연성에 관해 신랄하게 조롱했다. 제신이 갈리아 사람들(세노네스)로부터 로마를 구했는가? 그것은 카피톨리노 언덕 위

---

[103] 앞의 각주 100 참조.

에서 거위가 꽥꽥거리는 것과 같았다. 주피터가 거위의 입을 빌려 말했는가? 흉작을 그라티아누스가 종교를 모독하여 받은 벌로 여기는 것은 옳지 않다. 작황이 지중해 지방에서만 나빴지 다른 모든 지방에서는 좋았기 때문이다.[104] 암브로시우스는 자신의 뜻을 이루었다. 빅토리아 제단은 다시 설치되지 못했다. 후대에는 빅토리아 여신의 입상도 허물어졌다.

4.3.3 관용 문제

심마쿠스와 암브로시우스! 두 사람은 같은 이유로 논증하고, 동일한 종교 이해에 바탕을 두고 종교적으로 잘못된 태도에서 기인하는 위험이 무엇인지를 상기시켜 주었다. 그러나 두 사람 사이에는 두드러진 차이점도 보인다. 이교인 측에서는 관용을 청했다. 관용은 획일적 무관심주의에 이르고, 무관심주의를 종교적 제도뿐 아니라 제국의 정치적 구조를 지키는 유일한 방법으로 여긴다. 물론 심마쿠스는 귀족계급의 경제적 우위와 특권도 구하고자 했다. 다른 한편으로 암브로시우스는 교회의 대표자로, 절대적 진리를 소유했다는 확신에서 논증한다. 이런 경우, 사고가 경직된 광신자를 비관용적 태도로 몰아갈 위험이 늘 도사리고 있다.[105]

옛 종교는 새 종교와 맞선다. 하나는 인내를 요구하고 다른 하나는 교세 확장을 밀어붙인다. 하나는 일반적 회의주의와 상대주의 속에서 사라지고 다른 하나는 구체적 신앙의 유일한 진리를 확신한다. 심마쿠스의 관용적 태도와 암브로시우스의 비관용은 두 사람의 상이한 정신적 태도와 그들이 대표하는 세계관뿐 아니라 그들이 속한 두 무리의 사회적 세력과도 상응한다. 이교는 임박한 몰락을 느끼고 미래는 그리스도교의 것이다. 국가의 입법은 이 과정을 만들어 가는 것이 아니라 이 과정에 따라 가는 것이다.

암브로시우스는 관용 문제에서 확고한 태도를 분명히 드러냈다. 계시된

---

[104] 『서간집』 18,5.21은 CSEL 82,3의 『서간집』 3,5.21과 상응한다; 참조: H.P. KOHNS, Hungersnot: *RAC* 16 (1994) 887-9.

[105] KÖTTING, *Opposition* 326f.

진리를 지켜야 한다는 자의식은 세계관적 관용을 무제한적으로 실행하는 것을 교회에 허용하지 않는다. 사람들은 오류가 진리와 같은 권리를 지니지 않는다는 원칙에 바탕을 두었다. 한 분이고 참된 하느님께 대한 신앙은 불신앙과 그릇된 신앙을 동등한 것으로 인정하는 것을 금한다. 관용적 태도를 취할 수 있다고 교회가 생각한 것은 다음 문장에서 절정에 이른다. 곧, 사람은 오류를 미워해야 하고 그릇된 길로 빠진 사람을 사랑해야 한다. 이와 같은 방식으로 교의적 관용과 윤리적 관용은 구분되었다. 교의적 관용은 거부되어야 하고 윤리적 관용은 권할 만하다. 그릇된 길로 빠진 사람을 어느 정도 강제력을 사용하여 오류에서 해방시키거나 오류를 싫어하게 만들어, 그가 자발적으로 오류를 버리도록 이끄는 것은 쉽다. 오류가 신자들의 장애물이 되거나 그들의 신앙을 위태롭게 하는 상황이라면, 오류는 억압될 수 있다. 시대가 지나면서 일어난, 이교인과 이단자, 유대인에 대한 모든 박해가 이러한 사고에 뿌리박고 있다. 교회는 그러한 사고를 궁극적으로 제2차 바티칸 공의회에서야 종교의 자유에 관한 설명으로 부인했다. 게다가 진리와 오류는 인간에게서 분리된 추상적인 어떤 것이 아니라 구체적 인간 안에서 인식되는 것이라는 이해를 일깨우는 긴 설명 과정이 필요하다. '오류를 미워하되 그릇된 길에 빠진 사람을 사랑해야 한다'는 말은 실천적으로 적용될 수 없는 이론적 해답이다. 내가 오류를 공격하면, 나는 그릇된 길로 빠진 사람도 양심의 의무를 따를 수 있는 주관적 진리에 대한 그의 권리도 만나게 된다.

빅토리아 제단에 관한 논쟁에서 암브로시우스의 태도는 그러한 상황에서 이해될 수 있지만 관용과 종교의 자유에 관한 이해에서는 반박할 여지가 있다. 그렇다 하더라도 황실에 대한 그의 저항은 [바실리카에 관한 분쟁(139-44쪽 참조)처럼] 서방에서 교회의 자유에 대한 방향을 결정짓는 중요한 걸음을 뜻했다. 암브로시우스는 황제에게 이렇게 썼다. "로마의 통치를 받으면서 사는 모든 사람이 세상의 황제이며 군주이신 폐하를 섬기는 반면, 폐하 자신은 전능하신 하느님과 거룩한 신앙을 섬깁니다"(『서간집』 17,

10).¹⁰⁶ 현대인들에게는 자명해 보이는 이 문장을, 고대인들은 전혀 이해할 수 없었다. 종교적 영역에서 황제는 더 이상 주인이 아니라 다른 모든 신자처럼 종이라는 것이다. 그라티아누스와 테오도시우스와 같은 황제들이 수석대제관 칭호를 더는 사용하지 않았다는 것은 그런 이유에서만 논리에 맞다.¹⁰⁷

4.4 키레네의 시네시우스

이교와 그리스도교 관계의 여러 측면을 명료하게 밝히기 위해 또 언급할 인물이 있다. 그는 시대의 가장 위대한 인물에 속하지는 않겠지만, 상황이 요구한다면 절충이 가능하다는 것을 절묘한 방법으로 보여 주었다. 게다가 종교적 비관용의 중심지로 여겨지는 지역에서만 절충이 가능한 상황이었고 논쟁이 특히 격렬하게 일어난 시대인데도 말이다.

키레네의 시네시우스는 370/75년경 상류 가정에서 태어났다.¹⁰⁸ 그가 태어난 지방은 키레나이카였다. 이곳은 한때 야만인 지역이었지만 이미 오래전에 헬레니즘 문화와 로마의 준법정신을 받아들였다. 시네시우스는 철저한 철학 교육을 받았다. 이교적 플라톤주의는 그에게 진지하고 철두철미하게 종교적으로 이해된 의무였다. 그는 편견이 없고, 자비심이 많으며 사교적이었다. 위협받는 자신의 고향 도시를 방어하기 위해 무기를 들고 싸웠고, 정열적인 사냥꾼이자 문학가였으며, 혼인하여 행복한 삶을 살았다. 그가 평생 존경한 위대한 스승은 히파티아였다. 그녀의 처절한 죽음은 앞에서 언급했다(184쪽 참조). 이와 달리 그는 그에게 학문을 연구하도록 이

---

[106] 앞의 각주 100 참조.

[107] 어떤 황제가 이 칭호를 포기했는지는 논의의 여지가 있다. 참조: DEMANDT 128; NOETHLICHS, *Maßnahmen* 198-202.

[108] D. ROQUES의 광범위한 연구와 더불어 CH. LACOMBRADE, *Synésios de Cyrène, Hellène et Chrétien* (Paris 1951); GEFFCKEN 214-21; VON CAMPENHAUSEN, *Griechische Kirchenväter* 125-36; J. BREGMAN, *Synesius of Cyrene. Philosopher-bishop* = The Transformation of the Classical Heritage 2 (Berkeley 1982)도 참조하라.

끈 아테네에 대해서는 실망했다. 그 도시는 그에게 단지 실재 없는 이름, 도살된 제물로 바쳐진 짐승의 가죽, 철학적 양봉가가 거주하는 비어 있는 곳으로 여겨졌다.[109]

그는 황제에게 키레나이카에 대한 조세를 감면해 주기를 청하는 어려운 사명을 띠고 콘스탄티노플로 갔다. 그는 자신의 용무를 황제에게 말해야 했지만, 이례적으로 동로마 통치자인 테오도시우스의 아들 아르카디우스 황실의 입장만 들어야 했다. 그런데도 그는 격식을 갖추고 출입을 통제하는 경호와 황제의 호사벽만큼 제국에 큰 손해를 끼치는 것은 과거에도 없었다고 솔직하게 황제를 훈계하였다. 그런 것들은 무거운 짐이나 노예 사슬과 같아서 황제를 비참한 처지에 놓이게 할 뿐이다. 햇빛이 한 번도 쬐어내지 못한 도마뱀처럼 아르카디우스는 황실의 거실에서만 살았다. 따라서 사람들은 그를 인간으로 인식할 수 없었다.[110]

410년 여름, 시네시우스에게는 놀라운 일이 기다리고 있었다. 그가 프톨레마이스의 주교로 선출되었고, 이로써 전 키레나이카의 정신적 지도자가 되었다. 시네시우스는 이를 이상하게 생각할 수 있었다. 그럼에도 불구하고 선거는 시대의 상황에서 이해할 수 있다. 많은 주교는 종교적 기능을 수행할 뿐 아니라 일반적으로 공적 생활에서 가장 중요한 인물이었다. 그는 사회 구제 사업을 이끌었으며, 법 집행에서 중요한 역할을 했고 아무도 침묵하게 할 수 없는 유일한 인물이었으며, 세무 공무원과 국가의 관료주의 전횡에 맞서는 유명한 협력자였다. 이미 고위층 인사들이 자주 주교직을 맡았다. 바실리우스와 암브로시우스 같은 이 시대의 위대한 주교들은 활동적인 주교나 대주교가 공동체의 안녕을 위해 어떤 일을 할 수 있는지를 입증했다.

시네시우스는 주교로 선출되기를 바라지 않았다. 하지만 선출을 피할 길이 없다는 것도 알았다. 그의 동료 시민과 고향은 그에게 요구했고 그는

---

[109] GEFFCKEN 216; 참조: 『서간집』 136.   [110] GEFFCKEN 216.317.

경솔하게 피하기를 원치 않았다. 물론 주교직은 관직과 달랐다. 주교는 관리자일 뿐 아니라 그에게 고백하는 이들의 종교적 지도자였다. 주교 직무는 책임 의식뿐 아니라 내적 확신도 요구했으며, 능력뿐 아니라 신앙도 요구했다. 시네시우스는 세례를 받지도 않았고 그리스도인도 아니었으며, 지금까지 자신이 지녀 온 확신을 부인할 생각도 없었다. 아무도 속이지 않기 위해, 특히 자신의 윗사람이며 그에게 서품을 준 알렉산드리아의 주교 테오필루스에게 실상을 알리기 위해, 그는 알렉산드리아에 있는 자신의 친형제에게 세심하게 숙고하여 쓴 편지를 모든 사람, 곧 총대주교도 읽을 수 있다는 조건하에 썼다. 이 편지에서 그는 주교품을 받을 경우에 무엇을 할 용의가 있고 없는지 설명했다.[111]

그는 자신이 주교직에 어울리지 않는 사람이라며 자신의 세속적 과거를 알려 주었다. 이는 부분적으로 자신이 주교직에 어울리지 않는 사람임을 설명하기 좋은, 판에 박힌 전통적 표현법이었다. 그러나 그것이 다는 아니었다. 시네시우스는 앞으로 자신의 개인 생활 영역에서 주교직에 수반되는 불가피한 제약을 달게 받아들일 준비가 되어 있었다. 그는 사냥이나 스포츠나 개인 연구를 통해 누리는 즐거움은 포기할 수 있었지만 혼인은 포기할 수 없었다. 부인과 갈라서거나 그녀와 은밀히 함께 사는 것은 예의범절에 어긋난 일이라 여겼다. 그는 오히려 행실 바른 자녀를 많이 두고 싶어 했다.

그리스도인이 되고 세례를 받아야 한다는 것은 당연한 일로 마음에 걸리지 않았다. 그러나 자기 소신을 지키려면, 그가 포기할 수 없는 몇 가지 교의적 의구심에 침묵하지 말아야 했다. 우주의 영원과 영혼의 선재에 관한 확신 및 영혼의 불사에 관한 믿음이 그러한 것에 속하며, 육체의 부활에 관한 믿음은 속하지 않는다. 그리스도교 신앙고백과 비교하면 거의 차이점이 없다.

---

[111] 『서간집』 105; 참조: W. FRITZ, *Die Briefe des Bischofs Synesius von Kyrene* (Nachdruck Leipzig 1982) 216-8.

그는 이러한 자신의 개인적 견해들을 당연히 공개적으로 드러내지 않고 설교에서 길게 설명하지 않을 것이다. 백성 앞에서 그는 성경적·신화적으로 말할 것이다. 이는 기만적 타협이 아니다. 왜냐하면 신플라톤주의자인 그는 신적인 것에 관한 궁극적 진리들은 어쨌든 드러날 수 없으며 드러나서도 안 된다는 것을 알기 때문이다. 그럼에도 불구하고 주교로서 그는 자신이 생각한 것과 달리 말할 수 없었다. 신과 진리는 상호 불가분의 관계에 있기 때문이다.

테오필루스는 편지에 매료되지 않았을 것이다. 그는 애당초 시네시우스가 주교로 선출된 것에 동의할 수 없었다. 그러나 그는 탐나는 후보자와 자신의 총대주교 관할 지역 변두리인 키레나이카에게 심각한 모욕이 될 만한 처신은 할 수 없었다. 그 결과 놀라운 일이 일어났다. 곧, 시네시우스는 알렉산드리아에 일곱 달 머무른 뒤 프톨레마이스의 주교로 서품을 받고 돌아갔다. 현존하는 소수의 증언에 따르면, 주교로서 그의 활동은 적지 않은 성과를 거둔 것 같다.

여기에 서술된 사실과 사건들을 개괄하면 이렇다: 4~5세기에 이교인과 그리스도인의 관계는 조화를 이룰 수 없었다. 철학적 저항과 투쟁적 논쟁, 억압, 이교인과 그리스도인의 순수한 접근, 특히 그 시대의 정신적 지도자들의 접근도 있었다. 진영을 막론하고 영성의 내면화를 추구하는 풍조, 삶의 성화에 대한 동경, 교육과 전승과 계시의 보화에 대한 경외가 지배적인 분위기였다. 고상한 신념이 행동과 사회적 책임으로 나아간다면, 결국 교회는 모든 박애주의적인 활동을 수렴하는 조직이었다. 지도적인 주교들이 철학 교육을 오랫동안 거부하지 않은 반면, 저항하는 이교인들도 결국 교회에 들어왔다. 그리스도교 서방은 이교의 근절이 아니라 '고대와 그리스도교'의 공생으로 태어났다.

5. 이단자에 대한 조치

참고문헌

A. BÖHLIG, *Die Gnosis 3. Der Manichäismus* = Die Bibliothek der Alten Welt (Zürich/München 1980).

N. BROX, Häresie: *RAC* 13 (1986) 248-97.

H. CHADWICK, *Priscillian of Avila* (Oxford 1976).

G. DE PLINVAL, *Pélage. Ses écrits, sa vie et sa réforme* (Lausanne 1943).

R.F. EVANS, *Pelagius. Inquiries and reappraisals* (New York 1968).

K.M. GIRARDET, Trier 385. Der Prozeß gegen die Priszillianer: *Chiron* 4 (1974) 577-608.

E.-H. KADEN, Die Edikte gegen die Manichäer von Diokletian bis Justinian: *FS H. Lewald* (Basel 1953) 55-68.

B. KÖTTING, Mit staatlicher Macht gegen Häresien: DERS., *Ecclesia peregrinans* 1 = MBTh 54,1 (Münster 1988) 107-21; Literatur zum Donatismus vgl. 28f.

P. STOCKMEIER, Das Schwert im Dienste der Kirche: *FS A. Thomas* (Trier 1967) 415-28.

O. WERMELINGER, *Rom und Pelagius* = PuP 7 (Stuttgart 1975).

G. WIDENGREN, *Mani und der Manichäismus* = Urban Bücher 57 (Stuttgart 1961).

— (Hrsg.), *Der Manichäismus* = WdF 168 (Darmstadt 1977).

F. WINKELMANN, Großkirche und Häresien in der Spätantike: *FuF* 41 (1976) 243-7.

5.1 역사적 · 신학적 동기

5.1.1 이단의 발생

대부분의 다른 종교와 마찬가지로 그리스도교도 명료하게 표현된 교의적 신앙고백에 근거하고 있다는 점에서 뛰어났다. 그리스도교의 신앙고백은 그 구성원들만 지킬 의무가 있다. 이미 요한의 첫째 서간은 4장 2-3절에서 이렇게 규정한다. "예수 그리스도께서 사람의 몸으로 오셨다고 고백하는 영은 모두 하느님께 속한 영입니다." 열두 가지 교의가 담겨 있는 이른바 「사도신경」은 2세기 로마 전통으로 거슬러 올라갈 수 있다. 주교들에 의해 전승된 '신앙의 규범'regula fidei은 급속한 발전을 이루었다. 주교들은 성경의 기반 위에서 사도들을 계승했다고 여겨진 사람들이었다. 3세기부터 교회회의는 교의적 차이에 대해 단호한 조치를 취하면서 정통 신앙을 선포하려고 애썼다.

교회는 계시에 대한 신의에서 신앙의 자산을 발전시켰다. 성경에 바탕을 두지 않는 것은 아무것도 교의와 의무를 지우는 고백의 대상이 되지 않았다. 신경과 교의는 다름 아닌 성경의 해석이었다. 그리스도인이 믿어야 할 요목要目은 교회가 임의로 정하지 않는다. 신경과 교의는 일반적으로 이유 없이 명확히 표현된 것이 아니다. 거짓 교사들이 나타나고 그릇된 가르침들이 거부되어야 할 때 비로소 무엇이 올바르고 그릇된 신앙인지 확정되었다. 계시 자산을 신학적으로 고찰하는 데 정통과 이단을 구분하는 것은 처음에 난관에 부딪쳤다. 교의의 특성을 측정할 수 있는 척도는 본디 정해진 것이 아니라 역사적 발전을 통해서 이루어져야 했기 때문이다. 정통을 성공한 이단으로 정의하지 않는다면, 정통과 이단에 관한 판단은 역사적 논증에서 벗어난다. 성전 광장에서 베드로의 설교에 나오는 종-예수-그리스도론(사도 3,13)은 당연히 칼케돈 공의회의 그리스도론 정식으로 이어져야 하고, 다른 모든 — 특히 유대계 그리스도교 — 해결책은 계시에서 이단적 이탈로 여겨야 하는지는 역사적 결정이 아니라 교의적 결정이다. 이러한 교의적 결정은 교회에서 신앙 자산의 발전이 성령의 감도로 일어난다는 것에 근거를 둔다. 일반적으로 널리 퍼진 신앙의 확신이 모교회 구조 안에서 생성되느냐에 따라, 시간이 흐르면서 차이점은 더 쉽게 밝혀진다. 이단은 교회의 순수한 기원에서 이탈로, 가톨릭교회Catholica에서 지역적으로 제한된 분열로 여겨진다. 이단이 뒤늦게 나타나 일부 지역에만 유포되었다는 것이 처음부터 이단의 결격 사유가 되었다. 따라서 『이단자에 대한 항고』에서 테르툴리아누스의 논증 이래 상이한 가르침의 내용에 관한 시험이 원칙적으로 일어나지 않을 수 있다. 모교회는 자신의 견해가 올바르다는 사실을 입증하지 않고 이단에 대해 복종을 요구하거나 단죄하

는 원고의 역할로 자신을 이해했기 때문이다.[112]

신앙 내용에 의무를 지우는 규정은 다른 종교들에 비해 이례적 배타성이라는 장점을 교회의 선포에 마련해 주었다. 이미 180년경 리옹의 이레네우스는 『이단 반박』 1,10,2에서, 인간의 언어와 문화가 세계의 상이한 지역에서 다를 수 있을지라도, 교회는 도처에서 한목소리로 말한다고 자랑하였다. 반면에, 의무를 지우는 신앙 규범의 차이점으로 인해 새로운 교회분열, 특수 교회, 이단 무리가 끊임없이 생겨나는 단점은 감수해야 했다. 단죄된 신앙 해석을 추종하는 이들이 '승리한' 견해에 굴복하지 않고 자신들의 신앙 해석을 고수하면, 모든 교의와 모든 공의회는 그들의 수를 더 늘렸다. 따라서 유스티누스, 이레네우스, 히폴리투스에서 에피파니우스와 아우구스티누스에 이르기까지 이단자 목록에 나오는 숫자는 점점 더 늘어났다.[113] 그리고 많은 이단이 다시 사라졌다. 그들의 이름은 문서상의 모음집에만 남아 있다. 다른 이단들은 전염성을 지닌 채 남아 있었으며, 특히 도나투스파와 네스토리우스파, 단성론파 교회의 역사가 보여 주듯이,[114] 사회적·민족적 운동과 결합되면 교회를 분열시켰다.

분열은 복음서에서 예수의 말씀(마태 18,7; 루카 17,1)과 계시종교인 그리스도교의 특성에 따라 피할 수 없는 불쾌한 일이다. 분열로 말미암아 독선적이고 비관용적이라는 인상을 늘 피할 수 없기 때문에, 교회 선포의 신뢰성과 선교의 성공을 약화시켰는데도 말이다. 4세기에 이단이 더 이상 교회 내부 문제에만 관계되지 않고 국가의 질서를 위협하며, 교회 지도자들이 국가권력의 도움으로 이단과 그 우두머리를 내칠 수 있는 가능성을 보았을 때, 이러한 위험은 증가했다.[115]

---

[112] J. STIRNIMANN, *Die Praescriptio Tertullians im Lichte des römischen Rechts und der Theologie* (Freiburg/Schweiz 1949) 79-81; WINKELMANN, *Großkirche* 244.

[113] BROX, Häresie 286f.

[114] A.H.M. JONES, Were ancient heresies national or social movements in disguise?: *JThSt.NS* 10 (1959) 280-98.

5.1.2 국가의 조치

이단을 극복하거나 적어도 막으려는 관심은 국가와 교회가 공통적이었지만 동기는 서로 달랐다. 교회에게는 신앙을 교의적으로 명확하게 하는 것이 중요했다면, 황제에게는 입법을 고려해야 하는 사회의 평화와 국가의 일치가 중요했다. 이 때문에 그라티아누스는 378년에 공포된 이단자들에 대한 일반 법률(『테오도시우스 법전』 16,5,4)을 하드리아노폴리스 전투에서 발렌스가 패배하는 여의치 않은 상황에서, 관용법을 통해 다시 파기했다(소크라테스 『교회사』 5,2; 소조메누스 『교회사』 7,1,3). 이 관용법은 정치적 상황이 안정된 뒤에 379년에 다시 폐지되었다(『테오도시우스 법전』 16,5,5). 따라서 입법 조치는 교의教義 차이의 정도가 아니라 각 이단의 정치적 위험성과 구조적 특성에 따라 이루어졌다. 열교 또는 이단적 오류 자체가 국가의 조치에 중요한 요소가 아니었다. 지역적 또는 민족적으로 제한된 분파들(예를 들어 도나투스파)의 경우에 조치는 분열된 교회를 가톨릭교회에 재편입하는 것을 목표로 삼았으며, 전 제국에 확산되고 위험한 것으로 간주된 오류들(이를테면 마니교)의 경우에는 몇몇 인물에 대해 엄한 조치를 취했다. 특히 아리우스파와 니케아파 논쟁에서 국가 측이 어떤 신학적 경향과 투쟁했는가는 지배적인 신앙 경향에 좌우되었다. 아타나시우스의 거듭된 추방과 재석방은 황제들이 자신의 통치 지역에서 종교정책을 펼칠 때 이러한 점을 고려했음을 입증하는 사례다.

개별적으로 취해진 조치를 살펴볼 경우, 이 조치는 분파의 모든 구성원의 육체와 삶을 겨눈 박해의 특성을 지니지 않고 — 분파의 모든 구성원은 대부분 태어날 때부터 자신의 특수 교회에 속했으나, 때때로 개인적 확신에서 그 무리를 벗어났다 —, 이단자들을 압박하거나 선교하지 못하게 하고, 미사를 드리지 못하게 하거나 주모자를 박해하는 것을 목표로 삼았다. 대부분의 법률을 기록한 『테오도시우스 법전』은 제16권에서 이단자 교회

---

[115] KÖTTING, *Macht* 107-21.

와 예배 공간의 몰수에 관해 명기하며, 교회의 건축 금지는 콘스탄티누스 때부터 거의 모든 황제에게 나타난다.[116] 더구나 집회와 강의도 금지했다.[117] 이단의 주모자들에게 자주 추방으로 위협했으며, 실제로 추방하기도 했다. 때로는 신망을 잃게 하거나 유언 작성이나 유언할 수 있는 권리를 제한했다.[118] 교회 저술가들은 이단자들의 처형을 드물게 언급했다. 물론 이러한 처형은 니케아파 그리스도인에 대한 황제 발렌스와 발렌티아누스 2세가 가한 위협과도 관계가 있다.[119] 찬탈자 막시무스는 실제로 이러한 처형을 프리스킬리아누스에게 행하였다(221-2쪽 참조).

이 조치에서 테오도시우스가 큰 역할을 했다. 그의 통치기인 380년 2월에 칙령 「쿵토스 포풀로스」 *Cunctos populos*를 통하여 니케아-가톨릭 신앙이 일반적으로 구속력을 지니고, 이로써 제국 종교로 선포된 뒤, 아리우스 분규는 381년에 열린 콘스탄티노플 공의회에서 교의적으로 해결되었다.

> 우리가 펼친 유화적이고 중용적인 통치를 받는 모든 국민은 (우리의 뜻인) 이 종교에 머물러야 한다. 거룩한 사도 베드로가 선포한 신앙이 오늘날까지 입증하듯이 그는 그 종교를 로마인에게 전했고, 사도적 성성聖性을 지닌 알렉산드리아의 주교 페트루스처럼 다마수스 교황은 그 신앙을 명백히 고백하였다. 곧, 우리는 사도의 명령과 복음의 가르침에 따라 같은 위엄을 지니고 거룩한 삼위이신 성부와 성자와 성령의 신성을 믿는다. 이 법을 따르는 사람들만 (우리가 명하듯이) 정통 신앙의 그리스도인이라고 불려야 한다. 우

---

[116] 에우세비우스 『콘스탄티누스의 생애』 3,65; 소크라테스 『교회사』 4,19; 『테오도시우스 법전』 16,5,3f; 5,4.6.8; 11,15; 12,21.

[117] 『테오도시우스 법전』 16,5,3-6.9-12; 14f.

[118] 아우구스티누스 『서간집』 93,14; 소크라테스 『교회사』 6,12; 『테오도시우스 법전』 16,5,3; 7,3.

[119] 소크라테스 『교회사』 4,16; 소조메누스 『교회사』 6,14; 『테오도시우스 법전』 16,1,4.

리가 어리석고 정신 나갔다고 여기는 그 밖의 사람들은 이단적 가
르침에 대해 모욕infamia을 당해야 한다. 그들의 집회 장소concilia-
bula를 교회라고 불러서는 안 된다. 마지막으로 그들은 무엇보다도
하느님의 응징, 그다음에는 하늘의 심판을 통하여 우리에게 넘겨
진 정당한 벌을 받아야 한다.[120]

3년 뒤 이단적 성향을 지닌 모든 사람에게 집회 금지가 되풀이되었다. 정통 신앙의 그리스도인에게는 되도록 이단적 비밀 운동을 저지할 것을 요구했다.

> 이단의 오류로 괴로워하는 모든 이, 곧 에우노미우스파, 아리우스
> 파, 마케도니우스파, 성령신성부인파[아리우스파 무리], 마니파,
> 극절제파, 소유와 혼인, 술과 고기 등을 포기한 이들Apotaktiten, 이
> 상한 옷을 입고 다니는 이들Sakkophoren, 술 대신에 물로 성찬례를
> 지내는 이들Hydroparastaten[극단적 금욕파 무리]에게, 어떤 영역에 늘
> 모이는 것 … 공개적으로든 개인적으로든 가톨릭교회의 경건함을
> 해칠 수 있는 어떤 방식으로 활동하는 것이 일반적으로 엄금된다.
> 이렇게 명백한 금지를 무시하는 사람이 있다면, 올바른 미사의 장
> 려함과 아름다움을 기뻐하는 모든 이는 고결한 모든 사람의 일치
> 에 근거하여 [그러한 법률 위반자를] 내쫓아도 된다.[121]

이단자들은 이러한 법률들로 간단히 사라지지 않았다. 그렇지만 그들 교회를 빼앗거나 모이지 못하게 하고 교회를 짓지도 못하게 하며, 서품을 금지시킴으로써 서서히 약화되었다. 더욱이 마니교에 대해서는 염탐꾼을 붙

---

[120] 『테오도시우스 법전』 16,1,2; 번역: RITTER, *Alte Kirche* 179.
[121] 『테오도시우스 법전』 16,5,11; 번역: RITTER, *Alte Kirche* 183.

이고 밀고자에게는 보상금을 주었다. 마니교도들은 사형으로 위협했다(『테오도시우스 법전』 16,5,9).¹²² 『테오도시우스 법전』에서 이단자들에 대한 60개가 넘는 법률 조항은, 한편으로는 당국이 이를 소홀히 시행하여 큰 효과를 내지 못한 면도 있지만 다른 한편으로는 5세기에 아리우스파를 거의 사라지게 했으니, 황제의 입법이 얼마나 용의주도했는지 알 수 있다. 5세기와 6세기에는 도나투스파와 프리스킬리아누스파도 명맥을 유지하지 못했다. 루키페르파와 오리게네스파의 경우도 사정은 크게 다르지 않았다. 비록 오리게네스파가 동방 신학 내에서 적지 않은 분란을 일으키기는 했지만(346쪽과 369-70쪽 참조), 그 두 파는 대중적 영향력이 그리 크지 않은 소수의 무리였다. 마니교도만 로마제국의 몰락 이후에도 명맥을 유지했으며, 중세에 새로운 모습(카타르파, 발두스파)으로 다시 나타났다(243쪽 참조). 네스토리우스파와 단성론파는 431년 에페소 공의회와 451년 칼케돈 공의회에서 단죄된 뒤 페르시아 지방으로 피신함으로써 이슬람-아랍 통치하에서 제도적 독자성을 지켜낼 수 있었다.

5.2 프리스킬리아누스와 그의 운동

교회와 국가적 관심사의 불행한 결합, 개인적 명예욕이 미친 영향, 사건들이 역사에 미친 결과 — 의도한 것이 아니었더라도 — 는 개별 사건들을 고려하면 분명해진다. 그 가운데 프리스킬리아누스 사건은 비극적 결말 때문에 특히 눈에 띈다.¹²³

5.2.1 가르침과 금욕적 생활 방식

프리스킬리아누스는 코르도바 근처 신분 높고 부유한 가정에서 태어났다. 그는 뛰어난 세속 교육을 받고 깊은 종교적 열성을 지녔으며, 세상을

---

¹²² LORENZ, Osten 206-8.

¹²³ 주요 문헌: 술피키우스 세베루스 『연대기』 2,46-51; 참조: DASSMANN, Anfänge (149쪽) 73-5; LORENZ, Westen 49-51.

멀리하고 독특한 방식의 금욕 생활을 했다. 그는 교회가 세속화되는 시기에 원시 그리스도교 이상을 실현하고자 하는 각성 운동의 예언자가 되었다. 이러한 금욕적 급진주의와 특유의 그리스도 신비의 원천은 바오로의 편지들이었다. 바오로가 새로운 종교적 자의식을 일깨운 사례가 많다. 바오로가 서방에서 4세기까지 대체로 잊혀진 인물이었고, 펠라기우스와 같은 이단자들, 이른바 암브로시아스테르와 같은 익명의 신학자들, 암브로시우스와 아우구스티누스처럼 저명한 몇몇 주교들이 그를 새롭게 발견해 냈다는 사실을 부인해서는 안 된다.

프리스킬리아누스는 이 세상의 악을 철저히 멀리하려고 애썼다. 그는 이러한 악이 어떻게 생겼는지를 일련의 이원론으로 설명한다. 예를 들어, 흙으로 빚어진 첫 인간은 육체의 활동을 실행한다. 하늘에서 난 둘째 인간은 영의 활동을 계시한다(1코린 15,47 참조). 프리스킬리아누스에 따르면, 인간이 다시 새로워지는 것은 세 단계에서 일어난다. 곧, 정숙은 육체 안에 사는 세속적 욕망들을 극복한다. 영혼은 영 안에서 이 세상의 우상숭배적 악을 인식한 다음에 하느님께 향한다. 따라서 하느님은 인간의 마음에 살 수 있으며, 인간 행동의 증인과 심판자가 될 수 있다(『논고』1,24-25; 6,92-93). 이 세 단계, 곧 세속적인 것을 멀리함, 악을 멀리함(신적인 것과 덕을 가까이함), 신적인 것과 일치는 플라톤-신플라톤주의의 상승론에도 나오며, 정화의 길via purgativa - 조명의 길via illuminativa - 신비적 일치unio mystica에 관한 중세의 가르침에서도 다시 나타난다.

프리스킬리아누스는 성경의 요구들을 매우 진지하게 받아들였다. 완전하게 되기를 바라는 사람은 부모와 자식, 소유물, 명예직, 궁극적으로 자신의 영혼을 단념해야 한다. 또한 그는, 온 힘을 다하여 당신의 계명을 따르는 데 만족한 이들에게도 하느님께서 당신 은총을 허락하실지라도, 무엇보다 하느님을 사랑해야 한다. 모든 사람은 육체와 암흑의 세계와 맞서 투쟁해야 한다. 하느님의 완전한 아들들은 혼인하지 않고 자식을 낳지 않으며 하느님의 천사들과 같다(『논고』2,43; 6).[124]▶

이러한 격률들은 몬타누스주의나 도나투스주의의 엄격한 무리를 떠올리게 한다. 두 운동은 북아프리카에서 일어났거나 그곳에 전파되었으며, 그곳에서 에스파냐로 퍼졌을 것이다. 프리스킬리아누스의 경향에는 마니교 사상도 나타난다. 곧, 빛과 어둠에 관한 이원론, 육체에 대한 경멸과 독신, 몇몇 선택된 이들은 가르침을 철저하게 실행해야 한다는 요구, 듣는 사람의 계층에 속하는 대부분의 사람은 작은 업적으로 하느님에 의해 지복에 받아들여진다는 전형적인 마니교의 사고관이 되풀이된다(241쪽 참조). 그러나 마니교 사상은 정치적으로도 혁명적이고 국가를 붕괴시키는 것으로 여겨졌다. 따라서 마니교도가 되는 것은 위험했다. 그들은 이미 디오클레티아누스 황제 치하 때 국가로부터 박해받았다.[125] 따라서 마니교도라는 꼬리표가 붙어 있는 프리스킬리아누스파는 필연적으로 언젠가 국가권력과 충돌을 일으킬 수밖에 없었다.

곧바로 수많은 사람이 프리스킬리아누스를 추종했다. 에스파냐의 주교 인스탄티우스와 살비아누스가 그와 합류했으며, 그 뒤에 아스토르가의 심포시우스와 코르도바의 히기누스도 그를 따랐다. 수많은 여성이 세상을 철저히 부정하는 그의 운동에 참여했다. 그렇지만 곧바로 메리다의 주교 히다티우스와 오소누바의 주교 이타키우스가 이 운동을 고발하고 이에 교회는 단죄했다. 380년에 열린 사라고사 교회회의 결정이 문서로 전해져, 사람들이 무엇에 이의를 제기했는지 알려 준다: 아무도 자신의 능력이 뛰어나다고 스스로 스승이라고 주장하지 말 것이며, 이미 성직자들이 맡고 있는 원시 그리스도교의 직무를 개혁해서도 안 된다. 프리스킬리아누스파뿐 아니라 카리스마를 지닌 모든 운동은, 교회의 교계제도 및 교회의 모든 기능에서 유일한 대표성을 주장하는 움직임에 한결같이 대항했다. 여성들에게는 교회 밖의 모임에 참석하지 말라고 명했다. 프리스킬리아누스 운

---

[124] LIETZMANN 4,63.

[125] KADEN 56f.

동에 참여한 사람들은 주님 공현 대축일과 예수 부활 대축일을 준비하거나 기도하기 위해 외딴집이나 시골, 때로는 산으로 들어갔고 교회에는 오지 않았다. 이것도 많은 금욕 집단에게서 관찰되는 현상이다. 이런 사람들은 성직자들에게 의존하지 않고 공식적인 예배 대신 전례력에 따른 교화를 추구했다(*Conc. Caesaraugustanum* I 법규 1-2.4.7).

5.2.2 박해와 소송

프리스킬리아누스는 처음에는 평신도였지만 훗날 친한 주교인 인스탄티우스와 살비아누스에 의해 아빌라의 주교로 서품되었다. 이것이 반대자들에게 결정적인 빌미를 제공했다. 사람들은 프리스킬리아누스를 이단으로 고발했으며, 오소누바의 주교 이타키우스는 프리스킬리아누스가 별을 숭배하고 악마적 만행을 저지르는 마니교도(달리 무엇을 기대하겠는가!)라고 증언했다. 이로써 프리스킬리아누스는 이단자법, 특히 그라티아누스 황제가 개정한 마니교도 칙령(242쪽 참조)에 저촉되었다. 추방된 프리스킬리아누스파는 밀라노의 주교 암브로시우스와 다마수스 교황에게 도움을 청했지만 성과를 거두지 못했다. 그들은 관청들의 관할 분쟁 때문에 다시 고향으로 돌아갈 수 있었지만 곧바로, 이번에는 교회에 자신의 정통성을 입증하기를 바라는 찬탈자 막시무스(140쪽 참조)의 부추김으로 다시 법원에 소환되었다. 흔히 그렇듯이 이로써 교회의 사건이 정치적 영역으로 옮겨 갔으며, 찬탈자 막시무스가 자신의 정통성을 승인받기 위해 투쟁할 때 당시 권력자 그라티아누스 황제는 이 사건을 선전의 목표로 활용했다.

384년, '주교 심문'audientia episcopalis이라는 법정 권한을 지닌 보르도 교회회의가 프리스킬리아누스파를 단죄하고 인스탄티우스를 면직하자, 프리스킬리아누스는 황제에게 항소했다. 따라서 소송은 트리어로 이관되었으며, 막시무스의 형사재판 관할권에 배속되었다. 당시 영향력이 큰 투르의 주교 마르티누스는 — 때마침 트리어에 머물고 있었다 — 공판을 교회법원으로 되돌려 사형선고를 막고자 애썼지만 소용 없었다. 황제의 지방

장관은 프리스킬리아누스와 추종자들을 고문하여 마법을 행하고 부도덕한 집단 성행위를 했다는 자백을 받아 내었다. 프리스킬리아누스는 유죄 판결을 받았으며 여성 한 명을 포함한 추종자 여섯 명과 함께 386년에 처형되었다.

이 사건에 대한 교회의 반응은 일치했다. 어린 발렌티니아누스 2세의 지시로 막시무스와 협상하기 위해 트리어에 머물던 밀라노의 암브로시우스는(121쪽 참조) 이 처형을 격렬히 비난했으며, 고소한 주교들과의 교류를 완강히 거부했다. 시리키우스 교황도 이에 대해 강력하게 항의하자, 막시무스는 합법적으로 이루어진 판결이라는 사실에 주의를 환기시키고자 교황에게 편지를 보냈다. 로마와 밀라노는 트리어의 주교 펠릭스도 교회 공동체에 받아들이기를 거부했다. 막시무스가 살아 있는 동안에는 프리스킬리아누스를 '살해한 이들'에게 아무 일도 일어나지 않았다. 그러나 그가 388년에 황위를 빼앗긴 뒤 이타키우스 주교는 곧바로 면직되고 히다티우스 주교도 자발적으로 물러났다. 테오도시우스 치하에서 두 사람은 추방되었으며 프리스킬리아누스에게는 무죄가 선고되었다. 어쨌든 이는, 주교들이 이단자 소송을 세속 권력을 통해 피비린내 나는 결과로 이끈 최초의 사건이다. 교회는 오래도록 분개하고 수치스러워했다. 그런데도 이 사건은 위험한 선례가 되었다.

프리스킬리아누스 열교는, 밀라노와 로마의 중재가 이루어진 뒤, 400년에 열린 톨레도 교회회의에서 관대하게 해결될 수 있었다. 프리스킬리아누스가 죽은 뒤 이 운동에는 서로 다른 성향을 지닌 이들을 일치시킬 수 있는 탁월한 지도자가 없었다. 그는 그 방면에 카리스마가 넘쳤다. 수에브족이 통치하는 갈라이키아 지방에서 561년에 열린 브라가 1차 교회회의에서만 프리스킬리아누스파가 집중적으로 다루어졌다.

5.3 아우구스티누스와 도나투스파

북아프리카에서 발생한 도나투스주의는 프리스킬리아누스주의보다 훨씬 더 중요한 의미를 지닌다. 아우구스티누스는 도나투스파에 대한 투쟁에서 (자신이 원하던 바는 아니었지만) 불운한 역할을 맡았다. 역사가들은 수백 년 동안 이단자 살육을 정당화하기 위한 관념적 토대를 마련한 그를 '중세 이단자 박해자의 전형'이며 '피에 젖은 사형 집행인'이라고 평가했다.[126] 어쩌다가 아우구스티누스가 이런 나쁜 평판을 얻었을까?

5.3.1 히포 레기우스의 상황

아우구스티누스가 처음에는 사제로, 그다음에는 히포의 주교로 도나투스 열교를 다루었을 때, 이 열교는 이미 오랜 역사를 가지고 있었다. 콘스탄티누스와 콘스탄티우스 황제 치하에서 겪은 혹독한 박해는 그 후 한동안 없었지만 분위기는 여전히 좋지 않았다. 도나투스파의 활동은 공적으로 금지되었음에도 암암리에 인정되었으며, 그들의 수는 북아프리카의 많은 지역에서 가톨릭파보다 더 많았다. 히포 레기우스에서도 그들을 따르는 신자 수가 더 많았으며 도시의 가장 화려한 바실리카는 그들이 차지했다. 수많은 간섭과 상호 간의 증오로 도나투스파와 가톨릭파 공동체들 사이에 감정적 갈등이 있었다. 주요 교회들은 가까이 있어 사람들은 서로 비방하고 적대적이었다. 도나투스파 사람들은 '하느님께 찬미'laus Deo를, 가톨릭파들은 '하느님께 감사'Deo gratias를 외쳤다.[127]

도나투스파에 대한 신학적 논증들은 더 이상 이루어지지 않았다. 모든 것이 끝도 없이 주장되었다. 가톨릭교회가 전 세계에 전파되었는데도 유

---

[126] K. HOLL, *Gesammelte Aufsätze zur Kirchengeschichte* 1-3 (Tübingen 1928) 92; W. NIGG, *Das Buch der Ketzer* (Zürich 1949) 122; K. DESCHNER, *Abermals krähte der Hahn* (Stuttgart ³1968) 477. LORENZ, *Osten* 35f.73-5; BAUS/EWIG 142-67.

[127] F. VAN DER MEER, *Augustinus der Seelsorger* (Köln 1951) 134-51. 여기에서는 히포 레기우스에서 일어난 다툼을 신랄한 풍자로 기술한다.

일하게 참된 그리스도의 교회를 대표한다는 도나투스파의 주장 자체가 억지였으며, 부도덕한 모교회와 달리 도나투스파 공동체들은 '순수한' 신자들로만 이루어졌다는 주장도 그 자체에 모순을 안고 있었다. 대립은 모든 교의 논쟁을 넘어 더 깊어졌다. 도나투스파 교회는 본디 민중교회였다. 이 교회는 바르바르 지방의 농촌 주민에 뿌리를 두고 있었다. 반면 가톨릭교회는 무엇보다도 로마화한 도시민으로 이루어졌다. 정치적으로 위험하고 조직화된 투쟁 단체인 이른바 키르쿰켈리오네스Circumcelliones가 도나투스주의와 연합했다. 이들은 대지주의 소유물을 약탈하고, 가톨릭교회에 방화하고 백성들의 뜻에 상관없이 후원을 강요했다.

　아우구스티누스는 처음에는 이러한 심각한 대립에 깊이 관여하지 않은 것 같다. 393년에야 아우구스티누스는 친구이자 카르타고의 수석대주교인 아우렐리우스와 함께 신학적 토대 위에서 일치를 이루기 위해 끊임없이 대화와 토론을 하고 여러 교회회의를 개최하기 시작했다. 동료 주교들은 그러한 노력에 회의적이었다. 그들은 신학적 일치가 분열을 없애지 못하리라는 것을 알았다. 정치적으로 특권을 부여받은 가톨릭파의 위치와 도나투스파에 대한 차별 대우는 처음부터 모든 화해를 불가능하게 했다. 그러나 국가로부터 특권을 부여받았음에도 가톨릭파 대부분은 도나투스파의 횡포를 견뎌야 했다. 도나투스파는 지방 총독이 단호한 강제 조치를 취해 주기를 원했다. 순교자가 되는 것은 도나투스파 사람들, 적어도 그들 지도자에게는 가장 큰 기쁨이었기 때문이다.

5.3.2 아우구스티누스의 성사 이해

　전체적으로 보면 일치를 위한 모든 논쟁에서 이루어진 것은 아무것도 없었다. 그렇지만 교회 내적으로 볼 때 아우구스티누스의 문학적 노력이 성공하여, 교회론과 성사론은 교의적으로 더 깊게 숙고되었다. 도나투스파는 배교나 중죄로 성령을 잃지 않은 거룩한 사람만 세례를 유효하게 베풀 수 있다는 논지를 폈다. 이 관점을 깊이 생각해 보면 상당한 어려움들이 필연적으로 뒤따랐고, 도나투스파 사이에도 서로 생각이 달랐다.[128] 이와 달리 아우구스티누스는 성사의 유효성과 효과를 구분했다. 당연히 성사는 참된 교회의 사랑의 공동체에서만 완전한 축복의 효과를 낼 수 있다. 그러므로 예컨대 세례는, 동물의 낙인과 군인의 문신과 비슷하게 세례 받은 모든 사람이 마치 그리스도의 소유물로 새겨지는 인호sphragis처럼, 다른 교회에서 세례를 받는다 할지라도 그리스도께 속한다는 표지를 받는 것이다. 성사를 통해 새겨지는 이러한 소유권은 소멸되는 법이 없다. 이 때문에 성사가 올바르게, 곧 삼위일체의 이름으로 행해졌다면, 세례 받은 사람이 어떤 교회에서 다른 교회로 바꾼다 해도 다시 세례를 받을 필요가 없다. 특히 세례성사와 성품성사 때 [세례자와 수품자에게] 새겨지는 '지울 수 없는 인호'character indelebilis에 관한 중세의 가르침은 아우구스티누스에게서 유래한다. 아우구스티누스의 교회는 이 원칙을 따랐다. 이단에서 돌아온 사람은 참회 예식을 행해야 하지만 재세례를 요구받지는 않았다. 이와 달리 도나투스파는 재세례를 완고하게 고집했다.[129]

아우구스티누스에 따르면, 거룩한 사람만 성사를 베풀 수 있다고 제한하는 도나투스파의 견해는 그릇된 것이었다. 그에게는 인간적 중개자가 아니라 선물이 중요했다. 하느님의 은총은 성사를 베푸는 사람의 품위에 종속되지 않는다. 이를 후대 스콜라철학은 '사효事效'opus operatum라고 표현한다. 목마른 사람에게는 송수관이 금이냐 납이냐가 중요한 것이 아니라, 샘물이 얼마나 맑으냐가 중요하다. 성사에서도 베푸는 사람의 특성이 아니라 은총이 중요하다.

이러한 사고 과정이 도나투스파의 빈약한 주장보다 훨씬 더 설득력 있

---

[128] A. Schindler, Admonitio Donatistarum de Maximianistis: *Augustinus-Lexikon* 1 (1986-94) 99f.

[129] 그 밖의 설명에 관해서는 E. DASSMANN, Charakter: *Augustinus-Lexikon* 1 (1986-94) 835-40; DERS., Charakter indelebilis: DERS., *Ämter und Dienste in den frühchristlichen Gemeinden* = Hereditas 8 (Bonn 1994) 114-28 참조.

지 않은가? 그런데도 재일치는 한 걸음도 진척되지 못했다. 가톨릭파의 지적 우월성은 오히려 도나투스파에게 토론하려는 의지마저 꺾어 버렸다. 아우구스티누스는 당연히, 자신이 인내를 잃지 않았고, 도나투스파에 권력을 사용하라고 선동하지도 않았으며, 그들을 당국에 고발하는 것을 포기했을뿐더러, 이미 정해진 벌을 줄여 줄 것을 주장했다고 분명히 말했다. 실제로 그의 평화애를 의심해서는 안 된다. 그렇지만 그의 태도는 좀 단순하다. 그는 더 좋은 논증이 유익한 결과를 초래하지 않는다는 것을 이해할 수 없었다. 도나투스파의 논제가 논박되었다면, 그들이 그렇게 입증된 오류를 포기하고 가톨릭 공동체로 돌아오는 것이 논리적으로 당연하다고 생각했다.

그러나 분열은 교의적 문제일 뿐 아니라 사회적 문제였다. 사이가 멀어진 두 교회의 냉담한 감정이 재일치를 가로막았다. 아우구스티누스는 토론과 완전히 자유로운 선교를 바랐다. 그는 사제든 주교든 가톨릭으로 넘어온 사람들에게 그들 결정의 무거운 짐을 덜어 주기 위해 퇴로를 남겨 두었을지라도, 그들이 종교적 기회주의와 실리 때문에 가톨릭교회로 오는 것을 바라지 않았다. 다른 한편으로 그는, 오류는 진리와 같은 권리를 지니지 못하므로, 이단자들이 가톨릭파와 똑같이 국가의 보호를 받는 것은 옳지 못하다고 확신했다. 분쟁이 일어난 경우에는 하나만 가능할 뿐인데도, 개인의 신앙 자유와 국가교회의 요구를 동시에 시인한 이러한 과도기에 살았던 암브로시우스와 대부분의 교부처럼 아우구스티누스에게도 같은 갈등이 엿보인다.

5.3.3 카르타고 교회회의(411)

세기가 바뀌기 전에 대부분의 공동체에서 서로 친화할 수 있는 '생활양식'modus vivendi이 있었음에도, 5세기 초의 정황은 여러 이유에서 나빠졌다. 성사 문제의 신학적 설명과 재세례에 대한 도나투스파의 완고한 입장으로, 그들은 테오도시우스 황제의 이단자법 규정에 따라 이단자로 판정되었다. 불행하게도 도나투스파는 당시 반란을 일으킨 총독을 지지함으로써 정치적인 부담까지 짊어질 수밖에 없었다. 405년의 정황이 대개 그러했다. 호노리우스 황제는 도나투스파에 강제적으로 정통 교회로 되돌아갈 것을 명령했다. 그들의 미사는 금지되고 그들의 교회와 토지는 가톨릭파에 넘겨주어야 했다(『테오도시우스 법전』 16,6,4).

그러나 411년까지 도나투스파의 저항은 여전히 꺾이지 않았다. 411년, 국가는 카르타고에서 새로운, 마지막 종교 대화를 명령했다. 모든 것이 다시 한 번 충분히 토의되었다. 아우구스티누스는 동등한 권리와 완전히 자유로운 의견이 보장되도록 배려했다. 도나투스파는 결국 결정된 판결을 인정하지 않았다. 그러나 이러한 행동은 더 이상 그들에게 도움이 되지 않았다. 황제의 집행관들은 '평화'를 이루기 위해 애썼다. 가톨릭파로 되돌아갈 것을 열성적으로 권유하지 않는 가톨릭 주교들도 고발되었다. 저항은 자살 행위를 방불케 할 만큼 끔찍했고, 억압의 피해자들은 더러 보복에 나서기도 했지만, 주교들과 함께 전 공동체가 가톨릭교회로 되돌아오는 경우도 없지 않았다.

아우구스티누스는 도나투스파에 대한 조치에 수반된 폭행을 매우 유감스럽게 생각했다. 프리스킬리아누스 사건 때의 암브로시우스처럼(221-2쪽 참조) 아우구스티누스는 교회가 어떤 경우에도 받아들일 수 없는 것으로 여긴 사형을 반대하여, 그의 뜻을 이루었다. 그는 이 시기에 끊임없이 평화와 화해를 설교했다. 무엇보다도 그는 도나투스파에게 불쾌감을 주는 행위를 극도로 자제할 것을 신자들에게 요구했다. 종교 간 대화가 계기가 되어 411년에 행한 설교에서 그는 이렇게 말했다.

> 이제 이들[도나투스파]에게 공식적으로 알립니다. 곧, 그리스도인은 화목해야 한다고 결정되었습니다. 이 소식에 그들은 이제 서로 '아 괴롭구나, 우리 신세가! 어찌하여 일치가 이루어졌나!'라고 말합니다. '아 괴롭구나, 우리 신세가! 어찌하여 일치가 이루어졌나?'라는

말이 뜻하는 것은 무엇입니까? 여러분은 무엇에 그리 깜짝 놀랍니까? 사람들은 일치가 이루어졌다고 말합니다. 이것이 들짐승이 나타나고 화재가 일어났다고 말하는 것입니까? 일치가 이루어질 것이고 빛이 나타날 것입니다. 그러니, 사랑하는 이들이여, 저는 이들에게 여러분의 그리스도교적 · 가톨릭적 온유함을 보여 주도록 여러분이 사랑을 베풀기를 간원합니다.

여러분은 환자들을 대하듯 해야 합니다. 그들의 눈은 분노로 불타오르기에 세심하고 부드러운 치료가 필요합니다. 이제는 싸움을 걸어서도 안 되며 토론에서 자신의 신앙을 변론해서도 안 됩니다. 그런 데서 불똥이 튈 수도 있기 때문입니다. 여러분은 욕설을 들을지도 모릅니다. 못 들은 척 욕설을 견디고 앞으로 나아가십시오. 의사들이 그들을 몹시 괴롭히는 환자들을 얼마나 친절하게 대하는지 주시하십시오. 그들은 욕설을 듣지만 약을 주고 욕설에 맞대응하지 않습니다. '환자를 돌볼 때는 그야말로 환자를 돌보기만 하면 그만이지, 의사와 환자가 서로 논쟁하려 들 필요가 없다'는 말에 함축된 의미를 이해하십시오.

형제들이여, 맹세하건대 논쟁을 그만두십시오! 어떤 사람이 교회를 모욕한다고 당신이 이야기하면 저는 참지 않습니다. 그러나 다름 아닌 이 순간에 교회는, 교회가 모욕받을 때 당신이 참을 것을 요구합니다. 그가 우리 주교를 뒤에서 헐뜯고 그에 관해 나쁜 이야기를 해도 침묵해야 하느냐고요? 그를 내버려 두십시오! … 당신의 주교를 위해서 어떤 논쟁에도 끼어들지 마십시오! 지금이 어려운 상황이라는 것을 이해하고 스스로 깊이 생각하십시오. 그리고 그를 위해 기도하십시오.[130]

---

[130] 『설교집』 357,3f; 번역: F. VAN DER MEER, *Augustinus der Seelsorger* (Köln 1951) 122f.

5.3.4 어떻게 해서라도 들어오게 하라(cogite intrare)

아우구스티누스의 호의적이고 너그러운 태도 덕분에 많은 도나투스파 사람이 진심으로 가톨릭교회로 돌아서게 되었다. 그렇지만 화해를 방해하는 인습, 뿌리 깊은 선입견, 공동체 상호 간의 불통不通 사례도 빈번했다. 그들의 도시나 마을에 공동체가 하나만 있고 모든 주민이 종교적으로도 서로 평화롭게 살 수 있었다면 많은 사람이 기뻐했을 것이다.

유감스럽게도 이러한 성공은 아우구스티누스에게, 자발적 회두回頭라는 지금까지의 주장을 포기하도록 유혹했다. 그의 관점이 바뀐 것이 어떤 결과를 가져왔는지 당시 그는 짐작하지도 못했다. 408년에 아우구스티누스는 마우레타니아 지방에 있는 카르텐나의 주교 빈켄티우스에게 이런 편지를 보냈다(『서간집』 93,5,17).

> 처음에 저는 아무도 그리스도의 일치를 위해 강요되어서는 안 되고, 말로 그의 마음을 움직이고 논쟁으로 설득하고, 근거를 대어 이겨야 한다고 생각했습니다. 이는 우리가 이단자로 알았던 이들이 나중에 우리 가운데 위선적 가톨릭 신자로 남아 있지 않게 하기 위해서였습니다. 그러나 이러한 제 생각은 달리 생각하는 이들의 논증이 아니라 명백한 본보기로 반증되었습니다. 왜냐하면 거의 대부분이 도나투스파였던 제가 맡고 있는 도시가 맨 먼저 저에게 저항했기 때문입니다. 그들은 황제의 법이 두려워 가톨릭 신앙으로 개종하였으며, 우리는 이제 그들이 모든 정욕의 타락을 철저히 거부하는 것을 알았습니다. 우리는 그들이 다른 사람이었다고 생각할지도 모릅니다. 제가 [마음만 먹으면] 일일이 열거할 수도 있지만, 다른 많은 도시도 사정이 같습니다. 이러한 사건들을 통해 저는 "지혜로운 이에게 주어라. 그가 더 지혜로워지리라"(잠언 9,9)는 말을 마음 깊이 이해하게 되었습니다.

아우구스티누스는 도나투스파를 강제적으로 회두시킴으로써 나타나는 긍정적 효과를 외면할 수 없었다. 무엇보다도 수년 동안의 논쟁들로도 해결책이 거의 보이지 않는 히포의 상황은 그에게 강제 조치가 올바른 방법이라고 믿게 했다. 물론 모든 사람이 자발적으로 진리의 길을 따랐다면, 원래의 방법을 택했을 것이다. 그러나 이해가 부족하고 납득시키기 어렵다면 강요와 형벌을 내세우는 위협이 불가피할 수 있다. 부모도 자식에게 복종하도록 강요하고, 선생은 학생에게 도움이 되도록 공부를 강요하지 않는가? 아우구스티누스는 빈켄티우스 주교에게 다음과 같은 사실을 숙고해 볼 것을 권유한다(『서간집』 93,2,5).

> 집주인이 자기 종에게 이렇게 말한 것을 당신이 읽는다면, 그런데도 아무도 의로움을 위해 강요되어서는 안 된다고 생각하시겠습니까? "너희가 발견하는 사람은 어떻게 해서라도 들어오게 하라"[루카 복음 14장 23절에 대한 북아프리카의 자구적 번역에 따라 conpelle intrare 대신에 cogite intrare를 사용했다]. … 사람을 오류의 파멸에서 벗어나게 하기 위해 그에게 어떤 폭력도 사용해서는 안 된다고, 당신은 실제로 그렇게 생각하십니까? 당신은 명백한 본보기들[예컨대, 다마스쿠스 가까이 이르렀을 때 바오로의 회심]을 알고, 우리를 모든 사람보다 더 사랑하시는 하느님 자신이 이와 같이 행하시는 것도 알며, 그리스도께서 "아버지께서 이끌어 주지 않으시면 아무도 그분께 오지 못한다"(요한 6,44)라고 말씀하는 것을 들었습니다.

아우구스티누스가 종교적 강요와 단기적인 폭력 사용을 시인했다는 것을 부인해서는 안 된다. 목표는 당연히 가톨릭교회로 돌아서는 자발적 동의였다. 그러나 이 분열에서 사정이 이처럼 명백했기 때문에, 도나투스파 지도자들의 악의에 찬 완고함을 극복하고 그릇된 길에 들어선 백성을 다시 얻기 위해, 모든 수단을 활용하지 않는 것은 옳지 않은 듯 보였다. 아우구스티누스는 교계제도적 자의식이나 교회 지도자의 통치자적 본능에 따라 반응하지 않았다. 오히려 그 반대였다고 해야 옳다. 그는 상황에 맞게 처신했다. 아우구스티누스도 처음에는 교양인 특유의 무의식적 교만으로 자신의 논증과 수사학적 설득력을 확신했을 것이다. 그러나 자신이 기울인 모든 노력이 아무런 결과를 이끌어 내지 못하자 체념하여 반대 방향으로 나아갈 것을 유혹받고 국가의 강제 수단을 받아들이기에 이르렀다.[131]

아우구스티누스는 도나투스파를 가톨릭교회로 돌아서게 함에 있어 국가가 조치를 취하는 방안에 동의했다. 이는, 그때그때 상황에 따라 반응하는 것이 구체적인 사안에서는 의미 있는 측면도 있고 그럴 권리도 있으며 부정적인 결과보다 긍정적인 결과가 많긴 하지만, 역사의 역동성 속에서 어떻게 지속적으로 영향을 미치며 얼마나 끔찍한 결과를 초래하는지도 보여 준다. 아우구스티누스는 중세와 근대 이단자 화형의 창시자인가? 그의 의도를 이해하는 한, 그건 분명 아니다. 그러나 그가 내린 결정의 영향력을 생각하면 그리 볼 수도 있다. 아우구스티누스는 이후 수세기 동안 엄청난 권위를 누렸다. 아우구스티누스라면 엄격히 단죄했을 행위들을 후대인들은 반복했고 그의 이름을 빌려 정당화했다. 이것이 그의 운명이었다.

411년 교회회의, 412년 호노리우스 황제의 칙령(『테오도시우스 법전』 16,5, 52), 그 뒤 국가의 조치들로 도나투스파의 핵심 세력은 100년 뒤 무너진다. 그런데도 황제가 반포한 여러 법령과 북아프리카에서 열린 교회회의들은 418~420년까지 여전히 도나투스파 저항에 깊이 관여했다. 아우구스티누스는 궁극적으로 찾아온 평화에 기뻐하면서, 자신의 노력이 성과를 거둔 것으로 오판했다. 도나투스파의 강제 회두를 계기로, 한때 그토록 당당했던 아프리카 교회가 몰락하기 시작했다. 아프리카 교회는 아랍인의 득세로 흔적 없이 사라진 지중해 지역의 유일한 교회다. 이전의 많은 도나투스파는 침략한 반달족에게 즉각적인 호의를 표명했고, 북아프리카를 재정복

---

[131] CAMPENHAUSEN (*Lateinische Kirchenväter* 194)은 이렇게 해석한다.

한 비잔틴인을 증오했으며, 아랍인을 해방자로 환영했다(276-7쪽 참조). 아무튼 그리스도교의 유산은 이집트나 시리아에서와 같은 방식으로 지켜지지 못했다. 가톨릭교회 세력만 살아남지 못했다. 아마 도나투스파 교회는 카르타고와 바르바리 지역민 사이에 뿌리를 내린 것 같다. 물론 그 교회의 백성은 다른 세상과 고립되는 희생을 치렀다. 그들 교회의 특수 형태가 깨졌을 때, 그곳에서 활동하던 그리스도교 세력은 마비되었다. 북아프리카 교회도 로마 문화와 함께 붕괴했다.

5.4 펠라기우스의 오류

5.4.1 펠라기우스의 관심사

프리스킬리아누스와 도나투스주의처럼 펠라기우스와 그의 운동에서도 그리스도인과 교회의 성성聖性이 그 시대에 어떻게 지켜질 수 있는지에 관한 문제가 중요했다.[132] 신학적 논쟁의 주된 책임을 맡아야 했던 사람은 또다시 아우구스티누스였다. 411년, 카르타고에서 도나투스파에 관한 마지막 결정이 내려졌을 때 히포의 주교는 마침내 안도하면서, 여유를 가지고 자신의 신학 작업에 몰두할 수 있기를 바랐다. 그렇지만 그해 여름이 채 가기도 전에 카르타고 교회회의는 펠라기우스의 제자 켈레스티우스의 이름으로 펠라기우스의 오류를 단죄해 버렸다. 신학적 투쟁에 뒤따르는 고통은 아우구스티누스가 지금까지 견뎌야 했던 모든 논쟁보다 여러 이유에서 더 심했다. 펠라기우스가 선을 완성하기 위한 인간 의지의 실행력을 내세운 확신에 찬 방식은 아우구스티누스의 눈에 매우 의심스러웠으며, 아우구스티누스가 자신의 공로를 포기하고 하느님 은총의 승리로 체험한 회개 경험과 모순되었다. 한편 그는 마니교의 운명적 비관주의에서 벗어나

---

[132] 펠라기우스와 아우구스티누스 은총론에 대한 상반된 평가에 관해서는 P. BROWN, *Der heilige Augustinus* (Frankfurt 1973) 298-356; K. FLASCH, *Augustin. Einführung in sein Denken* (Stuttgart 1980) 172-226; E. DASSMANN, *Augustinus* (Stuttgart 1993) 118-30; LORENZ, *Westen* 63-71 참조.

기 위해 자유의지를 강조하는 여러 작품을 저술한 바 있다. 성경 해석학자 티코니우스를 제외하고[133] 평범한 도나투스파와 북아프리카의 마니교도보다 더 지적이고 변증법 교육을 받은 아우구스티누스의 적대자들은 이제 이러한 그의 모순을 비난했다(241-3쪽 참조). 특히 에클라눔의 주교 율리아누스는 아우구스티누스 은총론의 결과를 지적하면서 그가 곤경에 빠졌다고 이해했다.[134] 아우구스티누스가 펠라기우스적 낙관주의자들에게 인간 본성의 온전함을 반대하는 논증, 어린이들에게 이미 세례를 주는 교회의 관습에서 그들이 아직 자유의지를 행사할 수 없음에도 죄의 용서가 필요하다는 논증으로 이의를 제기했을 때, 펠라기우스파는 되물었다: 세례를 받지 않고 죽은 수많은 무죄한 존재는 어떻게 되는가? 그들은 영원한 불에 넘겨져야 하는가? 그렇다면 하느님의 의로움은 무엇인가?

알라리쿠스가 이끄는 고트족이 410년에 로마를 파괴한 뒤 많은 주민이 북아프리카로 피신했을 때, 아우구스티누스는 처음으로 펠라기우스주의에 대해 알게 되었다. 피신한 이들 가운데 브리타니아 출신의 수도승인 펠라기우스도 있었다. 그는 380년대에 로마로 이주하여 교양 있는 그리스도인 동아리에서 활동했다. 그는 세속화한 교회의 상황에 맞서 철저히 그리스도를 따르려고 애썼고, 세련된 문체로 쓴 편지들로 자신의 가르침을 퍼뜨렸다. 이를테면, 인간에게 완전함은 가능하기 때문에 인간은 완전해져야 한다. 하느님께서는 인간에게 불가능한 것을 요구하지 않으신다. 계명을 지키기 어렵다는 불만과 악에 기우는 인간 본성은 펠라기우스가 볼 때 핑계에 지나지 않았다. 인간은 자신의 행위에 책임이 있다. 그런데 그때까지 아무도 진지하게 이의를 제기하지 않았다. 당연히 죄는 널리 퍼져 있으며, 죄짓지 않는 인간은 없다. 이를 설명하는 데는 쉽사리 죄와 악행에 빠

---

[133] P. MONCEAUX, *Histoire littéraire de l'Afrique chrétienne* 5 (Paris 1920; Nachdruck Brüssel 1963) 165-219; H. BRAKMANN, Africa II (literaturgeschichtlich): *RAC Suppl.* I,1-2 (1985) 198.

[134] E. DASSMANN, "Tam Ambrosius quam Cyprianus" (c.Iul.imp. 4,112): *Oecumenica et Patristica*. FS W. Schneemelcher (Chambésy - Genf 1989) 259-68.

지는 습관을 지적하는 것으로 충분하다. 죄는 유전generatione이 아니라 모 방imitatione을 통해 자란다.

율법적 규정의 필연성과 효과에 대한 낙관적 신뢰, 도덕적 진지함, 자신에 대한 과대 평가, 주일에만 교회에 가는 신자와 세속화된 성직자에 대한 경멸이 펠라기우스를 따르는 로마 지식인 무리(개중에는 로마 유학파 출신 법률가도 많았다)의 지배적인 분위기였다. 지체 높은 집안의 젊은이로 이 운동권의 '무서운 아이'enfant terrible가 된 켈레스티우스도 그 가운데 하나였다.

5.4.2 아우구스티누스의 이의와 펠라기우스파에 대한 단죄

410년 이전에는 아우구스티누스도 펠라기우스에 관해 아무것도 듣지 못한 것 같다. 펠라기우스가 히포에 왔을 때 그들은 직접 만나지 못하고 정중하고 조심스럽게 표현된 편지 두 통만 주고받았다(『서간집』 146). 펠라기우스가 곧바로 팔레스티나로 여행을 떠난 탓에, 아우구스티누스는 펠라기우스의 글을 통해서만 그의 관심사를 알게 되었다. 북아프리카에서 논쟁에 불을 붙인 사람은 켈레스티우스였다. 그는 토론에서 아담이 지은 죄가 갓난아이에게 유전된다는 불합리한 사실에 관해 자신의 견해를 말했다. 그것은 그럭저럭 봐줄 만했다. 그러나 그가 생각을 발전시켜 유아세례의 유용성을 문제로 삼았을 때, 주교들은 사태의 심각성을 알게 되었다. 켈레스티우스가 카르타고에서 사제품을 받고자 했을 때, 카르타고 교회회의는 그를 단죄했다(아우구스티누스 『펠라기우스 행적』 11,23). 아우구스티누스는 평소 친분이 있던 황실 관리 마르켈리누스의 글을 읽고 카르타고에서 벌어진 일에 대해 알게 되었다. 마르켈리누스는 뒤에 아우구스티누스에게 카르타고 협상에 관한 기록도 보내 준 사람이다.

그 당시 아우구스티누스는 도나투스파를 단죄한 뒤 겹겹이 쌓인 난제를 조정하느라 바빴다. 그럼에도 불구하고 그는 펠라기우스의 가르침을 상세하게 연구하지도 못한 채 급히 『죄벌과 용서 그리고 유아세례』로 대응했다. 아우구스티누스는 펠라기우스의 윤리적·수덕적 주장이 미친 영향에

안심할 수 없었다. 그는 곧바로 신학 전반에 당연히 미치게 될 무서운 결과들을 알게 되었다.

다른 주교들은 문제의 심각성을 알지 못했다. 특히 실천적 신인협력설, 인간의 의지력과 신적 은총의 도움이라는 협력을 받아들인 동방은 펠라기우스의 가르침이 야기한 결과들을 간과했다. 예루살렘 교회회의(415)가 찬성 입장을 표명했으며, 디오스폴리스(리다) 교회회의는 그곳에 참석한 펠라기우스의 견해를 명시적으로 승인했다. 그 때문에 히에로니무스는 이 교회회의를 '비참한 교회회의'miserabilis synodus라고 비난했다(『서간집』 143,2).

동방인들의 태도는 새삼 북아프리카인의 저항을 불러 일으켰다. 416년에 펠라기우스와 켈레스티우스가 카르타고와 밀레비스에서 단죄되었다. 아우구스티누스의 열성적인 지도로 교회회의 참석자들은 교황 인노켄티우스 1세(402~417)에게서 그들의 결정을 승인받는 데 성공했다. 아우구스티누스는 『설교집』 131,10에서 로마의 답변을 소개한다. 잘못 번역된 채 자주 인용되는, '로마가 말했으니 사건은 끝났다'Roma locuta, causa finita라는 말이 여기서 비롯된다. 실제로 아우구스티누스는 이렇게 썼다: 답서rescripta가 사도좌에서 왔다. Causa finita est, 즉 펠라기우스 가르침의 오류에 관해 결정이 났다. '언젠가 오류가 끝나기를'utinam aliquando finiatur error!

펠라기우스 오류의 종말에 대한 이러한 희망은 곧바로 이루어지지 않았다. 켈레스티우스와 펠라기우스는 인노켄티우스의 후계자인 조시무스 교황(417~418) 때 복권되었다. 펠라기우스는 자신의 도덕적 요구가 명백히 옳고 종교적으로 영향이 큰 요소임을 강조하는 것이 어렵지 않았을 것이다. 교황에게 제출한 신앙고백은 펠라기우스의 가르침이 얼마나 큰 매력으로 사람을 끌어들이는지 알게 한다.

> 우리는, 어린이에게 같은 성사의 말로 베풀어지는 세례를 고수합니다. … 우리는 하느님을 모독하는 이들도 혐오합니다. 이들은 인간에게 불필요한 것이 규정되었고, 하느님의 계명들을 개별적으로

가 아니라 보편적으로만 지킬 수 있다고 말하고, 마니교도처럼 초혼 또는 카타프리기아인들(몬타누스파)처럼 재혼을 비난합니다. 우리는, 인성의 나약함이 거짓말을 하게 했기 때문에 하느님의 아들이 거짓말을 했고, 그가 육을 취했기 때문에 자신이 바라는 … 모든 일을 다 할 수는 없다고 말하는 이들도 파문합니다.

우리는 늘 하느님의 도움을 필요로 하고, 마니처럼 인간이 죄를 피할 수 없다고 주장하는 이들도 오류에 빠져 있고, 요비니아누스처럼 인간이 죄를 짓지 않을 수 있다고 주장하는 이들도 오류에 빠져 있다고 말하는 방식으로 자유의지를 고백합니다. 양편 모두 자유를 인정하지 않기 때문입니다. 그러나 우리는 늘 자유의지를 가지고 있다는 것을 고백하기 위해 인간은 죄를 짓거나 짓지 않을 수 있다고 말합니다.[135]

펠라기우스는 유아세례를 고수했다. 이 점에서 그는 켈레스티우스보다 더 신중했다. 펠라기우스는 재치 있게 마니의 오류를 끌어들였다. 아우구스티누스는 9년 동안 마니교도였다. 극복할 수 없는 이러한 과거의 어떤 것이 의지의 능력에 대한 아우구스티누스의 불신에 여전히 숨어 있었던 것이 아닐까! 조시무스가 이 신앙고백에 동의한 것은 이상한 일이 아니다. 펠라기우스는 이 신앙고백에서 베드로좌에 앉은 조시무스에게 공손하고 정중하게 경의를 표했기 때문이다. 아우구스티누스는 은총을 완전히 잘못 이해함으로써 결국 오류의 바탕이 된 위태로운 부분을 밝히려고 노력했다. 그는 펠라기우스가 인간의 모든 행동에 하느님의 도움이 필요하다고 말했다면, 신에 대한 사랑과 선을 향한 의지의 움직임을 일으키는 것은 '내적 은총'gratia interna이 아니라 그리스도의 가르침이나 본보기만 뜻하는지 입증해야 했다.

---

[135] 위-아우구스티누스 『설교집』 236,5f (PL 39,2183); 참조: WERMELINGER 138, Anm. 17.

북아프리카 사람들은 조시무스의 잘못된 결정을 좌시하지 않았다. 418년, 참가자 전원이 참석한 카르타고의 본회의에서 200명이 넘는 주교가 이전에 내린 단죄를 낱낱이 확인했다. 로마 주교는 그것에 별 관심을 기울이지 않았다. 회람 서간epistula tractoria에서 로마 주교는 북아프리카 사람들의 은총론을 따르도록 전 주교단에 요청했다고 한다.[136] 교회가 궁극적으로 단죄한 뒤 국가의 이단자법이 적용되었다. 이탈리아 출신 주교 18명 ― 그 가운데 에클라눔의 율리아누스도 있었다 ― 이 418년에 호노리우스 황제에 의해 추방되었다. 그들은 동방에 눈을 돌렸으며, 그곳에서 도피처를 찾았다. 429~430년에 펠라기우스파는 테오도시우스 2세에 의해 콘스탄티노플에서 추방되었다. 다른 이단 무리들에 대한 조치와 비교하면 펠라기우스파에 대한 국가의 조치는 몇 가지 활동에만 취해졌다. 논쟁은 신학적 논쟁이었고 백성의 마음을 흔들지 않았다. 인상적인 도덕적 설교 내용에 따라 살지 않는 백성은 펠라기우스의 기본 가르침에 익숙했다. 431년에 열린 에페소 공의회에서 동방 주교들은 특별한 협의 없이, 펠라기우스나 켈레스티우스와 관련된 모든 주교 또는 성직자를 면직된 것으로 천명하면서(『법규』1조와 4조), 펠라기우스파에 대한 서방의 단죄를 따랐다.

5.4.3 후유증

418년에 내린 조치와 419년과 421년에 계속된 반펠라기우스적 규정에도 불구하고 신학적 논쟁은 아직 끝나지 않았다.[137] 특히 아우구스티누스와 에클라눔의 율리아누스 사이에 격한 논쟁이 일어났다. 이 논쟁의 쟁점은 의지와 은총에 관한 문제 제기로 일어난, 개인의 잘못 없이 일어나지 않는 원죄와 예정에 관한 것이었다. 북아프리카 비자케나 지방의 하드루메툼에 있는 수도원의 수도승, 그리고 마르세유의 수도승들은 아우구스티

---

[136] 전승과 내용에 관해서는 WERMELINGER 209-14 참조.
[137] LORENZ, Westen 68-71.

누스가 사망한 뒤에도 이론異論을 공공연히 제기했다. 이에 관한 저서와 논박서들이, 더러는 끈질긴 논쟁의 결과로, 더러는 아우구스티누스 학설의 영향이 초래한 실질적 어려움의 여파로 저술되었다. 아퀴타니아의 프로스페루스는 오랫동안 아우구스티누스주의를 강력히 변론했고, 요한 카시아누스와 레렝스의 빈켄티우스는 어떤 인간은 선택하고 어떤 인간은 선택하지 않으시는 하느님의 예정에 관해 아우구스티누스가 변론한 가르침을 부인했다. 그들도 은총의 필연성을 확신했지만, 의지에 관해서는 무엇보다도 신앙으로 방향을 돌림으로써 구원을 주체적으로 획득하기 위한 최초의 자극에 관해서는 아우구스티누스와 달리 판단했다.

결론적으로, 이들이 철저한 아우구스티누스 추종자로 불린 것도, 16세기에 반대파인 절충적 펠라기우스파로 불린 것도 당연히 적절하지 못한 처사다. 아를의 카이사리우스가 교황 펠릭스 4세(526~530)와 합의하여 준비하고 완화한 아우구스티누스주의가 교회의 가르침이 되었다. 이는 529년 제2차 오랑주 교회회의에서 정식화되고 교황 보니파티우스 2세(530~532)가 승인하였다.

5.5 마니교에 대한 억압

5.5.1 가르침과 전파

동방의 영지주의 사상은 마니교에서 또다시 그리스도교에 해악을 초래했다. 이 운동의 창시자는 페르시아인 마니(216~276년경)였으며, 에우세비우스는 그에 관해 이렇게 평가했다.

> 그는 그리스도를 모방하려 했다. 그는 때로는 자신이 보호자요 성령 자체라고 자처했으며 …, 그리스도처럼 자신의 개혁 동료로 열두 제자를 뽑기도 했다. 그는 수많은, 그리고 오래전에 사라진 불경한 이단에서 … 거짓되고 불경한 자신의 가르침을 짜 맞추었으며, 치명적인 독과 같은 자신의 가르침을 페르시아 땅에서 우리 땅

으로 옮아 왔다. 그 후 마니교도라는 악명이 오늘날까지 도처에 만
연해 있다.[138]

마니는 모든 종교의 완성을 실현하고자 했다. 그는 영지주의적 유연함으로 이란의 차라투스트라(조로아스터) 또는 아시아의 붓다의 계승자로 행동할 수 있었다. 동방에서 마니교는 성공적인 선교 활동으로 그리스도교에 대한 혼합주의적 경쟁 종교라는 인상을 주었다. 따라서 새로운 세계종교로 발전이 가능한 듯 보였다. 서방에서 (특히 북아프리카에서 아우구스티누스가 증언하듯이) 마니교는 그리스도교적 요소를 많이 받아들여, 그리스도교 신앙과 극복할 수 없는 차이가 있음에도 불구하고 그리스도교 이단처럼 여겨질 수 있었다. 아우구스티누스는 『고백록』 3,6,1에서 이렇게 탄식했다.

> 악마의 올가미가 그들의 입, 미끼는 당신(하느님)의 이름, 우리 주 예수 그리스도의 이름, 파라클레토스, 우리의 보호자, 성령의 이름이 뒤섞여 조리되었습니다.

마니 가르침의 근본은, 중재의 가능성을 열어 두지 않고 그리스도교 사상과 마니교 사상을 나누는, 존재론적 이원론이다. 마니의 이해에 따르면 이렇다.

> … 두 원리, 선과 악. 이 둘 가운데 하나는 창조되지 않고 기원이 없다. 빛인 선과 어둠과 물질인 악에 서로 공통되는 것은 아무것도 없다.[139]

---

[138] 『교회사』 7,31,1f; 번역: RITTER, *Alte Kirche* 107; 참조: DEMANDT 421f; LORENZ, *Osten* 48f.

[139] 안티오키아의 세베루스 『강해집』 123; 번역: RITTER, *Alte Kirche* 107.

세상에는 두 원리가 섞여 있으며 빛의 실체는 물질 안에 잡혀 있다. 이는 특히 인간에게 적용된다. 곧, 인간의 영혼은 하늘에 있는 빛의 실체에서 기인하며, 그의 육체는 어둡고 악한 물질에서 기인한다. 이 분할은 단순하고 이해하기 쉽다. 사람들은 악이 어디서 오는지 안다. 악은 선처럼 태초의 원리다. 이 이원론은 매력적인 결론이다. 선과 악 모두를 하나의 근원, 하느님께 소급해야 한다는 이루 말할 수 없이 어려운 모험이 없어진다. 하느님은 선하고 전능하신데, 불완전하고 파괴적인 것이 어떻게 세상과 어울릴 수 있는지 설명할 필요가 없어진다. 마니교도가 볼 때 구약성경의 '유치한' 창조신이 예수 그리스도의 아버지이신 사랑의 하느님과 같은 분일리 없었다.

모든 것을 이끄는 하느님의 섭리나 자유의지와 같이 영원히 이해하기 어려운 문제도 제기되지 않는다. 인간은 자기 본성에 따라 두 원리, 곧 악의 원리와 선의 원리에 관계하고 있다. 인간의 삶에서 악은 죄가 아니라 운명이며, 윤리적으로 거부할 수 있는 것이 아니라 인간의 존재론적 속성에 속한다. 이러한 사상에서 도덕적 의무를 없애 주는 기능은 무한하다. 곧, 악은 자유의지가 아니라 인간의 육체적 체질에 자기 자리를 가지고 있다. 구원은, 계시자 마니나 예수를 통해 가르침을 받은 인간이 자기 실존에서 빛의 섬광들을 모으고 그 실존의 물질적 혼합에서 해방됨으로써 이루어진다. 이는 그 자체로 엄격한 금욕과 성적 절제, (새로운 영혼의 섬광들을 다시 육체 안에 감금시키는) 출산 행위의 금지, 그 밖에 엄격한 단식 규정들 — 고기와 피처럼 거무스레한 음식은 먹지 말고 그 대신 빛을 많이 받은 멜론, 호리병박 열매, 과일과 같은 신선한 음식을 먹을 것 — 을 요구한다. 마니교를 믿고자 하거나 믿는 이들이 겁을 먹지 않도록 '뽑힌 사람들'electi에게만 완전한 금욕 의무가 따른다. 다수의 '듣는 사람들'audientes은 뽑힌 사람들을 위한 봉사자가 되는 것으로 금욕 의무가 면제될 수 있다. 이러한 봉사를 통해 듣는 사람들은 나중에 뽑힌 사람들의 몸에 다시 태어나는 권리를 얻는다.

국가가 취한 금지 조치 때문에 오히려 마니교는 금단의 집단이라는 매력을 풍기게 되었다. 북아프리카에서 마니교도는 자신들이 계몽된 학문적 분위기로 둘러싸여 있다고 이해했다. 그들은 이로써 생기가 없고 권위적인 공동체의 신앙 이해가 아니라 스스로 책임지는 영적인 그리스도인이 되고자 하는 사람들을 유혹했다. 아우구스티누스는 마니교를 등진 뒤 마니교도가 이성적으로 가르친 성경 비평에 깔려 있는 위험을 인상적으로 기술했다(『믿음의 유익』 5-9). 마니교도는 구약성경을 배척했으며, 신약성경에서 지극히 높은 하느님과 본질적으로 같은 예수의 빛나는 자태를 어둡게 할 수 있는 모든 내용을 없앴다. 마니교의 관점에서는 정화된 바오로의 권위만 설득력을 지녔다. 심령론, 점성술, 더 나아가 광란의 제식 행위가 이러한 계몽된 종교성과 결합되었다는 것도 교육에 전력을 기울인 마니교 추종자들에게는 걸림돌이 되지 않았다. 동방에서 유래한 모든 종교 집회의 은밀한 열정은 고대 후기의 사람들에게 (철학자와 엉터리 철학자에게도) 큰 매력이었다.

5.5.2 배척

마니교는 서방에서 3세기 말부터 퍼져 나가 상류층 사람들에게 뿌리를 내릴 수 있었다. 마니교도는 자신들의 풍습과 페르시아의 관습을 퍼뜨려 로마 국민의 정신을 해쳤기 때문에, 그들의 독소를 뿌리째 뽑고자 한 디오클레티아누스 황제 때부터 이미 배척의 대상이 되었다.[140] 콘스탄티누스와 그의 후계자들이 아리우스파와 도나투스파에 대해 긴급한 조치를 취해야 했기 때문에, 마니교도는 두 세대 동안 도처에서 방해받지 않고 집중적으로 선교할 수 있었다. 그 뒤 발렌티니아누스 1세 때부터 마니교는 다시 선교하기 어려워졌다. 372년에 반포된 법률은 마니교의 모든 집회를 금지한다고 규정했다. 마니교의 교사들은 중벌에 처하겠다는 위협을 받았으며,

---

[140] KADEN 215 참조.

집회에 참가한 이들은 도시에서 추방되었다(『테오도시우스 법전』 16,5,3; 9,16,7). 이른바 그라티아누스의 관용령(215-8쪽 참조)에서 보장된 종교 자유에서 마니교도는 명백히 제외되었다(소크라테스 『교회사』 5,2; 소조메누스 『교회사』 7,1). 사람들은 마니교도의 집회에서 행하는 부도덕한 방종과 점, 마법을 비난했으며, 그들의 가르침을 부정不貞하고 파렴치하다고 여겼다. 하지만 한 번도 구체적 위반 사례가 언급된 적은 없었다. 콘스탄티누스 시대 이전에 로마 관청이 그리스도인에 대해 비슷하게 말했듯이, 사람들은 비밀결사를 만든 무리를 중상한다는 인상을 주었다. 대 레오의 신랄한 고발은 내용상 애매하지만 고발의 취지만큼은 철두철미하게 표현한다.

> 이교인의 모든 무신앙, 맹목적인 유대인의 육욕, 은밀한 마법의 모든 파렴치함, 모든 이단의 갖가지 독신과 신성모독이 똥구덩이에 있는 모든 오물처럼 그들[마니교도들]에게서 발견되며, 그들의 수치스러운 모든 행위와 악덕을 열거하자면 너무 길다. 그들이 저지르는 범죄의 수는 낟알 수보다 많다.[141]

아우구스티누스의 생각은 달랐다. 그는 지적인 이교인과 생각이 트이지 않은 그리스도인의 특정 계층에게 마니교의 종교적 위험성을 크게 강조했지만, 그들의 부도덕한 품행에 관해서는 아무것도 모르고 많은 북아프리카 마니교도의 금욕 실천을 인정했다(『믿음의 유익』 3). 처음부터 마니교도를 국가와 교회에 위험하다고 여겼다. 마니교가 페르시아의 토착 종교라는 점도 그들 가르침이 위험하다는 데 한몫했을 것이다. 페르시아는 제국의 동쪽 국경을 끊임없이 위협했다.

테오도시우스 황제 치하에서 마니교도에 대한 법률은 눈에 띄게 강화되었다. 법률들은 그들의 가르침과 제식을 문제 삼았을 뿐 아니라 시민권도

---

[141] 『서간집』 16,4; 번역: BLUMENKRANZ: *Handbuch* (245쪽) 1,99.

박탈했다(『테오도시우스 법전』 16,5,7). 마니교의 소수집단은 일종의 신문訊問을 통해 알아낼 수 있었으며, 법정에서 최종 판결을 받았다(217-8쪽 참조). 이는 소수 종교 집단 박해 당시의 소환에 비견되는 것이었다. 그 뒤 마니교 이단은 국가로부터 박해받는 '공공의 범죄'crimen publicum로 여겨졌다(『테오도시우스 법전』 16,5,35). 테오도시우스의 후계자들은 계속 혹독한 입법을 제정했으며, 이는 유스티니아누스 황제 치하에서 절정에 이르렀다.¹⁴² 법률의 목표는 국가가 거리낌 없이 마니교도의 재산을 몰수하는 것이었다(『테오도시우스 법전』 16,5,40). 잦은 사형 선고가 위협 효과는 있었지만, 아리우스파에 속한 반달족 왕 훈네리쿠스가 마니교도의 화형에 쓸 장작을 북아프리카에 보낸 경우를 차치하면, 실제 집행으로 이어진 것 같지는 않다(비타의 빅토르 『아프리카 지방 박해사』 2,1). 로마에서 마니교 공동체를 파괴한 교황 레오 1세 말고도(307-8쪽 참조) 마니교도 박해에 주교와 공동체가 관여했는지는 알려진 것이 별로 없다. 560년경 라벤나의 그리스도인이 마니교도들을 돌로 쳐 죽였다고 한다(『소 연대기』 1,335). 그 뒤 곧바로 마니교는 서방에서 사라졌다. 중세 때 보고밀라파와 카타르파에서 마니교가 소생한 것은 여기서 다룰 내용이 아니다.¹⁴³

5.6 최종 평가

교회는 이단자에 대한 국가의 조치를 받아들이고 몇몇 사건에서는 이를 요구하고 지지했다. 교회는 다만 규범적인 주교들을 통하여 폭행을 없애고 형량을 줄이며 사형을 없애고자 애썼다. 사형 폐지는 대단한 성공을 거두었다. 그렇지만 교회는 순수한 개종의 전제인 종교의 자유와 참된 고백을 관철하기 위한 국가적 억압 사이의 진퇴양난을 극복하지 못했다. 오늘날의 관점에서 볼 때, 교회가 관용을 실천할 상황은 형성되지 않았다. 오

---

¹⁴² K.L. NOETHLICHS, Justinian: *RAC* 18.

¹⁴³ DEMANDT 422; H. GRUNDMANN, *Ketzergeschichte des Mittelalters* = KIG 2,G1 (Göttingen ²1967) 22-8.

류에는 관용을 베풀 수 없었으며, 그릇된 길을 걷는 사람을 너그러이 봐줄 수 없었다. 이 점에서 교회는 고대 후기의 관념에서 자유로울 수 없었다. 당시 상황에 비추어 볼 때 암브로시우스와 아우구스티누스의 태도는 납득할 만하고, 그들이 역사적으로 활동한 시기에는 통용될 수 있었을 뿐 아니라 어느 정도까지는 옳았다. 그러나 그것이 역사에 끼친 치명적 결과들은 엄청난 것이었다.

암브로시우스와 아우구스티누스가 중세의 종교재판을 신랄하게 비난했다는 것은 어느 정도 분명한 사실로 보인다. 그러나 그들은 자신의 의도와 다르게 실제로는 종교재판으로 나아가는 출발선에 있었다. 교회가 절대성을 내세우는 일, 즉 진리를 소유하고 모든 사람에게 은총의 수단을 나누어 준다는 자의식은, 교회가 하느님의 구원 의지를 그릇된 수단으로 관철하는 것을 정당한 것으로 여길 빌미를 제공했다. 이 점에서 교회는 주님을 본받으면서 겸허한 봉사에서만 자신에게 주어진 권력을 행사해야 한다는 것을 잊었다. 주님의 통치는 십자가의 무력함에 바탕을 두고 있다. 다른 한편으로, 이와 관련된 제2차 바티칸 공의회의 문서들은, 진리의 요구를 포기하지 않은 채 완전한 세계관적 관용과 종교의 자유를 책임지려면 어떤 신학적 노력이 필요한지 보여 준다.[144] 비평에서 어떤 것을 내버리지 않는 것도 가치가 있기 때문이다. 이교인과 이단자에 대한 교회의 편협한 태도는 권세욕의 표현일 뿐 아니라 계시에 대한 책임감이었다(초기에는 더욱 그러했다). 관용이 신앙무차별론이나 회의주의와 혼동되지 말아야 한다는 염려도 있었다. 다른 종교들은 이를 더 쉽게 받아들인다. 진리의 문제를 제기하지 않는 종교에게는 진리를 옹호하라고 강요해서도 안 된다. 교회는 이 길을 가지 못했다.

---

[144] H. WALDENFELS, Die eine Wahrheit und die Freiheit des Glaubens: *Saec.* 42 (1991) 184-98.

6. 유대인과의 관계

참고문헌

B. BLUMENKRANZ, Die christlich-jüdische Missionskonkurrenz (3. bis 6. Jh.): *Klio* 39 (1961) 227-33.

—, *Die Judenpredigt Augustins* (Basel 1946; Nachdruck Paris 1973).

R. BRÄNDLE, Christen und Juden in Antiochien in den Jahren 386-87. Ein Beitrag zur Geschichte altkirchlicher Judenfeindschaft: *Jud.* 43 (1978) 142-60.

P. BROWE, Die Judengesetzgebung Justinians: *AnGr* 8 (1935) 109-46.

G. FERRARI DALLE SPADE, Privilegi degli Ebrei nell'Impero romano cristiano: *FS L. Wenger* 2 (München 1945) 107-17.

H. FROHNHOFEN (Hrsg.), *Christlicher Antijudaismus und jüdischer Antipaganismus. Ihre Motive und Hintergründe in den ersten drei Jahrhunderten* = Hamburger Theol. Stud. 3 (Hamburg 1990).

IACOBUS GOTHOFREDUS, *Codex Theodosianus 16,8,1-29.* Übers. u. bearb. von R. FROHNE = EHS 3,453 (Bern 1991).

W.A. MEEKS/R.L. WILKEN, *Jews and Christians in Antioch in the first four centuries of the common era* = Sources for Biblical Study 13 (Missoula 1978).

J. PARKES, *The conflict of the Church and the Synagogue* (New York 1969).

K.D. REICHARDT, Die Judengesetzgebung im Codex Theodosianus: *Kairos* 20 (1978) 16-39.

K.H. RENGSTORF/S. VON KORTZFLEISCH (Hrsg.), *Kirche und Synagoge. Handbuch zur Geschichte von Christen und Juden. Darstellung mit Quellen*, 2 Bde. (Stuttgart 1968/70).

A.M. RITTER, Erwägungen zum Antisemitismus in der Alten Kirche. Johannes Chrysostomus, "Acht Reden wider die Juden": *Charisma und Caritas* (Göttingen 1993) 13-30.

H. SCHRECKENBERG, *Die christlichen Adversus-Judaeos Texte und ihr literarisches und historisches Umfeld (1.-11. Jh.)* = EHS.T 23,172 (Frankfurt/Main ²1990).

M. SIMON, *Étude sur les relations entre Chrétiens et Juifs dans l'Empire Romain (135-425)* (Paris 1964).

G. STEMBERGER, *Juden und Christen im Heiligen Land. Palästina unter Konstantin und Theodosius* (München 1987).

—, *Juden und Christen in der spätantiken Umwelt: Die Juden in ihrer mittelalterlichen Umwelt* = Wiener Arbeiten zur germanischen Altertumskunde und Philologie 33 (Bern 1992) 37-56.

—, Zwangstaufen von Juden im 4. bis 7. Jh. Mythos oder Wirklichkeit: *Judentum – Ausblick und Einsichten.* FS K. Schubert. Hrsg. von C. THOMA u.a. = Judentum und Umwelt 43 (Frankfurt/M. 1993) 81-114.

R.L. WILKEN, *John Chrysostom and the Jews. Rhetoric and reality in the late 4th century* = The Transformation of the Classical Heritage 4 (Berkeley 1983).

1930~1940년대 독일에서 일어난 사건들로 말미암아 유대인과 그리스도인의 관계가 악화된 까닭에, 고대 후기의 교회와 회당 관계에 대한 기술은 히틀러 시대의 만행에 대한 기억에서 쉽게 자유로워질 수가 없다. 제3제국에서 교회가 보인 태도가 과거의 교회와 회당 관계에 대한 역사적 판단을 흐려 놓은 것은 피할 수 없는 일이었다. 평신도와 성직자를 불문하고 많은 그리스도인이 놀라운 용기로 제3제국에서 목숨이 위태로운 처지에 있는 유대인을 구하려 했다는 것은 사실이다. 그렇지만 교회가 유대인 학살에 공식적으로 확실한 대응을 하지 않았다는 비판도 있다. 1975년 독일 주교회의의 결정인 교회의 중요한 기록, 「우리의 희망」*Unsere Hoffnung*은 솔직하게 고백한다. "우리는 … 개별 인간과 단체의 본받을 만한 행동에도 불구하고 전체적으로 볼 때, 박해받는 이러한 유대 민족의 운명에 등을 돌림으로써 생존하고, 유대 민족에 대한 시각을 교회의 고유한 제도에 대한 위협이라는 관점에 지나치게 고정시키며, 유대인과 유대교에 행해진 범죄에 침묵한 교회 공동체였다."

이러한 당연한 과오 고백에도 불구하고 유대인 배척주의가 결코 그리스도교의 산물은 아니다. 경제적·사회적·종교적 원인이, 특별법을 누리는 동시에 잔혹한 박해와 끔찍한 학살을 당한 유대인을 늘 특수 집단으로 낙인찍었다. 최근에 민족적인 유대인 증오가 반유대주의와 결합했을 때, 극단적 유대인 청소는 단계적으로 확대되었다.

6.1 전사前史

고대 후기까지 교회와 유대교의 종교적·신학적 대립은 늘 증오와 사랑을 내포한 모든 논쟁의 근거였다. 구약성경을 통해 교회와 회당은 밀접히 연관되어 있기 때문이다. 이미 신약성경에서도 인지되고, 이스라엘, 곧 옛 형제와 긴밀한 관계를 맺으려는 노력과 더불어 반유대인 논쟁에서 나타나는 이러한 갈등은 후대의 관계에도 결정적 영향을 미쳤다. 한편으로 유대인들의 완고한 입장은 가까운 장래에 그들이 개종하리라는 희망을 서서히 접게 만들었다. 이 때문에 교회는 비난의 소리를 드높였으며, 유대인을 개종시키는 데 그리 관심을 보이지 않았다. 다른 한편으로, 비록 그들의 권리를 침해하는 경우가 있었을지라도, 일반적으로 유대인의 예배를 억압하거나 회당을 파괴하고 유대인을 살해하는 일은 교회 측에서 결코 생각할 수 없는 일이었다. 유대인들은 종말 때까지 하느님 구원사의 한 부분으로 신학적 중요성을 지녔다. 개인적 이유, 경쟁의 대상으로 시기, 더욱이 유대인의 이질성에 대한 혐오가 악의적으로 개별적 조치에 영향을 미쳤다 할지라도, 그리스도인과 유대인이 궁극적으로 본디 피할 수 없는 논점은 신학적 문제였다.

그리스도교의 논박은 이교인이 유대인에게 행한 많은 비난과는 달랐다. 예를 들어 유대인은 당나귀를 숭배하는 사람이라는 이교인의 조롱 같은 것은 결코 논쟁거리로 삼지 않았다. 마찬가지로 고대에 그리스도인은 사람을 제물로 바친다는 이유로 유대인들을 고발하지는 않았다. (이 문제를 최초로 제기한 사람은 아피온이었다. 기원후 1세기 사람인 그는 유대인을 극도로 증오했다고 알려져 있다.) 그리스도인은 이런 사실이 잘못 유포된 비난이라는 점을 잘 알고 있었으며, 게다가 박해 시대에는 유대인들과 함께 똑같은 비난의 십자포화를 받았다. 중세에 이르러서야 사람들은 유대인에게 이러한 끔찍한 범죄를 뒤집어씌우는 것을 두려워하지 않았다. 동시에 이와 같은 범죄는 성체 모독에 대한 고발과 함께 피비린내 나는 박해의 원인이 되었다. 일찍이 유대인을 '세계의 악성 전염병'이라고 부른 클라우디우스 황제가 알렉산드리아 주민들에게 보낸 편지에서 나타나듯이, 콘스탄티누스 시대 이후에 유대인에 대한 공공의 비난이 쏟아졌다. 몇몇 그리스도교 저술가는 이교인과 이단자, 유대인의 부도덕성을 비난하기 시작했다. 이교인 시대에 사람들은, 유대인이 아이들을 좋아한다는 사실 때문에 그들이 과도한 성생활을 한다고 비난했다. 그리스도교 측의 비난은 무엇보다도 수도 문헌에서 되풀이되었다.[145] 이러한 일반적인 비난은 신학적으로 중요하지 않다. 서로 간의 실제적인 교류에서 나타난 결과들이 더 중요했다. 그런데 실제로 신학적 논쟁에서는 무엇이 문제였는가?

6.2 신학적 비난

6.2.1 아우구스티누스

테오도시우스 황제가 유대인 회당을 불태운 칼리니쿰의 그리스도교 공동체를 처벌했을 때, 암브로시우스는 황제에게 그리스도교 공동체를 위해 전력을 기울여 변론했다(144-6쪽과 258쪽 참조). 아우구스티누스는 결코 유대인에게 적극적으로 적대적인 활동을 하지 않았다. 그러나 그의 문학적 논쟁의 영향은 대단히 크고 광범위했다. 그는 무엇보다도 독립국가를 이루지 못하고 세계의 모든 민족 가운데 흩어진 유대인을 비난하며, 이를 교회에 승리를 안겨 준 하느님의 뜻을 증거하는 것이라고 해석했다. 마찬가지로 그는, 그리스도인들이 구약성경을 자기들 종교의 기초로 여기면서 구약성경에 나오는 하느님의 많은 계명을 배척한다는 유대인의 비난을 힘닿는 대로 논박하려 했다.

> 우리가 율법과 예언서에 규정된 예식과 계명들sacramenta을 지키지 않으면서[sacramenta는 여기서 그리스도교의 성사를 뜻하는 전문 용어가 아니라 구약성경의 예식과 계명들을 뜻한다], 율법과 예언자의 권위는

---

[145] 모든 전거에 관해서는 KÖTTING: *Handbuch* 1,167f 참조.

왜 받아들이느냐고 물을 때, … 유대인들은 뭔가 [우리를 불쾌하게 만드는] 말을 하고 있다고 믿는다. 우리는 그 예식과 계명들이 변했기 때문에 지키지 않는다. 그러나 그것들이 변한 것은, 그 변화를 율법과 예언서가 예언했기 때문이다. 그것들은 계시를 통해 변했으며, 우리는 계시하신 그분을 믿는다. 그래서 우리는 율법과 예언서에 규정된 예식과 계명들을 지키지 않는다. 거기서 예언된 바를 이해하기 때문이며, 거기서 약속된 바를 지니고 있기 때문이다. 그런데도 유대인들은 우리의 이 점을 비난한다. 그들은 주님께 쓸 개즙을 내민 자기네 조상의 고약함을 여전히 지니고 있으며, 주님께 마시라고 건네준 신포도주처럼 시어 빠졌다.[146]

유대인들이 선택된 민족이라는 그들의 주장에 대해 아우구스티누스는 적절한 답변을 한다.

> 유대인들이 이것[이스라엘을 찬양하는 성경의 증언들]을 들으면, 그들은 거만을 떨며 말한다: 우리가 이스라엘이다. 그것은 우리를 두고 한 말이다. 우리는 하느님의 백성 이스라엘이고, 하느님께서 "내 백성아, 들어라. 내가 너에게 말하리라. 이스라엘아, 내가 너에게 증언하리라"(시편 50,7) 하고 말씀하시면, 우리는 그분의 말씀에서 우리 자신을 알게 되기 때문이다. 우리는 어떻게 대답해야 하는가? 우리는 분명 사도가 말한 영적 이스라엘을 알고 있다. "늘 이 법칙을 따르는 이들과 하느님의 이스라엘 위에 평화와 자비가 있기를 빕니다"(갈라 6,16). 우리는 앞서 언급된 이스라엘이 육적 이스라엘임을 안다. 바오로는 이 이스라엘을 두고 "육에 따른 이스라엘을 보시오"(1코린 10,18) 하고 말했다. 그러나 유대인들은 이를 이해하

---

[146] 『유대인 반박』 5,6; 번역: BLUMENKRANZ: *Handbuch* 1,93.

지 못한다. 이를 통해 그들 자신이 육적이라는 것이 입증된다. 우리는 그들에게 한마디로 이렇게 말할 수 있다. "따라서 너희는 신들의 하느님께서 해 뜨는 데서 해 지는 데까지 부르신 저 백성에게 [말씀하신 것을] 들었느냐?"(시편 50,1). 너희는 이집트에서 가나안 땅으로 인도되지 않았느냐? [그러나 너희는] 해 뜨는 데서 해 지는 데까지 그곳으로 불려 간 것이 아니라 그곳으로부터 해 뜨는 데서 해 지는 데까지 흩어지고 말았다. 너희는 시편 저자가 적대자들에게 [말하는 것을] 듣지도 못했느냐? "나의 하느님께서 나를 나의 적대자들에게 입증하셨다. 그들이 당신의 율법을 잊지 않도록 그들을 죽이지 마소서. 당신의 힘으로 그들을 흩어 버리소서"(시편 59, 11-12). 이 때문에 너희는 하느님의 율법을 잊지 않고 도처로 전하지만 그것이 만백성에게는 증언이 되고 너희에게는 치욕이 될 뿐이다. 너희는 율법을 이해하지 못한 채, 해 뜨는 데서 해 지는 데까지 불린 백성[교회]에게 건네주었다. 너희는 이 점을 부인하려는 것이냐? 그러한 권위로 예언하고 그렇게 명백하게 성취한 것을, 너희가 심하게 눈이 멀어 알지 못하고, 뻔뻔스럽기가 이루 말할 수 없어서 감히 그것을 인정하려 들지 않는 것이냐?[147]

이 글은 아우구스티누스가 유대인의 주장에 전혀 당황하지 않고 있음을 보여 준다. 그래선지 그의 답변은 다소 문학적인 인상을 준다. 구약성경과 선민選民이라는 쟁점은 이미 케케묵었고, 진작에 근본적으로 해결되었다. 아우구스티누스의 언어는 힘차고 때로는 거친 언사로 답변할 때도 있지만, 사실은 이단자, 특히 도나투스파를 논박할 때처럼 그렇게 격렬하지는 않았다. 이단자들은 상징적 적대자가 아니라 당면한 실재였다. 그들과의 논쟁은 상호 간의 비난과 다툼으로 나날이 악화되었다. 이와 달리 아우구

---

[147] 『유대인 반박』 7,9; 번역: BLUMENKRANZ: *Handbuch* 1,94.

스티누스 당시 북아프리카에서 그리스도인과 유대인은 화목하게 살았으며, 개종할 기미를 보이지 않는 유대인도 그리스도교 공동체에 사목적으로 위험한 존재가 아니었다는 인상을 준다.

6.2.2 요한 크리소스토무스

몇십 년 전의 안티오키아 상황은 완전히 달랐다. 여기서 유대인의 종교적 선전은 요한 크리소스토무스(354~407)를 몹시 괴롭혔다. 그는 유대인과의 논쟁에서 과격한 태도를 보였다. 그의 작품들 가운데 사화집은 그가 유대인을 얼마나 과격하게 공격했는지 보여 준다. 여기에 다음과 같은 표현이 나온다: 육적 유대인, 음란하고 호색하는 유대인, 악마 같은 유대인, 돈을 탐내는 유대인, 저주받은 유대인, 유대인은 예언자들을 살해한 사람이며, 그리스도 살해자, 하느님 살해자. 유대인은 마귀를 숭상한다, 유대인은 술고래, 창녀, 범죄자다. 크리소스토무스는 회당에 관하여 이렇게 말한다.

> 누가 회당을 창녀의 집, 죄악의 장소, 사탄의 성, 영혼을 파멸시키는 근원, 온갖 파멸에 입을 크게 벌리고 있는 심연으로 부른다면, 그는 자신이 말해야 할 것의 일부만 말한 것이다.[148]

이는 가혹한 언어 폭력이다. 따라서 사람들은 황금의 입이라는 요한이 이렇게 말하지 않았을 것이라고 생각할지도 모른다. 그러나 요한 크리소스토무스의 비방, 특히 회당에 대한 비방은 당시의 상황에서 이해해야 한다. 왜냐하면 그는 어느 날 교회가 비어 있고, 사람들이 모두 유대인 축제에 참여하기 위해 회당으로 갔다는 사실을 알았다. 요한은 386/87년에 행한 네 차례의 설교 가운데 두 번에 걸쳐 이러한 위험에 대해 설파했다. 그의

---

[148] 이러한 열거에 관해서는 F. Heer, *Gottes erste Liebe* (München/Eßlingen 1967) 67; 참조: Schreckenberg 325-9.

설교들은 역사적 회상과 교의적 숙고로 가득 차 있으나, 요한은 자신의 청중을 이해시킬 뿐 아니라 그들의 마음을 움직이고자 했다. 따라서 그는 감정이 실린 표현을 거침없이 사용했다. 실제로 유대인이 아니라 유대적 경향을 부끄러워하지 않는 그리스도인이 그의 설교 대상이었음을 헤아려야 한다. 마찬가지로 요한 크리소스토무스가 신뢰할 수 없는 신자들에게 사용한 명칭들은 비위를 맞추는 말이 아니었다. 그리스도인이 공공 연극을 관람하고 마술사와 점쟁이를 찾아가는 것을 꾸짖을 때에도 그는 이처럼 격앙해서 신랄한 비판을 했다.

콘스탄티누스 시대 이후 안티오키아 공동체는 급속히 성장하여, 박해 시대에 소수 엘리트가 중심이었을 때는 문제가 되지 않던 그리스도교의 단순한 전례는 민중을 더 이상 만족시킬 수 없었다. 반면에 풍부한 상징적 내용과 축제의 기쁨으로 시작되는 유대인의 축제는 많은 사람에게 상당한 매력의 대상이 되었다. 요한 크리소스토무스 당시 안티오키아에 주님 공현 대축일 외에 12월 25일 성탄절이 제정되고, 순교자들 특히 마카베오 형제들에 대한 예식 장려는 사목적 상황에 아주 적합한 것이었다. 사람들은 어떤 해결책을 찾아야 했으며, 그것이 불가능했을 때 유대인과 그리스도인은 초막절에 시장에서 춤을 추었다.[149]

당연히 안티오키아는 특히 어려운 상황에 처해 있었다. 안티오키아에는 종교 혼합주의와 모든 종류의 유흥을 즐기고 보자는 경박한 생활 태도가 넘쳐흘렀다. 율리아누스 황제는 이런 풍조를 익히 알고 있었다(194쪽 참조). 요한 크리소스토무스의 설교들은 많은 기회주의적 그리스도인으로 구성된 공동체에서 4세기 대도시 사목의 어려움을 반영하는 본보기다. 그렇지만 요한 크리소스토무스가 설교에서 신자들에게 심한 말만 한 것은 아니었다. 그는 유대인의 근거 없는 관점을 자세히 논박하려 했다. 예를 들어 성전 파괴는 하느님께서 율법에 그 이상의 가치를 두기 원치 않는다는 확

---

[149] KÖTTING: *Handbuch* 1,158f; DERS., Die Kirche und die Judenheit: DERS., *Ecclesia peregrinans* 1 = MBTh 54,1 (Münster 1988) 84f; WILKEN 75f.

실한 표징이었다. 성전이 파괴된 뒤 많은 규정이 더 이상 지켜지지 않았기 때문이다. 더 이상 희생 제물이 없고 지성소가 없어졌기 때문에, 유대교의 성직 계급은 한편으로 웃음거리가 되었다(『유대인 반박』 4,6; 7,1-2). 유대인에 대한 요한 크리소스토무스의 비난의 정점은, 그들이 그리스도를 죽였으며, 빌라도에게 "그자를 십자가에 못 박으시오. 십자가에 못 박으시오"(루카 23,21; 『유대인 반박』 1,5)라고 요구했다는 고발이다. 그는 이를 근거로 유대인을 하느님 살해자로 정의했으며, 이 고발은 바실리우스와 니사의 그레고리우스, 아마세아의 아스테리우스를 비롯한 많은 이에 의해 되풀이되었다.[150] 그리스도가 사기꾼이었으며 그 때문에 처형되었다는 유대인들의 주장에 요한은 이렇게 반문했다: 그렇다면 왜 유대인들은 그들의 이러한 행위에 보상을 받지 못하고, 오히려 벌을 받고 파멸했는가? 그것은 그들이, 범죄자가 아니라 그들 자신의 율법의 창시자를 십자가에 못 박은 탓이다.

> 따라서 그대들이 내세우듯이 예수께서 사기꾼이고 율법 파괴자였다면 그대들은 그분을 죽임으로써 명성을 얻었어야 했다. 성경에 기록되어 있기를, 피느하스가 한 남자를 죽임으로써 백성에 대한 [하느님의] 모든 분노를 가라앉히고, 그가 나타나 화해시켰으며, 이는 재앙을 멈추게 했다(시편 106,30). 그가 율법 파괴자 단 한 명을 죽임으로써 나쁜 짓을 한 많은 사람을 하느님의 분노에서 구했다면, 그대들이 십자가에 못 박은 사람이 율법 파괴자였다면, 그대들의 행위는 분명히 정당했을 것이다. 그래서 율법 파괴자를 처형한 피느하스의 행위가 인정받고 사제로 존경받았느냐? 그대들 말대로, 사기꾼이요 하느님의 적대자를 십자가에 못 박았는데 이것을 명성과 영예로 인정받지 못하고 오히려 그대들이 더 심한 벌을 받지 않느냐? 그것은 그대들이 그대들의 자손을 학살했기 때문이

---

[150] KÖTTING: *Handbuch* 1,166f; 174, Anm. 202f.

다. 더욱이 그대들은 구원자이신 세계의 통치자에게 그릇된 짓을 했으니, 그러한 벌을 참아야 하는 것은 미친 사람에게 당연한 것이 아니냐?[151]

요한 크리소스토무스의 표현은 새로운 것이 아니다. 이는 예부터 유대인을 논박하는 그리스도교 측 논제의 요약이다. 그러나 이런 까닭에, 그리고 그의 표현 방식 때문에 그의 논증은 이후 큰 영향을 미쳤다. 유대인을 논박하는 요한 크리소스토무스의 설교들은 당시 동방, 특히 시리아와 안티오키아에서 유대인과 그리스도인 사이에 있었던 긴장을 반영한다.

6.2.3 『교회와 회당의 논쟁』

아우구스티누스와 요한 크리소스토무스 이외에 수많은 교회 저술가의 반유대적 토론과 신학적 논쟁도 논제로 삼을 수 있다. 서방에서는 '칼리니쿰 사건' 때 보인 완고한 태도와 달리(146쪽 참조) 유대인의 구원사적 위치를 뛰어나게 평가한 암브로시우스와 더불어,[152] 대 레오와 대 그레고리우스, 세비야의 이시도루스, 그리고 동방에서는 카이사리아의 에우세비우스를 비롯하여 4세기와 5세기의 거의 모든 저명한 주교가 언급되어야 한다.[153]

이른바 『교회와 회당의 논쟁』Altercatio Ecclesiae et Synagogae의 끝 부분에 나오는 아래 인용문은 신학 문헌에서 유대인에 대한 평가를 마무리했다고 할 수 있다. 회당과 교회의 이러한 논쟁은 5세기부터 유래한다. 여기서 두 집단은 알레고리적 인물이 서로 대화하는 것으로 나타난다. 이 작품이 미친 영향 때문에 중세에는 아우구스티누스가 저술했다고 잘못 생각했다. 여기에서 교회(나)는 회당(너)을 이렇게 비난한다.

---

[151] 『유대인 반박』 6,3; 번역: KÖTTING: Handbuch 1,164.

[152] E. DASSMANN, Die Frömmigkeit des Kirchenvaters Ambrosius von Mailand = MBTh 29 (1965) 144-9.

[153] KÖTTING: Handbuch 1,97-9.103f.108f.179-86; SCHRECKENBERG 293-378.

너는 바뀔 수 없으며, 늘 부인하고, 오류 가운데서 잘못된 것에 관하여 다툰다. 이스라엘 민족이 대 제국이었을 때 네가 통치했다고, 이전에 내가 분명히 말했다. 그러나 네가 아직도 통치한다면, 나는 네가 자유롭고 아직 나를 섬기도록 예속되지 않았다는 사실을 인정하겠다. [그러나] 군기를 보아라. 너는 그곳에서 구원자의 이름을 발견할 것이다. 보아라. 그리스도의 고백자들이 통치자다. 너는 통치에서 배제되었다는 사실을 알아라. 계약의 약속에 따라 네가 우리를 섬긴다는 사실을 고백하라. 너는 나에게 공물을 바치고, 통치할 수 없고, 지방 총독직을 맡을 수 없다. 유대인은 방백이 될 수 없고 원로원에 들어갈 수 없다. … 너는 병역을 수행할 수 없으며 제국의 연회에 참석할 수 없다. 너는 기사의 신분을 잃어버렸다. 모든 것이 너에게 금지되었다. 너는 생계를 이어 가는 데 필요한 음식마저도 우리에게서 얻는다. 따라서 너에게는 높고 중요한 것도 없다. 레베카가 쌍둥이를 낳았을 때 그녀가 들은 말씀을 읽어 보아라. "너의 배 속에는 두 민족이 들어 있다. 두 겨레가 네 몸에서 나와 갈라지리라. 한 겨레가 다른 겨레보다 강하고 형이 동생을 섬기리라"(창세 25,23).[154]

이 글은 유례가 드문 논거를 내세운다. 곧, 유대인은 아무것도 아니며 아무것도 가지고 있지 않다. 따라서 그들은 옳지 않다. '패배자들은 불행하여라'Vae victis! 법은 성공한 이들의 편이며, 역사는 승리자의 역사다. 이 본문은 유대인의 운명에 대한 신학적 해명으로서는 가치가 없다. 그러나 서로마제국이 종국에 다다랐을 때, 이 본문은 제국에서 유대인들의 경제적·사회적·법적 지위를 비추어 볼 수 있는 거울이 되었다. 이 거울은 유대인에 대한 입법이 어떤 영향을 받았는지 보여 준다. 유대인은 결코 근절되지

---

[154] BLUMENKRANZ: *Handbuch* 1,100f.

않았으며 생명을 위협받지도 않았다. 그 반대다. 심지어 그들은 생계를 유지할 만큼의 양식을 보조받기까지 했다. 물론 그 이상의 혜택은 없었다. 그들의 낮아진 지위는 그리스도교의 승리를 실증했으며, 남아 있는 이스라엘 민족은 하느님 심판의 생생한 증거로 보존되어야 했다.

6.3 조치

6.3.1 국가의 입법

황제의 입법은 정확히 『교회와 회당의 논쟁』에서 알 수 있는 방향으로 나아갔다. 지역적·시대적으로 많은 예외와 차이가 있었지만 입법 조치는 보호 규정과 억압 조치가 공존했다. 363년, 율리아누스 치세의 말기부터 유스티니아누스 황제 때까지 유대인에 대한 혹독한 조치가 점점 더 강화되었다.[155]

공개적인 유대인 예식, 유대교 선교 및 사회생활은 제한되었다. 세례를 받고 성만찬에 참여한 유대인에게는 옛 신앙으로 다시 돌아가는 것이 금지되었다. 유대인이었던 그리스도인은 친척의 유산을 받을 수 있는 권리를 얻었다(『테오도시우스 법전』 16,8,28). 반대로 그리스도인이었던 유대인은 자신의 재산과 유언할 권한을 잃었다(『테오도시우스 법전』 16,7,3). 그리스도인에게 할례를 행하는 것은 엄금되었으며, 이를 위반할 경우 재산이 몰수되거나 추방되었다(『테오도시우스 법전』 16,8,26). 이미 언급했듯이 상당한 매력이 있었던 유대인 축제들은 입법자에게 눈엣가시였다. 유대인은 부림절에, 페르시아 궁정에서 유대인들의 적이었던 하만을 상징하는(에스 3,1-12) 인형을 태웠다. 인형을 매단 장대를 횡목으로 여긴 그리스도인은 이 의식을 십자가를 조롱하는 것으로 이해했다. 이 때문에 이 관습은 408년에 법으로 금지되었다(『테오도시우스 법전』 16,8,18).[156]

---

[155] SCHRECKENBERG 425; STEMBERGER, *Palästina* 237-46; P. SCHÄFER, *Geschichte der Juden in der Antike* (Stuttgart 1983) 190-206.

[156] KÖTTING: *Handbuch* 1,147.

많은 경우 법률 제정의 목적은 그리스도교 신앙을 보호하기 위해서였다. 서방과 동방에서 유대인 주인 아래 있는 그리스도인 노예들을 위한 보호령이 여러 차례 공포되었다. 가장 엄격한 보호령은 유대인들이 그리스도인 노예를 소유하지 못하도록 지방에 따라 제한하는 것이었다(『테오도시우스 법전』 16,9,1-5; 『유스티니아누스 법전』 1,3,54). 유대인과 그리스도인의 혼인도 금지되었으며 이를 어길 경우에는 간통으로 여겼다(『테오도시우스 법전』 3,7,2; 9,7,5; 『유스티니아누스 법전』 1,9,6). 유대인들은 그리스도인에게 사법권을 행사할 수 있는 모든 공직과 지위에서 배제되기 시작했다. 이런 이유로 유대인들에게는 간수직조차 허용되지 않았다. 유대인들은 병역에 징집되지 않았으며(『테오도시우스 법전』 16,8,16), 변호사로 활동할 수도 없었다(『유스티니아누스 법전』 2,6,8). 그들은 사유재산은 소유할 수 있었지만, 교회 부지는 소유하거나 상속받을 수 없었다(『신법집』 131,14,1). 유대인에게 공적 권리는 양도되지 않았으나, 사람들은 유대인 부유층이 10인회 부담금이나 운송 의무, 기타 세금에서 면제되는 것은 원치 않았기 때문에, 유대인의 공직 임명에 관한 통일된 규정은 존재하지 않았다.[157]

이러한 억압 조치들과 달리 유대교를 보호하는 법률도 많이 제정되었다. 이런 법률은 회당의 파괴를 명시적으로 금했다. 유대인의 신앙 고백을 금하지 않고, 종교적 이유로 모욕을 당하는 유대인이 절대 없어야 한다는 것이 특별히 강조되었다(『테오도시우스 법전』 16,8,9.21). 유대인은 안식일을 거룩히 지낼 수 있었으며, 이날에는 일을 하거나 법정에 출두하지 않아도 되었다(『테오도시우스 법전』 16,8,20; 8,8,8; 『유스티니아누스 법전』 1,9,3). 테오도시우스는 유대인에게 사형선고를 제외한 형사재판권을 부여했다(『테오도시우스 법전』 16,8,8). 또한 그는 티베리아의 유대교 총대주교에게 '고위 인사' vir illustris에 해당하는 원로원의 지위를 내려 영향력을 강화시켰다(78쪽 참조).[158] 유대인 공직자가 시市에 내는 세금을 면제받았는지는 불확실하다. 그리스도교

---

[157] REICHARDT 21f.30-6.   [158] REICHARDT 38f; STEMBERGER, *Palästina* 184-213.

성직자(78-9쪽 참조)처럼 세금을 내지 않으려고 회당 근무를 청하는 것도 피해야 할 일이었다. 그러나 아르카디우스 황제(395~408)는 그리스도교와 유대교 성직자에게 대등한 면세 규정을 적용했다(『테오도시우스 법전』 16,8,13).

6.3.2 회당에 대한 조치

황제의 입법에서 점점 더 가혹해지던 반유대적 조치들은 4세기 말에 이르러서야 국가법의 대상이 되었으며, 이러한 조치는 특히 회당에 적용되었다. 회당에 군인들이 숙영하는 것을 금지시킴으로써 회당을 교회와 대등하게 취급한 발렌티니아누스 1세의 칙령을 제외하면(『테오도시우스 법전』 7,8,2), 회당은 4세기 말까지 어떠한 특별한 보호도 받지 못했다. 칼리니쿰에서 그리스도교 공동체가 회당에 방화한 사건을 비롯해 유사한 사건들이 일어난 뒤에야 비로소 적절한 규정들이 불가피하게 제정되었다. 첫 번째 법이 393년에 테오도시우스 황제 치하에서 지방 군사령관인 아데우스에게 시달되었다.

> 유대교 공동체는 어떤 법으로도 금지할 수 없다. 이는 불변의 사실이다. 그런 까닭에, 여러 지역에서 그들의 모임이 금지되어 우리의 마음이 슬프다. 따라서 이 명을 받은 뒤, 그대의 고귀한 권세는 그리스도교를 구실로 삼아 금지된 것을 하고 회당을 파괴하고 약탈하려는 이들의 잔인한 짓을 엄정하게 저지하시오.[159]

보호령은 397년과 412년에 서방에 다시 공포되었다(『테오도시우스 법전』 16,8,12.20). 그렇지만 테오도시우스 후계자들 치하에서 어조는 눈에 띄게 변했다. 일리리쿰 지방에서 418년 공포된 법에서 다시 한 번 유대인의 회당에 방화하거나 이유 없이 부당하게 훼손해서는 안 되며, 유대인은 그리스도

---

[159] 『테오도시우스 법전』 16,8,9; 번역: STEMBERGER, Palästina 127.

교에 대해 파렴치한 행위를 해서는 안 된다는 특이한 표현으로, 유대인과 회당은 근본적으로 보호되었다(『테오도시우스 법전』 16,8,21). 따라서 회당이 훼손당한 사건이 있었음을 짐작할 수 있다. 이후 공포된 여러 법에서 이러한 경향은 강화되었다. 회당을 직접 파괴하거나 임의적으로 몰수하는 것은 어떤 곳에서도 결코 허용되지 않았지만, 이미 415년에 유대교 총대주교인 가말리엘에게 회당을 새로 짓는 것을 금지시켰다(『테오도시우스 법전』 16,8,22). 현존하는 회당을 훼손해서도 안 되고 오래된 회당을 개축하거나 새로 지어서도 안 된다는 내용을 423년에 결정함으로써 상황이 악화되었음에도, 현존하는 회당들의 보호에 관한 새 법률이 공포되었다(『테오도시우스 법전』 16,8,25-27). 438년의 수정 법령은 회당이 곧 붕괴할 위험에 처하지 않은 경우를 제외하고 보수 작업을 금했다. 보수 작업을 할 경우 금 50파운드를 벌금으로 내야 했다.[160] 회당을 새로 지을 수 없어 황폐해 가는 회당은 어느 모로 보나 서서히 소멸하는 종교의 상징이었다. 팔레스티나에서 건축 금지가 적용되지 않았거나 관철되지 않았다는 점은 주목할 만하다. 5세기까지 참마트 티베리아나 카파르나움에 건립되었거나 증축된 회당이 이를 증명한다. 게다가 카파르나움의 회당은 그리스도교 성전, 이른바 '베드로의 집' 바로 옆에 있었다.[161]

자주 되풀이하여 제정된 회당 보호령은 적어도 부분적으로는 성공을 거둔 것 같다. 회당이 파괴되었다는 구체적 보고가 별로 없기 때문이다. 칼리니쿰에서 일어난 잘 알려진 사건 외에 암브로시우스는 『서간집』 40,23에서[162] 387년에 로마에서 일어난 회당 파괴에 관하여, 소크라테스는 『교회사』 7,13에서 알렉산드리아(414)와 마르기나(418)에서 일어난 사건을 보고한다. 오늘날 요르단에 자리한 라바트 모압에서 바르사우마 수도승이

---

[160] STEMBERGER, *Palästina* 128f; REICHARDT 37f.

[161] STEMBERGER, *Palästina* 119-23.

[162] CSEL 82,3의 『서간집』 74.

회당에 방화했다. 5세기 초, 에데사의 라불라스는 회당을 스테파노 교회로 바꾸었으며, 주상 은수자 시메온 1세는, 황제 테오도시우스 2세가 그리스도인이 안티오키아의 유대인에게서 빼앗은 회당을 돌려주는 것을 저지했다.[163] 예를 들어 아파메아에서처럼[164] 회당을 교회로 바꿀 경우 토지와 건물이 강제적으로나 합법적으로 소유주가 바뀌었는지는 확실하게 밝혀지지 않았다.

6.3.3 교회의 규정

국가의 입법과 비교할 경우 교회회의에서는 유대인 문제를 깊이 고려하지 않았다. 그리스도교 신앙에 아직도 확고히 뿌리내리지 않은 요소들이 유대교 예배와 축제, 생활 습관을 극복할 수 없다는 염려가 중요한 요인으로 작용했다. 이교에 관해서는 유사한 위험이 나타난 것 같지 않다. 그리하여 엘비라 교회회의(55쪽 참조)는 그리스도인 처녀가 유대인 또는 이단자와 혼인하면 교회의 형벌을 부과했다(『법규』 16조). 이교인 남자와의 혼인도 금지되었지만 이와 달리 형벌은 면제되었다(『법규』 15조). 마찬가지로 유대인의 경작지와 수확물을 축복하는 것도 유대인과 함께 장사하는 것도 금지되었다(『법규』 49-50조). 아직도 발전되지 않은 전례 형태와 경건한 민중 관습이 자리잡지 못한 종교 영역에서 '유대화'의 위험은 4세기 내내 있었던 것 같다. 따라서 라오디케아 교회회의와 사도 법규들은 유대인과 그리스도인의 종교적 접촉을 막으려고 애썼다.[165] 이 경우 논거는 자만보다 본디의 약점에 대한 자의식에 좌우되었다. 유대인은 서방에서 메로빙거 왕조 때 국가 입법기관으로서의 기능을 수행한 교회회의에 이르러서야 교회 측의 심각한 고려의 대상이 되었다.

---

[163] KÖTTING: *Handbuch* 1,153.

[164] 다른 견해에 관해서는 B. BRENK, Die Umwandlung der Synagoge von Apamea in eine Kirche: *Tesserae*. FS J. Engemann = JbAC, Erg.Bd. 18 (Münster 1991) 1-25 참조.

[165] KÖTTING: Handbuch 1,149-51.

그리스도교와 유대교의 운명적인 관계가 그 뒤로도 계속 의도적으로 지속된 점이 있지만, 많은 법률은 유대인과 점점 동일시된 이교인과 이단자에 대한 조치와 함께 다루어졌다. 교부들은 이단자와 이교인, 유대인이 교회에 대항하고 있음을 강조했다. 아우구스티누스의 『설교집』 62에 따르면, 이들은 교회의 일치를 깨뜨리기 위하여 규합하였다. 이 때문에 반유대적 조치에서는 그리스도교화한 국가에서 그리스도교 신앙을 보호하고 보장하겠다는 본연의 의지가 드러났다.

유대인은 이교인이나 이단자와 비교할 때, 이전의 교회 시대에 상응하는 관용을 누렸다. 특히 대 그레고리우스(590~604)는 유대인을 종교적 공격이나 국가와 교회의 압제에서 보호하려고 꾸준히 노력했다(358-9쪽 참조).[166] 이로써 고대 후기에 유대교를 믿는다는 고백으로 단죄받는 일은 없어졌으며, 마찬가지로 강제적인 개종과 세례도 없었다. 582년, 메로빙거 왕 킬페리쿠스가 이러한 조치를 명령한 적이 있지만, 제대로 감독이 이루어지지 않아 실제로 별 효과를 거두지 못했다(투르의 그레고리우스『프랑크족 역사』 6,17). 반면 서고트족의 왕 시세부투스(612~620)는 더 극단적인 조치를 취했다. 그는 (매우 비논리적으로) 강제로 세례를 준 뒤에도 '신개종자들'에게 유대인 예외 법규를 계속 적용했다.[167] 이때부터 유대인들에 대한 광포한 형태의 조치들이 증가했다.

7. 회고와 전망

4세기에 교회와 국가의 관계는 두 가지 관점에서 발전되었다. 한편으로 고대 후기의 종교 이해에서 유래하는 국가의 권리 주장에 대하여 황제와 주

---

[166] E. BAMMEL, *Gregor der Große und die Juden: Gregorio Magno e il suo tempo. XIX Incontro di studiosi dell'antichità cristiana in collaborazione con l'École Française de Rome* 1 = Studi Storici (Rom 1991) 283-91.

[167] BLUMENKRANZ: *Handbuch* 1,102.107; SCHRECKENBERG 428.

교들 사이의 대립에서 신앙의 자유에 관한 교회의 권리가 명백해졌다. 다른 한편으로 제국에서 다른 사회집단에 대한 국가와 교회의 공동 조치가 이루어졌다. 그러나 이런 화합도, 분쟁이 지속되고 교회가 교회 내적 영역에서 독립성을 견지해야 할 필요성을 은폐할 수는 없었다. 이는 테오도시우스 이래 정통 신앙을 장려하는 국가의 보호권이 교회에 특유의 충성을 요구할 수 있는 정당한 권리가 있다고 생각했을 때 더욱 그러했다.

이교인과 이단자, 유대인에 대한 법 집행은 시기적으로 이미 테오도시우스 시대 때 마무리되었다. 정치적 발전은 어떻게 이루어졌는가? 5세기와 6세기의 정치적 발전은 사건들을 일목요연하게 개관할 수 없기 때문에 간단히 요약할 수 없다. 서방과 동방의 관계는 깨지기 시작했다. 서방 로마제국은 멸망했으며, 동방 제국은 확장되었다. 동시에 동방에서는 에페소와 콘스탄티노플과 칼케돈 공의회에서 근본적인 그리스도론 논쟁들을 다루었다. 서방은 신학적으로 동방과 관계를 맺고자 했으나 일정한 거리를 유지해야 했다. 서방에서 일어난 펠라기우스와 관련한 은총 논쟁도 점점 동방으로 퍼져 나갔다. 북아프리카에서는 아우구스티누스가 지도적 위치에서 저술 활동을 했다. 로마에서는 교황들, 특히 레오 1세와 대 그레고리우스가 교회의 생존 가능성을 보장하기 위하여, 교의적·조직적으로 교회의 내적 일치를 확고히 하려 했다. 5세기 말 서방 제국이 민족이동의 파도로 붕괴되었을 때, 지방에 공동체를 가지고 있는 많은 주교는 이전의 질서를 게르만족 왕국의 새로운 통치 구조와 이어 주는 유일한 다리였다. 갈리아의 주교좌 도시들은 예외 없이 민족이동의 혼란을 겪지 않았다.

교회의 비관용적 태도에 관해, 그리고 부분적으로 이교인과 이단자, 유대인에 대해 국가와 교회가 취한 혹독한 조치들에 관해 언급된 것은 이러한 정치적 사건들의 관점에서 다시 한 번 고려되어야 한다. 신앙 안에서 제국의 내적 일치를 이루려는 노력은 무익한 게임이 아니라 민족이동의 위협에 직면하여 살아남기 위해서는 피할 수 없는 것이었다. 경쟁적인 종교 집단에 대한 억압과 함께 교회의 권력은, 오늘날의 관점에서 보면 부분적으로 부적절하고 그리스도교 복음 정신에 어울리지 않는 방법을 통해 강화되었다. 뿐만 아니라 교회가 활동을 강화한 것은 모든 정치적·사회적 질서의 와해를 극복하기 위해서는 불가피했다. 이로써 이전의 고대 세계에서 서양의 성립은 단절과 몰락, 파괴가 아니라, 연속성과 전승, 지속적인 발전을 뜻했다. 교의의 확립, 풍속의 법제화, 미사 전례의 통일은 4세기에 슬로건을 사용하지 않고도 계속 강화되었다. 이러한 요소들은 다음 세대에 교회의 제도로 보존되고, 궁핍한 시대에 정신적 내용을 보존하기 위하여 활기찬 그리스도교적 삶이 치러야 했던 희생이었다.

어려운 시대에 정신력이 신앙 자산의 자발적 발전에 미치지 못하면, 사람들은 시대가 성숙할 때까지 경직된 전통을 새로운 삶으로 다시 채우기 위해 법적 결정으로 복귀하고 그것을 고수한다. 이와 달리 제아무리 뛰어난 영적 각성이라 할지라도 제도적 안전장치로 도약하지 못하면 사라져 버린다.

이것은 단지 약간의 맛보기다. 다가오는 몇 세기에 대한 서술을 힘들게 하는 어려움은, 동시대의 많은 사건이 서로 관련되어 한눈에 파악할 수 없고, 잇달아 일어난 사건들을 다양한 관점에서 서술할 필요가 있다는 데 있다. 예를 들어 서방 제국에서 일어난 정치적 사건들을 전망하려 한다면, 이는 세계사적 사건들의 서술을 뜻한다. 민족이동 시대와 서양의 성립은, 사건들을 비잔틴의 관점에서 고찰하면 완전히 다른 모습을 드러낸다. 비잔틴제국에서는 로마제국이 온전하게 남아 있었다. 콘스탄티노플 측에서 볼 때, 서방에서 일어난 일은 페르시아 국경이나 멀리 떨어진 다른 지방들에서 다소 대규모로 일어난 소요처럼 생각되었을 것이다. 6세기에 이탈리아와 아프리카에서 실제로 일어났듯이, 시대와 상황이 좋았다면 영토의 손실을 만회할 수 있는 것으로 여겨졌다.

비잔티움에서 일어난 사건들에 관해 때때로 서유럽의 관점에서 역사를 곁눈질하는 것에 익숙한 사람은, 고대의 정신생활과 로마의 권력의식이 동방에서 더 오래 존속했다는 사실을 쉽게 잊는다. 프랑크족 왕들, 카를 대제, 잘리어 왕조의 통치자들은 비잔티움과 결코 대등한 상대자가 아니었다. 그들은 이와 같이 자각하지도 못했다. 마침내 오토 2세가 비잔틴 여인을 부인으로 맞이했다지만, 이 여인은 현직 황제 가문의 순수한 혈통을 이어받은 공주가 아니라 방계 출신이었다. 테오파누는 요한 치미스케스 황제의 딸이 아니라 질녀였다. 그런데도 역사의 여정은 특히 서방의 관점에서 고찰된다. 왜냐하면 서양 교회의 과거와 현재를 결정하는 일이 서방에서 일어났기 때문이다. 이러한 전망과 함께 적어도 서양에서 획기적인 사건들이 일어난 더 큰 테두리를 언급해야 한다.

③

서양 교회의 자유와 비잔티움

1. 역사적 사건

참고문헌

G. ALBERT, *Goten in Konstantinopel* = Studien zur Geschichte und Kultur des Altertums NF 1. Reihe, Bd. 2 (Paderborn 1984).

F. ALTHEIM, *Geschichte der Hunnen 1-5* (Berlin 1959/62; 1/4: ²1969/75).

B.S. BACHRACH, *A History of the Alans in the West from Their First Appearance in the Sources of Classical Antiquity through the Early Middle Ages* (Minneapolis 1973).

A. CHASTAGNOL, *La fin du monde antique. De Stilicon à Justinien* (Paris 1976).

K. CHRIST (Hrsg.), *Der Untergang des Römischen Reiches* = WdF 269 (Darmstadt 1970).

D. CLAUDE, *Geschichte der Westgoten* = Urban Taschenbücher 128 (Stuttgart 1970).

H.-J. DIESNER, *Die Völkerwanderung* (Leipzig 1976).

—, *Isidor von Sevilla und das westgotische Spanien* = ASAW.PH 67,3 (Leipzig 1977).

W. ENSSLIN, *Theoderich der Große* (München ²1959).

J. FISCHER, *Die Völkerwanderung im Urteil der zeitgenössischen kirchlichen Schriftsteller Galliens unter Einbeziehung des hl. Augustinus* (Heidelberg 1948).

G. HAENDLER, *Geschichte des Frühmittelalters und der Germanenmission* = KIG 2E (Göttingen 1961).

W. LANGE, *Texte zur germanischen Bekehrungsgeschichte* (Tübingen 1962).

J. ORLANDIS/D. RAMOS-LISSON, *Die Synoden auf der Iberischen Halbinsel bis zum Einbruch des Islam (711)* (Paderborn 1981).

F. PASCHOUD, *Roma aeterna. Études sur le patriotisme romain dans l'occident latin à l'époque des grandes invasions* = Bibliotheca Helvetica Romana 7 (Rome 1967).

K. SCHÄFERDIEK, *Die Kirche in den Reichen der Westgoten und Sueven bis zur Errichtung der westgotischen katholischen Staatskirche* = AKG 39 (Berlin 1967).

—, Germanenmission: *RAC* 10 (1978) 492-548.

K.F. STROHEKER, *Germanentum und Spätantike* (Zürich 1965).

G. WIRTH, Zu Justinian und Theoderich: *Panchaia*. FS K. Thraede = JbAC Erg.Bd. 22 (1995) 251-60.

H. WOLFRAM, *Geschichte der Goten. Von den Anfängen bis zur Mitte des 6. Jhs.* (München ³1990).

—, Franken: *RGA* 9 (1995) 373-461.

1.1 서로마의 몰락

테오도시우스의 죽음으로 제국은 마지막 위대한 황제를 잃었다. 그의 두 아들은 정신적 도야陶冶와 추진력에서 아버지를 닮지 않았다. 호노리우스 (395~423)는 열 살 때 서방에서 황제의 후계자가 되었다. 물론 돌아가신 아버지의 뜻에 따라, 반달족 아버지와 로마인 어머니 사이에서 태어난 군사령관 스틸리코가 후견인으로 통치했다. 401년에 알라리쿠스가 이끄는 서고트족이 이탈리아를 침략했다. 스틸리코는 수차례 전투 끝에 서고트족을 율리우스 알프스를 넘어 일리리쿰으로 격퇴할 수 있었다. 다른 게르만족의 침입도 브리타니아와 게르마니아, 갈리아 국경을 지키는 군단의 도움으로 막을 수 있었다. 그러나 국경 수비가 약화되자 반달족과 수에브족, 알라네족이 갈리아를 침입했다. 408년, 스틸리코는 알라리쿠스가 요구한 인질 몸값으로 금 4,000파운드를 지불해야 했다. 그는 같은 해 이른바 배신자로 몰려 맞아 죽었으며, 이탈리아에 있는 그의 가족과 지원군 사이에서도 살육전이 벌어졌다. 그러나 이로써 이탈리아에서 게르만족 통치가 끝난 것이 결코 아니었다. 오히려, 로마화한 게르만족으로서 다른 게르만족들의 끊임없는 침입에 대해 지방을 지킬 수 있었던 유일한 사람이 죽은 것이었다.

배반당한 게르만족 지원군들은, 그때까지 적으로 싸운 알라리쿠스에게 도움을 청했다. 알라리쿠스는 지체 없이 나타나 로마를 포위하고 인질 몸값을 요구했다. 이를 위해 모든 제신 상을 장식한 귀금속을 녹여야 했다. 교황 인노켄티우스 1세가 서고트족의 위험을 막기 위해, 비밀리에만 행해진다면 옛 제신에게 제물 바치는 것을 허용할 준비가 되었다는 소문이 떠돌았다. 그러나 이는 사실인 것 같지 않다.[1] 알라리쿠스와 관련하여 새로운 혼란이 있었으며, 410년 8월 24일에 당시 전 세계를 뒤흔드는 사건이 일어났다. 곧, 로마가 정복되고 사흘 동안 고트족에게 약탈되었다. 그러나 로마인 자신도 정복자의 자비심을 기이하게 여겼다. 도시는 파괴되지 않고 주민의 생명은 대체로 보호되었으며, 특히 교회 — 아마도 모든 교회는 아닐지라도 — 와 순교자들의 추모지는 침해되지 않고 주민의 피난처로 배려되었다. 알라리쿠스는 즉시, 서로마제국의 주요 경작 지역인 북아프리카로 눈을 돌리려 했다. 그러나 그는 410년에 죽었으며 후계자 아타울푸스는 남부 갈리아로 철수했다. 갈리아에서 서서히 에스파냐로 영토를 확장하면서, 다음 100년 동안 서고트족의 게르만족 왕국이 로마제국의 땅에 생겨났다. 아타울푸스는 호노리우스 황제의 누이 갈라 플라키디아를 아내로 맞았다. 라벤나에 있는 그녀의 묘는 잘 알려져 있다.

그사이에 반달족과 수에브족, 알라네족 군대는 갈리아에서 만행을 저질렀다. 마인츠는 약탈당했고 트리어는 불에 타 파괴되었다. 같은 시대에 부르군드족과 알레만족이 라인 강을 건너 쳐들어왔으며, 스트라스부르와 슈파이어, 보름스를 파괴했다. 그 당시 이 지역에 남아 있던 브리타니아 군대가 내세운 대립 황제 콘스탄티누스 3세가 이에 개입하여, 갈리아에서 로마 군대와 행정이 아직 온전한 상태로 있는 한, 갈리아와 부분적으로 에스파냐도 되찾을 수 있었다. 콘스탄티누스 3세는 호노리우스에게 자신을 승인하기를 강요했지만, 411년에 호노리우스의 장군인 콘스탄티우스에게

---

[1] Seeck 5,393-5.594.

살해되었다. 콘스탄티우스는 서고트족 왕 아타울푸스가 죽은 뒤 과부가 된 갈라 플라키디아를 아내로 맞아들였으며, 421년에 죽을 때까지 서방을 실제로 통치한 황제였다. 호노리우스는 2년 뒤인 423년에 죽었다.

호노리우스의 후계자는 콘스탄티우스와 갈라 플라키디아 사이에 태어난 아들인 발렌티니아누스 3세였다. 성년이 되는 열다섯 살 때까지 그의 어머니가 후견을 맡았으며, 그 후 발렌티니아누스는 '귀족이자 유능한 군사령관'patricius et magister utriusque militiae인 아에티우스에게 휘둘렸다. 아에티우스는 서고트족과 프랑크족, 부르군드족과 함께 451년에 중부 프랑스의 평원(트루아 근처)에서 훈족 침입을 저지할 수 있었다. 발렌티니아누스는 영향력을 거의 미치지 못한 황제였다. 그의 '가장 큰 업적'은 454년에 아에티우스를 살해한 일이었다(『소 연대기』 1,303; 2,86). 일 년 뒤 그도 살해되었다. 이로써 서방의 황제직에 죽음의 고통이 시작되었다. 황제들은 로마인들과 게르만족에 의해 단기간에 계속 임명되고 폐위되고 살해되었다.

서방 제국은 어떻게 멸망했는가? 아틸라는 451년에 갈리아에서 그가 이끄는 훈족과 함께 격퇴되었다. 그 때문에 452년에 그는 이탈리아에 침입했으나, 교황 레오 1세의 지도 아래 로마인 고위 사절단과 협상하여 로마 진격을 멈추었다. 그가 453년에 도나우 강 지역으로 돌아가 죽음으로써 그의 통치는 끝났다. 이탈리아에서 죽은 발렌티니아누스 3세의 부인인 에우독시아는 남편의 살해자와 싸우는 데 지원군이 필요하자 반달족 왕 게이세리쿠스를 아프리카에서 불러들였다. 게이세리쿠스가 지원 요청을 흔쾌히 수락하여 로마는 455년에 재차 약탈되었다. 레오 교황의 노력으로 그나마 살인과 방화는 막을 수 있었다.

이탈리아에서 혼란은 끊이지 않았다. 동게르만족의 지원군, 헤룰레스족, 루기족, 스키르족이 이탈리아에서 자신들이 살 지역을 요구했다. 이탈리아에서는 어떤 지방이 아니라 제국의 발상지가 문제였기 때문에, 군사령관 오레스테스가 이 요구를 거부하자, 게르만족 군대는 오도아케르(오도바카르)²를 이탈리아에서 게르만족의 왕으로 내세웠다. 오레스테스는 제압되고 살해되었다. 오레스테스가 얼마 전에 황제로 즉위시킨 그의 어린 아들 로물루스는 폐위되었다. 로마인은 그를 아우구스툴루스, 곧 어린 황제라고 불렀다. 로물루스가 폐위된 476년은 중요한 해다. 서방의 황제 네푸스가 스팔라툼(스플리트)에 있는 디오클레티아누스 황실에서 살해되기 전인 480년까지도 달마티아에서 통치했음에도 불구하고, 역사는 일반적으로 서로마 황제직의 종말을 476년으로 본다. 동시대인들에게 그리고 콘스탄티노플의 관점에서, 5세기가 시작된 이후의 대체적인 상황을 고려할 때 이는 전혀 충격적인 사건이 아니었다. 그 관점에서 이 사건들은 이중 황제직의 종료로 해석될 수 있다. 동방의 통치자는 유일한 합법적 황제로 남아 있었으며, 서쪽 지역을 잃은 것은 로마의 주권을 침해하지 않는 단지 사실적이고 일시적인 잃음이었다. 서방에서 볼 때도, 외적인 견지에서 보면 이는 전에도 자주 일어난 일, 곧 황제의 폐위에 지나지 않았다. 그렇지만 476년은 서방교회의 입장에서 보면 한 시대의 종말을 뜻한다. 이때부터 서로마 황제는 더 이상 없었다.

이탈리아에서 게르만족 최초의 왕인 오도아케르의 통치는 13년 동안 지속되었다. 488년, 동로마 황제 제논은 동고트족 왕 테오데리쿠스를 황제의 총독으로 임명해 이탈리아로 파견했다. 동로마 황제는 아직도 자신을 전 제국의 합법적 군주로 여기고 있었다. 오도아케르는 라벤나에서 얼마간 통치권을 유지하다가 493년에 도시를 다시 빼앗기고 말았다. 그는 식사를 하던 중 테오데리쿠스에게 살해되었다(『소 연대기』 1,320-21).

1.2 게르만족 왕국과 교회

지금까지 여러 게르만족은 서로마제국의 몰락과 관계되는 경우에만 언급되었다. 그러나 이런 역사적 사건들과의 관련성을 차치하고도 서방에서 게르만족은 교회 발전에 여러 모로 결정적 의미를 지닌다.

---

[2] 문헌에서 다양하게 불리는 그의 이름에 관해서는 DEMANDT 175f, Anm. 41 참조.

1.2.1 서고트족[3]

로마제국 지역에 대한 게르만족의 침입은 서고트족과 함께 시작한다. 서고트족은 일찍이 도나우 강–흑해 지역에서 약탈 행위를 벌일 때 강제로 끌려온 그리스도인들을 통해 신앙을 알게 되었다. 고트족 주교 테오필루스는 니케아 공의회의 결정에 서명했다. 따라서 고트족이 살던 곳은 다키아 지역으로 추정할 수 있다.[4] 콘스탄티우스의 황실에 사절단과 함께 오고 니코메디아의 에우세비우스에 의해 주교로 서품된 울필라스[5]는 성경을 게르만족 언어로 번역했다는 점에서 대단한 중요성을 지닌다. 그의 성경 번역은 고트족의 문어체 언어를 정립했다. 그 밖에 고트족과 관련한 초기 그리스도교에 관해서는 여러 순교자 보고와 열교에서 주교로 서품된 아우디우스와 그의 추종자들의 활동에 관한 서로 다른 증언이 있다.[6] 가우(게르만족의 주거지역)의 통치자 아타나리쿠스(369~372)의 시대에 일어난 그리스도인 박해는 곁줄기로만 남아 있다. 다른 통치자인 프리티게른이 아타나리쿠스의 통치권 요구를 거절했기 때문이다. 프리티게른이 신앙을 아리우스 유사파 형태의 고백으로 받아들임으로써 고트족이 정통 그리스도교화할 가능성은 당분간 없었다.

4세기와 5세기 초에 서고트족의 정치적 행로, 곧 378년 하드리아노폴리스에서 발렌스에 대한 승리, 게르만족에 우호적인 테오도시우스 치하에서 몇 년간 누린 평온 뒤에 새로운 약탈 행위, 410년에 알라리쿠스의 로마 정복, 아타울푸스 치하에서 남부 갈리아로 퇴각한 사건은 이미 간략하게 다

---

[3] É. DEMOUGEOT, Gallia I: *RAC* 8 (1972) 920-5; SCHÄFERDIEK, *Germanenmission* 497-506.510f.527-30.

[4] K. SCHÄFERDIEK, Gotien. Eine Kirche im Vorfeld des frühbyzantinischen Reichs: *JbAC* 33 (1990) 36-52.

[5] 이름의 형태에 관해서는 K. SCHÄFERDIEK, Die Überlieferung des Names Ulfila: Beiträge zur Namensforschung: *NT* 25 (1990) 267-76; DERS., Wulfila. Vom Bischof von Gotien zum Gotenbischof: *ZKG* 90 (1979) 253-92참조.

[6] C. SCHOLTEN, Audios: *LThK* 1 (^{3}1993) 1174.

루었다(119-20쪽과 266-7쪽 참조). 아타울푸스의 형제 왈리아(415~418)는 알라리쿠스처럼 이번에는 남부 에스파냐에서 북아프리카로 건너가려 했다. 그러나 그도 뜻을 이루지 못했다. 그는 에스파냐에서 반달족과 수에브족, 알라네족과 맞서 싸웠으며, 서고트족은 40년 이상 뜨내기 생활을 한 뒤 418년에 아퀴타니아를 거주지로 삼았다. 거의 1세기 동안, 곧 418년에서 507년까지 서고트족의 톨로사 왕국이 존속했으며, 수도는 툴루즈였다. 왕은 자신의 군대로 지방 보호권을 넘겨받았고, 황제의 총독으로 토착민을 통치했다. 총독 임명은 그 뒤로도 계속 로마의 권리로 여겨졌으며, 로마의 행정력이 어렵사리 작동했음에도 불구하고 황제의 통치권은 몇십 년간 공식적으로 존속했다. 에우리쿠스(466~484) 치하에 이르러서야 서고트족 왕국이 독립했으며, 루아르에서 지브롤터까지, 그들의 역사상 영토를 가장 많이 넓혔다. 「에우리쿠스 법전」*Codex Euricianus*에 수록된 서고트족 법률 모음집은 게르만족 권리에 관한 가장 오래된 라틴어 문서다. 하지만 다시 전쟁이 일어나 서고트족 왕국의 북쪽 국경과 남쪽 국경이 위태롭게 되었다. 알라리쿠스 2세는 507년에 클로비스와의 전투에서 죽고, 서고트족은 갈리아 지역을 프랑크족과 동고트족 왕 테오데리쿠스에게 넘겨주었다. 동로마 황제는 서고트족 왕국에 영향력을 행사하려 하였다. 대부분 프랑크족에게 호의적인 가톨릭파 갈리아·로마 주민이 아리우스파 서고트족을 혐오한 것도 어느 정도 영향을 미쳤을 것이다. 서고트족의 새 수도는 톨레도였다. 그러나 농촌은 오랫동안 무정부 상태로 위기에 처해 있었다. 로마인과 고트족으로 이루어진 명문 귀족은 가장 중요한 관직을 차지했으며, 왕권에 반대했다. 유스티니아누스 치세 때 이루어진 북아프리카 정복은 남부 에스파냐에도 확산되었다. 그러나 레오비길두스(568~586)는 비잔틴인을 다시 해안가의 도시로 몰아냈다.

안달루시아의 군주로 임명된 레오비길두스의 아들 헤르메네길두스는 프랑크족 공주인 아내 잉군다와 세비야의 주교 레안데르의 영향으로 가톨릭 신앙으로 개종했다. 그는 비잔틴인들과 수에브족을 지지했기 때문에

585년에 살해되었다. 그러나 니케아 신앙으로 돌아선 것이 특별한 경우인 것 같지는 않다. 레오비길두스의 어린 아들 레카레두스(586~601)도 가톨릭 신앙을 받아들였다. 이는, 589년 열린 톨레도 3차 교회회의에서 성대하게 선포된 전 국민의 개종으로 이끌었다. 당시 서고트족 왕국에는 앞서 언급한 레안데르와 그의 동생이자 당대의 가장 위대한 학자 가운데 한 명인 세비야의 이시도루스(175쪽 참조)처럼 뛰어난 주교와 교회 학자들이 활동했다.

서고트족 왕국에서 아리우스주의와 니케아 고백은 오랫동안 격렬하게 대립하지 않았던 것 같다. 갈리아와 에스파냐에서 게르만족은 로마화한 토착민과 함께 이미 많은 세대를 함께 살았다. 서고트족은 황제의 군대에서 주요 부분을 맡았다. 다른 이들은 계약에 바탕하여 토지를 받고 정착했다. 로마인의 통치가 게르만인의 통치로 바뀌는 과정은 유기적으로 진행되었다. 다만 언어와 법, 도덕, 관습, 의복에서 다른 점이 극복되고 여러 민족의 혼합으로 남부 유럽에서 새로운 민족들이 생겨나기까지 얼마간의 시간이 필요했다. 분파의 차이는 많은 대립 가운데 단지 한 가지 요소였다. 에우리쿠스 왕은, 한 지방이 정복될 때마다, 주교단의 지도적 인물들을 추방했다. 따라서 리에의 파우스투스는 프로방스가 합병된 뒤, 부르주의 심플리키우스와 클레르몽의 시도니우스 아폴리나리스는 오베르뉴가 정복된 뒤 추방되었다. 그러나 그 배후에는 본디 종교적 신념이 아니라 정치적 이해관계가 작용하고 있었다. 대개 귀족 가문에 속했던 주교들은 제국과 연결되었으며 새로운 지배자의 적으로 여겨질 수 있었다. 그럼에도 불구하고 서고트족 왕 대부분은 가톨릭 신앙을 따르는 신하에 대해 관용적 태도를 취했다.

아리우스파와 가톨릭파 사이의 격렬한 충돌은 실제로 레오비길두스 치하와 그의 아들 헤르메네길두스 통치 초기에만 있었다. 레카레두스 치하에서 서고트족의 많은 귀족과 주교가 가톨릭 신앙으로 개종했다. 그 뒤 아리우스주의는 비테리쿠스(603~610) 치하에서 또 한 번 잠시 되살아났으나 더 이상 큰 의미를 지니지 못했다. 톨레도 3차 교회회의(589)와 함께 국가와 교회가 지속적으로 협력하는 중세라는 느낌을 불러 일으키는 시대가 이미 시작했다. 교회와 정치의 수도인 톨레도에서는 633~694년에, 국가와 교회의 문제를 결정한 국가 교회회의가 14차례 열렸다. 585년, 서고트족 왕국에 합병된 이 지역의 북서쪽에 자리한 수에브족 왕국도 처음에는 아리우스파 고백을 받아들였다. 카라리쿠스 왕(556년경) 치하에서 정통 신앙으로의 개종은 문학적으로도 중요하다. 이는 나중에 브라가의 수석대주교(570~579)가 된 두미오의 마르티누스의 영향으로 이루어졌다(175쪽 참조).

레카레두스가 이룬 신앙의 일치는 서고트족 왕국을 견고하게 하는 데 유리하게 작용했다. 교회는 왕국의 운명에 결정적으로 영향을 미쳤다. 교회회의는 귀족계급의 도움을 받으면서 왕국의 집회로 직무를 행했다. 교회는 많은 왕이 장려한 로마 교육을 전파했다. 고트족은 7세기에 더욱더 로마화했다. 그 결과 새로운 에스파냐 국민 감정 같은 것이 생겨났다. 624년 비잔틴제국의 마지막 거점들이 없어졌을 때, 전 반도는 고트계 에스파냐가 되었다. 레케스빈투스 왕은 고트족과 로마인을 위한 공동의 법령집을 공포했으며, 그때까지 존속하던 두 민족 사이의 혼인 금지를 폐기했다. 동시에 톨레도의 대주교는 에스파냐 교회의 수위권자가 되었다. 그런데 유감스럽게도 이러한 성과 있는 실마리들은 더 이상 발전을 이루지 못했다. 서고트족 왕국이 국내 정치적으로 심각한 위험에 빠졌기 때문이다. 마지막 왕 로데리쿠스(710~713)는 폭력을 행사하여 왕위에 올랐다. 그의 적대자들은 그를 응징하기 위해 아랍인을 나라에 불러들였다고 한다. 타리크 이븐 지야드가 지휘하는 소규모의 아랍인 군대가 지브롤터 근처에 상륙하여, 711년에 트라팔가르와 가까운 와디 베카에서 로데리쿠스에게 승리를 거두었다. 처음에 약탈 습격으로 시작된 이러한 공격은 무사 이븐 누사이르가 이끄는 증원군에 의해 본격적인 정복 사업이 되었다. 로데리쿠스는 713년에 살라망카에서 죽었다. 714년에 거의 모든 에스파냐 지역이 정복되었고, 719/20년에는 나르본 지방도 정복되었다. 이곳에서 최초로 아랍인과 프랑크족이 마주쳤다. 프랑크족은 732년에 카를 마르텔의 지휘 아래

투르와 푸아티에 근처에서 이슬람의 진군을 막을 수 있었다.

그러나 북아프리카에서와 달리(167-9쪽 참조) 에스파냐에서 서고트족 왕국과 가톨릭 신앙이 결합되어 국민에게 뿌리를 내린 교회는 몰락하지 않았다. 백성은 결코 아랍인의 점령에 타협하지 않았다. 1300년경 에스파냐의 거의 모든 지역이 탈환될 때까지 국가는 평온한 적이 드물었다. 아랍인의 마지막 잔재인, 무어인 왕국 그라나다는 15세기에 이르러서야 겨우 정복되었다. 수백 년에 걸친 이러한 투쟁은 에스파냐 그리스도교의 특징이 되었고, 에스파냐 그리스도교는 이로써 엄혹한 시련을 겪어야 했다.

1.2.2 반달족[7]

서고트족에게 시달리던 로마는 브리타니아와 갈리아 주둔군을 이탈리아로 철군시킬 수밖에 없었다. 이때를 노려 반달족이 다른 게르만족들과 함께 406년 섣달 그믐날 밤 셀츠Selz와 빙엔 근처 나헤 사이에서 넓은 전선을 구축하여 라인 강을 도하했다. 히에로니무스는 『서간집』 123,15에서 뒤따르는 유린을 인상적으로 서술한다.

> 저는 지금 일어나는 재난에 관해 몇 마디 말하고 싶습니다. 우리에게 아직 약간의 것이 남아 있는 것은, 우리의 공로가 아니라 하느님의 자비 덕분입니다. 많은 미개민족이 온 갈리아를 차지했습니다. 알프스와 피레네 사이, 대양과 라인 강 사이의 전 지역을 콰디족, 반달족, 사르마티아족, 알라네족, 게피데족, 헤룰레스족, 작센족, 부르군드족, 알레만족이 차지했고, 오 불행한 제국이 적들을 판노니아에서 격파했습니다. 아수르Assur가 그들과 함께 왔기 때문입니다.[8]

---

[7] P. LANGLOIS, Africa II (literaturgeschichtlich): *RAC Suppl.* 1-2 (1985) 201-21; BAUS/BECK u.a. 181-6; SCHÄFERDIEK, *Germanenmission* 506-10.

[8] 번역: BKV², *Hieronymus* 2,209f; 참조: DASSMANN, *Anfänge* (149쪽) 46.

409년, 반달족은 에스파냐에 다다랐으며, 서고트족을 그곳에서 남부 갈리아로 몰아냈다. 에스파냐의 지중해 연안 항구들을 정복한 반달족은 조선造船과 항해 기술을 습득했다. 로마인들에게 이것이 의미하는 위험은 분명했다. 황제가 공포한 법들은 게르만족에게 항해를 가르치는 것을 사형으로 처벌하겠다고 위협하며 금지시켰다. 반달족의 위대한 지도자 게이세리쿠스는 지금까지 낯설었던 이런 기술의 중요성을 꿰뚫어 보았다. 50여 년간의 긴 통치 기간(428~477)은 그가 자신의 정치적 계획을 실행하는 데 도움이 되었다. 429년, 그는 반달족을 이끌고 지브롤터 해협을 건너가 북아프리카의 로마인 총독 보니파티우스에게 승리를 거두었다. 아우구스티누스는 430년에 반달족에게 포위된 히포 레기우스에서 사망했다. 435년, 로마인은 맨 먼저 반달족을 '동맹을 맺은 이들'foederati로 승인했다. 반달족이 439년에 카르타고를 급습하여 정복한 지역은 주권이 그들에게 넘어갔다. 이로써 아프리카에서 반달족 왕국은 모든 면에서 처음으로 로마제국에서 벗어났다. 육군이 약했기에 게이세리쿠스는 꾸준히 함선을 건조하여 지중해를 지배했으며, 이탈리아가 북아프리카에서 나오는 곡물에 의존했기 때문에 서로마의 운명을 손아귀에 쥐고 있었다. 455년, 그는 로마를 정복했다(309쪽 참조). 14일 동안 로마는 조직적으로 약탈되었다. 돈, 에우독시아와 두 딸을 비롯한 인질, 예술 작품, 공예가들이 카르타고를 장식하기 위해 선대船隊로 옮겨졌다. 반달족의 맹목적 파괴욕이 낳은 어두운 면이라 할 수 있다.

    반달족 왕국도 오래 가지 못했다. 다른 게르만족 통치처럼 반달족 왕국은 법과 질서를 제도로 정착시키지 못함으로써 어려움을 겪었다. 성공은 대부분 뛰어난 지도자들과 연계되며, 그들이 죽은 뒤 불안정한 국가구조는 다시 무너졌다. 이러한 현상이 반달족에게도 일어났다. 테오데리쿠스가 죽은 뒤 반달족과 동고트족 사이의 오랜 우호 관계가 깨졌을 때, 다시 강해진 비잔티움은 동고트족과 동맹을 맺어 벨리사리우스의 지휘 아래 비교적 짧은 기간 안에 북아프리카를 탈환할 수 있었다(533/34). 반달족의 마지막 왕 겔리메루스는 산악 요새에서 장기간 포위 공격을 받다가 항복했다. 북아프리카는 그때부터 아랍인이 침입할 때까지 제국의 지방으로 남아 있었다.

반달족 통치 아래서 교회는 혹독한 고난을 겪어야 했다. 가톨릭파는 아리우스파 반달족에게 종교적 고백 때문에 미움을 받았을 뿐 아니라 정치적으로도 동로마 황제의 동맹자로 여겨졌다. 특히 게이세리쿠스와 그의 아들 훈네리쿠스, 넷째 후계자 트라사문두스는 그리스도교에 우호적인 모든 황제의 종교정책과 정반대의 정책을 펼쳤다. 곧, 국가의 결속력을 확실하게 하기 위한 종교적(아리우스파의) 일치를 강요했다. 가톨릭파 주교들은 추방되었으며, 교회는 압류되었다. 오늘날에도 히포에 있는 아우구스티누스의 주교좌 성당에서는 GUILIA RUNA PRESBITERISSA[9]라는 반달족 무덤 모자이크를 볼 수 있다. 카르타고가 정복되자 곧바로 쿠오드불트데우스 주교가 추방되었다. 그의 주교좌는 24년 동안 비워진 채로 있었다. 비교적 평온했던 시기는 혹독한 박해로 바뀌어, 483년에 가톨릭파 신자 5천여 명이 주교들과 함께 남쪽 국경에 있는 사막으로 이주했다. 484년에는 니케아 고백을 부인하게 하기 위해, 모든 주교를 강제로 카르타고에 오게 했다. 순교자가 나온 반면 배교자도 많았다.

박해가 일어나는 상황은 절망적인 경우가 많았다. 그럼에도 불구하고 얼마 안 되는 반달족 상류층은 가톨릭파 주민에 대한 박해를 관철시킬 수 없었다. 그리하여 박해는 세기말에 끝났지만 때가 너무 늦었다. 반달족과 가톨릭파 사이의 불화는 더 이상 치유되지 않았다. 유스티니아누스 치하에서 탈환이 시작되었을 때, 비잔틴인은 가톨릭파 주민이 든든한 원군임을 알게 되었다. 다른 한편으로 가톨릭파 교회의 영향도 약화되었다. 반달족 아리우스파에 대한 적개심과 더불어 가톨릭파와 도나투스파의 앙금도 여전히 남아 있었기 때문이다. 가톨릭파는, 이교적이거나 도나투스적으로

---

[9] E. MAREC, *Monuments chrétiens d'Hippone vide épiscopale de saint Augustin* (Paris 1958) 59f.

특징지을 수 있는 주민과 분리된 일종의 상류층을 이루었다. 비잔틴인들은 아랍인이 침입했을 때 이를 감지했다. 토착민은 마지못해 그들을 지지했다. 반달족이 비잔틴의 개입 없이 서고트족처럼 토착민에 뿌리를 내렸더라면 토착민과 공동으로 이슬람에 맞서 오랫동안 끈질기고 효과적인 저항을 할 수 있었을까 하는 질문에는 어느 누구도 확실한 대답을 할 수 없을 것이다. 비잔틴인만으로 아랍인과 전투를 벌이는 것이 절망적이었다는 것은 확실하다. 비잔틴인들은 콘스탄티노플에서 멀리 떨어져 있는 점령군으로서 싸웠으며 국민으로부터 고립되어 있었다. 축성용築城用 거석巨石을 올린 방어 시설의 잔해는 오늘날에도 비잔틴인들의 최후 결전이 얼마나 필사적이었는지 증언한다.

1.2.3 동고트족[10]

제논 황제(474~491)가 이탈리아에서 오도아케르를 거슬러 동고트족과 부분 동맹을 맺고, 그들의 지도자 테오데리쿠스를 군사령관과 귀족Patricius으로 임명함으로써, 동고트족은 교회사에서 중요한 의미를 지니게 되었다. 이 당시에 동고트족은 이미 아리우스 유사파 그리스도교를 받아들였다. 오도아케르가 488년에 축출된 뒤, 테오데리쿠스는 이탈리아에서 몇십 년 동안 평화를 유지했다(335쪽 참조). 그는 현존하는 정치적·민족적·종교적 대립을 없애려고 분투했지만 그 성취는 제한적이었다. 국내적으로 고트족은 소수민족이었으며 언어와 법, 아리우스파 고백에 따라 토착민과 구별되었다. 고트족은 로마의 시민권을 가지지 못했고 토착민과 혼인connubium도 하지 못했다. 고트족은 국방과 정치와 행정을 장악했고 토착민은 그들의 생계를 돌보아야 했다.

테오데리쿠스는 아리우스파 신앙을 고백했음에도 불구하고 지속적으로 종교적 관용정책을 실시했다. 그는 동로마 황제의 개입에 반대하는 겔라

---

[10] SCHÄFERDIEK, *Germanenmission* 511-3; ENSSLIN, *Theoderich*; BAUS/BECK u.a. 139f.

시우스 교황을 도왔다(339-40쪽 참조). 테오데리쿠스는 로마 문화를 이해하고 장려했으며, 교회와 왕궁, 공중목욕탕을 지었다. 그의 시대에 라벤나는 예술적 전성기였다. 칼라브리아의 지체 높은 가문 출신인 카시오도루스는 테오데리쿠스의 비서였으며, 514년에 집정관이 되고 533년에는 총독praefectus praetorio이 되었다. 그 뒤 그는 자신의 영지 비바리움Vivarium에 세운 수도원으로 물러났다. 로마의 아니키우스 가문 출신인 철학자 보에티우스도 고위 관직에 올랐다. 백성은 여러 중재 노력에도 불구하고 종교적 입장에 따라 긴장 관계에 있었다. 가톨릭파 주민은 고트족의 아리우스주의와 타협하지 않았다. 로마 원로원은 동로마와 음모를 꾀했다. 그 밖의 불리한 증언들은 테오데리쿠스의 계승이 불확실하다는 사실로 밝혀졌다. 논란의 대상이 된 보에티우스는 국가 반역죄로 고발되고 그를 신뢰하지 않은 테오데리쿠스의 부추김으로 524년에 처형되었다. 처형되기 전 그는 감옥에서 『철학의 위안』을 썼다. 그와 함께 장인 심마쿠스가 죽었다. 이 심마쿠스는, 빅토리아 여신 제단에 관한 논쟁으로 유명한 로마 원로원 의원 심마쿠스의 손자였다(203-6쪽 참조). 이는 로마의 지도적 가문의 그리스도교화가 그 사이에 어느 정도 진척되었는지 알려 준다.

526년에 테오데리쿠스가 죽은 뒤 다른 게르만족 왕국들의 결속은 깨졌다. 이는 동로마에 유리하게 작용했다. 이 시기에 동로마에는 가장 유명한 황제 가운데 한 명인 유스티니아누스와 두 명의 최고 지휘관 벨리사리우스와 나르세스가 있었다. 벨리사리우스는 테오데리쿠스가 죽은 뒤 반달족과 사이가 나빠진 동고트족의 도움으로 맨 먼저 북아프리카의 반달족 왕국을 점령했다(533/34). 일 년 뒤에는 고트족 차례였다. 535년부터 555년까지 20년 동안 전쟁이 계속되었다. 테오데리쿠스를 이어 미성년인 손자 아탈라리쿠스가 즉위하여 어머니 아말라스윈타의 후견을 받았다. 아탈라리쿠스가 일찍 죽자 아말라스윈타는 테오데리쿠스 가문의 마지막 왕인 테오다하트 뒤에서 섭정을 했다. 그러나 535년, 테오다하트는 아말라스윈타를 살해하게 했다. 이것은 유스티니아누스가 그녀를 대신한 응징자로 전쟁을 시작하게 되는 외적 빌미가 되었다. 이탈리아 남쪽에서 진군한 벨리사리우스는 고트족 위티기스Witigis를 왕으로 등극시켰다(536). 위티기스는 여러 번에 걸친 전투에서 로마를 지켰지만, 540년에 라벤나에서 포로로 붙잡혔다. 하지만 전쟁은 이로써 끝나지 않았다. 왜냐하면 542년에 토틸라는 비잔틴제국의 조세 압박에 시달리는 이탈리아를 거의 모두 되찾을 수 있었기 때문이다. 그렇지만 그는 페루자 근처의 타기나이에서 벨리사리우스의 후계자 나르세스와 그의 롬바르드-게피데족 용병들에게 패배했다. 고트족의 마지막 왕 테이아Teja는 몇 개월 뒤 베수브의 끔찍한 전투에서 전사했다(552). 3년 동안 여러 무리가 소규모 전투를 계속했지만 점점 약해졌다. 북아프리카에서 반달족처럼 이탈리아에서 동고트족은, 토착민에게 동화되어 흔적 없이 사라졌다. 이로써 아리우스파에 경도된 이 왕성한 두 민족은 서양의 재구성을 위한 투쟁에서 떨어져 나갔다.

 오늘날까지도 로마의 산타 마리아 인 코스메디아와 라벤나의 산 비탈레와 같은 몇몇 웅대한 교회 건축물이 입증하듯이, 비잔틴인의 이탈리아 탈환 덕분에 라벤나 총독직과 수도 로마는 잠시나마 전성기를 누렸다. 그러나 이탈리아는 비잔틴제국의 조세 압박으로 서서히 파멸의 늪에 빠져 들었다. 세력 정치로 국가는 주인 없는 땅이 되었고 그 땅에 롬바르드족이 득세하기 시작했다. 롬바르드족은 마침내 헝가리 평원까지 세력을 확장했고, 고트족과의 전쟁 당시 용병으로 참전한 경험이 있어 나르세스 치하의 이탈리아가 낯설지 않았다. 568년, 롬바르드족은 왕 알보이누스의 지휘 아래 북이탈리아와 스폴레토, 베네벤토를 정복했고, 파비아를 수도로 왕국을 세웠다. 비잔틴인들과의 전투는 후방에서도 계속되었다. 되풀이된 프랑크족의 침입도 나라를 불안하게 했다. 롬바르드족은 로마 주위 지역과 나폴리, 라벤나 및 남부 이탈리아를 결코 정복할 수 없었다. 605년에 이르러서야 아이굴푸스 왕(590~615)은 프랑크족과 비잔틴인과 휴전협정을 맺었다. 600년경, 이탈리아는 전쟁과 기아와 흑사병으로 몹시 비참한 상황에 처해 있었다. 대 그레고리우스 교황은 최대의 위기 상황을 벗어나고

자 온 힘을 기울였다(353쪽 참조). '암흑시대'saeculum obscurum가 이탈리아에 덮쳤으며, 이 시대는 카를 대제에 이르러서야 다시 밝아지기 시작했다.

1.2.4 프랑크족[11]

서고트족과 동고트족과 반달족, 그리고 여기서 특별히 거론되지 않은 수많은 민족과 간략하게 언급된 알레만족 · 부르군드족 · 수에브족 · 게피데족 · 루기족 · 스키르족 · 헤룰레스족 등이 서로마제국의 그리스도교적 유럽화에 관여했다. 프랑크족 왕국에 신앙이 뿌리내린 것은 교회에 매우 중요한 의미를 지녔다.

'자유인' 또는 '용자勇者'를 뜻하는 프랑크족은 400년경 마스와 셸데(잘리어족 또는 대양 프랑크족) 사이와 마스와 모젤(리푸아리아족 또는 연안 프랑크족) 사이에 살던 서게르만 소민족 연합체를 가리킨다. 다른 게르만족과 달리 프랑크족은 고향인 라인 강 오른쪽 지역을 완전히 떠나지 않고 서남쪽으로 세력을 확대했다. 이들은 아에티우스 치하의 로마인과 함께 갈리아에서 아틸라와 서고트족과 맞서 싸웠다. 클로비스는 482년에서 511년까지 통치했다. 맨 먼저 그는 로마인 시아그리우스에게 승리를 거두어 솜Somme과 루아르 사이에 자리한 그의 영지를 점령함으로써 갈리아 지역에서 서로마제국의 흔적을 없앴다. 클로비스는, 그를 그리스도교로 개종시키려고 힘쓴 부르군드족 공주 크로디킬데와 혼인했다. 496년, 클로비스는 알레만족에게 승리를 거두어 굴복시켰다. 아마도 498/99년 성탄절에 그는 랭스의 주교 레미기우스에게서 세례를 받았다(투르의 그레고리우스 『프랑크족 역사』 2,30-31; 트리어의 니케티우스 『서간집』 8; 비엔의 아비투스 『서간집』 49). 그의 시종 가운데도 그리스도교를 받아들인 이가 많았다.

이 사건이 역사적으로 중요한 점은, 이와 관련해서 게르만족 가운데 한

---

[11] A. ANGENENDT, *Das Frühmittelalter. Die abendländische Christenheit von 400 bis 900* (Stuttgart ²1995) 169-203; A. HAUCK, *Kirchengeschichte Deutschlands* 1 (Leipzig 1922) 85-223; SCHÄFERDIEK, *Germanenmission* 534-51.

민족이 곧바로 니케아 · 가톨릭 형식의 그리스도교 신앙을 받아들인 것이다. 따라서 갈리아 · 로마 주민과 프랑크족 정복자가 유착하는 과정이 (테오데리쿠스와 서고트족의 체제와 달리) 분파의 차이 없이 곧장 시작될 수 있었다. 프랑크족은 수백만의 토착민 가운데 이방인으로 몰락하지 않고 (177쪽 참조),¹² 갈리아 · 로마 전통, 그리스도교 전통과 완전히 단절되지 않은 채 정복 지역에서 그들의 통치를 강화할 수 있었다. 신앙에서 일치와, 고향에서 자기 민족의 폭넓은 계층을 이주시킨 것은 프랑크족과 그 민족에서 생성된 국가구조에 밑받침도 되었고 지속성도 부여했다. 메로빙거 왕조와 카롤링거 왕조 치하에서 국내적으로 권력투쟁이 있었음에도 불구하고 말이다. 그 결과 프랑크족은 후대에 이탈리아와 교회의 운명에 관여할 수 있었다. 물론 프랑크족과 로마 교회의 연결 고리는 후대에 이르러서야 힘들게 이어졌다. 왜냐하면 맨 처음에 순수한 국가교회가 이와 결합된 사유교회 제도의 모든 위험과 폐해와 함께 생겨났기 때문이다. 게르만족 특징을 지닌 국가교회의 분립주의는, 전 세계를 아우르던 로마제국에서 성장한 교회 입장에서는 상당한 후퇴를 뜻했다. 분립주의는 성장한 국가들이 신성로마제국으로 확장되었을 때 청산될 수 있었다.

1.3 영향

여러 사건들의 진행 및 민족이동의 결과로 여러 지방에서 이룬 교회의 발전은 전 교회 또는 국가와 교회의 관계와 연관되는 특징으로 확대되어야 한다. 이러한 것이 앞선 시기보다 4~5세기에 더 어렵다는 것은 이미 대략적으로 언급했다(260-4쪽 참조). 한편으로 서방교회와 동방교회가 구분될 수 있지만, 여기에는 물론 몇 가지 조건이 있다. 가령, 서방교회를 자유의 편에, 동방교회를 부자유, 비잔틴주의 또는 황제교황주의의 편에 놓는 것은 지나치게 단순한 구분이다. 동방에서도 교회는 황실의 전횡에 좌지우지될

---

¹² 수에 관해서는 A. ANGENENDT, *Das Frühmittelalter. Die abendländische Christenheit von 400 bis 900* (Stuttgart ²1995) 31 참조.

만큼 우유부단하지는 않았다. 이는 박해받거나 추방된 주교가 많다는 사실이 입증한다. 요한 크리소스토무스 같은 주교는 황실의 변덕에 따르지 않았기 때문에 음모의 희생양이 되었다(368-73쪽 참조). 황제 권력의 크기와 한계는 각 인물에서 달리 나타난다. 그러나 서방교회도 동방과 관계없이 제 갈 길을 갈 수 없었다. 칼케돈 공의회 이후 그리스도론 논쟁, 특히 동고트족을 정복한 뒤 이탈리아 너머까지 세력을 재확장한 유스티니아누스 치하의 그리스도론 논쟁에서 서방교회는 동방 황제의 권위에 속박되었으며, 황제와 벌인 논쟁에서 쓰라린 패배를 맛보았다.

다른 한편으로 서양에서 교회정치를 고찰하는 것도 훨씬 더 어려워졌다. 교회는 더 이상 유일한 황제의 권위가 아니라, 몰락하는 로마제국에서 시대마다 상이한 조건으로 여러 국가구조에 맞서고 있었다. 게르만족 왕국들에서 주의를 요하는 문제는 교회와 국가 사이의 긴장만이 아니었다. 아리우스주의와 가톨릭주의의 대립과 로마 문화와 게르만족 문화의 대립도 부담이 되었다. 그때마다 나름의 발전을 이룬 여러 게르만족 국가의 형성은 교회의 상황에 관한 상이한 특징, 곧 전체 교회와 결합되지 않거나 느슨한 결합을 유지하는 국가교회라는 특수한 형태로 나아갔다. 교회정치는 이 시기에 많은 영역에서 행해졌으며 여러 경향을 지향했다. 국가적 또는 지역적 주교단은 그때마다 세속 당국과 감당할 만한 효율적 관계를 맺으려고 애썼다. 로마의 관점에서 볼 때, 게르만족 통치자들과의 관계, 로마와 서방 일부 교회와의 결합, 동시에 동방교회 특히 콘스탄티노플과의 관계 형성이 문제였다. 5세기와 6세기에 로마 수위권이 강력하게 추진된 것은 우연이 아니다. 수위권은 서방에서는 부분 교회에 대해 관철할 수 있었던 반면, 동방에 미칠 수 있는 영향력은 줄어들고, 동방과 서방 교회의 대립은 점점 깊어졌다. 이 시기의 교회사는 대부분이 교황사다. 대 레오와 대 그레고리우스와 같은 특히 뛰어난 인물들은 한 시대의 정점과 전환점을 이룬다.

2. 교황 수위권의 시작

참고문헌

D.F. DONELLY/M.A. SHERMAN, *Augustine's De Civitate Dei* (New York 1991).

J. LUDWIG, *Die Primatworte Mt. 16,18.19 in der altkirchlichen Exegese* = NTA 19,4 (Münster 1952).

W. MARSCHALL, *Karthago und Rom. Die Stellung der nordafrikanischen Kirche zum Apostolischen Stuhl in Rom* = PuP 1 (Stuttgart 1971).

C. MIRBT/K. ALAND, *Quellen zur Geschichte des Papsttums und des römischen Katholizismus* 1 (Tübingen ⁶1967).

K. SCHATZ, *Der Päpstliche Primat. Seine Geschichte von den Anfängen bis zur Gegenwart* (Würzburg 1990).

F.X. SEPPELT, *Der Aufstieg des Papsttums. Von den Anfängen bis zum Ausgang des 6. Jhs.* = Geschichte der Päpste 1 (München ²1954).

—, *Die Entfaltung der päpstlichen Machtstellung im frühen Mittelalter. Von Gregor d. Gr. bis zur Mitte des 11. Jhs.* = Geschichte der Päpste 2 (München ²1955).

H.J. VOGT, *Das sichtbare Reich Gottes in abendländisch-patristischer Deutung: "Reich Gottes – Kirche – Civitas Dei". 16. Forschungsgespräch des Intern. Forschungszentrums Salzburg* (Salzburg 1980) 77-92.

M. WOJTOWYTSCH, *Papsttum und Konzile. Von den Anfängen bis zu Leo I. (440-461)* = PuP 17 (Stuttgart 1981).

2.1 터 닦기

2.1.1 수위권 문제의 역사적 · 교의적 관점

로마 주교의 수위권은 처음부터 존재한 것이 아니라 수백 년간 발전하면서 생겨났다. 이는 교의적 확정이 아니라 역사적 확정이다. 간단히 말해, 전체 교회에 대한 로마 주교의 우위에 관한 신학적 필요성은 역사적으로 입증할 수 없지만 부정할 수도 없다. 수위권은 신앙의 확증이며, 1870년에 제1차 바티칸 공의회에서 명시적으로 표명되었다.

첫째, 로마 주교의 우위는 아주 이른 시기부터, 그리고 수백 년이 흐르면서 교의적 · 규율적 · 제도적 관점에서 점점 분명해졌다는 것은 역사적으로 입증될 수 있다. 이 경우 신학과 교회 밖의 상황들, 예컨대 한편으로는 로마제국의 정치적 수도인 로마가 있고 다른 한편으로 제국 중심이 콘스탄티노플로 이전한 것이 이 발전에 기여했다. 처음부터 로마 주교에게 당연한 중요성을 부여하고 '영원한 도시 로마'Roma aeterna에 거주하게 함으로써, 로마 주교는 훗날 동로마의 그리스도교적 황제 권력과 일정 거리를 유지한 채 자유롭게 발전할 수 있었다.

둘째, 로마의 신학이 사실적 발전의 내적 필요성을 점점 더 크게 인식하게 된 경위가 드러난다. 로마의 신학은 로마 주교의 우위가 결코 우연한 신학적 사실이 아니라 교회의 본질에 상응하고 그리스도가 그 교회를 세웠다는 사실을 입증하려고 애썼다. 이러한 신학적 고찰은 처음 몇 세기 동안 교황권의 실질적 발전과 병행했으며, 때로는 실제적인 사건을 뒤좇아가고 때로는 앞서 갔다.

교황 수위권으로 로마 주교의 권한 확대가 합법적이며, 수위권 발전에 수반된 신학적 해석이 적합한지, 곧 사실들이 신학적으로 옳게 해석되었는지는 역사적으로 입증될 수 없다. 그러한 입증이 역사적으로 가능하다면, 수위권과 관련된 사실들에 대한 동방교회와 개신교의 해석이 당연히 없었을 것이다. 이들 교회는 수위권 문제에서 가톨릭교회와 다른 결론을 내리고 있다. 사실들에 관한 합법성을 제시하는 것은 신앙에 입각한 교의학의 과제다. 물론 로마 주교에서 교황 수위권으로의 사실적 발전은 이 발전에 대한 가톨릭교회 해석과 반대되기보다 오히려 부합한다고 말할 수 있다. 그러나 사실적인 것에 대해 확실히 과소평가되지 않는 규범적인 힘은 교의적 논증을 대체하지 않는다. 왜냐하면 교황 교회는 예수가 의도한 하느님 백성의 새 예루살렘이 아니라 바빌론을 나타내는 그릇된 발전으로 생각할 수 있기 때문이다. 따라서 로마 수위권 형성의 역사적 관점이 앞으로 다루어야 할 문제다.

2.1.2 최초의 언급

4세기에 일어난 사건들과의 상관관계를 알기 위해서는 먼저 이전의 발전을 간략히 살펴야 한다. 로마 공동체는 이론적·신학적으로 논증된 수위권이 아니라 사실적 수위권을 1세기 말부터 지니고 있었다.[13] 무엇이 수위권에 영향을 주었으며, 수위권은 어떻게 나타났는가?

① 모든 것은 베드로와 바오로가 몇 년간의 여행 끝에 로마로 가 그곳에서 죽었다는 사실에서 시작되었다. 로마 공동체가 가장 뛰어난 두 사도로 거슬러 올라간다는(이레네우스 『이단 반박』 3,3,2) 사실로 인해 다른 모든 공동체보다 우월하다는 로마 공동체의 사도적 기원은 3세기까지 로마의 우위에 관해 가장 자주 사용되는 논증이었다. 수도에 있는 공동체의 자연적 우위는 이와 같이 교회의 시작과 연결되었다. 베드로와 바오로는 제국의 수도인 로마를 교회의 새로운 중심지로 선택했음에도 불구하고 로마의 정치적 지위가 아니라 로마의 영예를 선택의 근거로 댄다. 두 사도와 관련해 로마의 중요성을 나타내는 이목을 끄는 증언은 에우세비우스의 『교회사』에서 로마의 장로 가이우스가 프리기아 몬타누스파를 반박하는 논증이다.

> 전해진 대로 바오로는 네로 치하의 로마에서 참수되었고, 베드로는 십자가에 처형되었다. 이 보고는 지금까지 로마 묘지에 남아 있는 베드로와 바오로의 이름과 믿을 만한 교회의 사람인 가이우스를 통해 증명된다. 로마의 주교 제피리누스(199~217) 시대에 살았던 가이우스는, 앞서 말한 사도들의 거룩한 육체가 잠든 장소에 관해 프리기아 이단의 우두머리인 프로클루스와 서면으로 나눈 대화에서 이렇게 말했다. "저는 사도들의 승리패tropaia를 보여 줄 수 있습니다. 바티칸에 가거나 오스티아로 이어지는 국도로 가시면 이 [로마] 교회를 세운 사도들의 승리패를 보게 될 것입니다."[14]▶

---

[13] A. VON HARNACK, *Die Mission und Ausbreitung des Christentums in den ersten drei Jahrhunderten* (Leipzig ⁴1924) 487.

② 로마 공동체의 우위와 후대에 로마 주교의 우위도 이론적으로 그리 많이 해명되지 않지만 실제로는 명확히 나타난다. 1세기에서 2세기로 넘어갈 즈음에 로마 공동체는 자매 공동체인 코린토의 평화를 되찾기 위하여, 그곳에서 일어난 사건을 해결하고자 관여한다. 편지는 호의적인 조언을 넘어 어느 정도의 복종을 기대한다. 코린토인들은 편지의 내용을 받아들였을 뿐 아니라 그들의 주교 디오니시우스는 감사의 글을 썼다.[15] 안티오키아의 이그나티우스에게 로마는 '사랑의 계약의 우두머리'(「로마 신자들에게 보낸 편지」서언)다. 로마의 그리스도인은 로마를 방문한 많은 이에게 손님을 후대하는 인상을 주었다. 이들은 고향으로 돌아가 로마 공동체의 믿음과 전례를 칭찬하였다.

③ 로마는 계시의 신학적 발전보다 전해진 신앙의 자산을 지키는 데 지도적 역할을 했다. 특히 5세기에 활동한 레오 이전에도, 로마에는 뛰어난 신학자들이 있었다. 초기 그리스도교 시대의 유명한 두 신학자 히폴리투스와 노바티아누스는 로마 공동체를 분열시킨 대립 주교였다. 로마는 사변적 이해력으로 올바른 논리를 전개하는 것에 익숙하지 않았다. 일치를 성사시키는 역량이 로마의 더 중요한 역할이었다. 이는 다시 베드로와 바오로에 바탕을 둔 '사도 계승'successio apostolica과 관계가 있다. 원칙적으로는, 사도 창설로 거슬러 올라가는 모든 공동체가 이 임무를 성취할 수 있을지라도, 가장 단순하고 확실한 것은 로마와의 일치를 이루는 것이었다. 그런 까닭에 이레네우스의 전승 보존은 로마와의 일치에 국한된다.

> 이 글에서 모든 교회의 사도 계승을 열거하는 것은 너무 장황하기 때문에, 우리는 영광스러운 두 사도 베드로와 바오로가 로마에 기초를 놓고 세운, 가장 크고 오래된 유명한 교회의 사도전승과 신앙

◀14 『교회사』 2,25,5-7; 번역: KRAFT 146.

15 에우세비우스 『교회사』 4,23,11; 참조: E. DASSMANN, *Ämter und Dienste in den frühchristlichen Gemeinden* = Hereditas 8 (Bonn 1994) 28-31.

설교만 설명할 것이다. 이 교회는 로마 주교들의 계승을 통하여 오늘날까지 이르렀다. 따라서 우리는 이기심이나 명예욕이나 무지나 오해에서 집회의 기초를 닦았다는 모든 이를 논박한다. 로마 교회의 특별한 우위 때문에 모든 교회는 로마 교회와 일치해야 한다.[16]

④ 일치 기능은 수많은 공동체가 로마와 친교communio를 맺기 위해 애쓴 방법뿐 아니라, 케르돈, 발렌티누스 또는 마르키온처럼 많은 이단의 우두머리가 자신의 가르침을 로마에서 인정받으려 하거나(결국 실패했지만), 그곳에 자신들의 공동체를 세우려는 노력에서도 나타난다. '신앙의 규범'의 표준인 「사도신경」 및 신약성경 정경의 기본 형태도 로마 공동체로 거슬러 올라간다고 볼 수 있다.[17]

⑤ 지금까지는 전체적으로 로마 공동체의 우위가 문제였다면, 전 교회에 대한 명령권을 지니려는 로마 주교의 요구는 빅토르 교황(189~199) 때 냉혹한 방식으로 표명된다. 빅토르는 모든 교회가 사도전승에 따라 니산 달 14일 다음 일요일에 지내는 부활축일을 지킬 것을 요구했다. 그는 이를 거부하는 공동체는 교회 공동체에서 배제하겠다고 위협했다. 물론 그 당시는 로마의 명령권을 다른 공동체가 받아들일 만한 분위기가 아직 무르익지 않았다. 동방의 주교들은 빅토르의 무리한 요구를 가차없이 거부했다. 그들도 사도 전통을 근거로 내세울 수 있었다.[18]

마찬가지로 50여 년 뒤 몇몇 사건의 경우에도 재치권 수위의 집행이 문제가 아니었다. 박해 때 그리스도교를 부인하여 지역 교회회의에서 면직된 에스파냐 주교 두 명이 로마에 호소하여 그곳에서 복권되었다. 면직된

---

[16] 『이단 반박』 3,3,2; 번역: BKV², *Irenäus* 1,211.

[17] E. DASSMANN, *Kirchengeschichte* 1 = Studienbücher Theologie 10 (Stuttgart 1991) 192.266.

[18] E. DASSMANN, *Kirchengeschichte* 1 = Studienbücher Theologie 10 (Stuttgart 1991) 221f.

두 주교의 후계자들은 카르타고에 의뢰하여 그곳에서 권리를 얻었다. 이 소송에서는 아직도 전 교회에 대한 로마의 최고 우위권의 승인이나 거부가 문제가 아니었다. 에스파냐는 로마와 카르타고의 영향을 받는 지역으로 명백히 어느 교회에도 속해 있지 않았다. 이 때문에 문제의 해결을 어떤 이는 로마에, 다른 이는 카르타고에 의뢰했으며, 로마와 카르타고는 이 사안에서 절대 권력을 행사했다.

로마의 대립 주교 노바티아누스의 추종자인 아를의 주교 마르키아누스의 경우도 비슷하게 평가되어야 한다. 그는 자신의 공동체에서 배교한 이들이 교회에서 정한 참회를 했음에도 받아들이지 않은 채 죽게 했다. 이에 카르타고의 키프리아누스는 로마의 주교 스테파누스(254~257)에게 마르키아누스를 단호히 조치할 것을 요구했다(『서간집』 68). 이는 로마 주교만이 그러한 조치를 취할 수 있기 때문이 아니라 아를이 명백히 로마의 관할권에 속했기 때문이다. 북아프리카에서 일어난 사건들에 대한 모든 간섭을 엄격히 금지한 키프리아누스는 당연히 갈리아 교회에 대한 로마 주교의 관할권을 존중했다.[19]

⑥ 더 나아가 키프리아누스는, 교회의 일치를 변론하기 위하여 베드로에게 한 예수의 약속["너는 베드로이다. 내가 이 반석 위에 내 교회를 세울 것이다"(마태 16,18)]에 주의를 환기시키면서 로마 수위권 이념에 대해 관심을 불러 일으켰다. 키프리아누스는 이렇게 쓰고 있다.

> 그분(그리스도)은 한 사람 위에 교회를 세우셨으며, 부활하신 뒤 모든 사도에게 동등한 권한을 주셨음에도 불구하고 … 일치를 강조하기 위해서 그 일치의 기원이 한 사람에게서 나온다는 것을 당신의 엄명으로 제정하셨습니다. 베드로 역시 사도였고 다른 사도들

---

[19] K. BAUS, *Von der Urgemeinde zur frühchristlichen Großkirche* = HKG 1 (Freiburg 1962; Sonderausgabe 1985) 402. K. BAUS는 이 사건들을 로마의 재치권 수위 의미에서 평가한다. 그러나 참조: LIETZMANN 2,238f.

과 같이 동등한 영예와 권한을 받았습니다. 그러나 그리스도의 교회가 하나인 것이 드러나기 위하여 그 시작은 일치에서부터 나옵니다.[20]

주교단은 모든 개별주교가 동등한 사도의 지위를 지닌다는 데 의견의 일치를 보았다. 이에 대한 성경적 근거로 키프리아누스는 마태오 복음 16장 18절을 들었다. "베드로 위에 세워진 하나의 교회이며 주교좌"una ecclesia et cathedra una super Petrum fundata(『서간집』 43,5)는 온 교회를 뜻한다. 그러나 실제로 베드로의 주교좌cathedra가 있던 로마와 베드로의 친연성親緣性은, '로마 교회'ecclesia Romana가 특별한 방식으로 '베드로 위에 세워졌다'는 뜻으로 여겨질 수 있음을 간과할 수 없게 만든다. 키프리아누스는 로마의 대립 주교인 노바티아누스를 거슬러 그곳의 동료 주교인 코르넬리우스를 도우려는 편지에서 로마 교회를 '베드로의 주교좌'cathedra Petri며 '으뜸가는 교회' ecclesia principalis라고 부른다(『서간집』 59,14).

⑦ 베드로의 자리를 이어받은 로마 주교와 마태오 복음 16장 18절을 연결시킨 해석은 그때까지 로마 신학에 아직 나타나지 않았으나, 이후에는 잊혀진 적이 없었다. 천국의 열쇠를 맡은 베드로가 로마를 사도적 기원을 지닌 다른 모든 공동체 위로 끌어올렸다. 더욱이 이는, 로마 공동체의 기원을 두 명의 사도로 소급할 수 있다는 장점을 뛰어넘는 것이었다. 그럼에도 불구하고 수위권에 관한 진술이 이후 잇달아 나오지 않는 것은 교회가 처한 박해 때문이라 할 수 있다. 로마 주교는 자신의 우위권을 얻으려 애쓰는 것보다 다른 것을 염려했다. 밀티아데스와 실베스테르가 콘스탄티누스 시대 초기에 어떤 행동으로 로마 주교의 자주성과 우위를 천명했는지는 이미 언급했다. 로마 주교들이 여행을 하지 않았고, 의장을 맡지 못할 교회회의에는 자발적으로 참석하지 않았다는 사실은 분명 생각해 볼 만한

---

[20] 『교회의 일치』 4; 번역: BKV², *Cyprian* 1,136.

일이다(51쪽과 89쪽 참조). 대신 이들은 논란의 여지가 있는 사건들을 로마로 끌어들이고 그곳에서 결정하려고 애썼다. 아리우스 분규에 황제의 실질적인 관여는 또 한 번 이 표상을 흐리게 했다. 로마 주교는 교회정치적 정세에 따라 교회회의에서 면직되는 것을 감수해야만 했다. 게다가 로마 주교들은 아리우스 논쟁 때문에 자신의 공동체가 분열의 혼란에 빠지는 것을 걱정하였기에 밖으로 눈을 돌릴 수 없었다.

2.2 다마수스와 사도좌

다마수스는 리베리우스의 후계자였다. 리베리우스는 황제의 종교정책에 대항하느라 불우한 말년을 보냈다(134-6쪽 참조). 그는 다마수스(366~384)에게 무거운 짐을 남겼다. 왜냐하면 그의 선출 때, 콘스탄티우스가 면직한 리베리우스의 대립 주교로 임명된 펠릭스를 따르는 이들이, 그들의 후보자 우르시누스를 주교좌에 앉혔기 때문이었다. 로마에서 작은 소동이 일어났으며 교회들이 불타고 다마수스는 살인죄로 고발되었다. 교회의 상황에 대해 모든 이교인이 분노했다. 로마 시 총독은 강제로 소동을 진정시켰으며, 황제가 중재했다(암미아누스 마르켈리누스 『연대기』 27,3,12: *Coll. Avell.* 5-12).

다마수스가 주교로 취임할 당시의 어려움은 상부 이탈리아 전체와 일리리쿰, 남부 갈리아에 밀라노의 주교 암브로시우스의 교회정치적 영향을 강화하는 계기가 되었다(169-70쪽 참조). 이때 암브로시우스는 상황을 잘 이용하지는 못했다. 그는 우르시누스와의 대결에서 충성을 다해 로마 주교를 후원했다. 그는 황제에게 이렇게 썼다.

> 우리의 간절한 청원은 이렇습니다. 온 로마제국의 머리인 로마 교회와 지극히 거룩한 사도적 믿음이 흔들리지 않게 해 주십시오. 존경할 만한 공동체의 권한들이 여기에서 온 교회로 나갔기 때문입니다.[21]

아마도 암브로시우스는 378년에 청원한 것 같다. 같은 해 다마수스가 주도한 로마 교회회의는 밀라노 황궁에, 그리고 교회회의에 참석하고 결정적으로 기여한 암브로시우스에게도 보낸 편지에서 이렇게 언명했다.

> 경건한 폐하께서는 로마 주교의 판결로 단죄되고 자신의 교회를 불법으로 유지하려는 이는 누구나, … 이탈리아의 총독들이나 로마의 황제 대리에게 소환되거나 로마 주교가 임명하는 재판관들에게 출두할 것을 명하셨습니다. … 그러나 이와 같이 내쫓긴 사람이 하느님의 심판을 두려워하지 않는다면, 적어도 국가의 억압으로 그의 죄가 늘어나지 않게 해야 합니다. 이는 우리가 앞으로 평화롭게 일치하여 폐하께 지당한 감사를 우리 주님 앞에 드릴 수 있게 하기 위해서입니다. 우리 형제 다마수스를 [주교로서] 직무의 위엄에서 동등한 — 그러나 사도좌의 특전은 직무의 위엄을 능가합니다 — 이들보다 더 냉대하지 않으시기를 바랍니다. … 그는 새로운 것이 아니라 선임자들의 본보기에 따라 이것을 청한 것입니다. 곧, 로마 주교는 로마 교회회의에 소송의 최종 판결을 맡기지 않을 경우 황제의 추밀원 앞에서 변론하기를 청합니다.[22]

'사도좌!' 다마수스를 한마디로 특징지을 수 있는 이 낱말에서 사도단의 직접적이고 지속적인 대표라는 로마 주교의 요구가 고전적 표현으로 나타난다. 3세기 중엽에 북아프리카 신학에서 논의된, 베드로 사도의 후계자로 로마 주교라는 개념은 로마에서 다시는 잊혀지지 않았고, '사도좌' sedes apostolica라는 간결한 표현으로 유지되었다. 로마 교회회의가 보낸 이 편지의 다른 측면은 그리 바람직하지 않았다. 그때 교회회의에서 교회의 권위가

---

[21] 『서간집』 11,4는 CSEL 82,3의 『서간집』 5,4와 상응한다; RAHNER, *Kirche und Staat* 106.

[22] MANSI 3,626; RAHNER, *Kirche und Staat* 106f.

평판이 나쁜 주교들을 추방할 수 없으면, 이제 교의 논쟁에서 공정한 편에 있는 황제가 다시 간섭해야 했다.

그 밖의 발전은 전적으로 교황의 행적으로 이루어졌다. 2년 뒤 테오도시우스는 (실제로는 자신의 권위에 바탕을 두었지만 외형적으로는 그라티아누스와 발렌티니아누스 1세와 함께) '하늘의 발의'를 토대로 가톨릭교회의 신앙을 제국법으로 만든 칙령을 공포했다. 이는 후대에 유스티니아누스가 제국 전체에 공포한 법전의 시작을 이룬다(『테오도시우스 법전』 16,1,2; 『유스티니아누스 법전』 1,1; 376-8쪽 참조). 황제는 콘스탄티우스와 달리 더 이상 신앙의 주인 행세를 하지 않으며, 오히려 로마 주교와 잊지 못할 아타나시우스의 후계자를 통하여 보장된 신앙을 자기의 의무로 삼았다. 그렇지만 '하늘의 발의'라는 위험한 표현이 나타났으며, 이로써 모든 임의적 결정을 궁극적으로 정당화했다.

하나의 제국에서 하나의 신앙을 깊이 신뢰하는 일치는 더 이상 유지되지 않았다. 동방은 지금부터 황제가 제의한, 다소 배타적이고 확고부동한 하늘의 발의에 동의해야 하는 반면, 서방은 이를 신뢰하지 않았다. 이미 381년 콘스탄티노플 세계 공의회에서 로마는 이렇게 규정된 『법규』 3조에서 최초의 불길한 전조를 느꼈다. "콘스탄티노플이 새로운 로마이기 때문에 콘스탄티노플의 주교는 로마의 주교와 같은 명예의 우위를 지녀야 한다." 이 규정은 무엇보다 고대 사도좌인 알렉산드리아와 안티오키아, 에페소를 모욕했다. 규정은 테오도시우스가 새로운 제국교회를 어떻게 생각했는지 나타낸다. 동방의 주교들은 불평을 늘어놓았지만 법규에 따랐다. 서방은 이에 저항했다. 밀라노의 주교 암브로시우스는 자신의 관할 지방에서 아리우스 논쟁으로 일어난 어려움을 381년 아퀼레이아 교회회의(139쪽 참조)에서 드디어 해결했다. 그는 황제가 이룬 신앙의 일치에 대해 먼저 그에게 인상 깊은 감사를 표하고는, 동방과 서방의 불화를 깊게 한 개혁안에 관해 노골적으로 불평했다.[23] 일 년 뒤 로마에서 열린 교회회의도 단호하게 반응했다. 교회회의에서 다마수스는 로마의 수위권적 우선권 요구에

지속적으로 중요한 의미를 지닌 정식을 찾아냈다. 콘스탄티노플 공의회
『법규』 3조를 명백히 빗대면서 이렇게 규정한다.

> 세계에 퍼져 있는 모든 가톨릭교회들이 이른바 그리스도의 유일한
> 신방이라 할지라도 거룩한 로마 교회는 서열에서 다른 교회들을
> 앞선다. 이는 로마 교회가 교회회의 결정을 통해서가 아니라 [어떤
> 교회회의에서 황제의 말을 통해서가 아니라] 복음서의 주님 말씀
> ("너는 베드로이다. 내가 이 반석 위에 내 교회를 세울 것이다")을 통해 수
> 위권을 얻었기 때문이다.[24]

마태오 복음 16장 18절에서 베드로에게 주어진 약속이 여기서 교황의 수위권 논증을 위해 명확히 인용된다. 다마수스의 그 밖의 활동도 언급되어야 한다. 그는 라틴어를 전례어로 도입하고 로마의 순교자 무덤들을 비문으로 장식했으며, 새로운 명의名義 교회 건립을 위해 진력했다. 또 잠시 그의 비서였던 히에로니무스에게 성경 번역(불가타)을 지시했다.[25]

그의 후계자들은 원칙적으로 제기된 로마의 요구를 구체적 내용으로 채우고 실제로 바꾸어 놓기 위하여 체계적으로 노력했다. 최초의 교령들은 시리키우스(384~399)에게서 비롯되었다. 즉, 교황은 이탈리아의 주교들과 이탈리아 밖의 주교들에게 편지를 썼으며, 그들의 문의에 이제 조언이나 경고 형태의 편지가 아니라 규정으로 답변했다. 이 정책은 5세기의 교황들에 의해 계속 추진되었다. 이 정책으로 교회법적으로 서양 전체와 신학적으로 동방에 미친 교황의 영향은 큰 관심을 불러 일으키지 않았지만 목표 지향적으로 발전하였다.

---

[23] 암브로시우스 『서간집』 12는 CSEL 82,3의 『서간집』 6과 상응한다.

[24] 『겔라시우스 교령』 3,1; 번역: RAHNER, *Kirche und Staat* 109; 저자를 다마수스로 여기는 견해에 관해서는 RAHNER, *Kirche und Staat*, Anm. 130 참조.

[25] CH. PIETRI, Damaso: *DPAC* 1,883-5.

탁월한 세 교황 인노켄티우스 1세(402~417), 레오 1세(440~461), 겔라시우스 1세(492~496) — 이 가운데 레오 1세는 다른 두 교황보다 탁월하다 — 는 세기의 시작과 중간, 말엽에 로마 주교좌에 있었다. 그들의 활동은 서방의 교회정치적 발전을 모범적으로 보여준다.

2.3 인노켄티우스 1세와 더 중대한 사건들

인노켄티우스는 선견지명과 의지력, 결단력을 지닌 통치자형 인물이었다.[26] 그가 반포한 수많은 교령 가운데 특히 하나가 두드러진다. 루앙의 주교 빅트리키우스를 염두에 두고 작성된 이 교령은, 교회의 재판권 문제를 다룬 것이었다. 재판권의 법적 토대는 일찍이 콘스탄티누스에게로 거슬러 올라간다. 그러나 그사이에 관할과 항소 가능성에 관한 수많은 새로운 규정이 생겨났다. 교황은 이렇게 결정했다.

> 하위 계급의 성직자와 마찬가지로 고위 계급 성직자 사이에 소송 또는 다툼이 일어났을 경우, 분쟁은 니케아 교회회의의 선례에 따라 지방에서 모인 주교들이 결정해야 하며, 아무도 (로마 교회의 판례 없이) 이 지방 주교들을 무시하고 다른 지방들에 판결을 넘기는 것을 허용해서는 안 된다. 그럼에도 이를 강행하는 사람은 성직에서 배제되며, 그 행위는 위법행위로 여겨야 한다. 더 중대한 사건들causae maiores이 심리되어야 한다면, 주교의 판결이 선고된 뒤 사도좌에 제기되어야 한다.[27]

교황의 명령은 이성적이라고 생각된다. 수석대주교와 부주교들이 지방 교회회의에서 결정했다면 그들의 판결은 유효해야 한다. 인노켄티우스는 지

---

[26] CASPAR 1,308.

[27] 『서간집』 2,5; 번역: CASPAR 1,306.

방 교회회의에 관한 니케아 공의회의 규정들 이외에는 아무것도 엄명하려 하지 않은 것 같다(『법규』 5조). 그는 로마 교회의 판례를 추가한 것 말고는 아무것도 새로운 것을 제기하지 않았다. 세르디카 교회회의 『법규』 4-5조와 378년 황제가 공포한 칙령은 이미 동일한 내용을 결정했다. 그러나 구체적으로 무엇이 로마의 판례 관할 아래에 있어야 하는지 당시 정확히 확정되었다. 이때 인노켄티우스는 '주교가 판결한 뒤 더 중대한 사건들은 사도좌에 넘겨진다'causae maiores post iudicium episcopale ad sedem apostolicam referantur는 명제로, 사건들에 관해 정확히 규정된 목록에서 로마의 요구를 해결했다. 무엇이 더 중대한 사건들인지 묻는 것은 의미가 없다. 이 내용은 로마의 법률 영역에서 유래한 것이 아니라, 전문 용어로 구약성경에 의거했기 때문에 — 이것이 아마도 이 문제 전체에서 가장 중요한 점일 것이다 — 사법적으로 확정되지 않았다. 탈출기 18장 22절에서 이트로는 백성 위에 재판관을 세우라고 모세에게 충고한다. "이들이 늘 백성을 재판하고, 큰일만 자네에게 가져오도록 하게." 이로써 로마의 종교적 재판권에 대해 국가법에서 정확히 확정된 범위는 폐지되고 성경의 논증으로 대체되었다. 생겼다가 없어지는 황제의 규정들이 아니라 성경에 나오듯이 하느님 말씀만이 (황제의 결정들이 아니라 그리스도가 베드로에게 한 약속으로 보증한 로마의 수위권에 따라) 교황의 권리를 만들어 낸다. 다마수스가 382년 로마 교회회의에서 원칙적으로 해명한 것(292-3쪽 참조)이 여기서 교회 내적 재판권에 적용되었다. 교황의 재판 관할이라는 이 기본법은 공공公共의 주목을 받으며 축제 같은 선언으로 시작된 것이 아니라 갈리아에 보낸 답서 responsum와 관련하여 조용히 도입되었다.

    토리노 교회회의(401)에서 갈리아 주교단은 당연히 가장 가까운 주무관청인 밀라노에 의뢰했다. 반면 몇 년 뒤 주교들은 민족이동 시기의 끊임없는 정치적 변화에 직면하여 남부 갈리아 수석대주교 관구의 확장에 관한 논쟁들을 더 이상 밀라노가 아니라 로마에 항소했다. 인노켄티우스는, 로마의 주교들이 이때부터 갈리아 정책을 뚜렷한 목표로 삼아 추진하고 불

안정한 이 지역을 교회법에 따라 로마와 견고히 연합할 수 있는 토대를 마련했다.[28]

인노켄티우스는 일리리쿰 지방에서 로마의 관심사들을 의식적이고 적극적으로 관철했으며, 요한 크리소스토무스에 대한 음모(372-3쪽 참조) 및 도나투스 논쟁과 펠라기우스 논쟁에서 알렉산드리아와 안티오키아에 대한 로마의 영향력을 활용했다. 그와 함께 교황들의 권력 추구가 명백히 나타나기 시작한 것이 이때부터인가? 알라리쿠스가 로마를 정복(410)했을 때 교회를 보호하기 위해, 그리고 도시 주민이 그나마 살아갈 수 있는 조건을 마련해 주기 위해 전력을 다한 인노켄티우스 같은 사람은 세상을 등진 내향적이고 경건한 인물이 아니라 상당한 정치적 능력을 지닌 통치자 본성을 지닌 인물이었다. 이는, 그가 지닌 동기의 순수함과 그가 취한 조치들의 필연성을 의심하는 것을 정당화하지 않는다. 고대 교육과 성직·신학 교육의 결합이 중단되어 분리된 시기에 교직에 몸담은 수많은 새 주교와 급속히 성장한 교회가 제각기 따로 놀지 않으려면, 최고의 목자 권력에 바탕을 두고 일치를 이루어 내는 힘이 필요했다. 이 필요성은 광대한 총대주교 재치권 지역으로 발전하기를 지향하는 동방에서도 감지되었다. 전체 교회의 지도권과 관련하여 로마 교회만 성경적으로 뒷받침될 수 있다는 사실에만 차이가 있다. 아우구스티누스가 밀레비스 교회회의 때 펠라기우스에 관한 사건에서 교황의 최고 권위만 성경에서 입증된다는 논거로 로마에 조언을 청했을 때, 그는 이러한 사실을 명확히 표현했다(『서간집』 176,5). 인노켄티우스는 이 사상에 관심을 보이며 이렇게 답변했다.

> 여러분은, 우리의 답변이 질문하는 이들에게 사도적 원천에서 모든 지방으로 늘 흘러 나간다는 것을 알고 있습니다. 특히 신앙에 관한 문제를 논할 경우, 저는 우리의 모든 형제와 동료 주교들이

---

[28] CASPAR 1,306-8.

그 문제를 그들의 명칭과 직위의 원조元祖인 베드로에게만 제기해야 한다고 생각합니다. 이는 전 세계의 모든 교회에 공동의 이익이 되기 때문입니다.[29]

2.4 아우구스티누스의 신학적 관점

2.4.1 교회의 일치와 베드로직

인노켄티우스와 아우구스티누스가 영향을 미치는 시기가 일정 기간 겹치며, 두 사람이 여러 번에 걸쳐 교류한 것은 행복한 만남이었다. 교회의 자유를 위한 노력에서 두 사람은 육체와 영혼처럼 서로 보완적 입장에 있었다. 인노켄티우스는 아우구스티누스가 교회의 본질과 형태에 관해 심사숙고한 결과물을 실제적인 교회정치 영역에 적용시켰다. 따라서 교회와 국가 간의 관계 및 로마 주교의 지위와 관련되는 한, 아우구스티누스의 교회 개념에 관해 이 자리에서 몇 마디 덧붙이고자 한다.

확실히 아우구스티누스는, 키프리아누스의 북아프리카 전통에서 모든 주교의 자주성과 고유한 권한을 염두에 둔, 주교제를 옹호하는 인물이었다. 다른 한편으로 그는 합의제 협력의 필요성을 철저하게 확신했다. 도나투스파를 반박하는 중요한 논증은, 그들이 북아프리카에 한정된 소규모 특수 교회를 형성하는 반면, 가톨릭교회는 하나이고 같은 교회로 전 세계에 퍼져 있다는 것이 그 요체다. 마찬가지로 로마가 이 일치의 가시적 표지로 여겨졌다는 것은 북아프리카 옛 교회의 전통에 부합했다. 이 때문에 아우구스티누스는 선입견 없이 '베드로의 수위권'primatus Petri과 '베드로의 주교좌'cathedra Petri에 관한 키프리아누스의 개념들을 사용했다. 그때는 아직 이 개념들이 로마에서 내세우는 교의적 중요성을 지니지 않았을지라도 말이다. 오류와 분열이 팽배할 때, 아우구스티누스에게 사도좌는 공동 신앙의 중심이요 집합지 역할을 하는 존재였다. 그런 까닭에 그는 펠라기우

---

[29] 아우구스티누스의 『서간집』 182,2에 남아 있다.

스와의 투쟁에서 로마의 동의를 확인했다. 인노켄티우스를 둘러싼 로마의 신학자 사회가 이 문제에 관해 처음부터 제대로 이해하지 못한다고 걱정하면서도 그렇게 했다. 그러나 아우구스티누스에게는 자신의 그리스도론적 실존의 토대가 문제였던 모든 논쟁 가운데 가장 힘든 바로 이 논쟁에서 보는 도움, 무엇보다 로마의 동의가 필요했다(234-5쪽 참조).

구체적이고 실제적 · 교회정치적 과정과 연관 없이 아우구스티누스의 사상이 순수한 신학적 사변에 빠질 경우, 베드로직에 관한 이해가 로마의 관념과 늘 일치하는 것은 아니었다. 앞서 언급했듯이 아우구스티누스는 주교단 합의제를 선호했다. 이는 마태오 복음 16장 18절 주해에서 나타난다. 거의 모든 교부처럼 아우구스티누스는 베드로의 수위권을 개인적 첫 서열로 이해한 반면, 열쇠에 관한 권한은 그에게 개인적으로가 아니라 전 교회의 대표로 주어졌다. 그리스도는 교회가 서 있는 반석의 토대이며, 베드로에게 열쇠를 수여한 것은 상징인 동시에 '교회의 일치'unitas ecclesiae를 위한 보증이었다. 그리스도도 베드로도 반석petra을 토대로 하고 있다.[30]

사람들이 교회 조직의 구조에서 베드로의 수위권과 주교좌에 관한 아우구스티누스의 교회론적 개념들을 활용한다면, 그의 사상은 로마 신학이 마태오 복음 16장 18절 주해에서 이끌어 낸 결론과 부분적으로만 부합한다(288-9쪽 참조). 그의 사상은 시종일관하지는 않는다. 특히 반펠라기우스 논쟁에서, 로마의 우위 관념을 강조하는 중앙집권적 진술들 이외에 전 주교단과 교회회의의 일치 기능에 관한 북아프리카적 · 키프리아누스적 특징을 담고 있는 관념들이 견지되고 있다. 이러한 불균형에서 아우구스티누스 초기의 주교단 중심의 진술에서 후기의 교황 중심의 진술로 발전이 이루어졌는지는[31] 불확실한 것 같다. 아우구스티누스가 교회론에서 원칙적인 고려보다 구체적 · 사목적 필연성에서 교회정치적 영향들을 염두에 두었다는 것은 사실인 듯하다.

---

[30] 『재론고』 1,21,1 참조.   [31] K. ADAM; 참조: CASPAR 1,342.606f.

아우구스티누스의 교회 이론이 전체적으로 로마의 베드로 교의와 일치하지 않을지라도, 그 자신은 결코 논쟁적으로 베드로 교의에 반대하지 않았다. 오히려 베드로의 로마 주교좌와 로마 주교에 대한 뿌리 깊은 경외심이 분명히 드러난다. 『서간집』 43,5,16에 쓰여 있듯이, 그에게 교황은 실제로 "전 그리스도교 백성의 아버지"였다. 로마 신학은 당연히 이후 몇 세기 동안 교회 이해를 정당화하기 위해 아우구스티누스를 증인으로 끌어대었다. 그러나 중세의 개혁자들과 열광자들도 교황 교회에 대한 비판의 근거를 아우구스티누스에게 두었다. 양측 모두 아우구스티누스의 여러 주장 가운데 일부를 골라 자신들에게 유리하게 이용했기 때문이다. 아우구스티누스는 그에게서 이득을 얻은 이들보다 위대한 점이 훨씬 더 많았다.

인노켄티우스와 그의 후계자들 시대에 서양 교회에서 교황직의 재평가는 도처에서 열린 수많은 교회회의에 방향을 제시하는 전권으로 더욱더 확고한 기반을 구축했다. 한편 교회는 서방 제국의 몰락과 동방 제국의 절대적 지배권과 함께 나타난 위험들을 거의 피할 수가 없었다. 서양 교회의 중앙집권은 다음 시대에도 — 퇴화와 에움길을 포함하여 —, 공의회의 영향으로 계속 발전하여 제1차 바티칸 공의회 때 정점에 이르고 교황 비오 12세 때까지 계속되었다. 이것도 긍정적으로 평가되어야 하는 과정이다. 온 세상에 교회를 전파하고 새 대륙들에 선교하는 일을 다수의 특수 교회와 국가교회가 '신앙의 전파'propagatio fidei 과제를 떠맡아야 했다면, 하나이고 같은 신앙을 도처에서 온전하게 실현시키는 일이 거의 불가능했기 때문이다. 여기서, 더는 포기될 수 없는 교회의 지도 원칙들이 정립되었다. 교황직이 전체 교회를 위해 중요하다는 것이 그사이에 인정되었고, 역행운동이 더 이상 일치를 위태롭게 하지 않았기에, 이후 이 운동에는 더 큰 다양성을 추구하는 고려가 가능했던 것 같다.

지금까지 이룬 역사적 발전의 성과는 교의와 규율, 조직에서 교회의 일치이며, 모든 상황에서 유지될 필요가 있는 성과다. 그 성과는 일치의 토대 위에서 다양성을 인정하고 우의도 다질 수 있게 했다. 교황의 베드로직은 안전했다. 베드로직은 여러 대륙과 국가에서 교회의 상이함을 두려워할 필요가 없으며, 교회를 일치 안에 한데 묶을 수 있다. 왜냐하면 지역교회들의 다양성이 증가할수록, 로마 주교에게서 확연히 드러나는 베드로직의 일치 역량이 더욱 중요했다는 것은 자명한 사실이기 때문이다. 이렇게 볼 때, 다마수스와 인노켄티우스 이래 중앙집권적 교회로 발전한 것은 수정되어야 했던 오류가 아니라, 다양성에서 열매를 맺게 하는 교회의 다원론을 위한 필연적 전제였을 것이다. 다원론은 교회의 일치를 열교적 또는 이단적으로 위태롭게 하는 것이 아니다. 오히려 다원론이 아니라 다원론에 대한 거부가 일치를 해치는 위험이 될 수 있다.

2.4.2 교회와 국가의 관계

국가와 교회의 관계에 관한 아우구스티누스의 이해는 도나투스주의에 대한 그의 투쟁과 관련하여 이미 언급했다. 이 투쟁은 결국 아우구스티누스가 이단자를 굴복시키기 위해 국가권력이 간섭하는 것을 받아들임으로써 끝난다(229-32쪽 참조). 그렇지만 '어떻게 해서라도 들어오게 하라'cogite intrare는 결론은 지혜의 마지막 결말이 아니라 오히려 실망하면서 승인한 해결책이었다. 당연히, 국가에 대한 아우구스티누스의 견해가 구체적인 긴급 상황에서 일어난 이러한 특별한 경우 때문에 달라지는 것은 아니다. 물론 국가와 교회에 관한 아우구스티누스의 그 밖의 소견은 체계적이라기보다 참으로 우발적이고 복잡하며, 더욱이 부분적으로 모순되기에, 사람들이 어떤 내용을 선택하느냐에 따라 그 소견에서 판이한 견해를 찾아낼 수 있다.

아우구스티누스는 자신의 가장 확실한 답변을 『신국론』에서 제시했다. 두 제국 또는 두 시민은 역사의 처음부터 끝까지 서로 나란히, 서로 함께, 서로 뒤섞여 밀접하게 연관되어 있으며, 하늘과 땅, 하느님과 악마의 권력에 속해 있다. 그렇지만 이는 정치적이 아니라 신학적으로 말한 것이다. 두 나라civitates는 특정한 이름(아벨과 카인), 도시(예루살렘과 바빌론 또는 로마) 또는 근본 태도(겸손과 교만)를 통해 상징화되지만, 역사적으로 구체적인 어떤 사회학적 결합과 동일하지 않다. '하늘의 나라'civitas caelestis는 교회만이 아니고 이 '지상의 나라'civitas terrena는 로마제국만이 아니다. 겸손과 교만이 각기 교회와 국가에로 할당되지 않고 두 형상으로 스며들며, 더욱이 각 인간 안에서 통치하려고 분투할 수 있듯이, 두 제국의 경계도 경험적인 모든 형상들로 확정지을 수 없다. 아우구스티누스의 『신국론』은 국가 이론이나 교회 이론이 아니라 역사신학을 발전시켰다. 동일한 대상에 대한 반대 감정이 병존하는 아우구스티누스의 이해를 제쳐 놓고, 정치적 관점과 성직자의 관점에서 신학적 목표 설정이 이루어지며, 하늘 나라와 지상 나라가 하느님과 악마, 교황과 황제, 그리스도교와 이교로 해석된다면, 이것이 얼마나 위험할 수 있는지는 쉽게 파악된다. 사제직sacerdotium과 제국imperium에 관한 중세의 논쟁들, 또는 십자군에서 실제로 일어났듯이, 하나의 권력은 다른 권력에 대해 투쟁을 불러 일으켰다.[32]

아우구스티누스는 원칙적으로 국가권력에 대해 (회의적 색조로) 냉정하고 중립적 입장에 있다. 좋은 국가와 나쁜 국가, 좋은 황제와 나쁜 황제는 하느님의 위임 없이 그들의 세속적 사명을 실행할 수 없다. 그리스도인은 세속적 관심사에 관해서는 국가와 황제를 섬기지만, 그 명령이 하느님의 계명에 상반되면 복종을 거부한다. 이는 전혀 새로운 것이 아니다. 새로운 것은 오히려, 백성과 황제의 신앙 고백 및 개인적·국가적 안녕 간의 결속 관계를 해소하기 위해 아우구스티누스가 노력했다는 점이다. 그것은 케케묵은 듯한 느낌을 주었고 이교인과 그리스도인을 끊임없이 괴롭혀 온 것이었다. 그리스도교 신앙에 대한 신뢰는 정치적·군사적 성공을 위한 보증이 아니다. 그리스도교를 믿는 황제도 그러한 성공이 아니라 오로지 하느님 계시에 대한 신뢰를 고려해야 한다. 승리, 오랜 통치, 평화 시대, 내전 방지, 이 모든 것은 제국에 관여하지 않는 많은 악마 숭배자에게도 세

---

[32] E. DASSMANN, *Augustinus* (Stuttgart 1993) 136f.152f.

상의 고통스런 삶에서 제공되는 위안이다. 하느님께서는 "당신을 믿는 이들이 그러한 선을 당신의 최고의 선으로 열망하지 않도록"[33] 자비로 이런 것들을 이루셨다. 아우구스티누스는 그리스도교 국가에 대한 이해에서 암브로시우스를 본받았지만 이 점에서는 자기 스승을 능가했다. 아우구스티누스는 고트족 알라리쿠스가 410년에 로마를 정복한 상황에서 세상의 재앙이나 세속적 행운이 그리스도교적 호교론을 궁지에 빠뜨리거나 승리의 외침으로 유혹할 수 있는 실재들이 아니라고 생각했다(267쪽 참조).[34] 하느님께서 그리스도인에게 약속하신 것은 세속적 안녕보다 더 적은 동시에 무한히 더 많다. 그리스도교를 믿는 황제들의 임무는 모든 성공과 실패를 넘어서 하느님의 영원한 법률을 세속적으로 승인하는 것이다. 이 원칙에서, 특히 오류와 이단이 교회의 질서와 국가의 질서도 파괴한다면, 이 세상에서 그리스도교적 통치가 종교적인 것에서 공동의 역할을 한다고 인정하는 사실이 뒷받침된다. 국가와 교회는 지상에 하느님 나라civitas Dei를 실현하기 위하여 협력해야 한다. 이 신비적인 위대함은, 국가와 교회에게 같은 것을 의미하지는 않지만 국가와 교회의 공동 목표이며, 둘 다 그 목표로 변화해야 한다.

이는 신학적으로 구상된 이론이지만, 실천적으로는 아우구스티누스가 도나투스파 박해에 동의하도록 만들었다. 그는 열성적인 국가 관리가 많은 사람을 해고하고 열심한 신앙인이 이단자를 상대로 제 배를 채운다는 사실을 문득 깨달았음이 분명하다. 현실에 적용하면 아우구스티누스의 이론 체계는 다소 공허하다. 암브로시우스 같은 인물의 판단이 현실적으로는 더 객관적이었다. 역사의 진정한 목표인 하느님 나라를 성급하게 규정하려는 모든 시도를 방지하며, 국가와 교회를 공범자로도 적대자로도 만들지 않으면서 국가와 교회의 관계를 규명하고, 겸손한 봉사와 교만한 권

---

[33] 『신국론』 5,24; 번역: BKV², *Augustinus* 1,290.

[34] E. DASSMANN, *Augustinus* (Stuttgart 1993) 134-6.

력 남용을 정리했다는 점에서 아우구스티누스의 사상은 위대하다. 그러나 아우구스티누스의 위대한 사상에는 이러한 것들을 실현하는 데 따르는 약점도 있다는 사실을 잊어서는 안 된다.

3. 대 레오

참고문헌

P. STOCKMEIER, *Leo I. d. Gr. Beurteilung der kaiserlichen Religionspolitik* (München 1959).

—, *Leo I. d. Gr.: Das Papsttum I* = Gestalten der Kirchengeschichte 11 (Stuttgart ²1994) 56-70.

B. STUDER, Leo d. Gr. und der Primat des römischen Bischofs: *Unterwegs zur Einheit*. FS H. Stirnimann (Freiburg/Wien 1980) 617-30.

—, Leo I.: *TRE* 20 (1990) 737-41.

3.1 선임자들

인노켄티우스의 뒤를 이은 로마의 주교들은 로마 교회가 그때까지 이룬 것을 유지하려 애썼다. 펠라기우스 논쟁 초기 국면에서 조시무스의 미숙한 행동은 이미 언급했다(234-7쪽 참조). 그는 아를의 주교 파트로클루스에게 이웃한 수석대주교좌들에 관한 감독을 맡김으로써 — 이 결정은 그의 후계자가 곧바로 파기해야 했다 —, 갈리아 교회에 대해서도 서투르게 행동했다. 마찬가지로 그가 인노켄티우스적 의미에서 중대한 사건 causa maior으로 여긴, 북아프리카 시카 출신의 사제 아피아리우스의 항소를 받아들인 것도 논란의 여지가 있었다. 북아프리카 교회법에 따라 이 항소는 허용되지 않았으며, 로마와 카르타고가 오랫동안 사이가 나빠지는 결과로 끝나고 말았다.[35]

---

[35] CASPAR 1,344-60; A. FRANZEN/R. BÄUMER, *Papstgeschichte* = Herderbücherei 1578 (Freiburg ³1982) 60f.

조시무스의 사려 없는 조치들은 로마에서도 저항에 부딪쳤다. 그가 죽은 뒤 선거 분쟁이 일어났다. 로마의 부제들이 대부제 에울랄리우스를 대립 주교로 내세우자, 보니파티우스 1세(418~422)는 국가 경찰력으로 자신의 반대자들을 무력화할 수 있었다. 논쟁의 여지가 있는 선거 결과로, 호노리우스 황제가 두 후보자 가운데 아무도 로마 주교좌에 오를 수 없으며, 즉시 새 선거가 시작되어야 한다고 공표한 일종의 교황 선거법은 실질적인 의미를 띠지 못했다. 그렇지만 로마 교회는 과거(290쪽 참조)처럼 앞으로도 교황을 선거할 때 국가의 도움에 의지했다(343-4쪽 참조). 보니파티우스는 갈리아-갈등에서 피해를 줄이기 위해 애썼다. 그는 옛 수석대주교 질서를 복구했다. 그는 아프리카 항소 분쟁에서도, 카르타고 교회회의(418)가 아프리카에서 일어난 사건들에 로마가 간섭하는 것을 거부했을 때, 유화적으로 행동했다. 그러나 누미디아 지방 푸살라의 주교 안토니우스 사건에서는 다시 적극적으로 대처해야 한다고 생각했다. 보니파티우스는 호노리우스 황제의 도움으로 콘스탄티노플에 대한 로마의 전진 기지인 일리리쿰 교회 지방에 교황의 영향력을 확고히 행사할 수 있었다.[36]

켈레스티누스 1세(422~432)가 북아프리카 성직자들의 항소권을 로마 주교에게 귀속시키려 했을 때, 그는 교황의 간섭에 대한 북아프리카인들의 분노를 실감했다. 426년 카르타고 교회회의의 답변에서는 어떤 호의도 기대할 수 없었다. 그러나 이 문제가 대두되지 않을 수 없는 심각한 갈등이 임박했다. 반달족 통치하에서는 북아프리카 교회가 침묵했기 때문이다. 켈레스티누스는 펠라기우스 논쟁에서 아우구스티누스를 지지했고, 네스토리우스 논쟁과 431년 에페소 공의회에서 알렉산드리아의 키릴루스를 옹호했다. 그는 그리스도론 문제에서 자신의 교의적 발의를 발전시키고자 하지 않았다.[37] 교회에 대한 수위권을 로마 주교에게 보장해야 한다는, 마

---

[36] CASPAR 1,360-81; FRANZEN/BÄUMER, 61; F. VAN DER MEER, *Augustinus der Seelsorger* (Köln 1951) 276f; CH. MUNIER, Antonius Fussalensis episcopus: *Augustinus-Lexikon* 1 (1986~1994) 378-80.

태오 복음 16장 18절에 관한 아우구스티누스의 견해와 다른 해석이 로마 신학의 자명한 자산이 되었다는 것은 명백하다. 로마 신학에서 베드로와 그의 후계자들은 교회의 토대인 반석이다. 더 이상 그리스도가 반석이 아니고, 베드로는 교회일치의 상징이었다.

식스투스 3세(432-440)는 펠라기우스와 네스토리우스 분규의 후유증이 가시지 않은 시기에 선임자의 노선을 추구했다. 그는 건축 사업에 힘을 쏟음으로써 외적·호전적 위협에서 해를 입지 않는 교황직을 누렸다. 식스투스는 성 라우렌시오 대성당과 다마수스 교황 때 일어난 폭력 행위로 심하게 훼손된 리베리아나 대성당을 새로 짓거나 복구했다. 리베리아나 대성당은 이후 산타 마리아 마조레 대성당S. Maria Maggiore이라는 이름으로 하느님 모친theotokos의 위엄을 선언했다. 라테란 대성당 세례당 완공과 여러 교회에 귀중한 교회 제구의 증여도 식스투스로 거슬러 올라간다.[38]

3.2 레오의 발전 과정

레오를 전·후임자들과 비교하면 덧이름 '대'가 붙는 것은 당연하다. 그의 가문과 출생지, 출생 연도에 대해서는 정확하게 알려진 것이 없다. 그가 로마 시 출신이 아니라는 것은 확실한 듯하다. 켈레스티누스가 주교로 있을 당시 그는 로마 공동체 부제였으며, 식스투스 3세는 그를 교회정치적 사절로 남부 갈리아로 파견했다. 그는 그곳에서 황후 갈라 플라키디아의 요청에 따라 군사령관 아에티우스와 총독 알비누스 사이를 중재했다. 레오가 로마 공동체에서 어떤 명성을 누렸는지는, 그가 이 여행으로 로마에 없는 동안 주교로 임명되었다는 사실이 입증한다. 선거인들은 올바른 사람을 선택했다. 레오는 교양 있고 판단력과 명료한 사고를 지녔으며 고상

---

[37] CASPAR 1,381-416; FRANZEN/BÄUMER, 62-4.

[38] 『교황서』 46; CASPAR 1,416-22; R. KRAUTHEIMER, The architecture of Sixtus III. A fifth-century renaissance?: *Studies in early Christian, Medieval and Renaissance Art* (London 1971) 181-96.

한 언어를 구사했다. 라틴어를 정확하게 구사한 마지막 인물이라고도 할 수 있다. 친저성이 확실한 상태로 남아 있는 96편의 설교가 이를 증언한다. 로마의 주교로서 레오는 교황의 이념을 분명히 요약·기술했으며, 이에 따라 행동했다. 그는 자신이 전체 교회에 대해 책임이 있고 모든 주교의 지도자라고 자각했다. 그의 본보기는 베드로였다. 전통에 따라 그의 서품일에 행해진 모든 설교는 베드로에 관한 것이었으며, 그는 자신을 베드로의 대리인이라고 여겼다. '베드로의 대리인'vicarius Petri은 새로운 개념이었다. 레오는 이 신조어에서 이전 교황들의 사고 과정을 확대·심화시키면서 교황의 자기이해를 다음 시대를 위해 이렇게 요약했다.

> 저는, 그(= 베드로)의 이름으로 교회의 우두머리이며, 주 예수 그리스도에 대한 그의 고백이 찬양받았으며, 그의 믿음이 모든 이단을 없앤다는 사실을 알고 있습니다(『서간집』 61,2).

3.3 이단자에 대한 조치

중요한 과제들이 레오를 기다리고 있었다. 초기에 쓰인 편지들은 그가 이교인과 이단자에게 단호한 조치를 취했음을 알려 준다. 5세기 초에도 이탈리아와 로마는 아직 완전히 그리스도교화되지 않았다. 지체 높은 이교인은 (마음만 먹으면) 인노켄티우스 후계자들의 영향을 여전히 묵과할 수 있었다. 이에 관한 흥미로운 본보기를 신분이 높은 이교인 볼루시아누스가 보여 준다. 그는 436년에 서방 황제의 지시로 콘스탄티노플의 황실에 머물렀으며, 그곳에서 각계각층으로부터 존경받는 프로클루스 주교를 알게 되었다. 그는 병상에서 프로클루스에게 그리스도교의 가르침을 배우고 세례를 받았다. 그는 "로마에 프로클루스 님과 같은 인물이 셋만 있었어도 그곳에 이교인이라고는 없었을 텐데"라고 생각했다.[39] 10년 뒤 볼루시아누

---

[39] 게론티우스 『소 멜라니아의 생애』 53; 번역: BKV² 5,483; 참조: CASPAR 1,431.

스가 프로클루스 같은 인물 셋보다 더 나은 새 교황의 통치를 눈앞에서 보았다면, 아마도 그런 말은 하지 않았을 것이다.

레오는 이단자에 대한 투쟁과 관련해서 아퀼레이아의 주교들에게 편지 두 통을 썼다(『서간집』 1과 2). 그는 이 편지들에서 아퀼레이아 공동체에 뿌리를 내린 펠라기우스파에 대한 조치를 규정했다. 이전 교황들의 서간과 달리 레오가 쓴 편지의 새로운 점은 교회법 측면을 규정했을 뿐 아니라 로마의 신학적 위치를 독특하게 설명했다는 것이다. 펠라기우스파의 그럴듯한 부인에도 불구하고 여전히 변론한 마지막 입장은, 앞서 행한 선행들의 협력이 은총을 받을 때 중요한 역할을 한다는 주장이었다. 이에 대해 레오는 "거저 주어지지 않은 은총은 은총이 아니다"(『서간집』 1,3)라고 말했다. 레오가 변장한 마니교도로 여긴 프리스킬리아누스파에 대해서도, 그는 아스토르가의 주교 투리비우스에게 보낸 편지에서 반박했다(『서간집』 15).

레오는 로마에서 마니교도에 대해 단호한 조치를 취했다. 종교적으로 분파를 형성했을 뿐 아니라 사회적·정치적으로 혁명적인 음모를 추구한 이 이단에 대하여 이전부터, 곧 디오클레티아누스 때부터 처벌과 사형을 내세우며 위협하는 법령들이 공포되었다(241쪽 참조). 그런데도 마니교도는 몰락하는 서방 제국의 혼란에 끊임없이 끼어들었다. 많은 마니교도가 북아프리카에 침입한 반달족을 피해 로마로 이주했기 때문에 그들의 수는 늘어났다. 레오는, 대부분 서류상으로만 존재하는 국가적 조치에 더 이상 기대를 걸지 않고 스스로 준사법적(準司法的) 색출 방식을 사용했다. 그는 마니교도를 그들의 은신처에서 찾아내게 했고, 신자들이 마니교도를 만나면 그들을 고발하도록 격려했으며, 그들에 대한 심리를 주교와 관리, 원로원 의원들로 구성된 법원에서 담당하게 했다. 레오는 자신의 조치에 대해 이렇게 보고한다.

> 우리는 회심시킬 수 있는 이들을 회심시키고 격려하여, 그들이 공개적이고 자필의 신앙고백을 통해 교회에서 마니의 가르침과 교의

> 와 함께 마니를 저주하게 했으며, 그들이 신앙을 고백하면 참회를 허락하며 하느님을 경시하는 심연에서 그들을 구했습니다. 그러나 일부 사람은 너무 깊이 빠져 이 방법을 더 이상 사용할 수 없어, 법률적 조치를 받게 했습니다. 그들이 더러운 행위로 거룩한 대중을 오염시키지 않도록, 그리스도교를 믿는 황제들이 정한 규정들에 따라 공법 재판관들에 의해 영원히 추방되었습니다.[40]

이 조치에서, 레오가 이단자에 대한 투쟁에서 국가적 조치를 요구했을 뿐 아니라 국가가 거부하는 경우 스스로 관여한 점이 새롭다. 그 자신이 형벌을 집행한 것은 아니지만 죄인들을 처벌하도록 국가에 의뢰했다. 레오는 이렇게 논증했다.

> 육체적 벌을 두려워하는 이들이 자주 종교적 수단을 도피처로 삼기 때문에, [국가의] 엄격함은 교회가 온화한 태도를 취하는 데 오랫동안 유익했습니다. 이 엄격함은 주교의 재판에 만족하고 잔혹한 벌을 피하지만 그리스도교를 믿는 군주들의 엄격한 법률로 지지되기 때문입니다. 그러나 많은 지방이 적의 침입을 받고, 전쟁의 소용돌이 때문에 법률이 시행되지 못하며, 주교들 간의 여행 편이 원활하지 못하여 교회회의의 개최도 뜸해진 후로는, 숨은 오류가 사회적 혼란 때문에 마음대로 횡행했고 개선되었어야 할 위기를 거치며 많은 인물을 유혹하기에 이르렀습니다(『서간집』 15 서언).

레오의 어조는 프리스킬리아누스의 처형에 격렬히 저항한 암브로시우스나 도나투스파에 대한 국가의 간섭에 오랫동안 주저하다가 동의한 아우구스티누스에 비해 훨씬 과격하다. 아무도 신앙을 강요해서는 안 된다는 원

---

[40] 『서간집』 7,1; 번역: BKV, *Die Briefe der Päpste* 4,53.

칙에 관해 레오는 한 마디도 하지 않았다. 그는 452년 아틸라와 그의 군단을, 3년 뒤 게이세리쿠스와 그의 반달족을 마주했을 때, 로마 또는 적어도 그 도시 주민을 구하기 위하여 자신의 목숨을 담보로 내놓았다. 이러한 인물이 위험한 이단적 음모에 소심하게 대응하는 일은 있을 수 없다. 주교들과 국가 관리들로 구성된 레오의 합동 법원은 국가의 이단자법 이념과 교회의 염려가 합쳐진 것이었다. 말하자면, 교회일치의 적인 이단자들은 국가 질서의 적으로 박해받아야 했다. 그럼에도 불구하고 레오가 실천에 옮긴 것에 대해서는 우려를 표하지 않을 수 없다. 사람들은 마니교도에 대한 그의 처결處決을 첫 번째 종교재판이라 불렀다. 이는, 레오가 어떤 종교적 재판 절차를 적용하지 않았기 때문에, 사법적으로 적절한 평가라고 할 수 없다. 오히려 그는 국가의 재판을 활성화했고 그것을 행할 수 있도록 도왔다. 그는 라벤나에서 방탕한 생활에 빠져 있는 황제를 더 이상 신뢰할 수 없었다. 그러나 레오가 취한 조처의 내적 경향은 종교재판의 성향을 드러낸다. 교회가 유죄판결을 내리고 이에 대한 처벌의 실행을 세속 관청에 넘겨주었다 할지라도, 이때 일어난 권리 침해와 잔인함에 대한 책임이 없어지는 것은 아니다.

이와 관련하여 레오의 조처에 대한 국가의 반응은, 황제에 대한 로마 주교의 위치와 서방에서 교회와 국가의 관계를 확실히 드러낸다는 점에서 더 흥미롭다. 445년 발렌티니아누스 3세의 칙령은 마니교도에 대한 법적 처벌을 엄명했으며, 이를 제국의 모든 지방에 공포하도록 명했다. 이 칙령의 서론은 이렇다.

> 최근에 밝혀진 마니교도의 범죄를 더는 간과할 수 없다. 이른바 그들의 주교[마니교도는 교회와 유사한 조직을 갖추고 있었다]가 이루 말로 다 할 수 없고 들어보지도 못한 섬뜩하고 파렴치한 일들을 구두로 알리고, 비난받을 만한 모든 비밀을 서면으로[조서로] 제시함으로써, 이것들이 지극히 복된 레오 교황의 법정에서 존경스런 원로

원 의원들이 지켜보는 가운데 행한 자신들의 솔직한 고백으로 밝혀지지 않았는가! 신성에 대한 이처럼 가증스러운 모욕을 내버려 두는 것은 합당치 않으므로, 우리는 이에 주의를 기울이지 않을 수 없다.[41]

달리 표현하면, 국가 행정은 교회의 발의권에 항복한다는 것이다. 황제는 칙령에서 주교의 조치를 뒷받침했다. 그는, 교황이 로마에서 외적 평온을 배려하는 것에 만족했다. 국가는 주교에게 자주적 행위라는 자유와 함께 시민 질서를 유지하는 책임도 넘겨주었다. 교회는 자유에 대한 대가로 세속적 과제를 넘겨받아야 했다.

3.4 서방의 교회정치

3.4.1 북아프리카

레오는 자신의 수위권과 책임에 관한 자의식에서, 교회 내적 사건들을 조정하고 서방교회들을 로마와 연결시켜야 하는 어려운 과제를 맡았다. 특히 반달족의 침공 이후 교회 기능이 마비된 북아프리카의 상황이 미묘해지고 있었다. 431년, 에페소 공의회에 초대받은 카프레올루스 주교는, 아프리카에서는 공의회 대표단을 선출하기 위한 교회회의조차 열 수 없다고 답변했다.[42] 반달족이 점령한 아프리카 지방에서 카르타고의 주교좌는 더 이상 임무를 수행할 수 없었다. 440년대 중반, 레오는 공식적으로 아직도 제국의 영토였던 마우레타니아 카이사리엔시스 지방에 포텐티우스 주교를 개인 사절Vikar로 파견해 그곳 상황을 살펴보게 했다. 그가 돌아온 뒤, 주교 선출 때 일어난 부정을 질책하고 몇몇 소송사건을 규정한 교령이 아프리카에 공포되었다. 교령의 맺음말에 이렇게 쓰여 있다.

---

[41] VALENTINIAN, Nov. 18 (17); 참조: CASPAR 1,435.

[42] *Acta Eph.* (ACO, CUE 1,1,2,52).

아직도 교회의 상태와 주교들의 일치에 관한 여러 질문들이 제기 됩니다. 따라서 우리는 그곳[마우레타니아 교회회의]의 교회가 주님을 경외하면서 심리받고, … 승인된 결정들이 우리의 판결을 통해서도 입증되도록, 정해지거나 정해진 모든 규정에 관해 우리에게 완벽한 보고를 하기 바랍니다.[43]

이전에 키프리아누스와 아우구스티누스, 아우렐리우스를 배출한 당당한 아프리카 교회는 로마에 복종하는 서양의 지방 교회가 되었다. 박해받고 혼란에 빠진 공동체들이 로마의 주교좌에 의존하지 않으면 달리 안전을 기약할 수 없었다는 것이 다행이었다. 483년, 훈네리쿠스 왕이 가톨릭 주교들과 아리우스파 주교들의 종교 대화를 위해 카르타고에 주교들을 소집했을 때, 카르타고의 주교 에우게니우스는 특히 '모든 교회의 머리인' 로마 교회가 대표자를 보낼 때까지 종교 대화의 연기를 요구했다.[44] 이 종교 대화는 가톨릭파에 대한 혹독한 박해의 서막이 되었다. 곤경에 처한 아프리카는 모든 교회에 대한 로마 수위권이라는 논제를 받아들였다.

3.4.2 갈리아

로마의 교령주의라는 지도권에 대한 저항은 실제로 갈리아에서만 일어났다. 그러나 별 전통이 없는 교회 조직들이 문서로 보장받은 권리를 스스로 요구할 수 있었기 때문에, 갈리아의 저항은 비교적 쉽사리 극복되었다. 398년, 토리노 교회회의에서 수석대주교 조직을 만들자는 제의가 나왔지만, 교회회의는 일시적인 규정들로 만족했다. 그 밖에 긴급한 경우에 관여할 수 있는 강력한 밀라노가 인근에 있었다. 밀라노가 이런 영향을 행사할 수 있었던 데는 이유가 있었다. 조시무스 교황이 아를의 주교 파트로클루

---

[43] 『서간집』 12,13; 번역: BKV, *Die Briefe der Päpste* 4,98.

[44] 비타의 빅토르 『아프리카 지방의 박해사』 2,43.

스에게 디오클레티아누스 이전의 나르보넨시스 지방 전 지역에 대한 수석 대주교 주권(감독권과 조직 구성 특권, 곧 전체 갈리아 교회에 대해 추천서와 신임장을 줄 수 있는 우선권)을 넘겨주었기 때문이다. 아를은 로마의 거점이 되었으며, 갈리아는 밀라노를 넘어 로마와 결합했다. 아를의 주교에 대한 특권 부여는 파트로클루스가 교황 선출 때 도움을 준 것에 대한 교황의 감사 표시였다는 소문이 은밀히 떠돌았다. 보니파티우스와 켈레스티누스는 조시무스의 결정을 다시 파기하면서 아를의 감독권을 비엔 지방의 남쪽 부분으로 한정했다(303-5쪽 참조). 마침내 레오는 아를의 주교 힐라리우스의 위계를 일반 주교로 떨어뜨렸다. 격정적이고 금욕적 열정에 사로잡힌 레렝스 수도원 출신의 힐라리우스[45]가 이웃 지방들의 주교 임명과 서품에 늘 관여하고, 경쟁자인 브장송의 주교 켈리도니우스를 증명되지 않은 비난들에 근거하여 444년에 면직하였기 때문이다. 교황이 취한 개별적 조치들의 정당성과 필연성은 여기서 상세히 설명할 필요가 없다. 몇 차례의 저항과 가끔씩 월권행위를 한 것만 빼면, 갈리아 교회는 로마의 교회정책에 순응했다. 아를 로마 대리 교구의 번영과 쇠약은 궁극적으로 교황의 조치들에 따라 좌우되었다고 할 수 있다. 로마와 아를의 관계사는 레오 때 끝나지 않았다. 로마 대리 교구에 대한 레오의 영향력은 저명한 카이사리우스(502~542) 주교 재임기에 비로소 절정을 만끽했다. 심마쿠스 교황은 자신의 위엄의 표시로 카이사리우스에게 교황의 팔리움을 수여한 바 있다.[46]

3.4.3 교회 개념

레오의 교회정치적 행위는 교회의 구성에 관한 분명한 신학적 개념에

---

[45] R. NÜRNBERG, *Askese als sozialer Impuls. Monastisch-asketische Spiritualität als Wurzel und Triebfeder sozialer Ideen und Aktivitäten der Kirche in Südgallien im 5. Jh.* = Hereditas 2 (Bonn 1988) 251-6.

[46] G. LANGGÄRTNER, *Die Gallienpolitik der Päpste* = Theoph. 16 (Bonn 1964) 131; W.E. KLINGSHIRN, *Caesarius of Arles. The making of a christian community in late antique Gaul* (Cambridge 1994); 아래 각주 86 참조.

바탕을 두고 있었다. 그 개념은 힐라리우스의 면직에 관해 그가 비엔 지방의 주교들에게 보낸 편지에 분명히 드러나 있다.

> 사도좌가 수많은 관계와 협의를 거쳐 공경하는 마음으로 여러분 지방의 주교들에 관해서도 조치를 취하였으며, 오랜 습관에 따른 주교의 판결들이 항소를 통해 더러는 다시 심리되고 더러는 확증되었음을 … 알아 주시기 바랍니다. 이때 우리의 걱정거리sollicitudo는 여러분의 것이 아니라 예수 그리스도의 것을 추구했고[필리피 신자들에게 보낸 서간 2장 21절을 넌지시 언급하여 간섭을 정당화한다], 하느님께 부여받은 교회와 주교들의 권리를 침해하지는 않았습니다. 그러나 힐라리우스는, 교회의 상황과 주교들의 일치를 새로운 월권으로 방해하기 위해, 우리 조상들이 확고히 지키고 유익하게 보호한 이 길에서 멀어졌습니다. 그는 여러분이 자신의 권력에 복종하기를 원했고, 거룩한 베드로에게 종속되는 것을 받아들이려 하지 않았습니다. 그는 갈리아의 모든 교회에서 서품을 줄 수 있다고 생각하고 수석대주교들에게 속하는 권리를 독점하며, 거룩한 베드로에 대한 두려움을 불손한 낱말들로 손상했습니다. … 감히 [베드로]의 우위를 부인하는 자는 자신을 낮출 줄 모르는 자이며, 오만의 정신으로 뽐내는 자신을 지옥에 떨어뜨립니다.[47]

당연히 교황도 힐라리우스가 한 것, 곧 다른 교회의 관심사에 간섭했다. 그러나 그는 이를 베드로의 계승자라는 정당한 권리로 했다. 지위에서 모든 주교는 같지만, 그들 사이에는 차등적 권한을 지닌 특정 서열이 존재한다. 주교들은 피라미드 구조에서 정확히 일정한 자리를 차지한다. 그 구조의 우두머리는 베드로와 그 후계자들에게 걸맞다. (키프리아누스와 아우

---

[47] 『서간집』 10,2; 번역: CASPAR 1,444.

구스티누스의 뜻대로 생각하면) 교회의 일치는 주교들의 사랑 공동체에 수평적으로도 닻을 내리게 되었을뿐더러, (마태오 복음 16장 18절에 따라 로마를 중심으로 이해하면) 교계제도의 상하 기능을 통해 수직적으로도 차등을 지니게 되었다. 동방교회와의 접경 지역에서 로마의 중요한 전 기지인 테살로니카 교회에 보낸 편지는 더욱 발전한 레오의 일치 개념들을 보여 준다.

> 온 몸[교회]의 결속은 하나된 건강과 하나된 아름다움을 낳습니다. 이 결속은 온 몸의 일치, 특히 주교들의 단결을 요구합니다. 주교들의 품위dignitas는 공통되지만 그들의 서열ordo은 일반적으로 같지 않습니다. 왜냐하면 가장 복된 사도들 사이에서 영예honor는 동등하지만 권한potestas은 분명히 다르고, 선출eletio에서는 모든 이가 같은 반면 다른 모든 이를 능가하는praeminere 사람도 있습니다. 주교들의 차이도 이 본보기forma에 기인하며, 거대한 질서 때문에 모든 이가 자신을 위해 모든 것을 요구하지 않고, 각 지방들에 각각의 [주교가] 있으며 그들의 판결sententia은 형제들 가운데 첫째 판결로 여겨지도록 배려됩니다. 또한 더 큰 도시에 임명된 주교들은 더 포괄적인 걱정거리sollicitudo를 받았으며, 이 주교들을 통하여 보편 교회에 대한 염려cura는 하나의 베드로좌로 합류하고, 어떤 곳에서 아무것도 그의 [이] 머리에서 분리되지 않도록 배려됩니다. [여기까지는 교의라면 이제부터는 그 결과입니다]. 다른 이들에게 우두머리로 임명되었음을 알고 있는 사람은, 어떤 사람이 자기 위에 있음을 마지못해 받아들이지 않고 오히려 스스로 요구하며 그 자신도 행하는 복종을 받아들입니다. 그리고 그 자신이 무거운 책임의 짐을 받아들이기 원치 않듯이, 다른 사람에게도 견디기 어려운 무거운 짐을 지우지 않습니다. 왜냐하면 우리는 이렇게 말씀하신 겸손하고 온유한 스승님의 제자이기 때문입니다. "나에게

배워라. 나는 온유하고 마음이 겸손하기 때문이다. 그러면 너희 영혼은 안식을 얻을 것이다. 내 멍에는 편하고 내 짐은 가볍기 때문이다"(마태 11,29-30).[48]

초대 그리스도교가 이해했듯이 레오에게도 주교들의 공동체는 사랑의 계약이었지만, 그와 동시에 권한의 등급을 통해 일치가 유지된다. 모교회들과 수석대주교들 위에 있는 베드로의 자리로부터 일반 주교들에 이르기까지 개별 교직자들의 전권과 책임, 부담도 줄어든다. 레오가 바랐듯이 이 등급 구조가 신약성경과 사도들의 등급으로 거슬러 올라가는지는 실제로 문제가 될 수 있다. 마찬가지로 레오는 성경과 모순되는 것을 두려워할 필요가 없다. 일치가 최고의 목표였다면, 일치는 이제 교회의 공간적 확장에 이어 확실히 조직의 새로운 형태로만 유지되어야 했다.

온 교회에 대한 로마 주교의 주권이라는 베드로 교의는 아프리카를 포함한 서양에서 레오와 함께 관철되고 승인되었다. 이전의 동방교회들과의 관계는 더 악화되었다. 하지만 동방교회들은 레오의 개념에 따라 등급 구조에 철저히 적응했다. 알렉산드리아와 안티오키아, 특히 괄목 발전하는 콘스탄티노플은 지방들을 통합하고 로마와 결합된 '대교회'maiores ecclesiae에 포함되었다. 동방의 모교회들도 소규모의 지방 주교에서 총대주교까지 이어진 상위 등급과 하위 등급 체제를 적용했다. 마찬가지로 자신의 재치권 지역을 넘어 영향력을 넓히려는 몇몇 총대주교의 노력도 있었다. 다만 로마와의 관계 설정은 어려운 문제였다. 칼케돈 공의회의 결정에 따른 교의적 난제의 결과로 레오가 동방에서 자신의 권위를 강화할 수 있었다고는 해도, 동방의 총대주교들이 서양 교회에 대한 지도적 역할을 요구하지 않은 것은 그들이 이미 서양에 종속될 준비가 되어 있었기 때문이다. 그런데도 로마는 서양을 넘어선 지역인 동방에 대해서는 결코 수위권을 관철

---

[48] 『서간집』 14,11; 번역: CASPAR 1,456.

할 수 없었다. 확고하게 분류된 동방의 교회들에게 여전히 로마는 서방 전체와 더불어 단지 하나의 상대역, 물론 일치된 강력한 상대역으로 머물러 있었다. 로마가 더 작은 여러 총대주교좌의 상대자를 받아들이는 한 교회 공동체는 유지될 수 있었다. 그러나 서양의 일치 때문에 개별적으로 더 약함을 느끼고 이 때문에 처음부터 회의적 태도를 보이며 로마의 일치 노력에 맞선 자치적 동방교회들의 불신도 늘어났다. 1054년의 분열은 많은 관점에서 시작이 아니라 오랫동안 곪아 온 상처가 터진 것이고 새살이 돋아나는 실마리였다.

3.5 칼케돈 공의회 전후의 교회정치[49]

남아 있는 레오의 편지 150여 통 가운데 동방과 관계있는 편지는 114통이 넘는다. 이 편지들은 448년부터 459년 사이 10여 년 동안에 쓰였으며, 그 가운데서도 451년의 칼케돈 공의회 전후에 집중되었다. 칼케돈 공의회는 에페소 공의회 다음에 그리스도 안의 신성과 인성의 관계를 협의한 두 번째 세계 공의회. 431년의 에페소 공의회가 그리스도 안의 인성과 신성의 철저한 분리에 반대했다면, 칼케돈 공의회는, 육화 뒤 인성을 흡수한 신성만 남아 있다는 상반된 극단에 두 본성의 혼합 이론을 내세워 답변했다. 칼케돈 공의회는 이 단성론을 단죄했다. 간략히 말하면 이것이 신학적 실상이었다. 그러나 단성론 배후에는 단지 (그릇된) 신학적 교의 이상의 것, 그리스 시대 말기에 인간적인 것에 대한 경시 이상의 것이 숨어 있었다. 이는 경건한 종교적 느낌을 불러 일으킬 수 있지만 육체를 적대시하는 마니교의 시각과 매우 유사했다. 마찬가지로 공의회에서도 단성론파 배후에는 확실한 교회정치사적 관심사가 숨어 있었다. 이 관심사에 대한 지식 없이는 이후에 일어나는 사건들을 이해하기 어렵다.

---

[49] 사건들의 서술과 전거에 관해서는 CASPAR 1,462-564; BAUS/EWIG 113-26; STOCKMEIER, *Leo* 63-6 참조.

3.5.1 교회정치적 대단원에 관한 상황

오래전부터 알렉산드리아에서는 보스포루스 해협 어귀의 콘스탄티노플 교회가 더 큰 영광을 누리는 것을 시기하고 있었다. 이집트 총대주교는 콘스탄티노플 교회가 자신의 권한에 속한다고 여겼지만 콘스탄티노플 교회는 이를 인정하지 않았다. 에페소 공의회 이후의 교회 연합, 즉 알렉산드리아에 맞서 황실과 우호 관계를 맺고 있던 콘스탄티노플·안티오키아·로마의 연합은 이집트를 고립시켰다. 다른 한편으로 콘스탄티노플은 제국 변두리 지방들이 사회적·정치적 독립을 위해 애쓰는 것을 우려 섞인 눈으로 지켜보고 있었다. 안티오키아와, 특히 알렉산드리아에서 그러한 독립 노력은 교의적 견해차 때문에 드러나지 않다가 그 차이점을 통해 오히려 일치를 촉진시킨다는 사실을 알게 되었다.

이집트 주교 디오스코루스가 비잔틴제국의 심약한 황제 테오도시우스 2세(408~450)에게 콘스탄티노플의 주교 플라비아누스에 대해 악의를 품게 만든 것은, 이 전선 형성에 완전히 어울리지 않았다. 디오스코루스는 위협과 매수로 황제의 측근을 자기편으로 만드는 것을 서슴지 않는 교활한 외교가였다. 황제 테오도시우스 2세의 누이인 풀케리아는 이러한 사건 전개에 적지 않은 몫을 맡았다. 황제는 자기 누이를 통한 후견을 불쾌하게 생각했던가? 그는 알렉산드리아가 제국에서 완전히 이탈하고 이와 함께 이집트를 잃는 것을 두려워했던가? 어쨌든 디오스코루스는 자신의 신학적 관심사를 위해 황제를 자기편으로 만들었다. 그는 특히 황제에게 교회정치적 목표에 대한 주의를 환기시킬 필요가 없었다. 디오스코루스는 예부터 확증된 반아리우스 투쟁 전선을 안티오키아에 대해서는 황제와 함께, 콘스탄티노플 주교에 대해서는 로마와 함께 (다소 과격한 방식으로) 재구축하고자 했다. 이는 모든 이에게 도움이 되는 듯했다. 황제는 자신의 교회에서 주인이 되었으며, 황실 주교의 권한을 약화시키고 알렉산드리아를 다시 얻었다. 로마는 황제와 좋은 관계를 유지할 수 있었고 콘스탄티노플 교회의 권한 축소에 만족할 수 있었다. 로마 주교는 381년 콘스탄티노플 공의회에서 결정된 로마와 콘스탄티노플의 동등한 권리(292쪽 참조)를 결코 인정하지 않았다. 그러나 디오스코루스는 알렉산드리아 교회의 경쟁자인 콘스탄티노플과 안티오키아 주교의 권한을 약화시키고, 아타나시우스와 니케아 공의회 이래 오랫동안 입증된 로마-알렉산드리아 축선軸線을 강화했다. 알렉산드리아는 로마의 세력이 커지는 것을 두려워하지 않았다. 디오스코루스가 서방에서 어떤 권리도 요구하지 않았기에 로마는 경쟁자가 아니었다. 그에게는 단지 동방에서의 주도권이 문제였다.

황제를 콘스탄티노플의 주교와 떼어 놓으려는 디오스코루스의 계획은 뜻대로 이루어졌다. 그렇지만 로마의 관점에서 레오가 세력을 늘리려는 방식으로써가 아니라 신학적으로 뒷받침된 교회정책을 취했기 때문에, 일이 계획대로 풀리지 않았다. 로마에서 형성된 베드로 교의는 본디의 이해 정치를 감추는 데 도움이 되지 않고, 교의와 규율에서 일치와 순수성을 감독하려는 로마의 지향을 실제로 정당화했다. 사람들은 레오가 사건을 주시하고 인물이나 지역들을 주시하지 않았음을 입증해야 한다. 그는 알렉산드리아의 교의적 관점을 주저 없이 넘겨받을 준비가 되어 있지 않았다. 교의적 논점은 로마에서 시험되고 결정되어야 했다. 그렇다고 알렉산드리아에서 신앙 문제가 고유한 교회정치적 관심사를 위한 핑계거리에 불과했다고 주장할 수는 없다. 단성론은 알렉산드리아 교회의 신심에 가장 깊이 뿌리 내린 관심사였다. 그러나 알렉산드리아에서 신학과 교회정치는 다른 곳에서보다 더 긴밀하게 연관되어 있었다. 교회정치적 승리는 고유한 신앙 이해의 승리를 위한 전제였기 때문에, 신학적 열정은 모든 가능한 술수를 합법화했다.

3.5.2 에페소 강도 교회회의와 그 결과

사건의 발단은, 콘스탄티노플 수도원의 대수도원장 에우티케스가 그리스도는 신성과 인성의 일치 전에는 두 본성을 지녔지만 육화 뒤에는 하나의 본성만 지닌다는 명제를 고집한 것이었다. 이 단성론은 448년 때마침

수도에 머무르던 주교들이 참석한 콘스탄티노플 교회회의에서 의장인 플라비아누스에 의해 단죄되었다. 곧바로 밝혀졌듯이, 에우티케스는 자신의 주장을 어느 정도 굽힐 준비가 되어 있는 듯했다. 그러나 플라비아누스는, 본디 나약하고 자신감 없는 성격의 사람들이 그릇된 반응을 보이는 경우가 많듯이 지나치게 강력하게 대처했다. 그는 불쾌한 사건을 단숨에 해결하고자 했지만, 물론 성공하지 못했다. 무르익지 않은 신학적 견해차들이 강압적 판결로 제거될 수는 없었기 때문이다. 게다가 강력한 협력자들이 에우티케스를 후원하고 있었다. 디오스코루스는 아직 나타나지 않았다. 그런데도 에우티케스는 영향력 있는 황실의 대변자이자 황실의 실질적 지배자인 시종 크리사피우스를 자기 사람으로 만들었다. 게다가 에우티케스는 크리사피우스의 고해 신부이기도 했다.

교회회의에서 부당하게 다루어졌다고 여긴 에우티케스는 몇몇 주교에게 항의 서한을 보냈다. 그 가운데에는 라벤나에 있는 서방의 황실에서 훌륭한 역할을 한 그곳의 주교 페트루스 크리솔로구스도 있었다. 페트루스의 답변은 사건들의 진행에 특별한 중요성도 있지만, 그사이에 서양에서 로마 주교가 어떤 권위를 지니게 되었는지를 두드러지게 나타내기 때문에 짧게라도 인용하는 것이 좋겠다.

> 우리는 모든 점에서 존경하올 형제인 당신에게, 로마의 지극히 복된 교황께서 쓰신 것에 복종하면서 유의하기를 권고합니다. 자신의 고유한 자리에서 살고 통치하는 거룩한 베드로께서 질문하는 이들에게 신앙의 진리를 보증하기 때문입니다. 평화와 올바른 신앙을 위해 애쓰는 우리는 로마 주교의 동의 없이 신앙 문제들을 논할 수 없습니다.[50]

---

[50] 레오 『서간집』 25,2; 전승에 관해서는 CASPAR 1,469 참조.

애당초 레오는 앞에 나서지 않았다. 그는 콘스탄티노플에서 더 정확한 정보, 특히 그곳의 동료 주교가 사건에 관해 전해 주기를 기다렸다. 플라비아누스는 우선 에우티케스를 단죄하여 사건을 해결한 뒤 (고대교회의 관습에 따라) 로마와 다른 중요한 주교좌에 알렸기 때문에, 레오는 그 정보를 훨씬 뒤에 입수했다. 에우티케스와, 이제야 전면에 나선 디오스코루스가 단죄를 취소시키기 위해 황제의 마음을 움직여 교회회의가 아니라 보편 공의회를 소집하는 것이 분명해졌을 때, 레오가 나섰다. 맨 먼저 그는 사절 세 사람을 콘스탄티노플로 파견하여 신학 문제에 관한 자신의 견해를 전했다. 그러나 황제가 공의회 소집을 공표하자, 사절들은 푸테올리의 주교 율리우스, 사제 레나투스, 장차 레오의 후계자가 될 부제 힐라루스로 구성된 교황의 공식 사절단으로 대체되었다. 그들이 가지고 간 소식, 특히 이른바 「플라비아누스에게 보낸 교의 서간」도 이제부터 완전히 다른 중요성을 띠었다. 레오가 로마의 관습에 따라 직접 공의회에 출석하지 않은 이유는, 그의 출석을 분명히 요구한 황제의 입장에서는 석연치 않았지만, 적어도 레오의 입장에서는 분명했다.

테오도시우스 2세의 이 무리한 요구에 대한 레오의 답변은 표현이 정중할지언정 단호했다. 레오는 무엇보다 모든 비용이 쓸데없는 낭비라고 답변했다. 그는 자신의 관점을 분명히 밝혔다. 뿐만 아니라, 에우티케스의 오류는 이미 단죄되었다. 무슨 목적으로, '결정된 사건'res iudicata을 다시 심의하는가? 레오는 이렇게 썼다.

> 믿음이 깊은 황제 폐하께서 교회회의에 제가 도착할 날을 정하셨지만 제 입장을 고려하지 않으셨습니다. 왜냐하면 과거에 이에 관한 선례도 없었으며[전통은 종종 큰 도움이 된다], 때가 어려운 상황[훈족의 위협]인지라 제가 [지금] 로마 시를 떠날 수 없기 때문입니다. 게다가 신앙의 문제는 분명히 해결되어 있기에 교회회의 소집을 취소하는 것이 더 합리적이라고 생각합니다. 그런데도 저는, 폐

하께서 저에게 도움을 주시고자 하는 한, 황제 폐하의 명령에 기꺼이 따르고자 했으며, 실정에 맞게, 분노를 가라앉힐 수 있고 제 참석을 대리하는 형제들을 여기서 대표로 파견했습니다.[51]

449년 에페소에서 열린 교회회의는 실패작이었다. 교황의 서간, 특히 「교의 서간」Epistula dogmatica은 아예 낭독되지 않았으며, 플라비아누스는 파문되고, 격앙되어 있는 회의실에 디오스쿠루스가 불러들인 군인들에 의해 폭행당했다. 로마의 부제 힐라루스는 혼란 속에서 항의한다contradicitur고 외쳤으며, 그러고 나서 교황에게 전례 없는 사건들을 보고하기 위해 위험을 무릅쓰고 로마로 피신해야 했다. 레오는 이 교회회의를 '강도 교회회의'latrocinium로 불렀으며, 오늘날까지도 이 명칭은 그대로 사용된다. 실로 정곡을 찌르는 표현이라 하겠다.

3.5.3 칼케돈에서 교황의 영향

에페소 교회회의 이후 교회는 엄청난 분규에 빠졌다. 플라비아누스와 도릴라이움의 주교 에우세비우스는 레오에게 간절한 청원 편지들을 보냈다. 반단성론파의 대변인이자 강도 교회회의에서 면직된 키루스의 테오도레투스도 인상적인 글로 교황에게 호소하였다. 그의 편지는 동방의 지도적인 신학자가 로마 주교의 지위를 인정하는 것이어서 시사하는 바가 크다. 테오도레투스는 이렇게 썼다.

> 진리의 사자使者이며 성령의 나팔인 바오로께서, 안티오키아에서 율법에 관한 견해 때문에 논쟁하던 이들이 율법에서 풀려나도록(사도회의에서: 사도 15장 참조) 위대한 베드로에게 급히 가셨듯이, 가난하고 하찮은 이들인 우리도 귀하에게서 교회의 상처를 치유받고자

---

[51] 『서간집』 37; 번역: CASPAR 1,482.

귀하의 사도좌로 더욱더 급히 갑니다. 모든 점에서 첫째 서열은 당연히 귀하의 권한입니다. 귀하의 자리는 많은 장점으로 장식되어 있기 때문입니다. 다른 도시들은 그 도시의 위대함이나 아름다움 또는 많은 인구를 과시하고, 이러한 것이 없는 몇몇 도시는 영적 은총의 선물로 빛납니다. 그러나 온갖 선을 주시는 분께서는 귀하의 도시에 풍부한 선을 주셨습니다. 왜냐하면 로마는 모든 도시 가운데 가장 크고 찬란하며, 많은 주민으로 붐비는 세계의 수도이기 때문입니다. 더욱이 오늘날도 강력한 통치가, 특히 믿음이 로마를 장식하고 로마에서 싹트며, 로마는 그 자신의 이름을 국민[로마 - 로마인]에게 줍니다. "여러분의 믿음이 온 세상에 알려지고 있기 때문입니다"(로마 1,8)라고 외친 거룩한 사도가 믿음의 확실한 증인입니다. 로마가 구원 소식의 씨앗을 받자마자 곧바로 그렇게 적절한 열매들을 내었다면, 지금 로마를 이끄는 경건함을 어떤 말로 족히 찬양하겠습니까? 로마에는 신자들의 영혼을 비추는 베드로와 바오로, 곧 진리의 스승인 두 아버지의 무덤도 있습니다. 세 곱절로 복되고 거룩하신 이 두 분은 동방 출신이지만 그 광채를 사방팔방으로 발하셨습니다[헬리오스의 쌍두마차인 비가(Biga)에 관한 표상]. 이들은 자진해서 서방에서 죽었지만 지금은 그곳에서 전 세계를 비춥니다. 이 두 분은 귀하의 자리를 더없이 밝은 빛으로 세우셨습니다. 이는 귀하께서 믿으신 은총의 정점입니다. 이 두 분의 하느님께서는, 순수한 가르침의 광채를 내뿜는 귀하의 성성을 그 자리 위에 세우시면서, 지금도 귀하의 자리를 비추십니다.[52]

이 호소가 어떤 신학적 의의를 지니는가? 사람들은 이 편지에서 동방의 총대주교들이 로마의 재치 수위권을 인정해야 하는 근거를 찾아낼 수 있다

---

[52] 『서간집』 113은 레오의 『서간집』 52,1이다; 번역: CASPAR 1,489f.

고 생각했다.[53] 레오가 신학 전문 지식과 도덕적 명망에서 상당한 권위를 지녔기에 동방교회들에 대한 로마의 우위권은 상당히 구체적으로 이루어진 듯이 보였다. 그러나 호소 내용은 이에 관한 근거를 제시하지 않는다. 다시 말해 테오도레투스의 편지를 더 자세히 살펴보면, 편지는 미사여구로 넘쳐흐르지만 중립적으로 서술되어 있다. 로마의 신학적 우위를 강조할 경우에는, 로마에 무덤이 있는 두 사도에 대한 초대 그리스도교 논증이 주목된다. 이 경우 그들이 동방에서 더 잘 이해되었다는 사실에 대해서는 침묵한다. 사도좌는 많지만, 로마 사도좌는 두 사도가 로마에서 활동했기 때문에 특별했다. 일찍이 이레네우스도 똑같이 논증했다. 마태오 복음 16장 18절에 나오는 약속의 말씀과 여기서 로마 신학이 단호하게 이끌어 낸 주장은 결코 베드로에게만 관련된 것이 아니다(285-90쪽 참조).

레오도 자신이 동방교회들에게 재치권으로 명령할 수 있는 권한을 지녔다는 식으로 행동하지 않았다. 그는 플라비아누스와 다른 피해자들에 대한 판결을 대뜸 무효로 파기하지 않았다. 레오는 판결의 파기와 단죄된 이들의 복권을 독촉했지만 이는 새로운 심리에서 이루어져야 했다. 동방교회들의 주권은 철저히 존중되었다. 처음에 레오는 많은 것을 할 수 없었다. 황제에게 보낸 편지들은 답장이 없었다. 그래서 그는 450년 베드로좌 축일에 사도들의 우두머리의 무덤을 참배하러 라벤나에서 온 서방 제국의 황제 측근들을 중재인으로 이용했다. 레오는 베드로 대성당 마당에서 그들을 공손히 맞이했으며, 동방교회들의 위태로움을 눈물로 호소하여 황실 여인들의 마음을 움직였다.[54]

서방의 황실은 곧바로 반응했다. 급히 작성된 문서들을 비잔티움에 있는 황실로 보냈다. 특히 황제의 누이 풀케리아는 고무되어 이에 관여했다. 그렇지만 테오도시우스 2세는 에페소의 결정을 고수했으며, 권력을 가지

---

[53] P. BATIFFOL, *Le siège apostolique (359-451)* (Paris ²1924) 516f.

[54] RAHNER, *Kirche und Staat* 218.

지 못한 풀케리아는 테오도시우스가 죽을 때까지 긴장을 해결하지 못했다. 테오도시우스는 450년에 말에서 떨어져 죽었다. 풀케리아 황후는 장군인 마르키아누스와 혼인하여 그에게 왕위를 넘겨주었다. 위협적인 아틸라는 이탈리아 침입을 오래 망설이지 않았다. 제국은 지켜져야 했다. 새 황세 부부는 새로운 공의회를 열자는 레오의 제의에 동의했다. 그러나 이 공의회는 레오의 바람대로 이탈리아에서 열리지 않고, 처음에는 니케아로, 얼마 뒤에는 보스포루스 해협을 사이에 두고 콘스탄티노플 황궁 맞은편에 있는 칼케돈으로 소집되었다. 공의회는 451년에 칼케돈 시내 에우페미아 교회에서 시작되었다. 자신이 요구한 공의회였지만, 레오는 참석하지 않았다. 교황 사절들 — 주교 세 명과 사제 두 명 — 이 의장을 맡았으며, 마침내 낭독된 레오의 교의 서한은 깊은 인상을 남겼다. 600여 명의 주교가 "이는 베드로 사도가 레오를 통해 말하고, 또한 사도들이 가르친 … 교부들의 신앙입니다"라고 외쳤다.[55] 레오가 이에 관해 들었을 때가 아마 그의 생애의 정점이었을 것이다. 그의 교의 서한은 강도 교회회의에서는 뜻을 이루지 못했지만 그리스도의 두 본성론에 관한 문제의 신학적 측면을 규명할 수 있었다.

3.5.4 『법규』 28조

그럼에도 불구하고 레오의 기쁨에 어두운 그늘이 전혀 없는 것은 아니었다. 로마에 관한 한, 공의회는 교회정치적으로 날카로운 불협화음만 일으킨 채 막을 내렸다. 황제와 총대주교는 이미 381년 콘스탄티노플 공의회에서 확정된, 다른 총대주교좌들에 대한 콘스탄티노플의 우위를 새삼 장엄하게 확인하려는 사안을 호의적으로 보았다. 교황의 사절들은 이의를 제기했지만, 공의회 참석자들은 마지막 회의에서 다음과 같은 『법규』 28조에 서명했다.

---

[55] Mansi 6,972.

우리는 모든 점에서 거룩한 교부들의 교령들을 따르며 방금 낭독된 주교들의 법규를 승인한다[콘스탄티노플 공의회 『법규』 3조를 뜻함, 292-3쪽 참조]. 따라서 우리는 표결로, 새로운 로마인 지극히 거룩한 콘스탄티노플 교회에 관하여 (로마와) 동일한 우선권을 결정하고 인가한다. 교부들은 옛 로마가 황제의 도시이기 때문에 당연히 이 도시의 주교좌에 우선권을 승인했다. 이런 이유로 믿음이 깊은 150명의 주교는 새 로마의 지극히 거룩한 주교좌에도 동일한 우선권을 승인한다. 당연히 그들은, 황제와 원로원이 있으므로 이 도시가 영예롭고, 황제의 옛 도시인 로마와 동일한 우선권을 누리며, 교회의 사건들을 다루는 지위에서도 높아지는 것이 합당하다고 여긴다. 이 도시는 서열에서도 로마를 바로 뒤따라가기 때문이다.[56]

한 공동체의 교회 서열은 도시의 정치적 서열을 표준으로 삼는다는, 교회 회의 법규에도 들어 있으며[57] 일반적으로 널리 퍼진 견해가 결정의 근거가 되었다. 이 규정은 그 자체로 합리적이었다. 이는 로마와 더불어 국가 행정의 중심지인 동시에 문화와 언어의 중심지인 알렉산드리아와 안티오키아에도 합당했다. 따라서 이집트 · 시리아 지역과 라틴 지역과 더불어 국가 교구의 그리스어권 지역인 폰투스와 아시아, 트라키아에도 교회의 중심지가 있는 것은 수긍이 갔다. 또한 당시의 상황에서 콘스탄티노플이 교회의 중심지가 될 수밖에 없었다. 그런데도 레오와 로마 교회는 칼케돈 공의회 『법규』 28조의 승인을 거부했다. 대외적으로 레오는 자신의 거부를 교회정치적으로가 아니라 역사적으로 증명할 수 없는 신학적 논증으로 뒷받침했다. 곧, 새 규정은 하느님께서 부여한 옛 총대주교직의 권리를 침해한다는 것이었다.

---

[56] 번역: P.-TH. CAMELOT, *Ephesus und Chalcedon* = Geschichte der ökum. Konzilien 2 (Mainz 1963) 182f.

[57] 예컨대 안티오키아 교회회의(341) 『법규』 9조.

성 베드로의 제자요 복음사가인 성 마르코를 통하여 받은 알렉산드리아 주교좌 직위는 결코 상실될 수 없습니다. 디오스코루스가 냉혹한 악의 때문에 영락했을지라도 그렇게 위대한 교회의 광채가 몇몇 사람의 어둠으로 가려질 수 없습니다. 마찬가지로 복된 사도 베드로의 설교로 맨 먼저 그리스도인이라는 이름을 얻은 안티오키아 교회는 교부들이 확정한 등급에 머물러야 하고, 이 교회는 셋째 등급을 차지하기에 결코 그 아래로 내려가서는 안 됩니다.[58]

『법규』 28조를 거부하는 이 글에는 내적으로, 로마의 지도 아래 있는 하나의 보편 교회라는 레오의 구상이 결국 이루어지지 않았다는 실망이 담겨 있는 것 같다. 공의회 이전에 동방의 신앙 위기와 도움을 요청하는 외침이 하나의 보편 교회를 촉구했다.

3.6 평가

레오는 교황권 발전의 첫 국면의 끝자락에 있었다. 그의 선임자들 특히 인노켄티우스가 끈기 있게 노력하면서 준비한 것을, 레오는 확실한 직감력으로 능력껏 마무리했다. 그는 서양에서 교황 수위권을 완전하게 관철했다. 아프리카에 대한 카르타고의 수위권이 약화되고 아를의 힐라리우스가 자주성을 확보하기 위해 기울이는 노력을 유연하지만 인간적으로 영리하고 통 크게 물리친 후에는, 이 일도 전혀 어렵지 않게 성사되었다.[59] 레오는 동방과도 외교적으로 협의했다. 그는 448년 콘스탄티노플 교회회의부터 449년 에페소 교회회의를 거쳐 칼케돈 공의회까지 일어난 사건에 긴밀

---

[58] 『서간집』 106,5; 번역: BKV, *Die Briefe der Päpste* 5,140f.

[59] 레오가 그 진가를 인정한 힐라리우스의 사목 활동과 자선 행위에 관해서는 R. NÜRNBERG, *Askese als sozialer Impuls. Monastisch-asketische Spiritualität als Wurzel und Triebfeder sozialer Ideen und Aktivitäten der Kirche in Südgallien im 5. Jh.* = Hereditas 2 (Bonn 1988) 251-6 참조.

히 연관되었다. 칼케돈 공의회는, 그가 처음으로 서방에서 열 것을 요구했지만 거부되었으며, 마침내 강도 교회회의의 억지 결정을 개정하기 위한 옛 방식의 제국 공의회로 치부되었다. 레오는 인노켄티우스보다 적응력이 더 뛰어났다. 그는 중대한 목표, 곧 사도좌의 강화를 잊지 않은 채 필요에 따라서는 일부 사항을 양보할 용의가 있었다. 어떤 교회정치적 간절한 소망이 아니라 교의권이 그가 기울인 노력의 핵심을 이루었다는 것은 레오의 의심할 여지가 없는 공로다. 이로써 교황 이념에 관한 논의에서 신학이 핵심적 내용이 되었다.

추구한 것과 성취한 것에 대한 모든 평가에서, 이미 언급된 일반적이며 역사적인 배경을 잊어서는 안 된다. 교황의 활동은 이러한 배경에서 이루어졌다. 452년, 레오는 도시를 약탈로부터 지키기 위해 소수의 로마 사절들과 함께 훈족 왕 아틸라와 대면했다. 455년 여름에는 게이세리쿠스가 이끄는 반달족의 침입과 약탈을 참고 견뎌야 했다. 이 시기에 서로마에는 황제가 없었다. 발렌티니아누스 3세는 강력해진 아에티우스를 비겁한 방식으로 살해했으나, 자신도 455년에 아에티우스의 추종자 두 명에 의해 연병장에서 살해되었다. 모반의 우두머리이며 가장 높은 원로원 의원인 페트로니우스 막시무스에게 황제의 관이 넘겨졌다. 그는, 반달족의 침입이 임박하여 황실과 군대가 공포에 사로잡히자 도망쳤으며, 분노한 백성의 돌팔매질에 목숨을 잃었다. 이것이 레오가 활동하던 시대의 음울한 배경이다. 그는 신앙의 일치를 염려했을 뿐 아니라 제국의 서쪽 지역의 공익에 대한 책임도 느꼈다.

이와 더불어, 레오의 교회정치적 시야에는 한계가 있었다. 레오는 아직도 로마제국의 범주에서 생각했다. 교회는 몰락하는 서로마 황제 통치가 뒤에 남긴 빈 공간을 채워야 했다. 교회는 이제 국민의 안전을 책임져야 하는 최후의 보루였다. 야만인은 제국 밖의 존재들이었으며, 그들이 옛 질서를 뒤흔들었다. '밖의'라는 말은 시야가 아직도 로마 세계를 넘어서 로마 · 게르만족으로 이루어진 서양의 미래상으로 넓어지지 않았음을 뜻한다. 역사신학적으로 고찰할 때 레오는 로마 세계 제국의 숙명적인 역할에 관한 많은 초대 그리스도교 신학자의 사상을 버리지 않았다. 이 때문에 도움을 청하는 눈길은 늘 동방으로 향했다. 동로마 황제가 제국의 존속 여부에 큰 영향을 미쳤기 때문이다. 아마도 레오는, 칼케돈에서 또 한 번 짧은 기간 동안 입증되었듯이, 참된 신앙의 성곽이며 보호자인 제국교회가 이루어질 수 있다고 기대한 것 같다. 동방에 마지막으로 보낸 간청 편지들이 이를 추론케 한다.

콘스탄티노플은 교황의 청원 편지에서 참된 신앙을 지키는 성곽이라는 나름의 결론을 도출했다. 콘스탄티노플은 이 요구를, 황제가 신앙의 문제에 관여하고 교의적으로도 결정적 역할을 하는 황제교황주의로 바꾸어 놓았다. 국가와 교회의 문제는 이로써 새로운 실천적 모습과 이론적 깊이에서 미해결의 과제로 남게 되었다.

4. 교회 관할 지방과 총대주교 관할 지역

참고문헌

R. BARTÔZ, *Die Entwicklung der Kirchenorganisation in den Westbalkanprovinzen (4.-6. Jh.): Das Christentum in Bulgarien und auf der übrigen Balkanhalbinsel in der Spätantike und im frühen Mittelaltetr* (II. Int. Symp. Harkovo, 10.-13. Juni 1986). Ed. V. GJUZELEV/R. PILLINGER = Miscellanea Bulgarica 5 (Wien 1987) 149-96.

J. BRINKTRINE, Zur Entstehung und Entwicklung der fünf alten Patriarchate: *Unio Christianorum.* FS L. Jäger (Paderborn 1962) 218-22.

H. CHADWICK, *The Circle and the Ellipse. Rival Concepts of Authority in the Early Church* (Oxford 1959).

W. DE VRIES, Die Entstehung der Patriarchate des Ostens und ihr Verhältnis zur päpstlichen Vollgewalt: *Scholastik* 37 (1962) 341-69.

—, Die Patriarchate des Ostens. Bestimmende Faktoren bei ihrer Entstehung: *OCA* 181 (1968) 18-35.

F.R. GAHBAUER, *Die Pentarchietheorie. Ein Modell der Kirchenleitung von den Anfängen bis zur Gegenwart* = Frankfurter Theol. Stud. 42 (Frankfurt/M. 1993).

J. GAUDEMET, *L'Église dans l'empire romain (IVᵉ et Vᵉ siècle)* = Histoire du droit et des institutions de l'Église en Occident 3 (Paris 1958).

K. LÜBECK, *Reichseinteilung und kirchliche Hierarchie des Orients bis zum Ausgang des vierten Jahrhunderts* = KGS 5,4 (Münster 1901).

A. SCHEUERMANN, Diözese: *RAC* 3 (1957) 1053-62.

R. SCHIEFFER, *Der Papst als Patriarch von Rom: Il primato del vescovo di Roma nel primo millennio, a cura di M. MACCARRONE* = Pontificio comitato di scienze storiche. Atti e documenti 4 (Città del Vaticano 1991) 433-51.

C. VOGEL, Einheit der Kirche und Vielfalt der geschichtlichen Kirchenorganisationsformen vom 3. bis zum 5. Jh.: *Das Bischofsamt und die Weltkirche*. Hrsg. von Y. CONGAR (Stuttgart 1964) 609-62.

성장 속도가 빠른 운동에서, 그 구성원의 상위 등급과 하위 등급, 지도권, 복종의 의무를 개인적·지역적 관점에서 지속적으로 규정하는 구조를 제도화하는 데 성공하느냐 하는 문제는 중요한 의미를 지닌다. 운동의 창시자가 질서 자체를, 적어도 그 요점을 확정할 때, 상응하는 질서도 가장 쉽게 확정될 수 있다. 교회의 교직과 조직에 관한 구체적 지침을 예수의 말과 복음서에서 미루어 살필 수 없기 때문에, 교계제도(개별 공동체의 지도 체계뿐 아니라 지역적으로 거대한 단일성을 이루는 개별 공동체의 연합)는 오히려 민주적 방식으로 발전했다. 개별 지역의 등급을 보편 교회적으로 관철시킬 수 있는 주무관청이 없었기 때문이다. 마찬가지로, 지역적인 수많은 예외가 명확하게 인지되는 몇몇 기본 원칙을 수반한다는 관찰은 발전이 실제로 그렇게 이루어졌음을 말해 준다. 이러한 발전이 부분적으로 격렬한 논쟁을 거치면서 이루어졌다는 것은 당연한 일이다. 권력과 종속, 지도력과 충성심의 필연적 균형은 어디서나 자연히 적응하게 되어 있기 때문이다. 지금까지, 경쟁에 기초가 되었던 정치적·신학적 주제들을 기술했거니와, 여기서 몇 가지를 간략히 덧붙이고자 한다.

4.1 수석대주교 연합의 생성

모든 공동체는 하나의 교회를, 각 공동체는 전체 교회를 의미하기 때문에, 편지와 방문을 통해 상호 간 교류할 필요성은 처음부터 있었다. 2세기 중엽, 어쩌면 후반기에 단일 주교가 개별 공동체를 지도하는 것이 상례가 되자마자, 주교들은 공동체를 넘어서는 문제들을 교회회의에서 규정하기 위해 서로 만나기 시작했다. 처음에는 이단에 대한 방어가 중요한 목적이었으나, 곧이어 주교의 임명과 (부득이한 경우에는) 면직도 긴급한 과제가 되었다. 새 주교의 임명과 서품은 관계된 공동체의 성직자와 백성에 의한 적합한 후보자의 선출과 구두 동의에도 불구하고 이 공동체만의 일이 아니라, 이웃 주교들이 서품을 주어야 했기 때문이다.[60]

초공동체적 연합의 크기는 공동체 형성처럼 국가적 질서에 의존한다. 자치도시가 그것에 속하는 시골 지역과 더불어 주교가 관할하는 공동체의 범위 — 그리스도인의 수가 천 명이 안 되든지 수천 명에 달하든지 관계없이 — 를 결정한 것과 비슷하게, 지방(서방) 또는 관구(동방)가 교회회의 집회의 규모를 이루었다. 지방의 수도에서 만나는 것이 당연했기 때문에, 통상적으로 지방 교회회의를 준비하고 소집하고 사회를 본 대도시의 주교에게 당연히 지방 교구의 수석대주교의 권리와 의무가 주어졌다. 이 권리와 의무는 4세기와 5세기에 열린 수많은 교회회의에서 더 상세히 확정되었으며, 이는 무엇보다도 새 주교에 대한 인가와 서품, 지방 내에서 주교들의 직무 집행에 관한 일종의 감독이라 할 수 있었다. 따라서 니케아 공의회 『법규』 4조는 이렇게 규정한다.

> 주교가 관구의 모든 [주교]에 의해 임명되는 것이 가장 바람직하다. 긴급한 위급 상황이나 긴 여정 때문에 그리하기 어렵다면, 적

---

[60] E. DASSMANN, *Ämter und Dienste in den frühchristlichen Gemeinden* = Hereditas 8 (Bonn 1994) 190-2.

어도 [주교] 세 명이 모여야 하고 참석하지 않은 이들에게서 서면 동의를 받아야 하며, 서품 안수cheirotonia를 행해야 한다. 임명에 대한 인가는 각 관구에서 수석대주교의 권한에 속한다.

지역을 초월하여 중요하게 대두되는 문제들, 청원과 항고를 규칙적으로 다루기 위해서 니케아 공의회 『법규』 5조는 지방 교회회의가 일 년에 두 번 열려야 한다고 규정했다.

동방에 널리 퍼져 있는 수석대주교 체제를 전제하는, 니케아 공의회에서 정해진 규칙들에는 많은 예외가 있었다. 예를 들어 이집트에서 리비아와 펜타폴리스의 주교들을 포함한 지방의 모든 주교는 알렉산드리아 교회 수장에게 직속되어 있었다. 북아프리카에서는 지방 주교 가운데 서품 연도에 따라 직무 연수가 가장 오래된 이에게 수석대주교의 권한을 부여했다. 한편 아프리카 전체 교회회의를 이끄는 일은 여전히 카르타고 수석대주교의 권한에 속했다. 이탈리아 수부르비카리아에 속하는 모든 지방의 주교들은 로마 주교가 직접 관할했으며, 북부 이탈리아에서는 밀라노가 여러 지방을 포괄하는 교회의 수석대주교좌 도시로 발전했다.

수석대주교 구역의 경계 설정도 매우 유연하게 이루어졌다. 도시가 많지 않은 지방인 베네티아와 히스트리아, 라이티아, 노리쿰에서 아퀼레이아는 수석대주교좌의 소재지 역할을 하기에 충분했다. 4세기 초 에스파냐의 엘비라에 모인 19명의 주교는 결코 그들을 지도하는 수석대주교좌의 소재지를 밝히지 않는다. 에스파냐와 남쪽 지방들을 제외한 갈리아에서는 민족이동으로 사라졌던 경계가 다시 확정된 뒤에야 지속적인 연합이 생성될 수 있었다. 국가의 중점이 지역 행정으로 옮겨짐에 따라 교회 조직도 뒤따라갈 수 있었지만, 꼭 그럴 필요는 없었다.[61]

---

[61] 그 밖의 상세한 내용과 전거에 관해서는 BAUS/EWIG 242-4 참조.

4.2 지역적 거대 조직

교회 관할 지방의 설립은 대단히 축복받은 것으로 입증되었다. 지방 교회 회의들은 개별 주교의 전권을 제한하는 역할을 했다. 이러한 전권은 다른 방식으로는 통제할 수 없었다. 또한 국가가 지방으로 분할되어, 교회의 구역 분할은 이 질서를 따랐다. 지방의 범위를 뛰어넘는 문제가 많았고, 또 전 세계 모든 교회가 하나의 교회로 이해되었기 때문에, 거대한 지역적 조직을 만드는 것은 쉽게 납득할 만한 일이었다. 그러나 제국을 속주와 교구로 분할하는 방안을 모범으로 삼는 것은 너무 인위적이었다. 따라서 언어적·문화적 지역이 교회의 단위로 합쳐지면서, 일찍부터 더 큰 규모의 연합이 자연스럽게 생겨났다. 공의회도 이미 이런 연합을 승인했음을 니케아 공의회『법규』6조의 결의 사항이 보여 준다.

> 이집트와 리비아, 펜타폴리스에서 통용되는 옛 관습은 유지되어야 한다. 이 관습에 따라 알렉산드리아의 주교는 이 모든 [지방]에 재치권을 행사한다. 로마의 주교에게도 같은 관습이 유효하기 때문이다. 마찬가지로 안티오키아 교회와 다른 관구들에도 예부터 전해 오는 권한들이 유지되어야 한다. …

실제로 옛 관습법이 중요하다는 것은, 카이사리아 마리티마의 수석대주교 권한을 침해하지 않는 한 아일리아(예루살렘)의 주교에게 명예 우위를 승인한『법규』7조로 알 수 있다.

니케아 공의회의 규정에서, 로마가 요구하지 않는 한 그리스 언어권은 공동의 교회 중심지가 될 수 없다는 것이 주목을 끈다. 아마 이 지역에서 완전하게 틀을 갖춘 수석대주교 질서가, 폰투스나 아시아나 트라키아 같은 국가 교구의 수도들 가운데 하나인 에페소나 카파도키아의 카이사리아가 총대주교직 반열에 오르는 것을 방해했을 것이다. 반면 콘스탄티노플은 제국의 새 수도로 서열이 상승했다. 콘스탄티노플은 더 이상 이전의 비잔티움처럼 교회적으로 에우로파 지방의 중요하지 않은 대도시 헤라클레아의 지배를 받을 필요가 없었다. 따라서 이미 381년에 열린 콘스탄티노플 공의회가 콘스탄티노플의 주교에게 다른 모든 주교에 앞서며 로마 주교 바로 다음의 명예 우위를 인정했고(292-4쪽 참조), 칼케돈 공의회가 이 우위를 구체적 재치권으로 부여했다고 보아야 앞뒤가 맞다. 차후로, 앞서 언급한 세 교구의 수석대주교들과 야만인 점령 지역의 모든 주교는 자신의 지방에서 합의에 따라 선출된 뒤(『법규』 28), 콘스탄티노플에서 서품되어야 했다.

로마는 처음부터 콘스탄티노플의 격상에 이의를 제기했다. 이미 다마수스는 로마와 알렉산드리아, 안티오키아가 베드로에 기원을 두고 있다고 지적하면서 정치적으로 동기가 부여된 새 수도의 서열 상승에 항변했다(292-4쪽 참조). 콘스탄티노플의 격상이 (경계에 관한 한 차례 중요하지 않은 논쟁을 제외하고) 로마의 권리를 전혀 침해하지 않았음에도 불구하고, 로마의 교회정치는 신학적으로 근거를 둔 베드로의 수위를 앞으로도 계속 관철시키려 했다. 로마는 이를 두려워하지 않았고, 오히려 전체 교회를 이끄는 일은 베드로에게 주어진 약속에 바탕을 두고 결정해야 한다고 생각했다. 이것은 합리적인 생각이었다. 여러 갈래로 가지를 뻗고 점점 더 큰 연합으로 확대되는 교계제도가, 베드로나 그리스도를 대리하여(vice Petri/Christi) 하나의 교회를 이끄는 유일한 수장을 정점으로 삼지 못할 이유가 대체 무엇이겠는가? 베드로에 바탕을 둔 알렉산드리아와 안티오키아 두 교회도 이 노선에 방해가 되지 않는다. 구체적으로 말하면, 두 교회는 베드로가 로마로 가는 노정의 체류지였다. 이와 달리 도시와 지역의 서열을 표준으로 삼는 정치적 조직은 일치를 도모하는 로마 주교의 장래를 생각해서라도 받아들일 수 없는 것이었다.

역사적 발전은 정치적 권력관계에 맞추어진 교회 조직이 인정되었음을 보여 준다. 동방의 총대주교직은 상호 간에든 로마의 지도 아래서든 결코 연합을 생각하지 않았다. 전체 교회에 대한 로마 주교의 교도권과 재치권은 결코 진지하게 받아들일 수 없는 것이었다. 모든 사람이 서방의 총대주교로 승인한 로마 주교는, 로마와 콘스탄티노플이 분리된 1054년 교회분열을 통해서야 서방교회의 교황이 되었다. 서방교회는 지리적 발견과 선교의 시대인 근대에 와서야 세계 교회의 위상을 확보하게 되었다.

6세기가 지나면서 흔히 사용된 총대주교직 명칭이[62] 거대 조직의 지리적 · 정치적 · 문화적 · 언어적 상황에 맞추어졌기 때문에, 총대주교좌의 설립이 사도로 거슬러 올라간다는 생각은 분명히 위험한 것이었다. 자신이 관할하는 도시가 베드로가 설립한 교회일 뿐 아니라 그리스도께서 부활하신 곳이라는 논증으로 유베날리스 주교(422~458)는 (그의 선임자 키릴루스와 요한이 시도했지만 뜻을 이루지 못한 뒤) 칼케돈 공의회에서 니케아 공의회 「법규」 7조의 결정을 넘어서(332쪽 참조) 예루살렘이 총대주교 명예 서열뿐 아니라 팔레스티나에 대한 재치권을 얻는 데 성공했다. 콘스탄티노플도, 그곳 총대주교 요한과 대 그레고리우스가 논쟁을 벌인 이래(354쪽 참조) 사도성이라는 기원을 가진다는 점을 새삼 강조했다. 곧, 콘스탄티노플은 에페소의 후계자로서 사도 요한으로 거슬러 올라가고, 사도 교회에서 공경받는 안드레아의 유물을 지니고 있다는 이유로 베드로와 함께 최초로 부름을 받은 사도와 연계되었다. 따라서 발전의 마무리 단계에서 정치적으로 다섯 총대주교좌가 생겨났다. 총대주교직은 사도적 설립으로 거슬러 올라가며 성령의 감화로 생겨나기를 바랐다. 몸에 다섯 가지 감각이 있듯이, 그리스도의 몸인 교회는 다섯 갈래로 나뉘어 세상의 실재를 가득 채워야 한다.[63]

아를과 테살로니카의 로마 대리 교구나 이른바 아퀼레이아/그라도와 후대의 베네치아 총대주교직 같은 거대 조직은 로마 교회정치를 구성하는 요소이자 특수한 사례였다. 이러한 특수한 사례와 구성 요소는 시간적으로나 공간적으로나 제한된 의미만 지녔다. 제국 국경 동쪽에 자리한 몇몇

---

[62] VOGEL 641f, Anm 138.   [63] SCHIEFFER 439f.

교회는 사정이 달랐다. 교회분열과 이슬람의 침략으로 알렉산드리아와 안티오키아, 예루살렘 총대주교직은 생명력이 약화되거나 과소평가된 반면, 페르시아와 아르메니아, 게오르기아(이베리아)에서는 거대 구조가 유지되었다. 이 구조는 분파가 다르고 상호 간에 주고받는 정보가 별로 없었기 때문에 로마와 콘스탄티노플과 거의 접촉하지 않은 채 활기찬 그리스도교 생활을 이어 갈 수 있었다.

5. 레오부터 그레고리우스까지의 로마 교회

참고문헌

W. ENSSLIN, Papst Agapet I. und Justinian I.: *HJ* 77 (1958) 459-66.

J. MEYENDORFF, Justinian, the Empire and the Church: *Dumbarton Oaks Papers* 22 (1968) 45-60.

J. STRAUB, Die Verurteilung der drei Kapitel durch Vigilius: *Kleronomia* 2 (1970) 347-76.

W. ULLMANN, *Gelasius I. (492-496). Das Papsttum an der Wende der Spätantike zum Mittelalter* = PuP 18 (Stuttgart 1981).

F. WINKELMANN, *Die östlichen Kirchen in der Epoche der christologischen Auseinandersetzungen (5.-7. Jh.)* (Berlin ³1988).

5.1 동로마의 통일 노력

레오와 그레고리우스 사이 130여 년 동안 18명의 교황이 활동했다. 교회 정치적 논쟁은 본디 동로마와 라벤나의 동로마 총독 테오데리쿠스에게 집중되었다. 왜냐하면 이미 레오의 둘째 후계자인 심플리키우스 교황 (468~483) 재임 시에 서로마제국의 황제 통치는 끝났기 때문이다(266-9쪽 참조). 심플리키우스는 곧바로 동로마 황제와 논쟁하게 되었다. 이유는 이렇다: 474년부터 통치한 제논 황제는 찬탈자 바실리스쿠스에게 황제 자리를 넘겨주어야 했다. 바실리스쿠스는 칼케돈 공의회 이후에 일어난 교의적 분규에 전면적으로 간섭했다. 그는 공의회의 결정에 대해 알렉산드리아의 반대자들과 뜻을 같이하는 입장을 취했다. 이들은 알렉산드리아 시에서 그들의 주도자와 티모테우스 아일루루스 주교 지도 아래 공포 통치를 행했다. 바실리스쿠스는 스스로 신앙 정식을 작성하고 이를 전 제국에 사용하도록 지시했다. 이는 새롭고, 역사에서 처음으로 일어난 일이었다. 리미니에서 콘스탄티우스의 일치 정식은 적어도 형식상으로는 공의회에 심사를 의뢰했다(136-8쪽 참조). 이른바 바실리스쿠스의 「엥키클리온」*Enkyklion*은 이렇게 시작한다.

> 믿음이 깊은 승리자이며 개선장군이자 영원한 아우구스투스이며 [여기서 바실리스쿠스는 잘못 생각했다. 그의 '영원한 통치'는 일 년만 지속되었다], 황제요 카이사르인 바실리스쿠스가 대도시 알렉산드리아의 지극히 존엄하고 하느님의 사랑을 받는 주교 티모테우스에게 …. 지금뿐 아니라 영원히 국민의 안전과 평온을 장려하는 것이 황제가 무엇보다 배려하는 것이기 때문에, 본인은 전 제국에 있는 지극히 존엄한 모든 주교가 본인의 이 문서에 동의하면서 서명할 것을 명한다(학자 에바그리우스 『교회사』 3,4).

칼케돈 공의회의 결정과 레오의 교의 서간은 단죄되었으며, 이에 반대하는 모든 이는 반역자로 선언되었다. 500명의 주교가 복종했다.

심플리키우스 교황은 이에 더 이상 항변하지 못했다. 그러나 바실리스쿠스의 통치는 결코 오래 지속되지 않았다. 바실리스쿠스는, 짧은 일화 뒤에 비잔틴 권좌에 다시 즉위할 수 있었던 제논 황제와 싸우게 되었다. 하지만 신앙 문제에서 제논은 불법으로 즉위한 선임자와 비슷하게 행동했다. 바실리스쿠스는 「엥키클리온」으로 아무것도 이루지 못했지만, 이제는 제논 황제가 이와 비슷한 문서로 신앙 문제를 제기했다. 이 문서는 「헤노티콘」*Henotikon*으로 불렸으며 같은 목적에 도움이 되었다. 제국과 이집트 사이의 평화를 도모해야 했다. 따라서 다시 정치에 예속된 신앙이 관심사었다. 제국은 몇몇 교회 없이 유지될 수 없으며, 교회는 공동의 신앙 없이 유지될 수 없었다. 「헤노티콘」은 콘스탄티노플의 총대주교 아카키우스와 알렉산드리아의 총대주교 페트루스 몽구스의 압박과 협력 아래 482년에 공포되었다. 전형적인 황제교황주의의 졸작이었다.[64] 니케아 공의회 이후 아리우스 분규에서 실험과 실패를 거듭했던 일이 재시도되었다. 곧, 국가와 교회의 일치를 보장하려면 불분명한 신앙 정식이 국가권력으로 수정되어야 한다는 것이었다. "지금과 언제라도 달리 생각하는 사람, 칼케돈이나 다른 어느 공의회에서 달리 생각한 사람을 우리는 단죄한다"라고 명백하게 쓰여 있다(에바그리우스 『교회사』 3,14).

여기서 '우리'는 황제를 가리키는 말이다. 그 자신이 교회의 신앙을 결정한다. 이는 4세기에 비하면 진보라고 말할 수도 있다. 하지만 다른 진보도 이루어진 것이 분명하다. 곧, 황제의 요구가 신학적으로 더 이상 진지하게 받아들여지지 않았다. 알렉산드리아에서 페트루스 몽구스 주교에게서 떨어져 나간 교회로 수장이 없던 극단적 단성론파의 경우에는 더욱더 황제의 요구를 받아들이지 않았다. 교황 펠릭스 3세(483~492) 재임 시에 서방도 황제의 무리한 요구를 단호하게 거부했다. 펠릭스는 「헤노티콘」에 이의를 제기하기 위해 콘스탄티노플로 사절 두 명을 보냈다. 그들이 가지고 간 편지는 빼앗겼다. 그들은 구금되었으며, 그들이 복종하고 알렉산드리아의 페트루스 몽구스가 보낸 사절들을 교회 공동체에 받아들였을 때야 석방되었다. 이 일을 놓고 교황은 제논 황제에게 편지를 보냈다. 이 편지는 로마 주교가 어떤 확신을 가지고 황제의 존엄에 감히 맞섰는지 보여 준다. 문체는 딱딱하고 복종을 암시하는 미사여구도 전혀 없다.

> 펠릭스가 제논 황제에게. … 폐하께서 제 편지에 근거하여, 제가 폐하께 절박하게 말한 진리들을 참을 수 없다고 직설적으로 저에

---

[64] RAHNER, *Kirche und Staat* 224.

게 알리셨기에, 이를 짧은 문장들로 요약하는 것이 지금은 제 과제일 수 있습니다. 폐하께서는 그 밖의 논쟁을 못마땅하게 여겨 거부하셨습니다. …

거룩한 베드로좌는 알렉산드리아의 페트루스에게 결코 교회 공동체를 허락하지 않았고, 앞으로도 허락하지 않을 것입니다. 왜냐하면 페트루스는 이전에 정당하게 교회에서 내쫓겼고, 게다가 최근에 다시 교회회의 결정으로 단죄되었기 때문입니다. … 이단자들에 관한 교회법을 거슬러 임명된 사람은 가톨릭교회의 주교일 수 없습니다. 그런 이유에서 저는, 베드로 사도와 알렉산드리아 사람 페트루스 둘 가운데 누구와 공동체 관계를 맺어야 할지 선택하는 것이 어떤 사람에게 문제가 되는지 폐하의 고유한 숙고에 맡깁니다. 폐하께서 제 견해를 치근대는 것으로 여기기 때문입니다. …

교황은 같은 이름을 지닌 사도 베드로와 알렉산드리아의 페트루스, 두 사람 가운데서 다름 아닌 사도가 로마의 펠릭스를 후원한다는 사실을 재치 있게 넌지시 암시한다. 4세기의 아리우스 논쟁에서 당연한 것으로 여겨진 로마-알렉산드리아 축선에 균열이 갔음이 명백하다. 레오 교황이 칼케돈 공의회의 결과를 실질적으로 공동 결정한 뒤, 로마는 더 이상 동방 신학에 교의적 장식물이 아니었다. 이제 펠릭스의 편지에 단호한 문장들이 뒤따른다.

제 견해는 이렇습니다. 폐하께서 제정하신 법률들에 복종하고 그것들에 거역하지 않는 것을 더 좋아하시는 폐하께서는 제일 먼저 하느님의 법에 복종해야 합니다. 폐하께서는, 인간적·정치적 일에 관한 최고의 통치가 폐하에게 조건부로만 부여되었고, 폐하는 하느님의 일을 행하는 이들의 손에서 그 일을 기꺼이 받아들이기를 거절하지 말아야 한다는 것을 잊지 마셔야 합니다. 제 견해는 이렇습니다. 폐하께서 통치 기간 동안 가톨릭교회의 고유한 법률에 따라 그 교회를 존속시키고 어떤 사람이 교회의 자유를 침해하지 않는다면, 이는 폐하께 확실히 유익할 것입니다. 왜냐하면 교회는 폐하께서 황제의 통치를 되찾게 하였기 때문입니다[어떤 의도가 있는 빈정대는 말. 정통 신앙파는 찬탈자 바실리스쿠스를 거슬러 제논에게 신의를 지킨 이들이었다는 뜻이다]. 이 한 가지는 확실합니다: 하느님의 법이 요구하듯이 폐하께서 하느님과 관련된 모든 문제에서 황제의 뜻을 그리스도의 주교들 아래에 두고, 그들을 넘어 펼치지 않고자 애쓴다면, 이는 폐하의 고유한 법 영역에 몹시 유익합니다. 폐하께서는 거룩한 신비를 배울 것이 아니라 신비의 관리인들에게서 배워야 합니다. 폐하께서는 교회의 확고한 요구에 따라야 하고, 전적으로 인간적인 법규범을 교회에 명해서는 안 됩니다. 폐하께서는 교회의 거룩한 제도에 관해 위압적으로 지시해서는 안 됩니다. 하느님께서는 폐하가 이 교회에 경건하게 복종하기 바라시기 때문입니다. 하늘에서 정한 법규범의 경계를 위반한다면, 이는 궁극적으로 입법자 자신을 경멸하는 것을 뜻합니다.

이는 그리스도의 재판석 앞에서 그리고 그 밖의 모든 책임에서 떳떳한 제 양심의 진술입니다. 우리 모두가 이미 이 현세의 생활에서 전적으로 하느님의 심판 아래에 있고 언젠가 끝날 인생행로 뒤에 하느님의 심판을 받아야 한다고 늘 새기는 것은 전적으로 폐하께 달려 있습니다.[65]

5.2 겔라시우스의 양권론兩權論

신랄한 내용을 담고 있는 교황의 서간 뒤에는 그의 비서인 겔라시우스가 저자로 숨어 있다. 겔라시우스는 펠릭스의 후계자로 교회를 통치했다. 그

---

[65] 『서간집』 9; 번역: RAHNER, *Kirche und Staat* 251-3.

는 로마의 수위권 사상과 양권, 곧 영권(靈權)과 속권(俗權)의 관계를 함축적으로 전개했다. 양권은 중세에 계속 영향을 미쳤다. 겔라시우스가 만든 정식들은 천 년간 존속했다.

펠릭스의 편지로 난제가 해결되지 않았음은 물론이다. 콘스탄티노플에서 일어난 사건들은 상황을 더욱 궁지에 몰아넣었다. 콘스탄티노플이 칼케돈에 적대적인 입장을 포기하지 않았기 때문에, 로마 교회회의는 수도의 주교 아카키우스를 교회 공동체에서 내쫓았다. 이는 동방과 서방 사이의 첫 번째 공식적인 단절로, 35년간 지속된(484~519) 이른바 아카키우스 열교였으며, 오늘날까지 지속되는, 후대의 완전한 분리의 서막이었다. 이 분규 한가운데서 겔라시우스는 로마의 주교가 되었고 492년에서 496년까지 통치했다. 이 시기는 동방의 패배를 제쳐 놓고라도 어려운 시기였다. 갈리아 지역에서 로마 교회의 새로운 동반자로 자청한 게르만족이 조직되기 시작했다. 클로비스는 심마쿠스가 교황직에 있는 동안(498~514) 세례를 받았다(280쪽 참조). 이탈리아 지역에서는 테오데리쿠스의 제국, 곧 왕국과 제국의 지방 사이의 중간 지대가 생겨났다. 떠오르는 게르만족 왕국들은 교회에 완전히 새로운 행동 방식을 강요했다. 겔라시우스는 교회와 황제가 통치하는 동방 사이의 상황을 궁극적으로 해명하고, 동시에 사제직과 제국에 관한 중세적 논쟁들이 해결되는 토대를 만드는 데 적임자였다. 유명해진 그의 해결책은, 그가 아나스타시우스 황제(491~518)에게 보낸 편지에서 설명한 양권론이다.

> 고귀한 황제시여, 최고의 지위에서 이 세상을 통치하는 데는 두 가지, 곧 '주교의 신성한 권한과 황제의 권력'auctoritas sacra pontificum et regalis potestas이 있습니다. 이 둘 중 사제는 하느님께서 심판하실 때 인간의 왕들에 대해 해명해야 하기 때문에 그 책임이 더 무겁습니다. 더없이 자비로운 아들이시여, 폐하는 지위에 있어 온 인류보다 탁월하다는 것을 알고 계십니다. 그런데도 폐하는 하느님

의 일들을 공식적으로 맡고 있는 담당자에게 경건하게 굴복하고 그들에게서 영혼을 치유하기 위한 방법을 기대합니다. 마찬가지로 폐하는 하늘의 성사들을 받을 때, (그것들이 적합하게 거행된다면) 신성한 질서에 따라 명령하는 사람이 아니라 겸허하게 받는 사람임을 알고 있습니다. 그러므로 이 일에서 폐하는 사제들의 판단에 의존해야 하며, 그들이 폐하의 뜻에 예속되어서는 안 됩니다. 곧, 국법 질서의 영역에서 황제의 통치가 하느님의 명에 따라 폐하에게 위임되었습니다. 그런 까닭에 세속사에서 유일하게 결정적인 폐하의 명령권에 거역하지 않기 위해, 종교적 책임자들도 폐하의 법률에 복종해야 한다는 것을 기꺼이 인정합니다. 그리하여 폐하께 묻습니다. 공경하올 제의를 봉행하기 위해 임명된 이들에게는 얼마나 기쁘게 복종해야 하는지요? … 사려 깊은 폐하께서는 이제 명백한 결론을 내리십니다. 곧, 그리스도의 명령으로 명명백백히 모든 이의 수장이 되었으며, 공경하올 교회가 늘 경건하다고 인정했고 오늘날도 겸허하게 교회의 수장으로 인정하는 사람의 유일무이한 직무를 결코 인간적 구실에 지나지 않는 것으로 얕보아서는 안 됩니다.[66]

자긍심에 충만하여 권력을 교황의 '신성한 권한'sacrata auctoritas과 '황제의 권력'potestas으로 정확하게 구분한 이 문장들은 교회 독립을 위한 오랜 투쟁의 막바지에 나왔다. 오시우스와 암브로시우스에서 시작되어 5세기의 로마 교황들이 꾸준히 계승해 온 투쟁이었다. 겔라시우스는 하느님에게서 직접 비롯하는 두 권력의 병존이 불가능할뿐더러 하느님을 철저히 거스르는 것이라 여겨 받아들이지 않았다. 대신, 천상의 것을 지상의 것 위에 놓고, 영혼에 대한 육체의 종속을 받아들여 지상의 것이 지녀야 할 지위를

---

[66] 『서간집』 8; 번역: RAHNER, *Kirche und Staat* 257-9.

확보했다. 사람들은 이를 독창적인 생각이라고 여겼다. 천상의 것은 가시적 교회와 교회의 수장인 로마 주교에서 구체화되며, 지상의 것은 제국과 그 우두머리인 황제에서 구체화된다. 교황과 황제는 하느님을 대신하여 두 권력을 대표한다. 따라서 교황은 세속적인 일에서 황제에게, 황제는 영적인 일에서 교황에게 종속되어야 한다. 이때 영적인 것이 지상의 것에 대해 최고 권한을 유지함으로써 결국 교황은 황제 위에 군림하게 된다. 중세의 논쟁들이 조짐을 보이기 시작했다.[67]

겔라시우스의 대담한 구상은 실제적인 로마 교회와 교회의 정신적 실재를 완전히 동일시하는 위험성을 내포한다. 아우구스티누스가 『신국론』에서 이런 동일시를 까닭 없이 피한 것이 아니었다. 아우구스티누스에게는 이 세속 시대에 교회와 완성된 하느님 통치 사이에 비교할 수 없는 차이가 있었다. 양권론의 난점은 하느님 나라의 요구가 세상 모든 나라에 구속력을 가져야 한다는 데 있지 않다. 중세의 논쟁에서 이에 대해서는 논란의 여지가 없었다. 논란이 된 것은, 하느님 나라와 하느님의 구속력 있는 요구를 로마 교회와 그 수장인 교황을 동일시하는 태도였다. 여기서 종교개혁자들의 비판이 시작되었다. 이들의 비판이 로마 교회를 바빌론과 하느님 나라의 적대자로 폭로하는 데 있다면, 그들은 요점을 비껴 간 것이다. 더 정확히 구분해야 한다: 교회와 하느님 나라 사이에는 하느님께서 약속하신 동일성도 있지만 본질적 차이도 있다. 교회는 전적으로 하느님의 말씀에 신의를 지키면서 산다. 이는 교회가 실제적·사회학적 형태에서 늘 이 말씀의 심판 아래 있다는 것을 배제하지 않는다. 교회는 흔들리지 않는 신의로 교회의 주인에게 매달리는 그리스도의 신부이면서, 다른 한편으로는 '늘 개혁되어야 할 교회'ecclesia semper reformanda다. 인노켄티우스와 레오와 겔라시우스가 더 명확하게 발전시킨, 교회와 국가의 관계에 관한 관념에서 두 나라에 관한 아우구스티누스의 학설은 점점 교권 절대주의화되고

---

[67] RAHNER, *Kirche und Staat* 227.

정치화되고 로마적·법적 표상으로 바뀌었다. 이 경우 두 나라는 의도적이든 의도하지 않았든 로마제국과 실제적인 로마 교회와 동일시된다. 국가뿐 아니라 교회도 그들의 가시적 모습에서 타락할 수 있고 그들의 사명에서 어긋날 수 있다는 것을 늘 충분히 의식하지 않은 채 말이다.

교황 아나스타시우스 2세가 짧은 기간 재임한 뒤 후계자를 선출할 때 심마쿠스의 대립 후보로 라우렌티우스가 내세워지자, 로마에서는 끊임없는 다툼이 일어났다. 이 다툼은 가라앉지 않고 무질서한 소요 사태로 발전했다. 교황은 소송에 얽혀들었다. 어려운 상황에서 사람들은 국가 통치자의 힘을 빌려 평온을 되찾고자, 라벤나에 있는 아리우스파이며 야만족인 테오데리쿠스에게 도움을 청해야 했다. 겔라시우스적 이론에 대한 굴욕적 보답이었다. 비엔의 주교 아비투스는 걱정하면서 이렇게 썼다.

> 로마인으로서 저는 여러분을 원로원 의원으로 부르며, 주교로서 저는 여러분을 그리스도인으로 부릅니다. 하느님의 축복이 여러분에게 머물러야 한다면, 그리고 여러분의 품위가 붕괴하는 세계에 로마 이름의 빛을 드러내 보이려 한다면, 여러분 앞에서 교회의 영예가 국가의 영예에 뒤지지 않는다는 것을 배려해야 합니다! 왜냐하면 [로마] 시의 교황이 고발당할 수 있다면, 당사자뿐 아니라 온 주교직이 동요하기 때문입니다![68]

콘스탄티노플은 로마에서 일어난 사건들에 대해 내심으로 쾌감을 느끼는 동시에 불신의 눈초리로 주시하고 있었을 것이다. 겔라시우스 이후 곧바로 교황 통치가 보여 준 약점에 쾌재를 부르며 테오데리쿠스의 강력한 간섭을 전적으로 불신했다. 테오데리쿠스와 함께 실제로 새로운 시대가 그 출현을 알리고, 권한auctoritas과 권력potestas에 관한 논쟁이 이제 더는 교황

---

[68] 아비투스 『서간집』 34 (31).

과 동로마 황제 사이가 아니라 로마와 떠오르는 게르만족 왕국 사이의 논쟁이 되었기 때문이다.

5.3 6세기의 교황

심마쿠스 이후, 그레고리우스 1세가 590년 취임할 때까지 12명의 주교가 교회를 이끌었다. 이들은 (이탈리아에서 살아남기 위해) 동로마의 이익과, 곧 붕괴될 테오데리쿠스의 제국, 엄습하는 롬바르드족의 위협 사이에서 어렵사리 균형을 유지하려 애썼다.

5.3.1 동로마와 동고트족의 관계

호르미스다스(514~523)는 519년에 아카키우스 열교를 종식시켰다. 아카키우스 열교는 펠릭스 교황이「헤노티콘」에 관한 논쟁에서 콘스탄티노플의 총대주교 아카키우스를 파문함으로써 로마와 콘스탄티노플의 관계가 최초로 공식 단절된 484년에 일어났다(336-40쪽 참조). 테오데리쿠스는 호르미스다스의 방향 전환을 불신하면서 눈여겨보았다. 그는 교황과 황제가 긴밀하게 화친하는 것을 두려워했고, 이러한 불신의 희생자가 524년 처형된 보에티우스였다(278쪽 참조).

요한 1세(523~526)는 보에티우스의 친구였으며, 테오데리쿠스가 콘스탄티노플로 보낸 외교사절단으로 아리우스파에 대한 특혜에 영향력을 행사하였다. 동로마 황제 유스티누스(518~527)가 존경한 그는, 테오데리쿠스의 노여움을 크게 샀으며 라벤나로 돌아온 후 며칠 만에 죽었다.

펠릭스 4세(526~530)는 테오데리쿠스가 죽은(526) 뒤 동고트족과의 다툼을 한동안 잠재울 수 있었다. 529년 오랑주에서 열린 지방 교회회의가 펠릭스의 '카피툴라'capitula를 받아들임으로써 아우구스티누스 은총론은 확실한 승리를 거두게 되었다(238쪽 참조).

보니파티우스 2세는 로마화한 고트족으로 오랑주 교회회의의 결정을 승인했다. 이로써 이 결정은 보편 교회에 효력을 지니게 되었다. 아마도 그가 교황직을 수행하는 동안 베드로부터 펠릭스 3세까지 다룬 『교황서』 Liber Pontificalis가 최초로 기록되었다. 이 기록은 교황들의 출생과 교회 건축 사업, 증여, 전례 개혁에 관한 많은 정보를 담고 있다. 역사적 문헌으로 『교황서』의 진정성은 물론 서로 다른 특성을 지닌다.[69]

요한 2세(533-535)는 취임할 때 새 이름을 정하는 교황의 전통 관례를 창시했다. 그는 그때까지 사용하던 하느님의 메르쿠리우스Mercurius라는 이름이 로마 주교의 직무에 어울리지 않는다고 여긴 듯하다.

아가페투스 1세(535-536)는 동고트족 왕에 의해 콘스탄티노플로 파견되었지만 성과를 거두지 못했다. 그는, 단성론적 생각을 품은 콘스탄티노플의 총대주교이며 황후 테오도라의 측근인 안티무스를 면직시키고 칼케돈 공의회 결정을 따르는 메나스를 서품했다. 아가페투스는, 선임자 요한 1세가 참고 견뎌야 했듯이, 콘스탄티노플에 체류함으로써 동고트족 보복 조치로부터 목숨을 구하였다.

5.3.2 비길리우스 교황 사건[70]

아가페투스의 후계자로 황후 테오도라(375쪽 참조)의 총애를 받은 사람은 비길리우스(537-555)였다. 그는 교황의 사절, 곧 콘스탄티노플 주재 교황의 상임 대표, 요즘으로 치면 교황대사Nuntius였다. 비길리우스는 영리하고 처세에 능했지만 공명심에 가득차고 아첨꾼의 불쾌한 속성을 지니고 있었다. 비길리우스가 콘스탄티노플을 떠나 로마에 도착했을 때, 고트족 왕 테오다하트의 교사로 이미 다른 후보자 실베리우스(536-537)가 선출되었다. 선거는 법규에 따라 합법적으로 이루어졌으며 서품식은 이미 거행되었다. 그러나 비길리우스가 활동을 개시함에 따라 실베리우스는 물러나야 했다. 벨리사리우스가 지휘하는 동로마군이 시칠리아에서 남부 이탈리아를 측

---

[69] 모든 입문적 문제에 관해서는 R. DAVIS, The Book of Pontiffs (Liverpool 1989) 참조.

[70] 교의사적 문제에 관해서는 BAUS/BECK u.a. 30-6; B. STUDER, Vigilio papa: DPAC 2 (1984) 3591 참조.

면공격하여 로마를 점령했을 때, 실베리우스 교황은 핀키오Pincio 궁전에서 벨리사리우스에게 소환되었다. 동시대인 리베라투스는 "그는 더 이상 보이지 않았다"라고 기록했다(「사건 개요」 22). 실베리우스는 리키아의 파타라로 추방되었다. 그곳에서 그는 다시 한 번 로마로 돌아온 것 같다. 벨리사리우스와 그사이에 불법적으로 교황에 즉위한 비길리우스가 실베리우스를 캄파니아 해안 앞에 있는 폰차 섬으로 유배시키기 위해 로마로 소환한 듯하다. 실베리우스는 폰차 섬으로 유배간 뒤 얼마 되지 않아 죽었다. 이로써 비길리우스는 목적을 달성했고 누구나 인정하는 로마의 주교가 되었다.

비길리우스는 테오도라 황후의 총애에 보답해야 했음에도, 오히려 황후의 원의를 맨 먼저 물리쳤다. 그는 자신의 선임자 아가페투스가 면직시킨 콘스탄티노플의 총대주교 안티무스를 복권시키기를 거부했다. 바로 다음에 일어난 사건도 그에게 아무 일 없이 지나갔다. 542/543년 유스티니아누스 황제가 긴 논문에서 오리게네스의 정통 신앙에 관한 문제를 다시 다루어 알렉산드리아의 위대한 신학자를 단죄하는 칙령을 반포했을 때, 비길리우스가 주저 없이 동의했기 때문이다. 수도의 주교 메나스와 다른 총대주교들처럼 비길리우스는 황제의 파문 결정서에 서명했다. 여기서 문제가 되는 신학자, 오리게네스는 300년 전에 죽었다. 그러나 황제는 제국의 존립이 단죄 여부에 달려 있는 것으로 여긴 듯했다. 그는 자기 뜻대로 하고 싶었다. 아무리 그래도, 위대한 신학자이고 다작의 저술가이며, (여기서 감히 평가하건대) 경건하고 교회에 충직했던 동방의 신학자를 온 교회가 이단자로 단죄한 것은 전대미문의 사건이었다.

오리게네스 사건에서 교황은 남의 뜻을 잘 따르는 태도 덕분에 큰 불편 없이 빠져나올 수 있었다. 신학에 천착하여 파문을 일삼는 것이 유스티니아누스의 입맛에 맞았던 것이 분명하다. 다음으로 그는, 안티오키아 학파의 지도자로 여겨지고 431년 에페소 공의회에서 다루어진 네스토리우스 논쟁에서 나름대로의 역할을 한 세 사람, 곧 몹수에스티아의 테오도루스와 키루스의 테오도레투스, 에데사의 이바스를 단죄했다. 이들도 오래전에 죽었다. 게다가 이들은 죽기 전에 자신의 오류를 철회했으며, 장엄하게 복권되었다. 그런데 이 세 사람만 문제가 아니었다. 이번에는 칼케돈 공의회가 문제가 되었다. 황제는 공의회의 결정에 직접 맞섬으로써 로마를 거슬러 자신의 평화정책을 위태롭게 하고 싶지 않았기 때문에, 네스토리우스와 같은 경향을 지닌 이 신학자들을 다시 한 번 단죄하면서, 제국의 동방에서 칼케돈 적대자들에게 호감을 사고자 했다. 동방의 주교들은 이 단죄 칙령에도 서명했다. 그사이에 벨리사리우스에 의해 반달족에게서 해방된 아프리카는 이에 반대했다. 하지만 그것은 큰 의미가 없었다. 유스티니아누스에게 중요한 것은 로마 주교의 동의였다. 비길리우스가 동의하지 않자, 황제가 그를 콘스탄티노플로 초대했다. 그러나 '초대하다'라는 말은 완곡하게 표현한 것이다. 『교황서』 61장은 이렇게 보고한다.

> 황후(테오도라)는 관리 안티무스를 로마로 파견하면서 이렇게 말했다. "성 베드로 대성전에서만 그에게 해를 입히지 마시오. 그대가 라테란 교황청에서든 궁전에서든 아무 교회에서든 비길리우스를 발견하면, 즉시 배에 태워 우리에게 데려오시오. 그렇지 않으면 영원히 나는 그대를 생매장시키겠소."

교황은 산타 체칠리아에서 체포되어 콘스탄티노플로 압송되었다. 547년 1월, 그는 그곳에 도착했다. 그는 유죄판결에 서명하기 전인 548년 11월까지 당근과 채찍, 융숭한 환대와 집요한 위협으로 설득당해야 했다.
　서양에 미친 파급 효과는 엄청났다. 사람들은 교황의 급변한 태도에서 황제교황주의의 승리와 단성론파에 대한 엄청난 비호, 칼케돈 공의회 권위의 실추를 보았다. 아프리카 교회회의는 교황이 참회할 때까지 그를 교회 공동체에서 쫓아냈다. 비길리우스는 자신의 판결문 iudicatum을 철회하고 호르미스다스 수도원의 베드로 교회로, 그 뒤 칼케돈의 에우페미아 교회로 피신했다. 이 와중에 551년 성탄절이 되었다. 칼케돈에서 대규모 공의회가 끝나고 대 레오가 자신의 교의적 승리를 축하한 것이 정확히 100년 전의 일이었다.

교황과 황제 사이가 결정적으로 단절되지 않도록, 공의회는 이른바 삼두서, 곧 테오도루스와 테오도레투스, 이바스의 교의적 주장을 단죄해야 했다. 공의회의 역할은 처음부터 정해져 있었으며 모든 결정은 유스티니아누스의 뜻대로 이루어질 것이 뻔했다. 서방에서 온 12명을 포함하여 166명의 주교가 553년 콘스탄티노플에서 열린 이 공의회에 참석했다. 비길리우스는 토의에 불참했다. 5차 회기와 6차 회기에서 삼두서는 기대한 대로 단죄되었다. 비길리우스는 한동안 서명하기를 거부하면서 합의를 시도하고 반론도 제기했지만 뜻을 이루지 못했다. 그는 결국 고발당한 세 인물이 아니라 삼두서에 관한 교의적 명제를 단죄하는 데 동의했다. 그는 명제를 단죄하는 것이 교의적으로 옳고 칼케돈 공의회 신앙과 일치한다고 확신한 것 같다. 이로써 553년의 공의회는 범세계적 위상을 획득했고 제5차 보편 공의회로 역사에 기록되었다. 비길리우스는 동로마로 유배간 지 7년 뒤에야 귀향길에 오를 수 있었다. 그러나 555년, 고향인 로마 땅을 밟아보지 못한 채 시라쿠사에서 생을 마감했다.

로마 교회의 명성은 유스티니아누스와의 논쟁으로 훼손되었다. 북아프리카는 로마와 교회 공동체 관계를 끊었으며, 밀라노와 아퀼레이아는 한패가 되었다. 펠라기우스 1세(556~561)는 콘스탄티노플의 부제로, 553년 열린 공의회 결정에 저항하기를 망설이는 비길리우스에게 힘을 북돋아 주려고 애쓰다가 자신도 구금되었다. 그는 비길리우스가 죽은 뒤 황제 편으로 노선을 전환함에 따라 유스티니아누스는 그를 새 교황으로 임명했다. 그는 자신의 정통 신앙을 확언하고 곤궁에 처한 이탈리아 국민들을 위해 지칠 줄 모르고 노력했음에도 불구하고 서방에서 열교를 끝낼 수 없었다. 로마는 황제가 정치적·신학적으로 지도하는 제국교회의 총대주교 관할 지역의 하나로 생각되었다.

5.3.3 롬바르드족의 침략과 궁핍의 시작

요한 3세(561~574)에 이르러서야 열교는 부분적으로 극복되고 밀라노와의 교회 평화를 되찾을 수 있었다. 그는 펠라기우스 1세 때부터 로마 주교가 요청한 비잔틴 황제에 의한 교황 승인을 오랫동안 기다려야 했다. 이 승인은 더 이상 특별한 의미를 지니지 못했다. 콘스탄티노플에 대한 교회 정치적 종속과 마찬가지로 그사이에 다른 근심거리가 로마 교회를 짓눌렀기 때문이다. 568년, 롬바르드족은 이탈리아에 침입하여 포 강 유역의 평야를 점령한 후 로마까지 진격했다. 유스티니아누스가 죽은 뒤 유스티누스 2세(565~578) 치하에서 동로마는 동쪽 국경에서 치열한 전투를 벌여야 했기에, 로마는 동로마로부터 군사적 원조를 기대할 수 없었다. 교황 베네딕투스 1세(575~579)에 관해 『교황서』 64장은 이렇게 보고한다.

> 롬바르드족 백성이 전 이탈리아를 휩쓴 당시 엄청난 기근이 있었다. 따라서 많은 도시가 궁핍과 굶주림을 모면하기 위해 롬바르드족에게 항복했다. 경건한 황제 [유스티누스]는, 로마 (사람들)이 굶어 죽을 위험에 처한 것을 알고 이집트에 사람을 보내 곡물을 실은 배를 로마로 보내게 했다. 이와 같이 하느님께서는 이탈리아 땅을 측은히 여기셨다. 이러한 노력과 걱정거리 한가운데서 거룩한 베네딕투스 교황께서 생을 마감하셨다.

펠라기우스 2세(579~590)가 교황으로 선출되었을 때, 로마는 롬바르드족에게 포위되어 있었다. 그는 콘스탄티노플로부터 자신의 승품에 대한 승인을 기다리지 않은 채 서품되었다. 보니파티우스 2세(344쪽 참조)처럼 그는 게르만족 출신이었다. 이는, 그가 위기에 처한 '사도들의 성소聖所들'을 수호하기 위해 프랑크족 주교인 오세르의 아우나카리우스에게 편지를 보내 절박하게 도움을 요청했다는 사실을 설득력 있게 설명해 준다(『서간집』 2). 프랑크족 왕들은 하느님에 의해 선택된 로마의 협력자였다. 그러나 이 바람이 실현되는 것은 1세기 반이 지나서였다. 그러나 교황 정책의 새로운 방향이 정립될 가능성은 분명하게 예고되었다. 그 밖에 펠라기우스는 선임자들처럼, 로마 백성의 궁핍을 덜어 주는 데 진력했다. 곤궁한 상황에서 숨 돌린 틈도 있었던 것 같다. 그렇지 않았다면 콘스탄티누스가 세운 성 로렌초 푸오리 레 무라 대성당의 폐허를 펠라기우스가 새 성당으로 대체했다는 사실을 이해하기 어려울 것이다. 펠라기우스는 테베레 강이 범람해 발생한 흑사병에 걸려 죽었다.

6. 대 그레고리우스

참고문헌

S. BRECHTER, *Die Quellen zur Angelsachsenmissio Gregors des Großen* = BGAM 22 (Münster 1941).

C. DAGENS, *S. Grégoire le Grand* (Paris 1977).

F.H. DUDDEN, *Gregory the Great. His Place in History and Thought*, 2 Bde. (London 1905 = New York 1967).

M. FIEDROWICZ, *Das Kirchenverständnis Gregors des Großen* = RQ Suppl. 50 (Freiburg 1995).

J. FONTAINE/R. GILLET/ST. PELLISTRANDI (Ed.), *Gregoire le Grand. Colloque à Chantilly* (Paris 1986).

G. JENAL, Gregor d. Gr. und die Stadt Rom: *Herrschaft und Kirche*. Hrsg. von F. PRINZ = MGMA 33 (Stuttgart 1988) 109-45.

R. MANSELLI, Gregor V. (Gregor d. Gr.): *RAC* 12 (Stuttgart 1983) 930-51.

J. RICHARDS, *Gregor d. Gr. Sein Leben – seine Zeit* (Graz 1983).

그레고리우스 교황은, 590~604년까지 고작 14년 동안 교회를 지도했음에도, 훗날 '대'라는 칭호를 받았다. 그의 영향력은 그가 실질적으로 활동한 이 14년에 한정되지 않는다. 이 시기에 일어난 외적 사건들이 중요한 것이 아니다. 겔라시우스는 교황 이념을 만들었고, 레오는 직무 신학을 발전시

컸다. 그레고리우스를 위대한 인물로 만든 것은 그 자신이었다. 그는 직무 덕에 권위와 품위를 부여받은 사람이 아니라 그 반대의 경우였다. 그는 레오와 겔라시우스가 이론적 가능성으로 교황 이념에 불어넣은 것을 실제로 실현했다.[71]

6.1 생애와 저서

물론 이러한 호평은, 그레고리우스의 영향을 정확히 당시 배경에서 고려할 경우에만 정당화될 수 있다. 가령 그레고리우스의 신학적 저술에 오늘날의 학문적 기준을 적용할 경우, 안목 있는 신학자라면 그저 너그럽게 웃을 수 밖에 없을 것이다. 이 말이 무엇을 뜻하는지, 한 가지 예를 들어 설명해 보자. 35권으로 이루어진 『욥기의 도덕적 해설』에서 그레고리우스는 욥기를 주해하면서 장광설을 늘어놓았다. 그는 이렇게 주해한다: 욥은 구세주의 전형이고 그의 아내는 육적 삶의 전형이며, 친구들은 이단자의 상징이다. 일곱 아들은 (도덕적으로 해석하면) 중요한 덕목이고, (우의적으로 해석하면) 열두 사도다. 왜냐하면 7은 3 + 4이며, 3 × 4는 12이기 때문이다. 이런 해석에 오늘날의 성경 주석가들은 머리털이 곤두설 것이다.

1권 서론인 1,1-2에 이렇게 쓰여 있다. "누가 욥기를 썼는가? 모세, 예언자 가운데 한 명, 욥 자신? 어느 경우든 성령이 이 책에 영감을 부여했기에 저자를 아는 것은 도움이 된다." 친저성까지 포함하는 문학적 주석의 총체적 문제는 아예 무시된다. 그러나 이는, 문학적으로 볼 때 이탈리아가 다시 야만의 나락으로 떨어지고 '암흑시대'를 향해 가던 시대에 국한된 세상을 나타내는 표지다. 욥기를 주석할 때 그레고리우스는 그 책에 관해 글을 쓴 선배들을 알지 못했다. 말하자면 힐라리우스와 암브로시우스, 아우구스티누스, 통찰력 있는 에클라눔의 율리아누스, 그리고 그리스 신학자들에 관해서는 전혀 언급이 없다. 그레고리우스는 그리스어를 모른 채 여

---

[71] CASPAR 2,306.

러 해 동안 콘스탄티노플에서 살았다. 4세기의 교부들이 — 양심의 가책을 느끼면서도 어쨌거나(210-1쪽 참조) — 흠뻑 젖어 있던 고대 문화도 대체로 사라졌다. 『욥기의 도덕적 해설』을 보면, 독창적 사상과 저자가 자신의 심증을 표현하기 위해 사용한 평범한 보조 자료가 심각한 대조를 이룬다.[72] 이 작품은 성경 주해서로가 아니라 영성 생활의 가르침과 명상을 소개하는 도덕과 수덕의 개론서로 독창적이다. 그레고리우스는 아우구스티누스와 클레르보의 베르나르두스 사이 중간 어디쯤에 있는 위대한 영성의 대가다. 그래서 중세는 그를 암브로시우스와 히에로니무스와 아우구스티누스와 함께 네 명의 위대한 라틴 교부의 한 사람으로 공경했다.

그레고리우스는 로마의 아니키우스 가문 출신이다. 그는 540년경에 태어났으므로 590년 교황좌에 올랐을 때는 50세쯤 되었을 것이다. 그레고리우스는 관료로서의 정상적인 경력을 밟아가기 시작했다. 그것은 젊고 재능 있는 귀족 가문의 아들에게 당연한 코스였다. 그는 시 총독 직무에 오래 있지 않았다. 아버지 고르디아누스가 죽은 뒤 그는 관직을 그만두고 클리부스 스카우리에 있는 부모의 호화 저택을 수도원으로 개조해 수도승으로 살았다. 이는 특별한 일이 아니었다. '관상생활' vita contemplativa과 '활동적 생활' vita activa 또는 세속적 삶 사이에, 곧 고대 후기에 정치적 활동과 철학적 여유 사이에 어떤 삶을 살 것인지에 관한 고민은 흔한 것이었다. 암브로시우스와 히에로니무스도 이런 갈등을 겪었으며, 아우구스티누스는 이런 갈등의 전형이었다. 그의 많은 선임자에게 그랬듯이 교회는 그레고리우스에게도 관상적 삶을 누리도록 내버려 두지 않았다. 교회는 어려운 상황에 처한 시기에 원기 왕성한 모든 사람을 필요로 했다. 이들은 발탁을 예비하지 않고 철저히 배수진을 쳤지만, (히에로니무스 또는 그레고리우스가 존경하고 수도승의 이상으로 여긴 베네딕투스가 그랬듯이) 교회정치에, 행정직이나 주교직에 조만간 다시 임용되었다.

---

[72] H.J. MARROU, *Von der Christenverfolgung Diokletians bis zum Tode Gregors des Großen* = Geschichte der Kirche 1 (Einsiedeln 1963) 434f.

579년, 그레고리우스는 펠라기우스 교황의 사절(349쪽 참조)로 콘스탄티노플에 파견되었다. 수도원의 몇몇 형제와 함께 그곳으로 간 그는 혼잡한 황실 생활에서도 나날의 생활을 영적으로 유지할 수 있었다. 그레고리우스는 콘스탄티노플에 머무는 동안 자신의 외교적 재능과 인간적 지도력을 입증할 충분한 기회를 얻었다. 외교적 재능과 인간적 지도력은 그런 의미에서 어떤 가시적 성과를 가져오지 않아 부연 설명이 필요하다. 그레고리우스 자신은 콘스탄티노플에서의 활동을 대단한 것으로 내세우지 않은 것 같다. 어쨌든 그는 이 시기를 후대의 더 큰 과제를 위한 준비로 보지 않았다. 585년에 펠라기우스가 그를 로마로 다시 불러들였을 때 자신의 수도원으로 되돌아갈 수 있어 기뻤으며, 기꺼이 수도원장직을 수락했다. 하지만 이 기간도 오래가지 않았다. 그레고리우스처럼 성직자와 원로원, 백성이 만장일치로 교황으로 선출한 적은 드물다.

이 일은 590년에 일어났다. 로마는 절망적인 상황에 처해 있었다. 테베레 강의 범람으로 곡물 창고는 파괴되고 페스트가 맹위를 떨쳤다. 롬바르드족은 도시를 위협했다. 교황은 즉시 이에 관여했다. 참회 행렬로 전염병을 막고, 곡식을 조달해 기근을 없앴다. 롬바르드족은 공물을 받고 나서 철수했다.

6.2 교회정치와 사목

그레고리우스의 교황 재임 기간에 관해서는 850통이 넘게 보존되어 있는 편지가 가장 잘 보여준다.[73] 편지를 읽으면 무엇보다 수많은 이름과 지명이 등장하기 때문에 당황스럽다. 사람들은 교황이 만난 다양한 사람과 관심사에 놀라게 된다. 더 자세히 살펴보면, 전체 서신 교환을 통틀어 어떤 특정한 집단이 두드러지게 나타난다.

---

[73] ALTANER/STUIBER 467.

6.2.1 동로마

콘스탄티노플로 보낸 수많은 편지 가운데 콘스탄티노플의 총대주교인 단식가 요한 4세(582~595)와 관련된 편지들이 먼저 언급되어야 한다. 요한 4세는 동방의 다른 총대주교에 대한 우위를 강조하기 위해 '전 세계의 총대주교'*patriarchēs oikumenikos*라는 칭호를 사용했다. 요한은 콘스탄티노플이 로마 바로 다음이고 다른 총대주교좌보다 우위에 있다는 콘스탄티노플 공의회와 칼케돈 공의회의 법규들을 자신이 내세우는 주장에 증거로 끌어대었다(292쪽과 324-6쪽 참조). 칭호 자체는 새로운 것이 아니었다. 이 칭호는 다른 교황들과 동방의 주교들에게도 명예로 부여되었다.[74] 그러나 요한이 그 칭호를 스스로 사용하고 또 교회회의가 부여한 것이라고 한 점에 그레고리우스는 격분했다.

그레고리우스는 이에 전형적으로 반응했다. 그는 논쟁에 별 관심이 없었다. 그런데도 그는 칭호를 통해 과시하고 교만한 태도를 보이는 것에 공개적으로 모욕을 주고, 다른 사람을 희생시켜 자기 자신을 위대하게 보이려는 자만을 혹평했다. 그는 그때부터 자신을 '하느님의 종들의 종'*servus servorum Dei*이라고 불렀다. 이는 자신이 교황 본연의 태도에 부합하지 않을 경우 상당히 부담스러울 수 있는 칭호였다. 그럼에도 불구하고 본디 아우구스티누스에게 거슬러 올라가는 이 표현에는 건성으로 들어 넘길 수 없는 경고가 내포되어 있다.[75] 그레고리우스가 이 칭호를 정직하게 사용했다는 것은 알렉산드리아의 총대주교 에울로기우스에게 보낸 편지가 입증한다. 에울로기우스는 '전 세계의'라는 칭호를 그레고리우스에게 붙이기 위해 요한이 쓰는 것을 거부했다. 그러나 그레고리우스는 '전 세계의'라는 칭

---

[74] H. GELZER, Der Streit über den Titel des ökumenischen Patriarchen: Jb. für Protest. *Theol.* 13 (1887) 549-84; MAXIMUS VON SARDES, *Das ökumenische Patriarchat in der orthodoxen Kirche* (Freiburg 1980) 330; CASPAR 2,16.747f.

[75] W. LEVISON, Zur Vorgeschichte der Bezeichnung Servus Servorum Dei: *ZSRG.K* 6 (1916) 384-6.

호를 사양하면서 모든 주교의 화합을 강조했다. 물론 그는 그런 화합을 도모할 수 있을 만큼 충분히 위대한 사람이었다.

> 저는 앞으로 더는 이를 행하지 않기를 주교님의 사랑과 성성聖性에 청합니다. 주교님은 올바른 정도를 넘어서 다른 이에게 사용되는 것을 거부하기 때문입니다. 저는 칭호가 아니라 덕으로 뛰어나고 싶습니다. 제가 알고 있는 한 저는 제 동료들이 칭호를 통해 명예를 잃는 것을 명예로 여기지 않습니다. 제 명예는 전체 교회의 명예입니다. 제 명예는 제 동료의 약해지지 않는 힘에 있습니다. 어떤 이가 저에게 걸맞은 명예를 거부하지 않는다면, 저는 참으로 존경받는 것입니다. '보편적 주교'가 저를 주교님의 성성이라고 부른다면, 주교님은 주교님이 제게 부여하는 것을 스스로 부인하는 것입니다. … 허영심을 키우고 사랑을 해치는 말은 하지 마십시오.[76]

칭호 논쟁은 파문과 열교로 위협하거나 사도좌의 명망에 흠집을 내지 않고 해결될 수 있었다. 그레고리우스의 사려와 배려는 다른 일에서도 입증된다. 592년, 마우리키우스 황제(582~602)는 관리들이 영적 직무를 맡는 것을 금하고 군인들이 수도원에 들어가기 위해 복무를 그만두는 것을 엄금하는 법률을 공포했다. 관리가 영적 직무로 도피하는 것은 때로는 조세 도피였다. 그레고리우스는 국가관리가 교회 직무를 맡는 것을 금지하는 조항에 동의했다. 그의 논증은 이렇다: 국가 직무에서 교회 직무로 성급히 이행하는 사람은 세상을 철저히 포기하지 않고 흔히들 공명심의 무대만 바꿀 뿐이다. 그레고리우스는 그런 본보기들을 알고 있었다(『서간집』 3,61). 이와 달리 군인이 수도승이 되는 것을 금하는 조항에 대해서는 항의했다. 지상의 나라는 하늘 나라에 이르는 길의 목적지가 아니라 목적을 위한 수

---

[76] 『서간집』 8,29; 번역: BKV, *Gregor d. Gr.* 2,420f.

단이다. 따라서 하늘 나라에 이르는 길을 자기에게 가장 맞는 길이라고 생각하는 사람에게는 아무도 그 길을 막아 설 수 없다. 그레고리우스는 이런 항변을 흥미로운 방식으로 황제에게 전했다. 이 또한 그의 전형적인 특색이었다. 그는 편지를 콘스탄티노플에 있는 자신의 사절을 통하지 않고, 황제의 주치의 테오도루스에게 보내 적절한 때 황제에게 전달하도록 했다.[77] 이는 현명한 책략이었을 뿐 아니라, 인간에 대한 폭넓은 이해를 바탕으로, 폭력과 냉혹이 아니라 사려와 배려를 통해 자신의 목적을 이루는 그레고리우스 나름의 방식이었다.

6.2.2 이탈리아와 베드로 세습령(Patrimonium Petri)

그레고리우스의 편지 가운데 더러는, 자신의 직접적 재치권 아래 있는 이탈리아 지역의 사목 문제와 특히 관련이 있다. 역사 서술이 위대한 인물이나 중요한 사건들만 다루느라 교회의 일상은 감추어져 있기 마련인데, 이 편지들은 그런 것들을 분명히 밝혀 준다는 점에서 매우 유익하다. 주로 견책하고 해명하는 내용이었다. 사르디니아의 수석대주교인 칼리아리의 야누아리우스에게 보낸 편지는 교훈과 경고가 어떤 수준으로 전개되어야 하는지를 명확하게 보여 준다. 그레고리우스는 야누아리우스를 파문하겠다고 위협했다. 야누아리우스가 농부의 경작지를 가로채려고 주일 미사 전에 농부의 밭을 갈아 엎은 다음, 땅에서 경계석을 뽑아 버렸기 때문이다. 이 사건에서 토지 분배에 이해관계가 있는 대주교는 이미 백발이 성성한 노인이라는 사실을 그레고리우스는 알고 있었다(『서간집』 9,1).

야누아리우스가 특별한 경우는 아니었다. 터무니없는 사람이 교직을 맡는 일이 일어나지 않도록 그레고리우스는 주교 임명에 실질적인 영향을 미치고, 지역 성직자와 공동체가 부적당한 후보자를 선출하여 그의 마음에 들지 않는다 생각되면 자신의 후보자를 관철시키려 했다. 그레고리우

---

[77] 『서간집』 3,61.64; 참조: CASPAR 2,465-7.

스의 교황 재임 당시, 공석이던 시칠리아의 열네 주교좌 가운데 여섯 주교좌는 확실히 임용되었고 여덟 주교좌는 이른바 후견인이라는 이유로 임용되었으리라 추정된다. 591년에 그레고리우스의 친구이자 로마에 있는 수도원의 아빠스인 막시밀리아누스는 시라쿠사의 주교가 되었다. 595년에는 카타니아의 부제 요한을 막시밀리아누스의 후계자로 선출하는 데 자신의 의견을 관철시켰다. 주교 승품은, 그레고리우스가 『사목 규칙』에서 이상적 사목자로 묘사한 표상에 상응하는 지원자를 찾는 것뿐 아니라 원칙적 어려움도 문제였다. 모든 주교가 같은 서열일 때 교황의 수위권은, 적어도 그가 충성을 확신하고 자신이 신뢰하는 후보자로 임명할 수 있을 때만 작동했다. 지명된 주교를 백성이 받아들이지 않으면 후견인 승품도 당연히 위험했다. 가령 나폴리와 카푸아 또는 리미니에서처럼, 후견인들이 모두 그의 재임 첫 5년 안에 실패로 돌아갔다는 사실은 그레고리우스의 경험이 부족했던 탓이라 여겨진다. 나머지 기간 동안 그레고리우스는 교황직을 처음 맡았을 때보다 훨씬 더 신중하게 선거 과정에 관여한 것 같다.[78] 전반적으로, 그의 교회 이해는 레오와 겔라시우스를 따르기보다 키프리아누스와 아우구스티누스를 더 따랐을 것이다.

또 다른 편지들을 보면, 로마 교회가 그사이에 엄청난 소유지를 획득했고 그레고리우스를 서양 최대의 토지 소유주로 꼽았음을 알 수 있다. 무엇보다 이탈리아와 시칠리아에서뿐 아니라 갈리아, 에스파냐, 아프리카, 일리리쿰, 오리엔트에서도 (서서히 교회 국가를 형성할 수 있을 만큼 많은) 재산이 교회에 헌납되었다. 콘스탄티누스 증여에 관한 로마-프랑크 왕국의 위조 문서, 이른바 '콘스탄티누스 협약'Constitutum Constantini은 8세기 또는 9세기에 합법적 토대를 마련했다.[79]

그레고리우스는 세심한 관리와 경영을 통해 이 재산에서 큰 수익을 창출한 발군의 조직자임이 입증되었다. 이 재산으로 그는 당시의 엄청난 곤

---

[78] RICHARDS 148-66.

[79] H.M. KLINKENBERG, Konstantinische Schenkung: *LThK* 6 (²1961) 483f.

궁을 완화시킬 수 있었다. 오래전부터 이탈리아, 특히 로마에서 펼쳐 온 교황의 구제 사업 의무는 가중되었다. 수많은 사례 가운데 하나일 뿐이지만, 그레고리우스 『서간집』에 수록된 아래의 편지를 읽어 보면 교황이 내린 상세한 지시에 놀라지 않을 수 없다. 그는 시칠리아 세습령의 관리인인 차부제 페트루스에게 이렇게 쓴다.

> 말을 관리하는 종들에게 60솔리두스[로마의 금화]를 지급하고, 종마 사육장에서 60데나리우스를 받아내지 못한다는 것은 몹시 비경제적이오. 따라서 그대의 많은 경험을 토대로 이렇게 하시오: 암말의 일부는 소작인들에게 분배하고 나머지는 팔아 돈을 마련하시오. 토지가 경작에 사용되어 도움이 될 수 있도록 토지는 말을 관리하는 노예들에게 분배하시오. 옛것이 오래되어 못쓰기 전에, 이를테면 시라쿠사와 팔레르모 교회 재산 가운데 낡은 안장과 마구류 같은 것들은 팔아 치우시오.[80]

6.2.3 유대인에 대한 태도

유대인과 그레고리우스의 관계는 특히 주목할 만하다. 이 관계는 그의 많은 동료 주교와 대비되면서, 중세 교회의 유대인 정책에까지 긍정적 영향을 미쳤다. 그레고리우스가 취한 조치의 토대는 유대인에 대한 올바른 신학적 판단이다. 그는 예수의 십자가 죽음에 유대인만 책임이 있다는 멍에를 벗겨 주었다. 유대인들에 대한 비난은, 시대의 종말에 그들의 귀향도 이루어 냄(『욥기의 도덕적 해설』 35,14,26), 하느님의 이해하기 어려운 뜻으로 거슬러 올라간다(『열왕기 상권 해설』 1,102).[81]

정책을 실천할 때 그레고리우스는 국법을 엄격히 따랐다. 이때 주목할 것은, 그가 이탈리아 정복 이후 효력이 발생된 『유스티니아누스 법전』의

---

[80] 『서간집』 2,50; 번역: BKV, *Gregor d. Gr.* 2,102.

[81] SCHRECKENBERG (245쪽) 34; BLUMENKRANZ: *Handbuch* (245쪽) 1,109; FIEDROWICZ 164-7.

강화된 법률보다는 유대인에 우호적인 『테오도시우스 법전』을 더 자주 참조했다는 사실이다.[82] 그레고리우스는 유대인에 대한 권리 침해를 허용하지 않았던 만큼, 제의 집행과 회당 소유물에 관한 유대인의 권리도 확실히 인정해 주었다(『서간집』 8,13; 25). 칼리니쿰에서 회당 파괴에 동의한 암브로시우스(146-7쪽 참조)와 달리, 그레고리우스는 유대인이 그들의 회당을 유지하는 데나 이미 일어난 손실을 배상해 주기 위해 전력을 다했다(『서간집』 8, 25; 3,37). 새로운 회당을 짓는 것은 유대인에게 당연히 금지되었지만(『서간집』 9,196; 259쪽 참조), 유대인은 현존하는 회당에 대해서는 걱정할 필요가 없었다. 그레고리우스는 유대인의 건물을 보호했듯이 그들의 제의를 존중하는 데도 전력을 다했다. 그리스도인이 유대인의 권리를 많이 침해한 근거로 종교적 열정과 그리스도인의 활기찬 선교 활동을 들 수 있다. 개종한 어떤 유대인은 세례를 받은 다음 날 몇몇 과격한 그리스도인과 함께 칼리아리의 회당을 차지하고 회당 안에 마리아 상과 십자가, 자신의 흰 세례복을 걸어 놓은 사례도 있다. 그레고리우스는 그런 행태를 그만둘 것을 요구했다(『서간집』 9,196).

그레고리우스가 유대인 선교에 큰 관심을 보인 것은 당연하다. 그는 유대인에게 물질적 이득을 약속하거나, 조세 감면이나 다른 지원금을 통해 개종을 수월하게 하거나(『서간집』 2,50), 세례지원자의 세례 날짜와 교육 기간에 관해 그들의 청을 수용하는 것에는 반대하지 않았으나, 협박과 폭력의 사용만은 결코 허용하지 않았다.[83] 그레고리우스는 베네벤토의 영주 란둘푸스에게 보낸 편지에서 그리스도가 취하신 행동을 들어가며 자신의 견해를 뒷받침한다.

---

[82] SCHRECKENBERG (245쪽) 425; 이와 다른 견해에 관해서는 S.W. BARON, *A social and religious history of the Jews* 3 (New York ²1957) 30; 243, Anm. 37 참조.

[83] 그레고리우스가 생애 말기에 '폭력 사용의 명백한 효과'를 칭찬했다는 H. KÜHNER [*Der Antisemitismus der Kirche* (Zürich 1976) 57]의 상반된 주장은 사실과 다르다. 참조: R.A. MARCUS, Gregory the Great and papal missionary strategy: *The mission of the Church and the propagation of the faith*. By G.J. CUMING = SCH (L) 6 (Cambridge 1970) 29-38.

우리 주 예수 그리스도께서 아무에게도 폭력을 사용하게 하시지 않았고, 오히려 단순한 권고를 통해 각자에게 자유로운 결정을 맡긴 사실을, 사람들은 (성경에서) 읽습니다. 따라서 그분은, 영원한 생명으로 나아갈 것을 결정한 모든 이를 자신들의 오류에 대한 처벌이 아니라 당신의 피를 쏟음으로써 데려오셨습니다.[84]

6.2.4 롬바르드족의 회계 책임자

그레고리우스가 겪은 최악의 위기는 롬바르드족의 침입이었다. 롬바르드족은 동로마의 통치가 약화된 이래 처음에는 북이탈리아를, 그 뒤에는 전 반도를 위협했다(279쪽 참조). 그레고리우스는 지방과 로마에서 자주 일어나던 극악한 범죄인 살인과 약탈을 저지할 수 있었다. 그러나 이 일에는 인질의 몸값으로 많은 돈이 들었다. 교황은 콘스탄티나 황후에게 이렇게 하소연했다.

> 우리가 이 도시에서 롬바르드족의 칼날 아래 산 지도 어언 27년이 되었습니다. 우리가 그들의 지배 아래서 그나마 생명이라도 유지할 수 있으려면 로마 교회가 매일 얼마나 많은 것을 행하는지는 일일이 열거할 수조차 없습니다. 그저 짧게 말씀드리겠습니다. 지극히 자비로운 황제들께서 라벤나에 있는 이탈리아의 군대에서 유사시에 통상적 지출을 도맡는 회계 책임자를 두듯이, 저는 여기 로마에서 롬바르드족의 회계 책임자입니다(『서간집』 5,39).

롬바르드족과 라벤나의 총독이 대리하는 동로마 황제 사이에서 그레고리우스의 위치는 단순하지 않았다. 총독에게는 몇 안 되는 자신의 부대를 되도록 효과적으로 투입하여, 다른 지역은 몰라도 라벤나와 로마를 잇는 국

---

[84] IVO VON CHARTRES, *Decretum* 1,179; 참조: SCHRECKENBERG (245쪽) 427.

도 만큼은 롬바르드족의 점령에서 탈환하는 것이 중요했다. 이와 달리 그레고리우스에게는 자신에게 속한 사람과 재산을 보호하는 것이 중요했다. 이 때문에 롬바르드족이 약탈과 방화를 일삼으며 이탈리아를 초토화했을 때 기꺼이 그들과 협상했다. '제국의 적'과 맺은 이 협정은 명백히 국가 반역에 준하는 사안이었다.

설상가상, 더 큰 어려움이 닥쳤다. 동로마에게 롬바르드족은 단순히 제국의 적일 뿐이었지만, 그레고리우스에게는 그렇지 않았다. 롬바르드족 왕국에도 베드로의 양 떼에 속한 사람들이 살고 있었고, 그레고리우스는 그들을 책임지는 주교였다. 롬바르드족의 왕 아길룰푸스가 가톨릭 신자인 바이에른의 공주 테오델린다와 혼인한 후, 롬바르드족과 실질적인 평화를 도모할 가능성이 없지 않았다. 동로마 황제는 평화 무드가 조성되는 데 대해 예민하고 언짢게 반응했지만, 그레고리우스는 크게 신경 쓰지 않았다. 콘스탄티노플에게 이탈리아는 전초 기지로서 가치가 있었지만, 페르시아나 아비르족과 접한 다른 국경을 방어하는 것이 더 긴요할 경우, 이탈리아를 포기할 수 없을 만큼은 아니었다. 그레고리우스에게 이탈리아는 고향이었다. 이 점에서도 동서 제국의 통일이 사실적으로뿐만 아니라 주민들의 의식 속에서도 사라지기 시작하는 새로운 시대의 조짐이 보였다.

롬바르드족과의 첫 휴전협정과 평화협정이 어떤 경로로 이루어졌는지 여기서 상론할 필요는 없다.[85] 민족이동의 시대라는 어려운 상황에서 교황을 비롯하여 로마 교회는 전적으로 제국의 보호하에 있었다. 수위권 사상도 제국 혹은 황제권과 대결하는 과정에서 발전할 수 밖에 없었다. 분열된 서방세계는 게르만족 왕국의 견고한 통치하에서 바야흐로 새로운 윤곽을 드러냈고, 로마 교회의 요구가 영향을 미치는 새로운 통치 지역이 형성되었다. 그레고리우스는 이 활동 범위를 열린 시각으로 바라보면서 활기찬

---

[85] A. ANGENENDT, *Das Frühmittelalter. Die abendländische Christenheit von 400 bis 900* (Stuttgart ²1995) 167f; J. JARNUT, *Geschichte der Langobarden* = UTB 339 (Stuttgart 1982) 39-46.

걸음으로 나아갔다. 그레고리우스의 선교 열정은 그의 활동에서 실질적이고 혁신적인 관점이었다.

6.3 선교 노력

그레고리우스는 죽기 몇 달 전에 롬바르드족 왕위 계승자가 어머니 테오델린다의 영향으로 가톨릭 세례를 받았다는 기쁜 소식을 들었다. 이로써 롬바르드족이 가톨릭교회 공동체의 완전한 일원이 된 것은 아니지만 그 출발은 알린 셈이었다. 그레고리우스는 서고트족 지배하의 에스파냐와 프랑크족 지배하의 갈리아에 대한 선교를 힘껏 후원했다. 그렇지만 그는 이 지역에서 아주 많은 것을 이룰 수는 없었다. 이 민족들이 가톨릭 신앙으로 방향을 바꾼 것은 이미 그의 전前 시대에 이루어졌으며, 그동안 에스파냐와 갈리아는 온전한 교계제도를 계속 유지하고 있었다. 그레고리우스는 거기에 조심스럽게 관여할 수 있을 뿐이었다. 거룩한 베드로에 대한 게르만족들의 뿌리 깊은 사랑 위에 로마에 대한 최소한의 정서적 충성을 공고히 하기 위해, 뛰어난 (또는 군주들이 뛰어나다고 여긴) 주교들에게 팔리움을 수여하는 것 정도가 그가 할 수 있는 일이었다.[86] 그레고리우스는 왕과 주교들에게 유물을 동봉한 편지를 보내 성직매매나 평신도에게 교직을 맡기는 일이 없도록 신경써 줄 것을 거듭 당부했지만, 허사였다. 국왕의 영주들이 주교직과 교회 재산을 지배하는 방식과 관련하여 어쩔 수 없이 손해를 봐야 했는데, 그레고리우스의 당부가 그 점을 건드렸기 때문이다.

그레고리우스가 교황 외교의 모든 수단을 활용하여 추진한 갈리아 개혁 교회회의에 관한 계획들은 수포로 돌아갔다. 그가 죽은 뒤 로마와 프랑크족 제국과의 연합은 1세기 동안 중단되다시피 했다. 국가교회 제도와 성직매매의 극복은 중세의 교황 제도가 짊어져야 할 과제로 남았다. 본디 그레고리우스가 뜻한 바대로 갈리아에 영향을 미친 사람은, 수도승 교황인 그

---

[86] 여기에서 팔리움은 황제나 교황이 고위직의 표지로 수여하는 휘장을 뜻하지 않는다. 참조: TH. KLAUSER, Pallium: *LThK* 8 (²1963) 7-9.

레고리우스와 더불어 이 시대의 둘째로 위대한 수도승인 콜룸바누스였다. 그레고리우스는 콜룸바누스가 보낸 편지 내용에 동의하지 않았다. 아마 콜룸바누스의 개혁 의지가 아무리 옳아도 갈리아인들에게 강요될 수 없고, 이교인 앵글로색슨족 선교를 위태롭게 할 것이라 여긴 듯하다.[87]

설화는 영국 선교를 미화시키고 놀라운 사건들과 결부시켰다. 그레고리우스는 로마의 광장에서 노예로 팔려 온 금발의 앵글로족Angli 소년들을 보고 그들을 '고향의 천사들'angeli이라고 불렀다고 한다.[88] 596년, 그레고리우스는 로마 성 안드레아 수도원의 수도원장 대리인 아우구스티누스의 인솔하에 수도승 40명을 브리타니아로 파견했다. 그들은 갈리아를 거쳐 여행했으며, 갈리아에서 아우구스티누스는 그레고리우스의 인가를 받아 주교로 서품되었다(『서간집』 8,29). 그다음 해에 선교단은 켄트 왕국에 도착했고, 에텔베르투스 왕은 그들이 설교하는 것을 허락했다. 597년 성탄절에 앵글로족 만 명이 세례를 받았다(『서간집』 8,29). 601년에 그레고리우스는 더 많은 선교단을 추천서와 함께 섬으로 보냈다. 아우구스티누스는 영국 교회를 조직하라는 명과 팔리움을 받았다. 영국 교회는 런던과 요크 두 지방으로 이루어졌다(『서간집』 11,39).

앵글로족 선교는 그레고리우스의 중대한 관심사였을 뿐 아니라 중요한 교회정치사적 의미도 있었다. 스코틀랜드와 아일랜드의 수도승들은 자기들만의 교회에 속해 있었다. 그들에게는 프랑크족 교회보다 로마가 더 낯설었다. 게르만 왕국의 북쪽 측면에 로마 지향적인 교회 관할 지방들이 생겨났다. 이 전진기지에서 로마의 영향과 권위가 중세 · 게르만족을 넘어 확산되고, 보니파티우스는 로마와 이어지는 가교 역할을 했다. 중세 초기 교회사는 늦어도 이와 관련되어 시작되고, 또 다음 시대의 문제들이 다루어져야 하므로 여기서는 이 정도로만 짚고 넘어가자.

---

[87] CASPAR 2,502/4.

[88] 존자 베다 『앵글로족의 교회사』 2,1: 참조: RICHARDS 245; R.A. MARCUS, Gregor I.: TRE 14 (1985) 139f.

동로마와 롬바르드족, 프랑크족, 그리고 앵글로색슨족에 대한 그레고리우스의 교회정치적 활동은 다음 몇 세기 서양 교회사의 토대를 구축하는 데 결정적으로 기여했다. 그러나 그레고리우스가 교황좌에 높이 올라 앉아 몰락하는 로마제국과 떠오르는 게르만족이라는 두 세계를 목전에 두고 보면서, 공포와 회의懷疑에 물들지 않고 태연히 새 시대의 문을 열었다고 여긴다면 그건 틀린 생각이다. 그 자신은 뼛속까지 로마인이었다. 그는 로마의 몰락을 이루 말할 수 없는 공포 속에서 체험했다.

그의 저서들에 시대의 곤경을 세상의 종말과 동일시하는 분명한 구절들이 있다. 언젠가 그는 루카 복음 21장 10절에 관해 이렇게 설교했다.

> 우리는 이 모든 징후에서 더러는 이미 실현된 것을 보고, 또 다른 징후에서는 앞으로 일어날 일을 두려워합니다. 한 민족과 다른 민족이 맞서 일어난다는 것을 우리는 성경에서 읽는 것보다 우리 시대에 훨씬 더 많이 체험합니다. 여러분은 지진으로 수많은 도시가 파괴되었다는 소식을 우리가 얼마나 자주 듣는지 알고 있습니다. 우리는 흑사병과 전염병에 끊임없이 시달립니다. 물론 해와 달, 별의 표징들이 우리에게 아직은 뚜렷하지 않습니다. 그러나 이것들도 더는 오래 기다리게 하지 않으리라는 것을 우리는 이미 변화무쌍한 날씨를 보고 미루어 압니다(『복음서 강해』 35).

세상의 종말은 오지 않았다. 종말이 가까이 왔음을 느꼈다 할지라도, 그 때문에 그레고리우스가 무력해지지는 않았다. 그는 후계자들이 추수할 씨앗을 꾸준히 뿌렸다. 그는 사람들이 미래를 준비하도록 본능적으로 도왔음에도 불구하고, 스스로는 미래를 내다보지 않았다. 지치지 않는 그의 활동의 원동력은 미래의 설계가 아니라 영원한 심판관이 오시는 날이었다. 그는 진정한 수도승적 열정으로 자기 자신과 자신의 양 떼가 이날을 준비하도록 애썼다.

7. 초기 비잔틴제국의 교회[89]

참고문헌

CH. BAUR, *Der heilige Johannes Chrysostomus und seine Zeit*, 2 Bde. (München 1929/30).

H.-G. BECK, *Kaiserin Theodora und Prokop. Der Historiker und sein Opfer* (München - Zürich 1986).

R. BRÄNDLE, Johannes Chrysostomus I: *RAC* (erscheint demnächst).

A. BRIDGE, *Theodora, Aufstieg und Herrschaft einer byzantinischen Kaiserin* (München 1980).

R. BROWNING, *Justinian und Theodora. Herrscher in Byzanz* (Bergisch Gladbach 1988).

M. CLAUSS, Die *symphonia* von Kirche und Staat zur Zeit Justinians: *Klass. Altertum, Spätantike und frühes Christentum*. FS A. Lippold (Würzburg 1993) 579-93.

G.R. DOWNEY, *Constantinople in the age of Justinian* (Norman 1960).

R.A. KRUPP, *Shepherding the Flock of God. The Pastoral Theology of John Chrysostom* = American Univ. Stud. 7,101 (New York 1991).

K.L. NOETHLICHS, Justinian I: *RAC* (erscheint demnächst).

P. PETIT, *Libanius et la vie municipale à Antioche au IVe siècle après Jean Chrysostome* = BAH 62 (Paris 1955).

A.M. RITTER, *Charisma im Verständnis des Johannes Chrysostomos und seiner Zeit* = FKDG 25 (Göttingen 1972).

B. RUBIN, *Das Zeitalter Iustinians I* (Berlin 1960).

P. STOCKMEIER, *Theologie und Kult des Kreuzes bei Johannes Chrysostomus* = TThSt 18 (Trier 1966).

A. STÖTZEL, *Kirche als 'neue Gesellschaft'. Die humanisierende Wirkung des Christentums nach Johannes Chrysostomus* = MBTh 51 (Münster 1984).

ST. VEROSTA, *Johannes Chrysostomus. Staatsphilosoph und Geschichtstheologe* (Graz 1960).

F. WINKELMANN, *Die östlichen Kirchen in der Epoche der christologischen Auseinandersetzungen (5.-7. Jh.)* (Berlin ³1988).

---

[89] H.J. MARROU [*Von der Christenverfolgung Diokletians bis zum Tode Gregors des Großen* = Geschichte der Kirche 1 (Einsiedeln 1963) 379; 511, Anm. 2]를 따르는 E. STEIN의 견해에 바탕한 디오클레티아누스와 헤라클리우스 황제(610~641) 사이의 시대다.

비잔틴교회에서 교회와 국가의 문제는 서양 중세 교회에서와 근본적으로 다르게 제기된다. 동방에서는 가장 위대한 주교들도 국가적·정치적 사건을 공동으로 결정하자고 요구한 적이 결코 없었다. 한편 황제들은 교회의 관심사를 감독하고 그들의 의미에서 규정하기를 서슴지 않았다. 확실히, 황제도 지배할 수 없는 신앙의 가장 내밀한 영역이 있다. 몇몇 실패한 예외(바실리스쿠스, 제논, 유스티니아누스)를 제외하고 황제는 신학을 하지 않고 교의를 결정하지 않는다. 그럼에도 불구하고 황제는 성직자들을 결정적인 자리에 임명함으로써 엄청난 영향력을 행사할 수 있었다. 따라서 교회정치는 동방의 주교에게, 그가 황제를 자기편으로 만들고 그의 도움으로 적대자를 무력화하는 것을 뜻하였다. 다른 이들이 황제를 자기편으로 만들었기 때문에, 어떤 주교가 자신의 양심이 명하는 것을 황제의 도움으로 이룰 수 없다면, 그는 황제에게 저항하거나, 막다른 경우 순교의 길로 나아갈 수밖에 없었다. 이 길에서 항상 정신적 자유를 유지해 왔다는 것은 그리스 교회의 자랑이 아닐 수 없다. 이에 관한 인상 깊은 본보기가 요한 크리소스토무스다.

7.1 요한 크리소스토무스

7.1.1 출신과 교육

요한 크리소스토무스에 관해서는 안티오키아에서 행한 유대인 반박 설교와 관련하여 이미 언급한 바 있다(251-4쪽 참조). 그는 안티오키아 출신으로 본디 대도시 사람이었으며, 대도시 사목자였다.[90] 그는 가정교육과 학교교육을 철저히 받고, 세례를 받은 뒤 19세 때 수도승으로 사막에 들어갔다. 380년경, 멜레티우스 주교는 그를 안티오키아로 데리고 와 부제품을 주었다. 멜레티우스는 학문적으로 교육받은 성직자를 중요시했기에, 요한

---

[90] P. RENTINCK, *La cura pastorale in Antiochia nel IV secolo* = AnalGreg 178 (Rom 1970); P. KLASVOGT, *Leben zur Verherrlichung Gottes. Botschaft des Johannes Chrysostomos* = Hereditas 7 (Bonn 1992).

은 타르수스의 디오도루스가 안티오키아에 세운 유명한 학교에서 훌륭한 신학 수업을 받았다. 안티오키아는 지속적인 열교와 교회정치적 논쟁으로 알렉산드리아나 점점 더 두각을 나타내는 콘스탄티노플에 비해 총대주교좌로서 불리한 상황에 처했다. 하지만 신학 교육의 중심지로는 두고두고 명성을 날렸다. 요한 자신은 신학에 특별한 관심을 보이지 않았다. 그러나 신학, 곧 사목과 특히 설교는 그의 인생에서 중요한 의미를 지니는 전제 요소였다. 이 분야에서 그는 자신의 능력을 최대한으로 발휘할 수 있었다. 그는 스스로 말하기를, 평생 동안 병약했지만 설교를 할 때는 생기에 넘쳤다고 한다. 6세기에 그는 크리소스토무스, 곧 '황금의 입'(金口)으로 불렸다. 윤리·도덕적 삶의 문제가 설교의 핵심 주제였고, 확실한 강조점은 사회적 관심사에 두었다.

안티오키아 같은 도시에는 가난하고 병든 사람이 많았다. 교회 문 앞에는 장애인과 거지가 들끓었다. 빈부의 차가 극심했다. 고대 말기는 상상할 수 없을 정도의 사치와 상상할 수 없을 정도의 가난이 극단적 대비를 이루었다. 그리스도교 공동체에도 이런 양극화가 팽배하여 사람들의 분노가 극에 달했다. 요한 크리소스토무스는, 교회에 가장 필요한 것은 금실을 섞어 짠 덮개로 제대를 화려하게 장식하는 것이 아니라 가난한 이들을 적극적으로 돕는 것이라고 엄히 가르쳤다. 또한 모든 사회복지사업을 교회 당국에만 일임해서는 안 될 거라 여겼다. 사람들은 교회가 운영하는 목욕탕이나 빈민 구호 시설이나 병원 등에 가면 될 것이며, 스스로 협력하여 구호사업을 꾸려 갈 기회를 충분히 얻을 수 있으리라는 것이 요한 크리소스토무스의 생각이었다.[91]

---

[91] 풍부한 자료에 관해서는 RENTINCK, *La cura pastorale in Antiochia nel IV secolo* = AnalGreg 178 (Rom 1970); STÖTZEL; R. BRÄNDLE, *Matth. 25,31-46 im Werk des Johannes Chrysostomus* = BGBE 22 (Tübingen 1979); O. PLASSMANN, *Das Almosen bei Johannes Chrysostomus* (Münster 1960) 참조.

7.1.2 안티오키아에서 콘스탄티노플로

397년에 콘스탄티노플의 주교 넥타리우스가 죽었다. 콘스탄티노플 공동체가 선출한 주교인 나지안주스의 그레고리우스가 교회 내 세력 다툼에 휘말리다가 절망하여 사직한 뒤, 381년에 열린 공의회에서 아직 평신도 대법관 신분이었던 넥타리우스가 테오도시우스 황제에 의해 수도의 주교로 임명되었다. 그가 죽은 뒤 여러 분파가 자기네 후보를 콘스탄티노플 주교좌라는 요직에 승품시키기 위해 영향력을 행사했다. 특히 알렉산드리아의 테오필루스는 자기 입맛에 맞는 사람을 천거하려고 책략을 써 가며 다른 이들의 의중을 타진하기 시작했다. 나약한 황제 아르카디우스의 강력한 측근인 에우트로피우스는 그리 나쁘지 않은 나름의 복안을 가지고 있었다. 그는 교회정치와 관련 없는 인물을 주교로 세우려 했다. 신학적·사목적으로는 유명하지만 교회정치에 무관심하고 공명심 없는 인물로 요한보다 더 적합한 이는 없었다. 사람들은 교회가 황실을 대변해 주기를 바라는 욕구를 요한이 유려한 설교로써 충족시켜 줄 것이라 기대했다. 그는 368년에 사제품을 받았다. 콘스탄티노플로 전임轉任할 때는, 인기 있는 설교가를 흔쾌히 보내 줄 리 없는 안티오키아 시민들의 저항을 피하려고 은밀하고 교묘한 기상천외의 방책이 동원되었다. 선거를 하러 이미 콘스탄티노플에 모인 주교들 앞에 설 때까지 당사자인 요한에게조차 여행 목적을 알리지 않았던 것이다. 테오필루스는 요한을 콘스탄티노플의 주교로 임명하는 데 결사 반대했지만, 요한에게 서품을 줄 수밖에 없다고 여겨 결국 동의했다. 따라서 하룻밤 사이에 자신의 공동체에 속하지도 않는 영향력 없는 사제가 동방의 첫 주교, 황제와 찬란한 황실의 설교자가 되었다.[92]

인간적으로 볼 때, 이 승품은 요한에게도 하늘의 뜻이었다. 그는 설교자로서 모든 이의 기대를 충족시켰다. 그가 드리는 미사에는 수많은 신자가 참석했다. 그 밖에도 그는 5년간 꾸준히 활동하면서 콘스탄티노플 교회를

---

[92] VON CAMPENHAUSEN, *Griechische Kirchenväter* 144.

조직하는 일에 적극적으로 관여했으며, 불요불급한 호화 건축 비용을 줄여 구호사업에 집중 투자했다. 성직 생활을 쇄신하고 방랑 수도승들을 소속 수도원으로 돌려보냈다. 교회정치적으로는 콘스탄티노플의 위상을 다지는 데 주력했다. 381년에 열린 공의회는 새 로마에 옛 로마 다음가는 자리를 승인했다. 비록 문서화된 결정은 아니라 할지라도, 콘스탄티노플이 예부터 동방의 총대교구좌들이 구가해 온 것과 유사한 세력을 획득한 것은 분명하다.

저항도 만만치 않았다. 황실에 상주하면서 본연의 임무를 제대로 수행하지 않던 몇몇 주교는 수도의 주교좌를 맡은 수덕가와 한마디로 원수지간이었다. 공식적인 연회와 상류사회의 사치에 대한 요한의 끊임없는 비판은 광범위한 사회 계층의 비위를 거슬렀다. 요한이 황실과 호의적 관계를 유지하는 것을 터득하지 못했거나 이를 중요시하지 않은 것이 결정적 화근이었다. 아르카디우스 황제의 영향력은 크지 않았지만, 활달하고 활동적인 에우독시아 황후와 긴밀한 관계를 맺는 것은 중요시했다. 하지만 요한은 황후에게 그리 호의적이지 않았다. 황실 귀부인 가운데는 고자질하는 이들이 있었는데, 그들은 주교가 하는 설교의 많은 부분이 황후를 개인적으로 모욕하고 비방하는 것이라 여겼다. 요한은 황후를 구약성경에 나오는 이제벨에 비유하면서, 황후에게 부당한 취급을 받은 과부를 돌보아 주었다.[93]

타지에서 온 황실 주교들이 요한을 노려 음모를 꾸미기 시작하자 이 불화는 파국으로 치달았다. 발단은 이른바 네 명의 '키다리 수도승'이었다. 이들은 콘스탄티노플에 있는 소규모 수도승 집단의 지도자로 알렉산드리아의 총대주교 테오필루스의 극단적인 조치에 관해 고충을 털어놓았다. 테오필루스는 그들이 자신과 불편한 관계에 놓이자, 지체 없이 그들을 오리게네스파라는 이단의 오명을 씌워 이집트에서 추방했다. 박학한 오리게

---

[93] 『추방될 때 행한 설교』(*Sermo cum iret in exsilium*) 2; 참조: 팔라디우스 『요한 크리소스토무스의 생애에 관한 대화』 6,8.

네스는 553년에야 이단자로 공식 단죄되었지만(346쪽 참조), 이미 4~5세기 전환기에 루피누스와 히에로니무스를 비롯한 수많은 주교가 적대 관계에 빠진 격렬한 논쟁의 빌미를 제공한 셈이다. 위대한 알렉산드리아 현인의 유산을 장려한 박학한 수도승 무리도 논쟁에 휘말렸다.[94]

요한은 조심스럽게 수도승들의 분노를 달래려 애썼다. 그들은 실망하여 뜻이 더 잘 맞는 황실에 도움을 청했다. 그들의 소송장이 받아들여지고, 테오필루스는 교회회의의 결정을 듣기 위해 콘스탄티노플로 소환되었다. 판결은 요한이 내릴 터였다. 사안을 이보다 더 미련하게 테오필루스는 수도에서 오랫동안 준비를 한 뒤에야 나타났다. 그는 요한에게 해를 끼칠 수 있는 모든 발언을 사전事前에 샅샅이 조사하게 했고, 주교들, 특히 키프로스에 있는 살라미스의 주교 에피파니우스를 부추겨 황실 내에서 요한 크리소스토무스에 적대적인 분위기를 조성했다. 에피파니우스 주교는 도처에서 이단의 낌새를 찾아내는 데 열성적이었지만 명민한 구석은 없었다.

테오필루스는 이집트의 부주교들을 전부 데리고 나타났다. 그는 황후가 마음대로 써도 좋다고 허락한 궁궐 내 어느 장소에 자신의 전용 법정을 마련했다. 피고소인 신분에서 고소인 신분으로 바뀐 셈이다. 황제가 재판관으로 임명한 요한은 몹시 고결하게 처신했지만 현명하지는 못했다. 황제의 명으로 소송이 열렸을 때, 그는 자신이 편파적이라 심리審理를 주도할 적임자가 아니라고 천명했다. 테오필루스는 그 말에 마음이 놓였을 것이다. 실제로 테오필루스는 요한을 응징할 기회를 잡게 되었다. 사건은 403년 9월에 시내 성문 앞 수도원에서 열린 이른바 참나무 교회회의에서 터졌다. 이 교회회의는 평판이 그리 좋지 않다. 팔라디우스에 따르면, 요한에 대한 고발 사항은 70건에 달했다.[95] 이 사항들은 교회정치적 궤변과 성직

---

[94] 이 어처구니없는 논쟁의 개요에 관해서는 BAUS/EWIG 127-34; E.A. CLARK, *The origenist controversy* (Princeton 1992) 참조. 콘스탄티노플의 수도승제도와 관련된 논쟁에 관해서는 G. DAGRON, Les moines et la ville: *TMCB* 4 (1970) 232f.244f 참조. J.H.W.G. LIEBESCHUETZ, *Friends and enemies of John Chrysostom: Maistor.* Hrsg. von A. MOFFART = ByAust 5 (Canberra 1984) 85-111; LOCHBRUNNER 338.

자의 시샘으로 점철된 한심한 졸문拙文이었다. 그 가운데는 선임자 넥타리우스가 부활 교회를 꾸미려고 마련해 둔 보석 등의 교회 보물과 대리석을 요한이 매각 처분했다는 내용이 있다. 문제는 그것을 판 이유였다. 요한은 자신이 자선 행위를 호화로운 교회 장식보다 더 중요하게 여긴다는 사실을 숨기지 않았다. 그 밖에도, 요한이 동료 성직자들을 악하고 뻔뻔스러워 못할 짓이 없고 서 푼어치도 안 되는 인간이라 욕한 것도 모자라, 거룩한 에피파니우스를 수다쟁이요 광신자라 불렀다고 비난하는 내용도 있다(그게 사실이라서 더 분통이 터졌다). 많은 고발 사항 가운데 실제로 일어난 사실들은 분명히 적시摘示되었다. 총대주교가 소송에 연루됨으로써 자신들의 호화 생활까지 위축되게 생겼으니 성직자들이 분개할 만도 했다. 터무니없고 하찮은 고발 사항이 많았다. 요한이 자기 혼자만을 위해 주교관 욕조를 데우게 하고 다른 사람과 함께 목욕하지 않았으며, 키클로프스(『오디세이』에 나오는 외눈박이 거인)처럼 혼자 먹고 무절제하게 살았다는 비난도 있었다. 사람들은 그가 주교좌에 전례복을 벗어 놓고 거룩한 미사가 끝난 뒤 빵 한 조각 먹은 것까지 못마땅해했다.

7.1.3 추방과 죽음

요한 크리소스토무스가 단죄된 것은 놀랄 일이 아니다. 정작 놀랄 일은, 자신의 주교를 존경해 마지않던 아르카디우스가 판결을 승인했다는 사실이다. 요한이 원하기만 했다면, 판결에 환멸을 느낀 백성들이 어떻게든 그의 추방을 막아 주었을 것이다. 그러나 이번에도 겸손하게 물러났다. 그는 폭동을 바라지 않았기 때문에 야음을 틈타 조용히 도시를 빠져 나갔다. 그러나 이것으로 사건이 종결된 것은 아니었다. 뒤이어 벌어진 일들은 황실의 무개념과 변덕을 보여 준다. 에우독시아 황후가 유산流産을 했다. 이 일로 그녀는 하늘의 징벌을 믿게 되었다. 요한 크리소스토무스 주교는 곧 돌

---

[95] 『요한 크리소스토무스의 생애에 관한 대화』 8; 참조: BAUR 2,212-7.

서양 교회의 자유와 비잔티움 **371**

아올 수 있지만 그것도 잠깐이었다. 404년, 나약한 황제는 주교 추방령에 다시 서명할 수 밖에 없었다. 요한의 반응은 첫 추방 때와 다르지 않았다. 그는 하느님께서 신에게 맡기신 공동체를 떠나기 싫었지만 음모에 적극적으로 맞서지는 않았다. 그를 파멸시키려는 또 다른 시도들을 여기서 일일이 나열할 필요는 없다.

요한 앞에 놓인 가시밭길은 멀고도 험했다. 그는 일단 아르메니아의 쿠쿠수스로 추방되었다. 그곳 생활은 그런대로 견딜 만했다. 친지나 뜻을 같이하는 사람들과 서신도 주고받았는데, 그 수가 제법 되었다. 그가 부당하게 면직되었다는 명백한 사실이 온 교회에 두루 알려졌기 때문이다. 로마의 주교도 그의 입장에 분명하게 동조했다(296쪽 참조). 조만간 복권이 이루어질 듯했다. 그러나 콘스탄티노플에 있는 그의 반대자들은 그의 복권을 바라지 않았다. 405년 늦여름, 그는 야만족의 위협에 직면한 쿠쿠수스를 떠나 아라비수스로 옮겨졌다. 순례자와 조언을 구하는 이의 무리가 그곳까지 그를 따라 오자(팔라디우스 『요한 크리소스토무스의 생애에 관한 대화』 11), 요한은 407년에 제국의 최변방 오지인 흑해 연안의 피티우스로 추방되었다. 그곳까지 거친 황야를 걸어가다가 요한은 쓰러지고 말았다. 아마 계획적이었을 것이다. 그는 어떤 편의도 제공받을 수 없었다. 이미 위독한 상황이었음에도 그는 매일 폭염과 빗줄기를 뚫고 강행군을 계속해야 했다. 고열에 시달리며 소도시 코마나에 이르렀을 때, 그곳 공동체 사람들은 그를 지극 정성으로 맞이했다. 이튿날도 아침부터 강행군이 시작되었다. 5.5킬로미터를 걸어간 주교는 기력이 쇠하여 코마나로 되돌아왔다. 그곳에서 그는 흰 수의를 입고 영성체를 했다.

그는 죽은 뒤 오래지 않아 복권되었다. 동방(서방에 관해서는 언급하지 않겠다)은 그가 당한 불의에 때문에 오래도록 마음을 놓을 수 없었다. 438년, 아르카디우스의 아들이자 후계자인 테오도시우스 2세는 주교의 유골을 콘스탄티노플로 옮기게 하여 사도 교회에 성대하게 안장했다. 후세에 요한 크리소스토무스는 적敵이 없었다. 그의 저서와 설교들은 다른 교부의 저서처럼 사랑받고 전승되며 번역되었다. 이런 사실로 볼 때, 평화를 지향하고 고난을 각오하는 그의 태도가 테오필루스의 완고함과 명예욕보다 더 영향력이 큰 것으로 입증되었다. 요한이 교회의 관심사에 대해 취한 태도가 과연 옳았는지, 좀 더 효과적으로 싸울 수는 없었는지, (밀라노의 암브로시우스처럼) 황실의 변덕에 저항할 수는 없었는지는 단정하기란 쉽지 않다. 그 시대의 모든 주교가 요한 크리소스토무스처럼 관대하게 고난을 받아들일 각오로 무장하고 있었다면, 이는 분명 불행한 일이었을 것이다. 세속 통치자와 교회의 명예를 탐하는 사람의 부당한 교회정치적 야망에 대해 저항하는 것은, 참으로 교회적인 생각을 품은 주교들의 의무이자 그들이 책임져야 할 몫이었다. 반대로, 요한 크리소스토무스를 비롯한 주교들이 자신의 운명에 개의치 않고 그들 직무의 도덕적 요구와 영적 이상의 모범을 보였다면, 이 또한 의미 있는 처신이다. 이 콘스탄티노플의 주교는 국가의 요구에 직면하여 교회의 독립을 견지하기 위해 자기 방식대로 자기 몫을 했다. 그는 교회가 고난의 대가를 치르고 무엇을 얻을 수 있는지 보여 주었을 따름이다.

7.2 유스티니아누스와 그의 시대

지금까지, 에페소와 칼케돈 공의회에서 전개된 그리스도교론 논쟁과 더불어 그 영향, 선교와 신앙 전파를 위한 노력, 비잔틴교회의 역사 및 동방의 다른 총대주교좌와 자치 교회의 역사를, 보편 교회의 의미를 지니거나 서양 교회와 교황직과 관련되는 범위 내에서 다루어 보았다. 동방의 관점에서 사건들을 상술하고 동방교회의 독특한 관점을 보충하는 작업은 제대로 이루어지지 못했기에, 적어도 이 부분은 짚고 넘어가야겠다.[96] 유스티니아

---

[96] 보완적 내용에 관해서는 G. ZANANIRI, *Histoire de l'Église byzantine* (Paris 1954); F. HEILER, *Die Ostkirchen* (München 1971); BECK, Geschichte; P. KAWERAU, *Das Christentum des Ostens* = Die Religionen der Menschheit 30 (Stuttgart 1972); C.D.G. MÜLLER, *Geschichte der orientalischen Nationalkirchen* = KIG 1,D2 (Göttingen 1981); J. MEYENDORFF, *Unité de l'Empire et divisions des chrétiens. L'Église de 450 à 680* (Paris 1993) 참조.

누스 황제의 인물과 업적만 묘사하는 데 그친다면 너무 제한적이다. 왜냐하면 비잔틴 황제들의 교회정치적 중요성은 당연히 유스티니아누스로 끝나지 않기 때문이다. 대 그레고리우스와 서신을 교환한 마우리키우스 황제, 그리고 그의 후계자 포카스(602~610)와 헤라클리우스(610~641) 시대의 제도나 전례 관련 활동도 기억해야 한다. 유스티니아누스는 비잔틴 황제 통치사에서 정점을 찍은 인물이다. 그는 오랜 통치 기간 내내 황후 테오도라와 함께 전 시대의 특징적 일면을 보여 준다. 라벤나의 성 비탈레 대성당 제대 후면에, 시종들과 함께 있는 황제와 황후 모자이크를 보면 이 통치자 부부의 위대성을 조금이나마 느낄 수 있다.

7.2.1 황제 부부

482년, 유스티니아누스는 니쉬 근처 타우레시움에서 태어났다. 삼촌인 유스티누스 1세 황제(518~527)는 어린 그를 조언자로 측근에 두기 위해, 보스포루스 해협 어귀에 자리한 수도로 불러들였다. 따라서 유스티니아누스는 일찍부터 국사國事에 깊이 개입하게 되었는데, 삼촌이 죽은 뒤로는 이 책임을 40년 동안 자신이 짊어져야 했다. 그가 교회정치적으로 취한 조치의 동기와 결과는 역사비판적으로 다양하게 평가된다. 그가 신념을 지닌 그리스도인이고 놀랄 만한 교의 지식을 지닌 신학자라는 것은 확실하다. 그의 이상 — 위대한 선임자 콘스탄티누스와 테오도시우스의 발자취를 전적으로 따르는 것 — 은 모든 영역에서의 통일을 도모하는 것이었다. 곧, 민족이동 기간 동안 에스파냐와 북아프리카와 이탈리아에서 잃어버린 지역을 탈환하여 제국을 통일하고, 황제의 거룩한 인격성을 상징하는 재판, 국가권력의 행정과 조직을 통일하고, 궁극적으로는 많은 민족과 지방을 통일하는 데 토대가 되는 신앙의 일치를 도모하는 것이었다. 유스티니아누스는 정치적 의도와 더불어 탁월한 협력자 덕분에 자신의 계획을 관철시킬 수 있었다. 그 가운데는 벨리사리우스 장군과 시타스 장군, 게르마누스 장군, 나르세스 장군이 있었고, 조세수입을 맡았던 카파도키아의 요한과 법률 용어를 책임진 트리보니아누스, 건축을 책임진 안테미우스와 같은 뛰어난 관리도 빼놓을 수 없다.

유스티니아누스에게 가장 큰 영향을 미친 인물은 황후 테오도라다. 테오도라는 콘스탄티노플 서커스 단원에서 — 그녀의 어머니는 서커스단의 무대 배우였고 아버지는 동물 조련사였다 — 동로마 황후의 자리에까지 올랐다. 그녀는 가장 주목할 만하고, 역사상 정체를 밝히기 가장 힘든 여성이다. 프로코피우스의 비사秘史를 비롯한 여러 문헌에 나오는 정보와 비방, 아부에 관한 실타래는 결코 완전하게 풀릴 수 없다. 그녀가 유스티니아누스와 제국을 쥐락펴락할 정도로 권력을 지녔다는 것은 확실하다. 비잔틴 역사학자 조나라스(14,6,1)는 군주제가 아니라 이중 통치제였다고까지 말한다. 그 시대 황후에게 이중 통치는 제도적으로 절대 허용되지 않았는데도 말이다. 테오도라는 532년에 일어난 니카 폭동에 대해 단호한 태도를 취하여 유스티니아누스의 왕좌를 구했다. 황제와 마찬가지로 그녀도 종교 문제에 깊은 관심을 표명했으며, 단성론 쪽으로 기울었다.

사람들은 유스티니아누스도 내심으로는 단성론자였다고 추론했다. 그는 본디 자신의 비호정책으로 테오도라를 자유롭게 하기 위해, 직무상 표면적으로는 칼케돈 정통 신앙을 지지했다. 아마도 이러한 의도적 협력은 황제의 신심이 단성론으로 기운 덕분에 가능했으리라고, 이론적으로 추측할 수 있다.

7.2.2 건축 활동과 입법

유스티니아누스는 자신의 시대를 특징지을 만한 의지와 권력을 지녔다. 이는 프로코피우스(『성 소피아 대성당 묘사』)가 유스티니아누스의 명으로 상세하게 묘사한 대규모 건축 사업에서 인상 깊게 나타난다. 교회와 수도원, 사회복지시설을 비롯하여 발칸 반도와 북아프리카, 팔레스티나에 세운 수백 곳의 성채는 오늘날 대부분 파괴되고 없다. 콘스탄티노플에서만 25개의 교회 건물이 유스티니아누스 시대로 거슬러 올라간다. 남아 있는 것만으로도 유스티니아누스 시대 교회 건축의 새로운 경향을 아는 데 충분하다. 이것들은 그때까지 주류를 이룬 중당 바실리카 유형에서 벗어나, 집중식 건축과 십자형 둥근 지붕 교회가 조화롭게 결합된 양식에서 분명히 드러난다. 유스티니아누스 시대 교회 건축의 범례는 모든 지방에 산재되어 있다. 라벤나의 산 비탈레 교회, 콘스탄티노플의 세르기우스와 바쿠스 교회, 에페소의 요한 바실리카, 시나이 반도에 있는 수도원 교회들이 대표적인 건축물이다. 트랄레스의 안테미우스와 밀레투스의 이시도루스가 건축한 성 소피아 대성당(537년에 봉헌되었다)의 건축술은 실내장식, 빛 유도장치, 화려한 내부 설비에서 불후의 정점에 이른다. 완성된 교회에 처음 들어섰을 때, 유스티니아누스는 한참을 침묵한 뒤 나즈막히 말했다. "솔로몬이여, 내가 그대를 이겼소!"[97] 지진으로 일부가 붕괴된 교회는 562년에 더 장엄한 위용으로 복원되어, 사람들은 새 성전에서 다시 미사를 드렸다(프로코피우스 『성 소피아 대성당 묘사』 1,1,22-78; 의전관 파울루스 『엑프라시스』).

무엇보다도 유스티니아누스가 529년에 지시한 법률 모음집은 항구적인 중요성을 지닌다. 이 모음집은 16세기부터 『시민 법전』Corpus Iuris Civilis으로 불렸다. 십계명 이래 어떤 법률집도 이만한 영향을 미치지 못했다.[98] 황제는 자부심에 차 이렇게 선포했다.

> 이전의 많은 황제가 수정하고자 했지만 지금까지 아무도 실제로 실현하지 못한 것을, 본인은 하느님의 도우심으로 사회에 선사하고 오래 걸리는 소송절차를 단축하고자 한다. 더불어 본인은 그레고리우스·헤르모게네스·테오도시우스 세 법전의 많은 법 조항 가운데 불필요한 것을 없애고, 유일한 법전을 편찬하기 위해 테오도시우스 자신과 그의 후계자들이 출간·공포한 법전을 본인의 법

---

[97] BROWNING 109.

[98] BROWNING 230.

전에 포함시켰다. 이 법전에 본인의 이름을 붙이며, 앞에 언급한 세 법전의 법 조항과 더불어 다음의 법률도 포함해야 한다.[99]

이 법률 모음집은 재무관 트리보니아누스와 법률에 정통한 학자들이 완성했고, 534년에 최종판이 출간되었다. 『시민 법전』은 하드리아누스 시대(117~138)부터 당시(534)까지 4,600조의 법률을 수록한 『유스티니아누스 법전』Codex Justinianus, 법학 저서에서 발췌한 『요강』Digesta(또는 Pandectae) 및 법학 연구의 개론서인 『유스티니아누스 규정집』Institutiones Justiniani으로 구성되어 있다. 『신법집』Novellae에는 현행 판결이 다수 수록되어 있다. 이 판결들은 제국 어디서나 같고 모순이 없어서 통일에 도움이 되어야 할 터였다. 또한 이는 오랜 관심사가 아니라 황제의 개혁 의지에서 나온 것이었다.

입법의 종교적 근거는 명백하다. 『유스티니아누스 법전』 마지막 권은 가톨릭 신앙de fide catholica (16,1)을 다루며, "삼위일체 요약과 가톨릭 신앙에 관한 『유스티니아누스 법전』. 이는 아무도 이것을 공개적으로 주장하지 못하게 하기 위해서다"Codex Justinianus de summa trinitate et de fide catholica et ut nemo de ea publice contendere audeat (1,1)라는 말로 시작한다. 『유스티니아누스 법전』 1,3,44,1과 4조는, 세속법과 교회의 법규가 동일한 법적 구속력을 지니고 있다고 말한다. 이로써 니케아부터 칼케돈까지 보편 공의회의 결정은 모든 시민에게 법적 효력을 지닌다(『신법집』 131,1). 교회의 법적 지위, 성직자와 서품된 다른 이들의 의무와 특권이 상세히 규정되었다(『유스티니아누스 법전』 1,2-3). 많은 법률이 황제의 거주지로 많은 성직자와 수도승을 끌어들인 콘스탄티노플과 관련이 있다. 이들이 수도에 거주하는 것은 엄격히 제한되었다(『유스티니아누스 법전』 1,3,22,2; 1,3, 42). 성 소피아 대성당과 성 이레네 대성당에 임용된 성직자의 정원은 사제 60명, 부제 100명, 여부제 40명, 차부제 90명, 독서자 110명, 선창자 25명, 수문자 100명으로 확정

---

[99] Konstitution *Haec quae necessario*, Praef.; 번역: BROWNING 93f.

되었다(『신법집』 3; 16). 이 수는 당시 교회와 기도실, 수도원이 많았던 콘스탄티노플 공동체의 전례 봉사와 자선 봉사에 관한 흥미로운 사실을 알려 준다.[100] '모든 교회의 머리'omnium ecclesiarum caput인 로마의 우위성이 논란거리였음에도 불구하고, 이 문제는 어디에도 언급되지 않는다는 것도 주목할 만하다(『유스티니아누스 법전』 1,1,8,1; 『신법집』 9). 이교인과 유대인, 이단자에 관한 법률은 그간에 이루어진 그리스도교의 확장과 그리스도교 사회 정세를 반영한다. 반이교적 법률은 거의 사라졌으며, 이교는 더 이상 아무런 역할을 하지 못했다. 유대인에 대한 조치는 강화되었다(256쪽 참조). 반이단 조치 — 34개의 이단이 거명擧名되었다 — 는 무엇보다 재산과 상속의 종류를 엄격히 제한함으로써 늘어났다.[101]

7.2.3 교회 이해

오리게네스, 삼두서die drei Kapitel, 비길리우스 교황에 관한 논쟁에 있어서 유스티니아누스의 활동 가운데 가장 중요한 내용은 이미 기술했다(345-8쪽 참조). 황제는 콘스탄티노플 총대주교에게 보낸 여섯째 『신법집』의 머리글에서 세속 권력과 영적 권력이 함께 작용하는 문제에 관한 자신의 이해를 밝힌다. 근본적으로는 다르지만, 언뜻 보면 이는 겔라시우스의 양검론 명제를 떠올리게 한다(339-42쪽 참조).

> 황제이며 아우구스투스인 유스티니아누스가 콘스탄티노플의 대주교 에피파니우스에게.
> 　지극히 높으신 하늘의 호의에서 하느님의 두 가지 고귀한 선물, 곧 주교직과 황제의 권력이 인간에게 배분되었습니다. 주교직은 하느님의 일에 대한 봉사에 전념하고 황제의 권력은 인간의 문제

---

[100] R. JANIN, *La géographie ecclésiatique de l'Empire Byzantine* I,3: Les églises et les monastères (Paris ²1969) 2f.

[101] 풍부한 문헌 자료에 관해서는 NOETHLICHS 참조.

에서 최고의 지도적 위치에 있으며 인간의 문제를 헌신적으로 떠맡습니다. 이 두 가지는 동일한 하나의 원천에서 기인합니다. 그것들은 인간 존재의 영예입니다.

그런 까닭에 주교직에 대한 경외심에 비할 만한 황제의 관심사는 없습니다. 거꾸로 주교들은 황제를 위해 끊임없이 기도할 의무가 있습니다. 이러한 기도 봉사가 모든 점에서 흠결 없이 하느님께 대한 신뢰로 가득 차 실행된다면, 또 한편으로는 황제의 권력이 법과 권한에 따라 그 권력에 맡겨진 국가 제도의 발전을 떠맡는다면, 그것들은 뛰어난 조화를 이루고, 거기서는 온 인류를 위한 유익함과 축복만 샘솟을 것입니다.

따라서 본인도 하느님에 관한 참된 교의와 주교들의 명예로운 지위에 대한 헌신적인 배려로 가득 차 있습니다. 본인은 이렇게 확신합니다: 교의와 주교에 관한 것이 올바르면 하느님께서 본인에게 가득한 선을 배분하실 것입니다. 본인이 이미 소유한 것은 굳게 유지될 것이고, 지금까지 성취하지 못한 것은 얻게 될 것입니다.

모든 것이 뿌리에서 이미 아름답고 하느님 뜻에 맞게 정돈된다면, 국가를 통치하는 일은 모든 면에서 순조롭고 정당하게 이루어질 것입니다. 이것은, 사도들이 본인에게 남겼고, 거룩한 교부들이 지키고 해석한 신앙 전승에 대한 신뢰가 유지되면 이루어지리라 확신합니다.[102]

유스티니아누스는 두 권력의 분할을 받아들이고, 로마의 표상에 부합하는 공동의 원천을 강조한다. 하지만 두 권력의 임무는 교회에 대한 국가의 감독을 당연시하는 옛 규범에 사로잡혀 있다. 주교들은 황제를 위해 기도해야 하고, 이 점에서 국가의 안녕을 유지하는 것은 그들의 몫이다. 이미 갈

---

[102] 번역: RAHNER, *Kirche und Staat* 299.

레리우스는 311년에 공포한 관용령에서 유사한 논증을 했다(32-4쪽 참조). 이와 달리 황제는 교의와 주교들의 명예로운 지위를 배려할 것이다. 겔라시우스 교황은 이와 상반된 주장을 폈다. 교황은 단순한 명예honor뿐 아니라 황제의 입법적 권력potestas보다 더 많은 권위auctoritas를 요구했다. 선은 정통 신앙을 지킬 때만 충족될 수 있다는 보장과 더불어, 마치 아우구스티누스의 『신국론』이 존재하지 않았던 것처럼 케케묵은 '상호 이행 오류'do-ut-des-Irrtum가 적나라하게 다시 등장했다.

로마인들은 그사이에 더 영악해졌다. 그들은 가장 훌륭한 신경Credo이 약탈에 굶주린 게르만족들에게 영향력을 행사하지 못함을 자주 체험했다. 유스티니아누스 편지의 나머지 내용은 옳지만 구속력이 없다. 물론 로마는 신앙 전승의 수호자로 사도들이 아니라 베드로에 관해 말했을 것이며, 거룩한 교부들이 아니라 베드로의 후계자들에 관해 말했을 것이다. 로마의 관점에서는 비판할 만하지만, 황제가 이런 교회론을 가지고 있었다고 해서 그가 교회의 안녕과, 제국의 동·남쪽 지역, 흑해, 남아라비아, 리비아, 누비아, 메소포타미아에서의 신앙 전파를 심각하게 노심초사했다는 사실을 무시할 수는 없다.

7.3 황제교황주의?

유스티니아누스가 신학적 문제에 개입한 것이 과연 교회정치에 유익했는지 가늠하기란 쉽지 않다. 역사 비판에서는 황제를 황제교황주의의 선구자로 보는 부정적 평가가 지배적이었다. 황제교황주의는 이론의 여지가 있는 개념이다.[103] 그것은 교회와 국가의 이해관계를 부적절하게 뒤섞고, 황제의 통치가 교회의 관심사에 터무니없이 개입한다는 오명을 썼다. 명확한 분리를 이상으로 삼는 오늘날의 관점에서 교회와 비잔틴 국가의 관

---

[103] 긍정적 판단에 관해서는 H.J. MARROU, *Von der Christenverfolgung Diokletians bis zum Tode Gregors des Großen* = Geschichte der Kirche 1 (Einsiedeln 1963) 379-86; BROWNING 229-32 참조.

계를 평가하는 것은 옳지 못하다. 당시로서는 이 문제의 원만한 해결이 불가능했다. 그때는 세속화된 국가를 상상할 수 없었기 때문이다. 제의와 교의에 관한 정확한 고백이 국가의 안녕을 보장한다는 견해는 그 뒤로도 계속 통용되었다. 황제는 이를 배려할 소명을 가지고 있다고 생각했고, (약화일로에 있던 서방 국가권력과 달리) 그의 권위는 약해지지 않았다. 그리하여 그는 신앙 명제를 선포하고 교회회의를 소집하고 종료했으며, 주교들을 임명하고 면직시켰다. 오늘날에는 받아들일 수 없겠지만, 초기 비잔틴 시대의 정점에서 동방 사회의 종교적 형성을 고찰하면, 황제교황주의 같은 현상도 이해될 수 있다.

황제교황주의는 통치자를 포함한 동로마제국의 공식적 그리스도교화뿐 아니라 내부적으로 인정된 그리스도교화를 전제로 한다. 아직 제국의 모든 지역이 선교되지는 않았지만 신앙의 선포는 국경을 넘어 집중적으로 이루어졌다(153-5쪽 참조). 황제는 개인적으로 이에 관여하고 있었다. 그는 528년에 헤룰레스족(도나우 강 남쪽에 거주하던 게르만족)의 왕과 크림-훈족의 왕이 콘스탄티노플에서 세례를 받을 때 그들의 대부가 되었다. 그는 에페소의 요한이 소아시아에서 선교할 때 세운 97개의 교회와 12개 수도원의 재정 대부분을 도맡았다(151쪽 참조). 그는 새로 개종한 모든 이에게 선물로 돈을 주도록 지시했다.[104]

다른 한편으로 이교인에 대한 마지막 법률들은 선교 노력에 상응했다. 이 법률은 무엇보다도 아직도 신앙을 받아들이기를 거부한 지성인들에게 적용되었다. 마니교도 가운데는 교양인이 많았는데, 이들에 대한 혹독한 조치에 대해서는 이미 언급했다(241-3쪽 참조). 이전의 입법은 이교 제의와 이교 단체의 법적 지위를 대상으로 했지만, 이제는 황제 스스로 조치를 내려 아직 개종하지 않은 이들의 개인적 영역에 관여했다. 『유스티니아누스 법전』 1,11,9-10은, 모든 이교인과 그의 가정이 세례를 받지 않으면 재산

---

[104] H.J. MARROU, *Von der Christenverfolgung Diokletians bis zum Tode Gregors des Großen* = Geschichte der Kirche 1 (Einsiedeln 1963) 380.

을 몰수하겠다고 위협하면서 세례를 의무화하는 조항이다. 529년에 아테네 학당이 폐쇄되었다. 이 학당은, 철학적 사색의 정점에서 부분적으로 신비학과 점술을 강조하는 지경에 이르기는 했지만, 지금까지는 이교인 교육의 피난처였다.

교양인에 대한 이런 박해는 유스티니아누스 시대가 교육에 적대적이었음을 뜻하지 않는다. 오히려 그 반대다. 그리스도교 학교들이 번창하고 이교인의 교양을 그리스도교 측에서 받아들인 뒤에야 이교인 교육기관이 폐쇄되었다. 알렉산드리아에서 가장 유명한 그리스도교 학교는 요한 필로포누스 같은 그리스도교 학자와 관계가 있다. 그는 성경의 창조 이야기에 관한 진리를 변론하기 위해, 폭넓은 신플라톤주의 철학 지식을 아리스토텔레스의 자연철학서들에 나오는 내용과 결합시켰다.[105] 가자에도 다른 중요한 학교가 생겼다. 팔레스티나 지역에서는 신비에 싸인 디오니시우스 아레오파기타도 빼놓을 수 없다. 그의 이름은 위명僞名이며, 이른바 바오로가 아테네 아레오파고스에서 개종시킨 이교인을 암시한다. 그의 저서들은 중세 신학에 상당한 영향을 미쳤다. 중세 신학은 온갖 신비주의에 정통한 이 사람이 불명료하게 전개하는 심원한 사색에 매료되었다. 디오니시우스는 6세기에, 그리고 고백자 막시무스(†662)와 다마스쿠스의 요한(†754년 이전)이 사망할 때까지 종교적 사상에 영향을 미칠 만큼 높은 수준에 있었다. 이 사상 덕분에 지적 지도층에 속한 사람들도 내적으로 교회에 접근할 수 있었다. 정신적으로 관심을 지니고, 종교적 문제에 마음이 열려 있는 이러한 지도층에는 황제와 황실의 폭넓은 계층이 속했다. 그런 까닭에 황제가 철학적·신학적 문제에 간섭하는 것은 정치적 계산 때문이기도 했지만 개인적 관심 때문이기도 했다. 신학은 교직자의 전문 분야가 아니었다. 공의회에 파견된 황제의 위원들은 주교들보다 더 뛰어난 신학자였다. 변호사 에우세비우스는 네스토리우스 이단에 대해 정확히 알려 준 첫 인물이었으

---

[105] C. SCHOLTEN, *Antike Naturphilosophie und christliche Kosmologie in der Schrift "De opificio mundi" des Johannes Philoponos* = PTS 45 (Berlin 1996).

며, 네스토리우스를 가장 효과적으로 변론한 방백 이레네우스는 관리였다.[106] 비잔틴 황제의 황제교황주의에 따른 행위를 정치적 억압과 권력 욕망으로만 설명할 수는 없다. 테오도시우스 2세와 마르키아누스가 에페소와 칼케돈 공의회에서 기울인 노력이라든지, 제논으로부터 유스티니아누스와 그의 후계자들에 이르기까지 황제들의 교의 명제는 더 넓은 문화적 맥락에서만 이해될 수 있다. 개인적으로도 그들은 그리스도인으로서, 자신들이 정통이라고 여긴 신앙이 공격당하는 것을 매우 당황스러워했다.

이런 고려 때문에 황제교황주의의 정당성을 인정하거나, 교회와 국가의 비잔틴적 융합을 이상적인 것으로 예찬할 필요는 없다. 서방은 분명, 영적 영역과 세속적 영역을 구분하는 것을 배웠을 것이다. 두 권력의 주도권에 관한 중세의 여러 논쟁에서 사람들은 이러한 차이를 알고 있었으며, 더욱이 근대에 이르러 국가와 교회의 광범위한 분리는 그것이 신앙의 발전에 어떤 잠재력을 자체에 내포하고 있는지를 입증했다. 물론 종교권력과 정치권력의 고대적 결합이 붕괴되면서 서방이 체험한 것을 간과해서도 안 된다. 콘스탄티노플의 분리는 맨 먼저 서양의 경제적·사회적·정신적 일치를 파괴했다. 이와 달리, 국가와 교회가 갖은 논란에도 불구하고 온전히 결속해 준 덕분에 동로마제국은 부단히 존속되었으며 (이에 대한 평가가 어떻든 간에) 중세를 면하게 되었다. 그 결과 동로마제국은 이슬람의 침공을 15세기까지 견뎌 내고, 슬라브 지역에서 더 멀리 동방으로 선교를 추진할 수 있었다.

이런 여러 가지 성취 때문에 황제교황주의가 미화되어서는 안 된다. 어쨌든, 비잔틴제국의 계속되는 역사는 역사적 현상들에 상반된 가치가 공존하함을 보여 준다. 동시대의 사람들은 그 현상의 결과를 쉽게 평가할 수 없다. 이 점은 동방교회의 태도와 주교들의 태도를 보면 알 수 있다. 그들이 국가와 황제에게 미친 영향을 모두 평가하기는 어렵다. 곧이어 닥친 성

---

[106] H.J. MARROU, *Von der Christenverfolgung Diokletians bis zum Tode Gregors des Großen* = Geschichte der Kirche 1 (Einsiedeln 1963) 384.

화聖畫 논쟁에서 입증되듯이, 그들은 실질적인 필요에 따라 국가의 지도를 따르거나 단호히 거부했기 때문이다. '콘스탄티누스 전환' 이후 교회는 서방에서도 동방에서도, 세상에 살면서 동시에 완성된 하느님 나라로 가는 도중에 있는 사회적 권력으로서의 갈등을 피하지 못했다.

 색인

가나안 250
가말리엘(유대교 총대주교) 259
가이우스(로마의 장로) 285
가자 157 169 186 194 382
갈라이키아 222
갈라티아 195
갈라 플라키디아 267-8 305
갈레리우스 16 31-2 34-5 379-80
갈루스(선교사) 182
갈루스(율리아누스의 형제) 113 116 192
갈리아 31 35 48 57 88 113 117 120 136 138 170 174 176-8 181-2 186 193 203-5 262 266-8 270-2 274-5 280-1 288 290 295 303-5 311-3 331 340 357 362-3
갈릴래아 157-8
게라사 158
게레온 182
게르마누스(장군) 374
게르마누스(오세르의) 174
게르마니아 35 174 178-80 182 266
게오르기아(이베리아) 160 335
게오르기우스(카파도키아의) 129 136 155 192 194
게이세리쿠스 17 268 275-6 309 327
겔라시우스 1세(로마의 주교) 17 191 277-8 294 339-43 350 378 380
겔리메루스(반달족 마지막 왕) 276
고르디아누스 352
그라나다 274
그라도 334
그라쿠스 186
그라티아누스 120-1 178 181 186 189 192 203 206 208 215 221 242 292
그레고리우스 376

그레고리우스(계몽가) 160
그레고리우스(기적가) 151
그레고리우스(나지안주스의) 137 164 368
그레고리우스(니사의) 71-2 138 151 164 253
그레고리우스(엘비라의) 175
그레고리우스(투르의) 181-2 261 281
그레고리우스 1세(대, 로마의 주교) 17 157 173-4 191 254 261-2 279 282 334-5 344 350-64 374 376
그레고리우스 7세(로마의 주교) 146
그리스 26-7 35 38 159 163-5 193 316 332 351 366
극단적 단성론파 337
극절제파 217

나르본 176 273
나르세스(장군) 278-9 374
나이수스(니쉬) 30 114
나자렛 158
나폴리 173 279 357
나헤 274
네로 24 74 202 285
네스토리우스 304-5 346-7 382-3
네스토리우스파/네스토리우스주의 154-5 159-60 214 218
네푸스 269
넥타리우스(콘스탄티노플의 주교) 368 371
노르망디 151
노리쿰 165-7 172 331
노바티아누스 286 288-9
노이마겐 179
논스탈 170
놀라 173
누미디아 47 54 169 304
누비아 163 380
니니아누스 174

385

니카 폭동 375
니케(하드리아노폴리스 근처) 137
니케아 87 89-90 94-8 101 104 114 118
　　124-30 135 137 139-40 144 175 179-
　　81 215-6 272 276 281 294 324 377
니케타스(레메시아나의) 165
니케티우스(트리어의) 179 280
니코메디아(이즈미트) 31 90 94 96 98 106
　　112 126 128 192 270

다니엘 107
다마수스(로마의 주교) 16 181 202-3 216
　　221 290-3 295 300 305 333
다마스쿠스 159 186 194 230
다키아 113 270
다프네(안티오키아 근처) 194
단성론파 160 214 218 316 337 347
단테 29
달마티아 165 269
달마티우스(공증인) 143
달마티우스(콘스탄티누스의 조카) 113
데메트리우스(알렉산드리아의) 161
데모스테네스 197
델피(신탁) 106
도나우 강 36 117 119 165 167 171-2 180 268
　　270 381
도나투스 28 48-50 55 88 92 223 296
도나투스파 16 28 47-56 79 90 168-9 180
　　214-5 218 220 223-34 241 250 276
　　297 300 302 308
돈너스키르헨(부르겐란트) 167
두엘(빌라흐 근처) 167
뒤랑스 114
디시보트 179
디오니시우스(밀라노의) 131
디오니시우스(코린토의) 286
디오니시우스 아레오파기타 382

디오도루스(타르수스의) 367
디오스코루스(이집트/알렉산드리아의 주교)
　　317-21 326
디오스폴리스(리다) 235
디오클레티아누스 23 30-2 34 36-7 47
　　56 83 87-8 98 105-6 112-3 132 144
　　153 158 165 172 196 220 241 269
　　307 312 365

라바누스 마우루스 180
라바트 모압 259
라벤나 170-1 243 267 269 278-9 309 319
　　323 335 343-4 360 374 376
라불라스(에데사의) 260
라오디케아 260
라우렌티우스 343
라우리아쿰 165 167
라이티아 169-72 178 331
라인 강 35 74 120 171 179-80 182 267
　　274 280
락탄티우스 22 33 37-9 64 66 178
란 151
란도 180
란둘푸스(베네벤토의) 359
레굴라 170
레나투스 320
레렝스 238 312
레마겐(리코마구스) 182
레미기우스(랭스의) 280
레베카 255
레안데르(세비야의 주교) 271-2
레오비길두스 271-2
레오 1세(대, 로마의 주교) 17 157 159 242-
　　3 254 262 268 282 286 294 303-28
　　335-6 338 342 348 350-1 357
레카레두스 175 272-3
레케스빈투스 273

레히 강 171
렙티스 마그나 169
로데리쿠스 273
로디 169
로렌츠베르크 171
로마 22 26-7 29 34-6 40 42-3 46 48-58 60 62 65 69 72-4 79 81 83-4 87-9 93 100 104-9 115 118-20 122 128-35 138-9 144 150 153-7 166-77 180-1 186-91 198-209 212 218 222 224 232-5 237 241-3 255 259 262-3 266-328 331-8 340-50 352-4 357-8 360-4 369 372 375 378-81 383
로물루스 아우구스툴루스 269
론 계곡 176
론디니움(런던) 174
루아르 271 280
루카(사도) 99 197 364
루키페르(칼라리스의) 131
루키페르파 218
루킬라 47-8
루피누스 89 160 186 370
루피키누스 119
리미니 16 136-7 174 336 357
리바니우스 158 189 192 194 197
리베라투스 346
리베리우스(로마의 주교) 131 134-5 137 290
리비아 96 161 331-2 380
리시아스 197
리옹 114 121 170 176 203 214
리키니우스 16 22 32 34-7 77 82 88 90 112 158 191
리키니우스(리키니우스의 아들) 36
리키아 346

마그네리쿠스 179
마그넨티우스(찬탈자) 114 116 188

마니 217 307-8
마니교 168 215 217-8 220-1 232-3 236 238-43 307 309 316 381
마다바 158
마르기나 259
마르세유 156 180-1 237
마르켈루스(안키라의) 129
마르켈루스(아파메아의 주교) 186
마르켈리나 141
마르켈리누스 116 180 191 198 201 234 290
마르코(사도) 326
마르쿠스(부제) 186
마르쿠스 아우렐리우스 37
마르키아누스(아를의 주교) 288 383
마르키아누스(장군) 324
마르키온 287
마르티누스(마인츠의) 180
마르티누스(브라가의 주교) 175 273
마르티누스(투르의) 16 58 151 171-2 176-8 181 186 221
마리우스 빅토리누스 198
마므레 158 188
마스 280
마요리누스 47-8
마우레타니아 169 229 310-1
마우리키우스(황제) 355 374
마우리티우스(순교자) 170
마이엔 179
마카베오 형제 252
마케도니우스 161
마케도니우스파 217
마크로비우스 201
마크리나(소) 164
마크리누스 180
마태오 197 289 293 298 304-5 314 323
마테르누스 152 178 180 188
막센티우스 16 22-4 31-2 34-5 38 40 42 92 178 190-1

막시무스 43 120-1
막시무스(고백자) 382
막시무스(마인츠의 주교) 180
막시무스(찬탈자) 140 178 203 216 221-2
막시무스(철학자) 193
막시무스(토리노의) 152
막시미누스(트리어의 주교) 151 178 181
막시미누스 다이아 31-2 34-5 88
막시미아누스 30-2 132
막시밀리아누스(시라쿠사의 주교) 357
말로수스 182
메나스(콘스탄티노플의 총대주교) 345-6
메누티스(아부키르) 162
메소포타미아 117 189 380
메스 176
메흐메트 파티 108
멜라니아(소) 65 306
멜레티우스(리코폴리스의) 96
멜레티우스(안티오키아의 주교) 366
멜레티우스파 126-7
모군티아쿰(마인츠) 179
모세 60 85 295 351
모젤 151 179 182 280
몬타누스파/몬타누스주의 199 220 236 285
몬테카시노 173
몹스키레네 117
무르사(에세그) 114-5
무사 이븐 누사이르 273
물로 성찬례를 지내는 이들 217
뮌스터라이펠 179
밀라노 16 22-3 34 43 48 53 60 82 88 95 116 120-2 131 135-41 143 146 152 166 169-71 176 203 221-2 290-2 295 311-2 331 348-9 373
밀레비스 235 296
밀비오 다리 22 35 37 43
밀티아데스 48 51-2 289

바르사우마 259
바빌라스 194
바시아누스 35
바실리스쿠스(찬탈자) 335-6 339 366
바실리우스(카이사리아의) 16 65 70 137 152 163-4 209 253
바오로(사도) 63-6 70 81 85 164 174 219 230 241 249 285-6 321-2 382
바우토 121
바이티카 175
바타바(파사우) 167 172
발레리우스 178
발렌스(주교) 115 132-3 136
발렌스(황제) 16 118-20 138 215-6 270
발렌티누스(영지주의자) 287
발렌티누스(파사우의 주교) 172
발렌티니아누스 1세 60 118-20 178 241 258 292
발렌티니아누스 2세 121-2 139 141 178 203 205 216 222
발렌티니아누스 3세 268 309 327
발리스 170
발칸 반도 35-6 119 375
발터 폰 데어 포겔바이데 29
베난티우스 포르투나투스 171 181
베네딕투스(누르시아의) 173 352
베네딕투스 1세(로마의 주교) 349
베네벤토 173 279 359
베네치아 334
베네티아 331
베드로(사도) 178 213 216 259 285-6 288-9 291 293 295 297-300 305-6 313-5 318-9 321-4 326 333-4 338 345 347 356 361-2 380
베들레헴 158
베레나 170
베로나 152 169
베로이아 135

베룰라미움 174
베르길리우스 201
베르나르두스(클레르보의) 29 352
베르타흐 171
베리투스(베이루트) 159
베수브 279
베트라니오 114
베티우스 아고리우스 프라이텍스타투스 201
벤델린 179
벨기카 프리마 178
벨리사리우스 163 275 278-9 345-7 374
보고밀라파 243
보니파티우스(독일인의 사도) 363
보니파티우스(로마인 총독) 275
보니파티우스 1세(로마의 주교) 304 312
보니파티우스 2세(로마의 주교) 238 344 349 363
보르도 221
보름스 179 267
보스트라 158
보스포루스 해협 35 106 317 324 374
보에티우스 17 199 278 344
보이오두룸 167 172
보파르트 179
본 182
볼로냐 169
볼루시아누스 306-7
부르군드족 171 267-8 274 280
부테리쿠스 145
북아프리카 17 32 35 47-9 53-4 155 167-9 176 189 220 223 230-5 237 239 241-3 251 262 267 271 274-6 278-9 288 291 297-8 303-4 307 310 331 348 374-5
붓다 239
뷔파흐(프리기두스) 122
브라가 175 222 273
브레시아 169

브리타니아 31 35 113 120 156 174 233 266-7 274 363
비길리우스(로마의 주교) 345-8 378
비길리우스(주교) 170
비루눔(클라겐푸르트 근처) 166-7
비르텐(크산텐 근처) 182
비리우스 니코마쿠스 플라비아누스 201
비바리움 278
비엔 121 176 280 312-3 343
비오 12세(교황) 299
비자케나 169 237
비잔티움 90 106-7 263-4 275 323 332-3
비테리쿠스 272
비트부르크 179
비티니아 23
빅토르(로마의 주교) 287
빅토르(비타의) 243 311
빅토르(순교자) 170 182
빅토리아 제단 200 203 206-7
빅트리키우스(루앙의) 174 176 294
빈 109 167
빈도니사(윈디쉬) 171
빈켄티우스(레랭스의) 238
빈켄티우스(카르텐나의) 229-30
빈트슈가우 171
빌라도 253
빙엔 179 274

사라고사 175 220
사르디니아 169 356
사비오나(제벤) 171
사자나스 154
산타 체칠리아 347
살라망카 273
살로나(스플리트) 165
살비아누스(마르세유의) 156 180-1
살비아누스(주교) 220-1

삼두서 348 378
상스 176
상트 마르가레텐 166
샤푸르 2세 154
성령신성부인론파 217
세네카 75
세네키오 36
세르디카 16 32 106 128 130 132 136 165 179-80 182 295
세르바티우스 182
세베루스 31-2 107-8
세베루스(트리어의 주교) 179
세베리누스(노리쿰의) 166-7 172
세베리누스(쾰른의 주교) 181
세포리스 158
셀레우키아 16 136-7 161
셀츠 274
셉티미우스 세베루스 107
셰누테(아트리페의) 161
셸데 280
소아시아 35 151 160 163-4 381
소유와 혼인, 술과 고기 등을 포기한 이들 217
소조메누스 36 106 118 140-1 156 185-6 215-6 242
소크라테스(교회사가) 28 36 184 197 215-6 242 259
소프로니우스 180
솔로몬 376
솔로투른 170
솜 280
수석대제관 26 77 103 144 208
술피키우스 세베루스 58 115 151 186 218
슈파이어 179 267
스코틀랜드 177 363
스테파누스(로마의 주교) 53 288
스트라스부르 179 267
스틸리코 266
스팔라툼(스플리트) 269

스폴레토 279
시나이 수도원 376
시네시우스(키레네의) 164 208-11
시도니우스(마인츠의 주교) 180
시도니우스 아폴리나리스(클레르몽의) 272
시라쿠사 49 52 187 348 357-8
시르미움(스렘스카 미트로비카) 120 135-8
시리아 132 157-60 186 189 193 232 254 325
시리키우스(로마의 주교) 16 222 293
시메온(주두수도승) 159 260
시세부투스(서고트족 왕) 261
시스키아(시세크) 121
시아그리우스 280
시칠리아 169 345 357-8
시카 303
시타스(장군) 374
식스투스 3세(로마의 주교) 305
실바누스 116 181
실베리우스(로마의 주교) 345-6
실베스테르(로마의 주교) 51-2 54 87 89 289
실체스터 174
심마쿠스(로마의 주교) 312 340 343-4
심마쿠스(퀸투스 아우렐리우스) 201 203-6 278
심마쿠스(퀸투스 아우렐리우스 심마쿠스의 손자) 278
심포시우스(아스토르가의) 220
심플리키우스(로마의 주교) 335-6
심플리키우스(부르주의) 272

아가우눔(생 모리스) 170
아가페투스 1세(로마의 주교) 345
아군툼(동티롤의 리엔츠 근처) 167
아그리키우스(트리어의) 178
아그리피나 180
아길룰푸스(롬바르드족 왕) 361

아나스타시아 35
아나스타시우스 340
아나스타시우스 2세(로마의 주교) 343
아닐리누스 48 79
아데우스(군사령관) 258
아라비수스 372
아라비아 158 160 380
아라투사 185
아르메니아 113 160 335 372
아르보가스트 121-2 191
아르사키우스 195
아르카디우스(황제) 209 258 368-9 371-2
아를 16 44 46-55 57 60-1 79 87 89 112-4 131 134 174-80 238 288 303 311-2 326 334
아리스토텔레스 382
아리우스 24 90-6 112 115 118 124-7 135-6 139 148 216 270 277 290 292 337-8
아리우스파/아리우스주의 24 51 89 95 97 104 112 117 119 126 128-9 132 134-5 137 139-42 155 179 181 203 215 217-8 241 243 271-3 276-9 282 311 343-4
아말라스윈타(아탈라리쿠스의 어머니) 278
아벤티쿰(아방쉬) 171
아브라함 158 188
아비투스(비엔의 주교) 280 343
아빌라 221
아수르 274
아스완 161
아쉬켈론 194
아스테리우스(아마세아의) 253
아스투리스(빈 근처 클로스터노이부르크) 167
아시아 106 160 239 325 332
아에티우스 268 280 305 327
아오스타탈 170
아우구스타 빈델리코룸(아우크스부르크) 171

아우구스타 프라이토리아 170
아우구스투스 43 69 72 100 105 108 336 378
아우구스티누스 16 49 54 64 70 75 82-3 141 152 156 168-90 214 216 219 223-44 248-51 254 261-2 275-6 296-305 308 311 313-4 342 344 351-2 354 357 380
아우구스티누스(수도원장 대리) 363
아우나카리우스(오세르의, 프랑크족 주교) 349
아우디우스 270
아우레우스(마인츠의) 180
아우렐리우스(카르타고의) 224 311
아우렐리우스 암브로시우스 138
아우소니우스 178
아욱센티우스 139-44
아이가이 185-6
아이굴푸스 279
아이자나스 154
아이자크탈 171
아이젠베르크 179
아일라피우스 50
아일랜드 157 173 177 363
아카키우스(콘스탄티노플의 총대주교) 17 337 340 344
아퀼레이아 113 139 146 170-1 292 307 331 334 348
아타나리쿠스 270
아타나시우스 51 97 126-36 154-5 161 163 165 178-9 192 200 215 292 318
아타울푸스 267-8 270-1
아탈라리쿠스(테오데리쿠스의 손자) 278
아테네 17 164 193 199 209 382
아틸라 268 280 309 324 327
아파메아 159 186 260
아파카 185
아폴로니우스(티아나의) 201-3
아프라 171-2

색인 391

아프라하트 159
아프로디토폴리스 162
아피아리우스 303
아피온 247
안달루시아 271
안더나흐 179
안드라가티우스 121
안드레아 334 363
안드로마쿠스 191
안키라(앙카라) 54 94 129
안키로나(니코메디아 근처) 112
안테미우스(트랄레스의) 375-6
안토니누스 피우스 202
안토니우스(푸살라의) 304
안티무스(콘스탄티노플의 총대주교) 345-7
안티오키아 64 94 116-7 125 128 133 158-61 180 194 200 239 251-2 254 260 286 292 296 315 317-8 321 325-6 332-3 335 346 366-8
알라리쿠스 16 233 266-7 270-1 296 302
알라리쿠스 2세 271
알레리아 173
알렉산더(대) 202
알렉산더(알렉산드리아의) 91 93-4 126
알렉산드리아 16 91 93 96 126-30 136 154 161-2 184 186 192 194 210-1 216 248 259 292 296 304 315 317-8 325-6 331-8 346 354 367-70 382
알바누스 174 180
알보이누스 279
알비누스 305
알체이 179
알트리프 179
알프스 113 121 169-70 274
암미아누스 마르켈리누스 116 180 191 198 201 290
암브로시아스테르 219
암브로시우스(밀라노의) 16 30 51 60 70 82 120-2 138-48 152 156 166 169-70 178 189 194 203 205-7 209 219 221-2 226-7 244 248 254 259 290-3 302 308 341 351-2 359 373
암필로키우스(이코니움의) 164
에데사 159 186 260 347
에메사(홈스) 159
에밀리아-리구리아 138
에바그리우스(학자) 336-7
에베리기실(쾰른의) 181-2
에스파냐 55 113 120 174-5 220 267 271-5 287-8 331 357 362 374
에우게니우스 122 146 172 189 191
에우게니우스(카르타고의) 311
에우기피우스 166 172
에우나피우스 191
에우노미우스파 217
에우독시아 268 275 369 371
에우로파 333
에우리쿠스 271-2
에우세비우스(니코메디아의) 96 126 128-9 270
에우세비우스(도릴라이움의 주교) 321
에우세비우스(베르첼리의) 131
에우세비우스(변호사) 382
에우세비우스(카이사리아의) 16 22 25 28 38-40 48-9 56 60 77 79 87 93 95-6 98-104 107-8 124 127 153-4 159 185-6 188 216 238 254 285-6
에우조이우스(안티오키아의) 117 125
에우카리우스(트리어의) 178
에우트로피우스 368
에우티케스 318-20
에우프라테스(쾰른의) 130 180-1
에울랄리우스 304
에울로기우스(알렉산드리아의 총대주교) 354
에텔베르투스(켄트 왕국의 왕) 363
에티오피아 154 163

에파흐(아보디아쿰) 171-2
에페소 17 151 157 159 163-4 193 218 237 262 292 304 310 316-8 321 323 326 332 334 346 373 376 381 383
에프렘(시리아인) 159
에피파니우스(살라미스의 주교) 214 370-1
에피파니우스(콘스탄티노플의) 378
엘레우시스 193
엘비라 55 60 67-8 174-5 260 331
예루살렘(아일리아) 74 127 157-8 188 199 235 284 300 332 334-5
오네시모스 63 66 70
오도아케르 17 268-9 277
오랑주 17 238 344
오레스테스 268-9
오로시우스 156
오리게네스 59 98-9 101 346 369-70
오리게네스파 218 369
오베르뉴 177 272
오비디우스 201
오빌라바(웰스) 166
오세르 174 176 349
오스티아 201 285
오시우스(코르도바의) 70 88 91 94 131-4 136-7 141 175 178 341
오텡 48 114
오토 2세 264
옥시린쿠스 162
옵타투스 28 44 48 52-3
와디 베카 273
왈리아 271
요르단 259
요비니아누스 118 236
요크(에부라쿰) 31 174 363
요한(다마스쿠스의) 382
요한(사도) 212 334
요한(에페소의) 151 163 376 381
요한(예루살렘의) 334

요한(카타니아의 부제) 357
요한(카파도키아의) 374-5
요한 말랄라스 186
요한 1세(로마의 주교) 344-5
요한 2세(로마의 주교) 345
요한 3세(로마의 주교) 349
요한 4세(콘스탄티노플의 총대주교, 단식가) 334 354
요한 조나라스 185
요한 치미스케스 264
요한 카시아누스 238
요한 크리소스토무스 16 70 152 158-9 164 251-4 282 296 366-8 370-3
요한 필로포누스 382
욥 351
우르사 166
우르사키우스 115 132-3 136
우르수스 170
우르술라 182
우르시누스 181 290
우르시키누스 116
울리크스베르크 167
울필라스 270
위티기스 279
유대아 157
유바붐(잘츠부르크) 167
유베날리스(예루살렘의 주교) 157 334
유스티나 139 203
유스티누스 155 214 344 349
유스티누스 1세 17 374
유스티누스 2세 349
유스티니아누스(황제) 17 108 153 155 163-4 243 256 271 276 278 282 292 346-9 366 373-6 378-80 382-3
유프라테스 강 114 146
율리아누스(배교자) 16 113 115-8 137 158 162 189 192-7 199-200 202-3 252 256
율리아누스(에클라눔의) 233 237 351

색인 393

율리우스(로마의 주교) 128-31
율리우스(푸테올리의 주교) 320
이그나티우스(안티오키아의) 64 286
이레네우스(리옹의) 156 176 214 285-6 323
이레네우스(방백) 383
이바스(에데사의) 347-8
이사악 170
이사우리아 160-1
이상한 옷을 입고 다니는 이들 217
이소크라테스 197
이스트리아 116
이시도루스(밀레투스의) 376
이시도루스(세비야의) 17 175 199 254 272
이제벨 369
이집트 96 113 126 161 169 232 250 317 325 331-2 336 349 369-70
이타키우스(오소누바의) 220-2
이탈리아 32 35 113 121 166 169 172-3 176 237 263 266 268-9 274-5 277 279-82 290-1 293 306 324 331 340 344-5 348-9 351 356-8 360-1 374
이트로 295
인노켄티우스 1세(로마의 주교) 16 235 267 294-300 303 306 326-7 342
인도 155
인스탄티우스 220-1
일리리쿰 114 118 139 145 165 258 266 290 296 304 357
잉고베르트 179
잉군다 271

제네바 170
제노(베로나의) 152
제논 17 269 277 335-7 339 366 383
제1차 바티칸 공의회 135 283 299
제2차 바티칸 공의회 24 28 207 244

제피리누스(로마의 주교) 285
조시무스(디오니시우스, 아우크스부르크의 주교) 172
조시무스(로마의 주교) 235-7 303-4 311-2
조시무스(역사가) 107 191
중국 155 160
지브롤터 271 273 275

차라투스트라 239
참나무 교회회의 370
참마트 티베리아 259
체노부르크(메란 근처 마이스) 172
추르차흐 170
취리히 170

카나 158
카노사 146
카라리쿠스 273
카렌티누스(쾰른의) 181
카르눈툼(빈 근처) 32 36 167
카르덴 179
카르타고 16 47-8 53 88 156 168-9 176 224 226-7 232 234-5 237 275-6 287-8 303-4 310-1 326 331
카를 대제(샤를마뉴) 163-4 280
카를 마르텔 273
카스토르와 루벤티우스 151
카스트라 레기나(레겐스부르크) 172
카시오도루스 199 278
카시우스와 플로렌티우스 182
카이사리아 마리티마 332
카이사리아/카파도키아 16 96 98 127 137 160 164 186 192 254 332
카이사리우스(아를의 주교) 238 312
카이킬리아누스(카르타고의) 47-9 52 56 79 88

카타르파 28 218 243
카타리나 185
카타리나 산 185
카탈라니아 17
카파도키아 129 137 160 163 186 192 332 374
카파도키아인들 97
카파르나움 158 259
카푸아 173 357
카프레올루스(주교) 310
칼라브리아 88 278
칼리니쿰(유프라테스 강 근처) 146 248 254 258-9 359
칼리스투스(로마의 주교) 65
칼리아리 356 359
칼케돈 17 106 159-60 213 218 262 282 315-6 321 324-8 333-8 340 345 347-8 354 373 375 377 383
캄보두눔(켐프텐) 172
캄파니아 해안 346
케르돈 287
켄트 왕국 363
켄트켈레스(타라고나 근처) 114
켈레스티누스 1세(로마의 주교) 17 156 173 304-5 312
켈레스티우스 232 234-7
켈레이아(첼레) 167
켈리도니우스(브장송의 주교) 312
켈수스 58-9 99
코르넬리우스(로마의 주교) 289
코르도바 70 88 91 131 141 175 178 218 220
코르시카 169 173
코린토 286
코마게니스(툴른) 167
코마나 372
코모 169
코베른 179

코블렌츠 179
콘스탄스 113-4 130 132-3 188
콘스탄티나(황후) 114 360
콘스탄티노플 16-7 74 97 101 105 107-9 113 120 127-9 136 138-40 144 159 188 192 209 216 237 262-3 269 277 282 284 292-3 304 306 315 317-20 324-6 328 332-5 337 340 343-9 352-4 356 361 367-70 372-3 375-8 381 383
콘스탄티누스 1세(대) 12 16 21-32 34-46 48-50 53-4 57-63 66 68-9 73-98 101 103 105-8 112-3 115-6 124-8 130 147 149-50 153-5 157-8 163 169 174-6 178 180 184-8 190-2 200 216 223 241-2 248 252 289 294 350 357 374 384
콘스탄티누스 2세 36 112-3 128 130 178
콘스탄티누스 3세 267
콘스탄티아 35-6 112
콘스탄티우스 16 30-1 94 112-7 128 130-2 134-7 141 154-5 163 167 178 180 185 188-9 193 200 203 223 268 270 288 292 336
콘스탄티우스(라우리아쿰의) 167
콘스탄티우스(장군) 267
콘스탄티우스 클로루스 30 178
콜로니아 수페타나 168
콜로니아 울피아 트라이아나(크산텐) 182
콜룸바누스 363
콜체스터 174
쾰른(콜로니아 클라우디아 아라 아그리피넨시움) 48 116 156 180
쿠리아(쿠어) 170
쿠오드불트데우스(주교) 276
쿠쿠수스 372
쿠쿨리스 167
퀸티니스(퀸칭) 172
크레스켄스(마인츠의) 180

크레스투스(시라쿠사의) 49 52
크로디킬데 280
크로이츠나흐 179
크리사피우스 319
크리소폴리스(스쿠타리) 36
크리스푸스 36 73-4 112
클라우디우스 180 247-8
클로비스 17 40 177 271 280 340
클리부스 스카우리 352
키네기우스 186 189
키레나이카 161 208-9 211
키루스와 요한 162
키르쿰켈리오네스 224
키르히베르크 폰 라반트(아군툼 근처) 167
키릴루스(알렉산드리아의) 16 304
키릴루스(예루살렘의 주교) 162 184-5 334
키지쿠스 185
키프리아누스(카르타고의) 53 167 288-9 297-8 311 313 357
키프로스 370
킬리키아 160-1 185
킬페리쿠스(메로빙거 왕) 261

타기나이(페루자 근처) 279
타니아이티스 162
타르수스 161 367
타리크 이븐 지야드 273
타브가 158
타우레시움 374
타우루스 산맥 117 160
테르툴루스 201
테르툴리아누스 59 167 213
테바이스 162
테베 사막 122
테베레 350 353
테살로니카 106 121 145-6 314 334
테오그니스 96

테오다하트(고트족 왕) 278 345
테오데리쿠스(대) 17 269 271 275 277-8 281 335 340 343-4
테오델린다 361-2
테오도라(황후) 30 345-7 374-5
테오도레투스(키루스의) 60 81 89 96 135 145 159 185-6 321 323 347-8
테오도루스(몹수에스티아의) 346 348
테오도루스(옥토두루스, 마티니의 주교) 170
테오도루스(황제 주치의) 356
테오도시우스 1세 16 111-2 118 120-2 139-40 144-6 153 164 166 172 186 189 191-2 202 205 208-9 216 222 242-3 248 257-8 262 266 270 292 368 374 376
테오도시우스 2세 16 237 260 317 320 323 372 383
테오파누 264
테오필루스(고트족 주교) 270
테오필루스(알렉산드리아의 총대주교) 210-1 368-70 373
테우데베르투스 1세 180
테우르니아(상트 페터 임 홀츠) 166-7
테이아(고트족 마지막 왕) 279
테클라 161
텔레마쿠스 81
토리노 152 169 295 311
토틸라 279
톨레도 175 222 271-3
톨레이 179
통게렌 182
투르 16 151 171 176-8 181-2 186 221 261 274 280
투리비우스(아스토르가의 주교) 307
투키디데스 197
툴루즈 176 271
트라사문두스 276
트라야누스 202

트라키아 113 119 135 325 332
트라팔가르 273
트랄레스 151 376
트렌토 170
트로이 105-6
트루아 268
트리보니아누스 375 377
트리어(아우구스타 트레베로룸) 127 138 176 178-81 221-2 267
티루스 124 127-8 130 178
티리다테스 160
티모테우스 아일루루스(알렉산드리아의 주교) 336
티베리아 257
티베트 160
티코니우스 233

파도바 169
파리 117 121 176
파비아 279
파비아니스(크렘스 맞은편) 167
파우스타 73-4 112
파우스투스(리에의) 272
파울루스(의전관) 376
파울리누스(놀라의) 173
파울리누스(밀라노의) 138
파울리누스(콘스탄티노플의) 128
파울리누스(테우르니아의 주교) 167
파울리누스(트리어의 주교) 179
파코미우스 161
파타라 346
파트로클루스(아를의 주교) 303 311-2
파트리키우스 174
파프 160
파프누티우스 89
파흐텐 179
판노니아 35 88 113 274

팔라디우스(부제) 173
팔라디우스(헬레노폴리스의 주교) 173 369-70 372
팔레르모 358
팔레스티나 65 98 157-8 189 234 259 334 375 382
팜필루스 98-9
페루자 279
페르시아 101 112 118 120 128 130 154-5 159-60 200 218 238 241-2 256 263 335 361
페르페투아와 펠리키타스 65
페트라 158
페트로니우스 막시무스 327
페트루스(독서자) 184
페트루스(알렉산드리아의) 216 338
페트루스(차부제) 358
페트루스 몽구스(알렉산드리아의) 337-8
페트루스 크리솔로구스 319
펜타폴리스 331-2
펠라기우스 1세(로마의 주교) 348-9
펠라기우스 2세(로마의 주교) 349 353
펠라기우스파/펠라기우스주의 13 16 157 173 232-8 262 296-8 304-5 307
펠릭스(로마의) 135 290
펠릭스(신앙의 증인) 170
펠릭스(압통기의) 47 55-6
펠릭스(트리어의 주교) 179 222
펠릭스 3세(로마의 주교) 337 345
펠릭스 4세(로마의 주교) 238 344
포 강 349
포라를베르크 167
포르피리우스 202
포카스 374
포텐티우스 310
포티누스 176
폰차 섬 346
폰투스 325 332
폴라 73

푸아티에 16 131 136 174 274
풀케리아 317 323-4
프로방스 272
프로부스 138
프로스페루스(아퀴타니아의) 157 238
프로코피우스 169 375-6
프로클루스(몬타누스파) 285
프로클루스(신플라톤주의 철학자) 164
프로클루스(콘스탄티노플의 주교) 306-7
프루덴티우스 175 204
프루멘티우스 154-5
프리기아 136 179 285
프리스킬리아누스 16 175 178 216 218-22 227 232 308
프리스킬리아누스파/프리스킬리아누스주의 218 220-3 307
프리티게른 119-20 270
프리티길 166
프톨레마이스 209 211
플라비아누스(콘스탄티노플의 주교) 317 319-21 323
플로리아누스 165
플로티누스 164
플리니우스(소, 비티니아의 총독) 23
피느하스 253
피레네 114 274
피르미쿠스 마테르누스 152 188
피아첸차 169
피티우스 372
필라이 155 161 163
필레몬 66 70
필로스트라투스 202
필로칼루스 201
필리포폴리스(플로브디브) 130 136

하드루메툼 237
하드리아노폴리스(에디르네) 36 120 137 215 270

하드리아누스 377
하란(에데사 근처) 186
하만 256
하인리히 4세 146
한니발 204
한니발리아누스 113
헤라클라스 161
헤라클레아 333
헤라클리우스(황제) 365 374
헤로도토스 197
헤르메네길두스 271-2
헤르모게네스 376
헤시오도스 197
헬레나(콘스탄티누스의 어머니) 30 73-4
헬레나(콘스탄티우스의 누이) 116
헬리오폴리스-발베크 185
헴마베르크 167
호노리우스(황제) 168 227 231 237 266-8 304
호르미스다스(로마의 주교) 344 347
호메로스 197
황금의 뿔 106
훈네리쿠스 243 276 311
흑해 106 270 372 380
히기누스(코르도바의) 220
히다티우스(메리다의) 220 222
히스트리아 331
히에로니무스 16 28 65 137 178 180 186 198 202 235 274 293 352 370
히에로클레스 202
히파티아 16 184-5 208
히포 레기우스 16 168 223 275
히폴리투스 214 266
힐라루스 320-1
힐라리우스(아를의 주교) 51 176 312-3 326 351
힐라리우스(푸아티에의) 16 131 136 174

에른스트 다스만 Ernst Dassmann

1931년생. 교회사 학자이자 뮌스터Münster 교구 사제로 1969년부터 본Bonn 대학 고대교회사 교수로 봉직했으며, 1972년부터 2001년까지는 본의 될거 연구소F.J. Dölger-Institut in Bonn 소장직을 맡아 고대교회사 연구를 주도했다. 주요 저작으로는 콜함머Kohlhammer 출판사에서 펴낸 *Augustininus – Heiliger und Kirchenlehrer*(1993), *Die Anfänge der Kirche in Deutschland*(1993), *Kirchengeschichte* II/1,2(1996), *Ambrosius von Mailand*(2004) 등이 있다.

하성수

가톨릭대학교를 졸업한 후, 한국외국어대학교 대학원에서 영어학 전공으로 석사학위를 받았으며, 독일 프라이부르크 대학에서 고대교회사/교부학 전공으로 신학 박사학위를 받았다. 현재 한국교부학연구회 선임연구원으로 일하면서 수원가톨릭대학교와 서강대학교에서 교부학과 교회사를 가르치고 있다. 폴리카르푸스의 『편지와 순교록』(2000) 『교부학』(2001) 헤르마스의 『목자』(2002) 『교회사 I』(2007) 『교부들의 성경 주해 – 창세기 1-11장』(2008) 『고대교회사 개론』(2008) 등을 우리말로 옮기고, 『그리스어 문법』(2005) 『교부학 인명 · 지명 용례집』(2008) 등을 엮어 펴냈다.